国内外图书馆学研究与实践进展

（2007—2008）

国家图书馆研究院·图书馆学研究所　主编

国家圖書館出版社

图书在版编目(CIP)数据

国内外图书馆学研究与实践进展(2007—2008)/
国家图书馆研究院主编. —北京:国家图书馆出版社,
2009. 11

ISBN 978-7-5013-4084-2

Ⅰ.国⋯ Ⅱ.国⋯ Ⅲ.图书馆学—研究—世界—
2007—2008 Ⅳ.G250

中国版本图书馆 CIP 数据核字(2009)第 171884 号

书名 国内外图书馆学研究与实践进展(2007—2008)
主编 国家图书馆研究院
出版 国家图书馆出版社(原北京图书馆出版社)
   (100034 北京市西城区文津街 7 号)
发行 010 – 66139745 66151313 66175620 66126153
      66174391(传真) 66126156(门市部)
E-mail btsfxb@ nlc. gov. cn(邮购)
Website www. nlcpress. com→投稿中心
经销 新华书店
印刷 北京联兴盛业印刷股份有限公司
开本 710 × 1000(毫米) 1/16
印张 19.75
版次 2009 年 11 月第 1 版 2009 年 11 月第 1 次印刷
字数 350 千字
书号 ISBN 978-7-5013-4084-2
定价 60.00 元

主编：国家图书馆研究院·图书馆学研究所

策划：索传军

组稿：李　丹

供稿：

第一章：肖　雪、柯　平、吴汉华

第二章：程　鹏、高　凡、罗　欢、樊　桦、李莹雪

第三章：申晓娟、赵　悦

（本章资料支持：刘小玲、孙静荣、宋　文、卜书庆、顾　犇、董曦京、杨东波、富　平）

第四章：卢海燕、白云峰、胡月平、李华伟

第五章：卜书庆、刘华梅、喻　菲、郝嘉树、王广平

第六章：李鹏云、万　静、赵四友、陈月婷、邵　燕、李　丹（数字资源部）、解晓毅、陈　瑜

第七章：富　平、吕淑萍、韩新月、卜冬雪、李鹏云

第八章：陈红彦、梁爱民、田周玲、郝永利、向　辉、廖甜添、田　丰、钱律进、李　婧

编校：李　丹、支　娟、肖　雪

目　录

前　言
——坚守与创新

从亚述巴尼拔发掘的泥版图籍，到今天随身携带的电子书；从官府、宗教组织和私家大院里重楼深锁的神秘书阁，到今天全球共享的知识网络……图书馆的发展，已历数千年。

在这数千年的发展历史中，图书馆不仅传承了人类文明，也在不断探索利用人类文明成果的新方法、新技术。这些方法、技术的积累，逐渐形成了今天的图书馆学。1807 年，德国人施莱廷格首次使用了"图书馆学"这一术语，其《试用图书馆学教科书大全》一书的出版，被认为是图书馆学正式诞生的标志。

21 世纪的图书馆和图书馆学，已经跨入数字化和网络化发展的时代。影响图书馆发展的众多因素，包括意识形态、经济结构、社会环境、文化思潮、技术手段等，都发生了巨大变化，所不变的，只有图书馆实践探寻图书馆核心价值并践行图书馆核心价值的执著坚守，只有图书馆学理论立足于实践并反哺实践的开拓创新。

带着对坚守与创新的不断追问与思索，本书对 2007—2008 年国内外图书馆学理论研究和实践活动的阶段性成果进行了梳理。

第一章以对 2007—2008 年国内外图书馆学基础理论研究内容的高度概括统领全书。作者对基于知识原点的和基于图书馆职业理念的图书馆理论体系重构进行了剖析，对围绕着图书馆核心价值展开的一系列学术活动进行了归纳，对国内外各种目的的图书馆学教育调查所反映的问题进行了反思，对围绕着建立"普遍均等"的公共文化服务体系背景下各类型基层图书馆服务模式进行了考察，并充分肯定了近年来图书馆快速走向社会融合的步伐，以及它在社会阅读推广中发挥的积极作用。同时，在这些归纳总结的基础上，文章也很客观地评述了近年来我国图书馆学理论研究所存在的诸多不足，并强调学术研究应当是对"形而上"

的理论与"形而下"的实践的共同关照,不可偏废。

此后各章均围绕理论与实践的相互关照而展开,涉及用户服务创新,数字图书馆的标准化体系建设,网络时代的知识组织理论、方法的发展,数字资源长期保存,图书馆评价与评估,以及世界各国的文化遗产传承和保护等内容。

服务是图书馆的基本宗旨。第二章就有关服务创新的内容,一方面从理论上对近两年来国内外有关图书馆的创新服务、均等服务、人本服务、泛在图书馆等创新服务理念,以及知识服务、整合服务等创新服务模式进行了总结,对国内外针对图书馆用户行为展开的调查研究进行了归纳;另一方面则从实践层面对国内外公共文化服务体系的建设和发展进行了对比,并重点介绍了英国、美国、澳大利亚、新加坡、加拿大、德国等国图书馆创新服务实践的具体内容。

标准化是数字时代图书馆进一步走向全球共享、互联的必然属性,2007—2008 年间,国内外图书馆标准化工作在知识组织、元数据、数字资源长期保存等领域取得了丰硕成果,各级相关标准化组织活动积极开展,各类型相关标准规范的推广工作也卓有成效。第三章全面系统地对这些情况一一进行了梳理。

提供普遍均等的知识、信息服务是图书馆的基本宗旨,数字化、网络化技术的发展也为知识、信息的广泛传播、共享提供了可能。如何在尊重知识创造、保护个人隐私的前提下提供普遍均等服务,是数字图书馆发展过程中备受争议的问题。以版权法为中心的一系列相关法案的修订过程中,图书馆作为公众获取信息权利的代表,面临着严峻挑战。本书第四章着重介绍了 2007—2008 年间国内外与图书馆有关的著作权合理使用问题及网络传播权问题的研究和立法情况,并对其进行了简要述评。同时,这一部分内容还涉及政府信息公开立法对图书馆服务工作的影响,以及近年来围绕公共图书馆建设所进行的制度规范建设活动等。

集藏和整序是图书馆的核心功能。无论时代如何发展,技术如何进步,知识组织能力始终是图书馆的核心能力,知识组织技术始终是图书馆的核心技术,围绕知识组织展开的各种交流和探讨活动始终是图书馆学研究的核心活动。本书第五章有关知识组织的内容,以全书最为宏富之篇幅,详细介绍了两年来国内外图书情报领域围绕着分类法、主题法在网络环境下的新发展,本体理论指导下的本体构建及其相关应用,简单知识组织系统(SKOS)的发展,网络环境下新兴的知识组织系统,如主题图、知识地图、大众分类法等的应用,以及以 FRBR/FRAR 为代表的国际规范控制实践动向和规范控制实践。此外,该部分内容还包括对国内外主要学术机构开展的相关会议、项目及活动的介绍，并提供了近两年来出版的有关知识组织著作的提要内容。

传承、延续人类社会文明成果始终是图书馆最为重要的历史使命。这一使命在今天，具体体现为两个方面，一方面是对历史文化遗产的传承和保护，另一方面是对现代数字资源的长期保存和存取。本书第六章和第八章分别总结了2007—2008年间国内外图书馆界在这两个方面所取得的成绩。其中第八章有关文化遗产传承和保护的内容，着重介绍了国内外古籍保存与修复的相关组织机构、标准规范、技术研究活动，国内外非物质文化遗产传承与保护的理论研究、组织机构、制度保障以及相关的宣传推广活动等，非常系统全面地对一些珍贵的研究资料进行了整理。

不可否认，本书8个章节的内容并没有涵盖2007—2008年间图书馆学研究和实践活动的全部内容，而只是其中我们认为最为重要、最具特色的部分，而且有些部分还存在不少未尽之处。但是几经周折，终于付梓，其中艰辛，待向众多支持和参与工作的同仁深致谢意！也希望书中内容能为读者管窥近两年来图书馆和图书馆学的发展提供些微帮助。

图书馆学作为一个独立的学科，已经有200多年的发展历史了，形成了庞大的图书馆员专业队伍。每年，围绕着图书馆方法、理论和实践探索，发表的学术论文数以万计，各种类型的学术活动遍地开花，新的创新实践层出不穷，可见图书馆学学术研究之活跃，图书馆工作创新欲望之强烈。在这一过程中，无论是图书馆学理论研究，还是图书馆的工作实践，都在不断变化和成长。正所谓"变化是绝对的，不变是相对的"。抱着及时归纳、总结已有研究成果和实践经验，并对其进行批判地继承和完善的宗旨，国家图书馆研究院下属的图书馆学研究所拟将"国内外图书馆学理论研究与实践跟踪"项目作为一项长期工作项目一直延续下去，不间断地跟踪这些图书馆中之变化和图书馆学理论研究中之新思维、新进展，并将其完整地记录下来，以供学界同仁参考借鉴。

本卷作为第一期成果的出版，只是一个开始的尝试，其中不免有许多不足和缺陷，我们也希望各位读者方家能够不吝批评指正，以利我们日后工作之改进。

索传军

2009 年 5 月 16 日于国家图书馆

1 创新求变中的图书馆学

——2007—2008 年图书馆学基础理论研究热点

综观 2007—2008 年我国图书馆界,外在环境的巨大变化带来巨大的挑战,也孕育着巨大的生机。一方面,公民社会的深入发展促动了政府对公民文化权益的重视,"公共文化服务体系"、"科学发展观"、"社会主义新农村建设"和《国民经济与社会发展第十一个五年规划纲要》、《国家"十一五"时期文化发展规划纲要》等政策规划的出台,使图书馆进入发展的春天。另一方面,Google 和百度的图书馆计划稳步推进;Web2.0 理念与当代读者个性相融合,更加追求开源、自由、开放、互动;同时,Web3.0 也从地平线上再冉冉升起,追求开放包容、智能便捷。图书馆的上下游都遇到了前所未有的现实压力,基于 Z39.50、MARC 技术之上的封闭自守的藩篱必须打破。从国际环境来看,信息网络环境、用户需求和行为、图书馆管理和服务、图书馆员的知识与思想同样裹挟于变革的时代中。针对这一形势,2007 年 IFLA 年会暨第 23 届图书馆与信息大会上,国际图联主席 Alex Byrne 所说的"我们必须持续思考和创新我们的职业以应对变化的环境和需求"[1] 清晰地传递出加快变革的信息。

"春江水暖鸭先知",理论界对环境变化的感知往往是最敏锐的。面临机遇和挑战,创新求变成为这两年基础理论研究的主旋律。诚如李超平所说,扩大看图书馆学基础理论研究的角度成为许多学人的共识,也让图书馆学研究多了些鲜活的元素[2],理论研究在继续理论体系、学术史、学科结构探讨的同时,更加关注图书馆的现实境况,理论立足实践又反哺实践成为近两年基础理论研究的突出特征。研究者们在图书馆学理论体系重构、图书馆核心价值、图书馆合作推广、图书馆服务体系、图书馆和图书馆员的管理、社会阅读、图书馆学教育等问题上的追问和探寻,构成了 2007—2008 年基础理论研究的中心和热点。

1.1　理论体系重构:学科本质 VS 职业哲学

2007年11月,第五次全国图书馆学基础理论研讨会在新落成的重庆图书馆召开,会上吴慰慈先生就我国图书馆学基础理论研究走向提出了四点看法,即拓展研究范畴、探寻学科新的知识生长点、促进理论与技术融合以及调整理论研究的思维方式。他指出,当图书馆学处于整体变革这一特殊阶段时,基础理论研究应关注变革中出现的新问题,总结变革中出现的新理念和新方法,注重学科新的框架建构[3]。在2000年后,稍许沉寂的图书馆学理论体系研究又开始活跃起来,在构建新的体系框架过程中呈现出两种较为明显的价值取向:一种是从学科本质的角度出发,围绕"知识"内核进行探讨;一种是从职业哲学的思路考虑,面向"图书馆职业"进行构建。前者的研究以王子舟、龚蛟腾、柯平、马恒通等为代表,后者的研究以范并思、刘兹恒等为代表。

"知识集合论"的创建者王子舟指出,知识经济与知识社会的兴起,众多人文学科向"知识"的聚集,对图书馆学研究重心向知识转移起到了推动作用。图书馆学转向"知识域"将成为今后的发展趋势,知识和知识表现形式,知识组织新方法,新兴知识集合实体,图书馆知识管理与知识服务,知识分析与预测,知识保障的法律问题,知识平等、知识自由理念的制度化,弱势群体的知识援助,读者知识构建与终身学习等将成为未来九大研究方向。他认为,向知识域的演变看似为一种研究范式的转移,其实却是图书馆学对其自身学科逻辑起点(文献)更高层次的本质回归[4]。

马恒通提出图书馆学研究对象是馆藏知识的传播,基本结构包括:知识传播者、传播媒介、传播内容、传播设施、传播行为、传播对象、传播环境和传播效果;图书馆所传播的客观知识是以不同符号形式存在于不同载体上的,图书馆的知识传播,其实质是图书馆通过文献传播途径和语言传播途径,让图书馆读者通过视觉和听觉接受客观知识,实现客观知识与主观知识相互转化,以达到传播知识的目的[5]。

苏娜在总结国内外研究对象的基础上认为:图书馆学研究对象的确立必须根植于图书馆实践活动中,以知识为原点,体现知识与人的关系。由此她提出将"知识的组织与服务"作为图书馆学研究对象,以此为核心将相关的因素融入图书馆学的内容体系,建设图书馆学的开放学科体系[6]。

目前国内高校中将图书馆学专业置于公共管理学院之中的不在少数,受此影响,龚蛟腾等人提出公共管理学是管理学门类一级学科,图书馆学是公共管理学体系中的公共知识管理学,实质是研究公共知识搜集、整序、存贮、获取与服务等的科学,依托公共知识中心(图书馆)研究公共知识管理的理论、原则、方法、实践、技术应用及其相关的社会知识保障措施等[7,8]。其说一出,反响强烈,褒贬不一。

对图书馆学概念的质疑之声不是自今日始,自然也不会于今日终,这一概念及建立在它之上的理论体系依然存续几百年,说明图书馆学是有自身框架支撑的,因而必须重视学科的科学化体系建设。

刘兹恒在第五次基础理论研讨会综述中指出,图书馆学基础理论体系确实存在变革的可能性,而且变革正在发生。以现代图书馆学理念为核心,重构图书馆学理论体系成为当前图书馆学基础理论研究的重要任务[9]。范并思认为,图书馆学基础理论体系正在从面向学科转变为面向职业理念,因此需要重构其理论架构;他以现代图书馆职业理念为核心尝试构建了一个图书馆学基础理论体系,涵盖公共图书馆研究、读者权利研究、人文精神研究、信息公平与自由获取研究、图书馆职业理念研究、信息技术中的基础理论问题研究、新图书馆史研究以及著作权保护、图书馆立法、服务网络与延伸服务等内容[10,11]。

英国著名科学家贝尔纳在《科学的社会功能》一书中说:"存在着两种截然相反的观点,我们可以称之为理想主义的科学观和现实主义的科学观。在第一种观点看来,科学仅仅同发现真理、关照真理有关,它的功能在于建立一种中立的、同经验事实相吻合的世界图景……另一种观点则认为,功利是最主要的东西,真理似乎是有用的行动的手段,而且也只能根据这种有用的行动来加以检验。"由是观之,理论体系重构的两种观点正是源于科学观的不同价值取向。两者孰优孰劣,不可一言以蔽之。柯平等对图书馆学概念衍进二百年的历史进行了梳理,发现图书馆学定义的发展总体呈现出一种由关注图书馆学表象到深入其本质机理的过程,研究视角从一个社会机构内部逐步放宽到对整个社会层面的关注,重视图书馆与社会的互动[12]。如果将今天图书馆学理论体系的研究争鸣放到学术演进的历史中,我们也不难看出,无论是基于知识原点的理论体系还是基于图书馆职业理念的理论体系,都有科学主义和现实主义融合的倾向,因而都是向图书馆学本质内涵层次的递进,都是在时代发展中的自我更新,而这一切又都在加深着我们对图书馆学学科的理性认识。

1.2 核心价值价值几何?

图书馆的核心价值是图书馆界对于自己责任或使命的一种系统的说明,表达的是图书馆的基本理念。对"图书馆核心价值"的研究,在国外已经有20余年的历史,特别是美国在2004年对核心价值的研究达到高峰。国内对于核心价值的研究,承继于2006年讨论热烈的图书馆精神,但真正的转向独立则始于2007年。

2006年12月,提前召开的中国图书馆学会2007"新年峰会"议程中出现了一个引人注目的议题——"图书馆核心价值的再认识"。在学会2007年会征文选题中,将"图书馆核心价值的再认识"作为位列第一的分主题。2007年3月,中国图书馆学会批准"中国图书馆的核心价值与《图书馆服务宣言》研究"专项资助项目,当年8月召开的中国图书馆学会年会和10月末召开的第五届基础理论研讨会也把"图书馆核心价值"作为主要议题进行讨论。藉此,图书馆核心价值的研讨吸引了许多著名学者如黄宗忠、黄俊贵、盛小平、范并思、程焕文、蒋永福等,产生了大量成果,他们从国外借鉴和中国语境的不同视角提出了不同的核心价值观。

盛小平等将国外核心价值研究分为3个部分:学者的研究,包括戈曼(Gorman)、鲁宾(Rubin);图书馆协会的研究,包括国际图联、美国图书馆协会、大学与研究图书馆协会、澳大利亚图书馆和信息协会、新英格兰法律图书馆协会等;图书馆的研究,包括爱荷华州立大学图书馆、鲍灵格林州立大学图书馆、纽约州立研究图书馆、尼特公共图书馆。他们认为我国图书馆职业核心价值应包括:精致服务、保存知识、取用平等、引领学习、开展教育、竭诚合作、尊重隐私、倡导宽容、合理使用[13]。

俞传正等对国外特别是美国图书馆核心价值进行了一次全面梳理,按照3个类别进行总结:研究者的价值陈述、行业协会的核心价值表述、各类型图书馆的核心价值陈述。尽管图书馆核心价值的确认上说法不一,但是在具体的核心价值追求上,各国图书馆员却往往能够取得一致,特别表现在知识自由、平等获取、保护用户隐私、价值中立等方面[14]。

黄晓曼认为,国内外图书馆核心价值的解释具有如下特点:研究者都提出一组理念来阐明图书馆的核心价值,将图书馆核心价值当作一个体系;IFLA及各国图书馆协会、各图书馆提出的核心价值,既有一些普遍的为世界图书馆界公认的价值,也有一些针对本国本地区指定的特殊价值;各图书馆核心价值体系一般能紧扣图书馆现代社会的基本使命,表达图书馆参与社会民主政治建设的愿望。图书馆核心价值的研究能够推动图书馆事业的进步、图书馆伦理价值体系的构建和图书馆员的职业认同感和自信心的加强[15]。

王宏义等通过考察国外图书馆界对核心价值的确认状况发现,国外图书馆界大多把知识自由确认为图书馆核心价值中排序靠前的内容之一,并且认为知识自由应该成为中国图书馆职业的核心价值范畴之一,但是应该在观念和实践上做一个"中国化"的变通[16]。

黄宗忠认为,图书馆核心价值、图书馆职业的核心价值与图书馆员职业的核心价值内涵上是一致的,图书馆核心价值主要由基本层次和附加层次构成,基本层次是由信息知识资源的存储、信息知识的提供使用与服务、图书馆员对信息知识的收集、整理、保存、传递与服务的劳动过程组成;而附加层次则主要包括办馆理念、指导思想、服务思想、观点、态度、制度、标准、方法与措施等;核心价值的体现形式包括数据、质量、效益与影响[17,18]。

范并思在核心价值研究上发力甚猛。在2007年第4期《图书与情报》上,他以专题形式对图书馆核心价值问题展开了深入探讨;在2007年图书馆年会上,他又就图书馆核心价值研究做了报告,认为研究与建立图书馆核心价值的意义在于表达职业信念、表达职业目标与立场、与国际图书馆运动接轨等,同时他还认为,当前国内图书馆核心价值建设面临社会核心价值缺失、图书馆核心价值基础薄弱、价值问题的特殊性、操作性的学科传统对于价值的漠视等巨大挑战,图书馆界应当将建立核心价值纳入中国图书馆学会规划,进行有针对性的核心价值理论研究,鼓励不同类型的图书馆与图书馆组织建立自己的核心价值[19]。

黄俊贵认为,研究图书馆的核心价值有利于推动图书馆事业的发展,深化图书馆工作改革,提升图书馆学内涵。要实现图书馆的核心价值,就必须要紧跟时代发展,面向社会需求;普遍服务公众,确立服务标准;拓展文化协作,构建效率服务系统;优化资源结构,实行知识服务;完善服务管理,凝聚图书馆意识;促进阅读和谐,做好阅读辅导;走进社区乡镇,惠及基层大众;吸引社会参与,接受社会监督;培养优秀人才,提高服务水平;充分利用资源,突显服务效益[20]。

张晓林认为,在整个核心价值的讨论中存在比较明显的读者缺位及由此导致的认识偏差,图书馆是整个社会的科学交流、社会威望和社会知识传播的有机组成部分,它的价值与整个社会的价值体系紧密相关,分析社会科学交流和知识传播系统实现价值的方式、有效利用他们的方法更好地实现我们的核心价值有助于减少我们的迷失,核心价值的体现需要与时俱进,建议将关于核心价值的讨论逐步转移到在用户端、机构端和社会端的实现程度上[21]。

围绕核心价值的探讨,程焕文提出的"用户永远是正确的"在学界引起了很大反响,毁誉不一,程焕文等人将其汇编成书,开放心态值得赞赏。多数学者认为此观点论证不严密,缺少条件约束。尽管如此,"对于一个学术观点的争鸣……如果只是简单地做是非判断,理论过程就会变得非常干瘪",更为重要的应是关注"围绕这一定律的思想交锋给图书馆管理理念创新带来的丰富内涵"[22],深圳图书馆馆长吴晞也说:"深圳图书馆提出了'开放、平等、免费'的口号……表面上看是我们的风光无限,背后推动我们的却是这些影响广泛的理论、理念。"[23]

核心价值是图书馆学理论研究的深化,是图书馆性质、职能和任务研究的延伸,是对图书馆学基础理论体系的不断丰富与完善。但是大多数学者认为核心价值应当是少数几条原则,不是组织的一般物质价值、精神价值或人的价值。而且对核心价值的认定应尊重科学探索的程序和方法,应考虑图书馆的长远发展并经受长期的实践检验,并不是短时的蜂拥而上和突击调查就可以总结出来的,因此目前对图书馆核心价值的研究仍存在着诸多的争议,争议的平息需要更多的研究积淀。综述核心价值研究让人无可避免地想到之前有关图书馆精神的探讨,鲍振西、阎立中、黄俊贵三位先生认为,"图书馆的客观精神必然存在,迷惘的'图书馆精神'应当休止"[24],同样,图书馆的核心价值必然存在,理性的分析才是值得称道的。当前核心价值研究究竟能得出何种结论,我们仍需拭目以待。

1.3 图书馆学教育的持续求索

图书馆学专业教育承担着为图书馆职业培养人才的使命,但我国图书馆学教育的发展状况究竟如何? 图书馆学教育培养的人才是否适合图书馆职业的需求?

针对这些问题,肖希明在中国图书馆学会专项资金的资助下,承担了"我国图书馆学专业教育与职业需求的调查分析"这一课题,开展了多类调查,包括对图书馆学专业核心课程的调查、对图书馆学毕业生情况的调查、对图书馆馆长的调查以及图书馆专业教育与职业需求的调查等。

调查显示,图书馆学专业毕业生还是从事图书馆工作较多,在政府部门、企事业单位等其他行业就业的图书馆学毕业生,很多是从事与信息组织、加工、管理或信息咨询有关的工作。而在图书馆的岗位分布中较多的是分类编目、参考咨询、流通阅览和文献采访。从创造能力和承担复杂工作的才能看,图书馆学专业毕业生往往会超过非图书馆学专业的毕业生,绝大多数图书馆学毕业生对职业满意或基本满意。图书馆学专业知识和专业技能仍然是图书馆员职业竞争力的核心要素,图书馆学专业核心课程设置基本合理,但还存在内容陈旧、理论与实践脱节的问题。这些调查昭示着图书馆学教育亟待改革,坚守与拓展是图书馆学教育改革的理性选择,专业教育要坚持以增强职业竞争力为导向,以专业基础知识和专业技能为核心,把提高综合素质放在重要的位置,重视职业价值观的培养。在人才培养体系上要大力发展图书馆学专业硕士教育;专业核心课程只能强化,不能削弱,但课程内容要跟上时代发展,联系实际进行深化和创新,要传授前沿知识和新技术新方法;在教学方式上注意课程实习,培养学生的动手操作能力[25,26,27,28,29]。

王知津等调查认为:应将基础知识放在入学考试的首位,应当定期检查入学考试的各项指标;应当适当扩大导师队伍,同时适当缩小招生规模;要平衡好研究方向中的各种问题,注意区分博士和硕士培养的不同特点,技术性的研究方向只作为辅助研究方向,应将研究方向设置得更细致;课程设置上理论与技术应当并重,应根据学科发展及时更新,应当与社会需要接轨,应当增加选修课,同时展现课程的系统性和层次性;在授课方式上授课教师应当保证质量,增加研讨成分,利用各种教学优势;考试形式应多采用学术论文和调研报告;培养目标应当与社会接轨,吸纳相关专业背景的人员担任导师,实行双导师制度;导师应引导学生关注前沿研究,指导学生多撰写学术论文,吸引学生多参与科研课题,鼓励学生开展应用研究;鼓励学生多参与各种学术交流沟通;在论文选题上应理论研究与应用研究并重,适当加强技术研究,让学生自己选题,处理好相关文献数与选题的关系;进一步强调内容创新,加强学术规范,注意将管理学的研究特色引入图书馆学;应加强图书馆职业教育,鼓励学生投入图书馆事业建设,提高学生专业知识及管理能力,加强专业基础教育,提高学生的科研能力[30,31]。

金胜勇对图书馆学专业教育竞争力分析发现,图书馆学专业教育市场需求稳定,学科体系在不断完善,但是专业教育的理论与实践脱节,毕业生就业面窄,而信息技术带动图书馆形态和信息服务方式发生重大改变是图书馆学专业教育面临的好时机。只有充分发挥优势并利用机会,才能增强专业教育竞争力,因此认为应加强基础理论研究对专业教育的指导,走外延扩展和内涵深化相结合的道路,要积极适应图书馆事业建设的要求[32]。

叶继元等对中美图书馆学情报学进行了对比分析,认为图书馆学情报学与信息科学或信息管理等可以协调发展,图书馆学和信息科学大部分是交叉关系;图书馆学与其他学科边界分明,不会出现误解;图书馆学是国际公认的学科;拥有实体机构的支撑[33]。

国外的图书馆学情报学教育一直在持续不断的变革中发展,变革的速度加快、内容深化、影响加大。国外图书馆学情报学的教育者们一直致力于探索国际技术交流和教育合作,以此提高教学课程和专业实践的质量,但目前仍然存在很多阻碍,限制了传统的国际化教育的规模和发展。

初景利将国外图书馆学情报学教育变革的特点总结为:明确培养目标,重视专业能力;院系改名与结构重组;加强课程设置与远程教育;拓展认可标准;学位教育延伸至本科;强化师资建设;教育与实践结合;面向国际化与全球化[34,35]。

图书馆学远程教育是图书馆学教育的一种重要形式,刘兹恒对美国南康州大学的图书馆学远程教育进行了考察,认为应该严格控制学生规模,择优录取,应以继续教育为主、学历教育为辅,必须加强师生互动,克服信息交流延迟[36]。查尔斯 . T. 汤雷(Charles T. Townley)分析了中美双方共同协作的国际化图书馆学情报学教育的实际案例,证实远程教育可以有效地运用于国际化 LIS 学术中。通过远程国际化案例教学课程,关于知识管理的专业知识和理论得到提高,各国 LIS 工作得到扩展和比较,全球知识源得到开放与使用,多元文化的服务得到发展。各国的 LIS 项目可以更有信心地使用远程教育技术来提高 LIS 教学活动水平[37]。

国内外对于图书馆学教育的调查或研究喜忧参半,一方面图书馆学教育依然繁荣,另一方面图书馆学教育危机四伏。图书馆学教育必须改革,但是向哪个方向改革,这正是当前亟须解决的问题。2008 年 7 月,第九届海峡两岸图书资讯学学术研讨会在武汉大学召开,会议的主题就是"图书资讯学专业教育和图书资讯学事业发展",吸引了海峡两岸 30 余所信息管理学院院长(系主任)、研究所所长、图书馆馆长等专家学者共同参与。会上发表了《海峡两岸图书资讯学系主任联席交流会关于专业教育若干问题的共识备忘录》,确认了图书情报学教育的重要性,指出图书情报学致力于培养学士、硕士、博士等不同层次的复合型人才,其核心内容是知识组织与信息服务,教学模式的改革应该坚持以信息资源为中心的教育理念、以用户服务为中心的教学导向、以问题解决为中心的教学方法和以实践需求为导向的教学目标,并且努力营造终身学习环境。同时备忘录还强调要进一步推进两岸的学术交流与合作[38]。

20 世纪 70 年代,美国首次出现 iSchools 运动,运动核心是将图书馆学拓展到信息科学。2003 年,美国 7 所著名的图书馆学情报学院的院长共同讨论并提出了"信息学院运动",2006 年武汉大学主办的"第二届中美数字时代图书馆学情报学教育国际研讨会"上,"iSchools"概念再次被提起,在 2007—2008 年,这一概念在国内外都得到广泛探讨。

华盛顿大学原信息学院院长 Mike Eisenberg 在 2007 年 9 月 OCLC 高层系列论坛中重申图书馆学教育并没有陷入危机,其机遇在于从图书馆学教育转向信息教育[39]。邹永利在对 LIPER、KALIPER、CILIP 课程认可标准以及 IFLA 专业教育指南等课题评介的基础上,指出存在着图书情报学教育向信息环境、信息问题与信息管理转型的趋同趋势,认为这是信息管理相关行业及其知识演化重组的必然结果,但也指出这一趋势带来的学科身份模糊和师资结构融合的问题值得思考[40]。

叶继元认为,从美国 iSchools 有关学科整合的经验中可以得到启示:不论从本学科发展的近期目标还是长远发展看,学科整合问题仍然是当前刻不容缓的问题;中国学科整合难点多,学科发展方面的实践材料并不充足,学科整合方面思路清晰、理念相同的学者不多;学科整合中最为关键的一步就是要提出值得研究的真问题,应当以建立有效的交流机制作为学科整合的重点[41]。张晓娟认为:图书情报学教育的整体目标是培养能满足信息社会需要的"各类信息专业人员",单个图书情报学教育计划目标的实现也需要借鉴、整合不同教学模式及教学计划的资源,以适应快速变化的信息人才需求。加拿大图书情报教育给我们的启示是:正确认识社会需求,建立并保持自身图书情报学院的特色,以特色求生存;通过与所在院校的相关学科领域进行合作，发展特色专业计划；建立各具特色的图书情报教育计划，以特色定位，适应多样化、多层次、快速变化的信息需求[42]。陈传夫等认为：美国 iSchool 运动可以让我们正确认识 LIS 学科在信息社会快速发展中战略目标的变化，始终以信息、技术和人的关系的研究为中心；建立以职业发展为导向的学位教育和继续教育体系，加强多层次、多形式的学科建设；培养具备综合性知识结构和较强动手能力的复合型信息专业人才；加强 LIS 学科与计算机、自然科学、社会科学等相关学科的合作研究，促进学科研究联系实践，提升教师的跨学科研究能力和水平[43]。

新式的 iSchools 运动为图书馆学教育从理论上指明了一条康庄大道，为图书馆学教育展现出了无限美好的前景，但是具体实践方面还存在着极大的困难。在当前学科交叉渗透的环境下，如果不能把握好图书馆学专业的特色，图书馆学专业就会受到侵蚀而不复存在。如何把握本专业的特色而能够适应社会对人才培养的需求，这应当是 iSchools 所面对的最大挑战。

1.4　如火如荼的图书馆服务体系研究

在《国民经济与社会发展第十一个五年规划纲要》和《国家"十一五"时期文化发展规划纲要》发布后，图书馆学界对其解读踊跃，一致认为它们提出了具有划时代意义的建设目标——建立覆盖全社会的公共文化服务体系。2008 年 6 月和 11 月《公共图书馆建设用地指标》和《公共图书馆建设标准》相继出台更为实现这一目标奠定了坚实的基础[44]。此外，民间力量创办图书馆也为实现这一目标提供了良好助益。在这种环境中，近年来得到持续关注的图书馆服务体系研究更是如火如荼。从 2007—2008 年中国图书馆学会年会、新年峰会、构建公共图书馆服务体系嘉兴高层论坛、百县馆长论坛等会议设置的图书馆服务体系相关议题上，从"公共图书馆服务网络构建研究"、"农村发展中的信息服务研究"、"面向学习型社会主义新农村建设的县级图书馆功能设计研究"、"中国民营图书馆发展与管理的实证研究"等科研项目的研究进展中，我们不难看出这一专题研究的强大生产力和影响力。研究者们对总分馆制、农村图书馆服务体系、基层图书馆、民办图书馆等问题开展了全面而深入的研讨，于良芝、王子舟、杨玉麟、邱冠华、张广钦是这一领域的中坚力量。

在以"图书馆服务:全民共享"为主题的2008年年会上,中国图书馆学会正式发布了《图书馆服务宣言》。《宣言》旗帜鲜明地指出,"图书馆是通向知识之门……现代图书馆秉承对全社会开放的理念,承担实现和保障公民文化权利、缩小社会信息鸿沟的使命",确立了对社会普遍开放、平等服务、以人为本的基本原则,并提出了七项奋斗目标[45]。随后,《图书馆建设》快速反应,组稿深入解析了《宣言》的内容,研究者结合图书馆现状指出《宣言》的提出具有重要的指导意义,而且理论指导确实已产生了良好的实践反响,但中小型图书馆和偏远地区图书馆实践承诺的服务内容还存在困难,因而还需要从推进立法、加大投入、提高图书馆从业人员素质等方面加以解决[46,47]。《图书馆服务宣言》在业界内外都引起了强烈反响,《中国新闻出版报》评价这是"第一次用与国际现代图书馆学理念及图书馆核心价值观接轨的语言,系统表达了中国图书馆人对于图书馆精神、现代图书馆理念所达成的共识和对社会的职业承诺,具有特殊的时代意义"[48]。

"普遍均等的图书馆服务"一直是于良芝等人极力主张的。他们认为总分馆建设、区域性服务网络建设和基层图书馆建设构成了新时期我国公共图书馆服务体系建设的主要内容,并对现有建设模式分别进行了归纳和比较,将目前已经尝试的总分馆体系归总为自下而上全委托、自下而上半委托、自上而下全委托、自上而下半委托和通过体制改革形成的纯粹总分馆体系五种模式。他们指出,在区域性服务网络建设研究方面,各地在探索的模式有一卡通借模式、一卡通借通还模式及分层通借通还模式。基层图书馆方面近年来已开始将重点转移到街道/乡镇和社区/村庄两级,根据不同条件分别采取了政府主导型和联合建设型[49]。他们高度评价了苏州图书馆、蝉城区图书馆等地区图书馆建设,认为图书馆界早在政府提出保障人民群众基本权益之前就已经实实在在地践行了普遍均等的图书馆服务[50],但也指出要真正实现普遍均等,还有必要消除多元建设主体和管理单元对公共图书馆资源的层层分割[51],对公共图书馆服务体系进行更进一步的体制变革,对建设主体和管理单元重新作出界定,消除认识误区和地区差异,调整公共图书馆的评估思路及国家对欠发达地区公共图书馆的援助思路,合理布局服务点,重视图书馆职业在鼓励全民阅读中的核心作用[49]。在总分馆研究方面,建议建立"以总馆建设主体与分馆建设主体统一(经费来源统一)、总馆主管部门与分馆主管部门统一(管理统一)、人财物管理统一、服务规范与水准统一(服务统一)"为特征的总分馆体系。要求将总分馆制纳入图书馆立法视野,避免"一级政府建设一座图书馆"立法思维定式的延续[52]。

在中国图书馆学会 2007 年年会中,图书馆学学者和图书馆馆长共同探讨了公共图书馆服务体系构建的相关问题,对如何使服务体系突破分级财政体制的制约、使基层图书馆更有效率、使延伸服务更有效果、如何协调参与各方的利益与责任等问题进行了讨论[53],也让公共图书馆服务体系研究更加贴近实际。在中国是否适合全面推行总分馆制的问题上,中国图书馆学会 2008 年新年峰会参会代表赵炳武认为要慎重、实事求是地对待,最好有几个模式供地方选择;邱冠华认为实行总分馆制是成本效益比较高的做法,能较好地解决基层资金、人力资源缺乏的问题,一定要把握机遇推广总分馆制,不应过多限制,省级图书馆要在建立全覆盖的公共文化服务体系建设中有担当[54]。

在承担国家哲学社会科学重大项目"工业反哺农业与城乡协调发展战略研究"子课题"农村发展中的信息服务研究"过程中,于良芝对农村信息服务体系的探讨持续而深入,通过问卷调查考察了县级信息服务组织的服务状况和服务效果,指出这些组织已经开始对农村信息传播发挥作用,但在农民中的认知度和利用率并不高,在自身使命和功能定位上尚需进一步明确,信息服务组织需要由"目光向上"转向"目光向下",加大信息发布频率[55]。结合对农民的调研,她考察了政府支持的有组织的信息服务在农民生活中的作用以及民间信息服务、大众传媒、人际交流等信息渠道的补充作用,提出农村信息服务应从"面向农村"转向"面向农民"[56]。此外,她还报告了对天津农村信息服务状况的实地考察结果,指出天津农村已经形成了包括虚拟服务和实体服务在内的信息服务格局,但这一格局离新农民的真实需要还存在距离,建议政府从改变信息服务管理体制和强化专业化信息服务机构入手,逐步完善农村信息服务体系[57]。

程焕文对广东省图书馆发展模式进行了归纳,包括广东省立中山图书馆创立的"流动图书馆"模式、深圳图书馆创立的"图书馆之城"模式、广州市创立的由政府主导的图书馆发展模式、东莞图书馆创立的"集群图书馆"——"图书馆之城"模式、佛山市禅城区创立的"联合图书馆模式",并统称为岭南模式。他认为广东省图书馆建设新模式的出现及事业的崛起,是建立在社会对公共图书馆精神的认同和复兴、政府主导地位的认识加强、制度的创新和示范,以及建立和谐的全民读书社会需求基础之上的[58]。

王子舟等人延续着对弱势群体的关怀,展开了对网瘾青少年、农民工、外来务工人员等各类弱势人群的调查[59,60,61,62],了解了他们各自不同的知识能力及图书馆需求情况,并在此基础上,就如何对这些人群实施知识援助发表了真知灼见。针对网瘾青少年的调查报告,指出图书馆应凭借自身优势,讲究策略和方法,积极介入青少年网瘾防治工作,承担自己的社会责任[63]。对残疾人而言,无障碍环境建设、特殊文献资源建设以及残疾人数字图书馆建设,是图书馆对残疾人实施知识援助的基本条件;根据不同类别对残疾人提供深度知识服务,是图书馆帮助残疾人实现平等获取知识信息权利的有力手段;国家政策及法律的完善,图书馆管理体制的创新等,是图书馆帮助残疾人充分参与社会生活,回归社会主流的制度保障[64]。对于农民工子女,图书馆应当根据具体情况制定知识援助任务、注重建立知识援助的长效与实效机制、通过合作或协作方式发挥知识援助的效用,实施全免费政策,将农民工子弟学校图书室纳入公共图书馆集群体系,定期公布与表彰社会捐书善举,建立农民工子弟学校图书馆员巡回培训制度,开展知识援助[65]。

基层图书馆是公共图书馆发展的基础,一直备受关注。2007 年第二届“百县馆长论坛”召开,研究者重点关注了基层图书馆的经费、人才、体系建设和资源共享,不乏创见。与会代表一致认为,国家应该对县级图书馆的经费投入作出明确规定,要尽快出台《图书馆从业人员准入标准》,要深入基层尤其是中西部的县级图书馆调查研究,考虑总分馆体系建设,整合资源、互助合作[66]。

张广钦、张丽认为多数基层图书馆现状喜忧参半,并对各地区不同的构建模式进行了总结:东南沿海等经济发达城市的集群化发展模式、中西部经济欠发达地区依托中小学校发展模式、中等发达城市大力发展的社区图书馆模式、经济落后的边远山区的流动服务车模式、农民自己创办图书馆(室)模式。认为总分馆制是发展公共图书馆服务网络的主体形式,应当成为我国构建基层图书馆服务网络体系的指导思想[67]。

王效良比较了中国和德国基层图书馆在发展模式、经营方式、行业管理和重点服务对象上的差异,认为借鉴德国同行经验,激励图书馆内在发展动力、明确现代图书馆的社会职能、强化单向的行业专门化管理、全面提供少年儿童阅读教育等理念和手段,能够促进和巩固中国基层图书馆的发展[68]。

杨玉麟、赵冰对基层图书馆培训志愿者行动有很高评价,同时认为应建立长效机制,具体内容有:建立基层图书馆培训志愿者行动的常设领导和办事机构,制定志愿者队伍建设机制和办法,建立活动基金,约定志愿者、被服务者和组织者三方的权利和义务[69]。

对基层图书馆的关注还有值得一提的是,在汶川大地震之后程焕文迅速发起的"图书馆家园:援助图书馆人计划",这是中国图书馆人自发开展的一项民间抗震救灾慈善项目,旨在长期援助受灾的图书馆人,重建民众的精神家园——图书馆[70],充分体现了图书馆人守望相助的情怀。

1999年以来科教图书馆、小河图书馆和张铭音乐图书馆逐渐引起人们对民办图书馆的关注和争议,但到目前民办图书馆还是一个新事物,民办、民营、私人图书馆的各种称谓使其概念模糊,政策法规的空缺使其规范和管理还很笼统,理论上的深入剖析成为必需。谷秀洁、张广钦在回顾公共产品理论研究的基础上,运用萨瓦斯的公共产品总结列表和"漂移"理论对从纯私人产品到纯公共产品的各种"图书馆"进行连续处理,区分出家庭图书馆、会员制图书馆和公益性图书馆。通过引入"公益产权"理论帮助判断图书馆的公益性,用以区分文化事业和文化产业。指出民营图书馆是一种会员制的文化产业,作为准公共产品可以作为纯公共产品的公益性图书馆的补充,但不等于图书馆民营化[71]。《书香中国》在民间力量对阅读的推广部分中,就主要介绍了科教图书馆、无锡私营收获季节图书馆、吴熙树德图书馆等多家民营图书馆在阅读促进和文化推广方面的举措,评价了民营图书馆对公共文化发展产生的积极影响[72]。

梁灿兴《试析民营图书馆生存空间的特征》通过厘清"民营图书馆"的概念,结合我国民营图书馆发展的事例,从资金来源、办馆规模和服务形态3个方面总结出民营图书馆的4种常见类型:自发形成的民营图书馆、商业性质的民营图书馆、慈善组织或资金资助建设的乡镇(农村)图书馆及"官"民合办的社区图书馆。归纳出民营图书馆的四大生存空间特征:基于社区已有的集中需求、市场细分形成生存基础、定位主要限于社区图书馆、通过连锁经营或者缔结联盟形成生存网络[73]。

马艳霞的博士论文《民办图书馆研究》,从外国和我国各时期出现的民办图书馆实践出发,系统分析了我国当代民办图书馆的定义、性质、特点、主要类型,馆藏资源建设的优势和存在问题。归纳民办图书馆的特点是:办馆主体的非官方性,办馆经费的自筹性,办馆经营的自主性,办馆目的的非营利性和办馆服务的公益性。具有分布广泛、两极发展,创办主体多元、专业,个体规范、整体失范,依附性强,随意性大等特征。未来基层农村和城市社区将是民办图书馆的最佳发展区域,民办图书馆的创办主体更趋多元化,创办者的善举将有助于彰显社会的慈善精神,公益型民办图书馆将壮大发展,经营型民办图书馆将更趋特色化[74]。

从研究中可以看出,对民办或民营图书馆的概念、类型、发展条件、发展趋势都还存在争议,但在一点上研究者的观点是一致的,即它是公共图书馆的有益补充,民办(营)图书馆创办者的善举、道德情操、精神追求和公益精神应得到社会的鼓励和支持。2007 年百县馆长论坛第三分会场围绕"社会力量参与图书馆建设"展开热烈研讨,也认为坚持国家与社会办馆相结合是图书馆事业建设的一贯原则,是解决基层图书馆建设"短板"的有效途径,也是公共图书馆文化信息服务的延伸与拓展,应予以提倡[75]。会后中国图书馆学会设立"社会力量办馆"专项基金,由王子舟主持,创立"文化火种寻找之旅——个体公民公益图书馆事迹寻访录"网站[76],组织"寻找文化使者"活动,建立"中国捐书榜"。这些行动正切实体现了对社会力量办馆的美好回馈。

1.5 阅读研究的华丽回归

2006 年第四次国民阅读报告中图书阅读率连续六年下降的情况引起了广泛的社会关注;中国图书馆学会自 2004 年开始持续举办的世界读书日庆祝活动,取得了积极的社会影响。这些因素的共同作用使得在图书馆学界沉寂多时的阅读研究在近两年开始华丽的回归。

2006 年中国图书馆学会科普与阅读指导委员会成立,标志着中国图书馆学会推动全民阅读有了专门的组织机构和指导原则。成立之后,科普与阅读指导委员会旋即开展工作,举办了两届全民阅读论坛和"世界读书日在厦门:多元媒体时代的阅读问题"研讨会,出版了《中国阅读报告》第一卷,书中总结了图书馆的阅读活动经验,深化了阅读研究的理论水平,并提供了推荐书目,使阅读立足于图书馆而面向社会,彰显了图书馆学人关注全民阅读、共建书香社会的良苦用心。在指导委员会的推动下,阅读研究成果迭出,除《中国阅读报告》外,2007—2008 年出版的重要著作还有《中国阅读文化史论》和《阅读疗法》等,主要的研究者有王余光、王波、徐雁、王新才、许欢等,研究内容上主要有社会阅读与图书馆、阅读疗法、阅读史、青少年阅读、老年人阅读、书的选择等,总体呈现出一片繁荣景象。

《中国阅读报告》第一卷共三册,分别是《耕读传家》《书香社会》和《爱书人的世界》。其中《书香社会》在理论探讨方面的内容较多,书中分析了社会阅读方式的变迁,观察了当代各类群体的阅读生活状态,归纳了阅读危机的3种表现:一是没有时间阅读,网络阅读、"浅阅读"、"快餐化阅读"成为主流;二是书价在很大程度上制约人们多读书;三是公共图书馆未能全力支持阅读社会的形成。基于此,书中指出图书情报学界应日益发挥主导性的作用,图书馆不仅要保存文化,而且要揭示文化信息、指导阅读[77]。

王波潜心研究阅读疗法多年,其著作《阅读疗法》是内地第一本专论阅读疗法的理论著作。书中详细考察了英美的阅读疗法成果;结合中华传统文化,引入中医理论和文学理论进行了阅读疗法理论研究;梳理了中国阅读疗法的发展史;总结了当前中国阅读疗法实践;展望了发展前景。书中认为中国的阅读疗法将从业余阅读疗法到专业阅读疗法、从自助式阅读疗法到交互式阅读疗法、从发展阅读疗法到临床阅读疗法、从阅读疗法到艺术疗法、从阅读疗法到信息疗法、从与国际接轨的阅读疗法到有中国特色的阅读疗法、从专业化阅读疗法到社会化阅读疗法[78]。全书最大特色在于理论研究的中国化,在对中华典籍的细细筛罗、对史上阅读疗法实例的翔实罗列、对发展远景的据实判断中,研究的艰苦和选题的意义不言自明。

《中国阅读文化史论》是一本论文集,也是以北京大学信息管理系为基础,以王余光为代表的多位作者多年来对阅读研究的成果集成。书中对阅读文化、读者阅读习惯、经典阅读、图书馆与阅读、出版与阅读、芝加哥学派的阅读研究、中西阅读史、读书热点和畅销书、网络阅读指导等多个方面的问题都有深入探讨[79]。

肖雪的博士论文《促进老年人阅读的图书馆创新机制》把老年人阅读放在社会大众阅读和老龄化社会的背景中进行考察,结合对城乡老年人阅读现状和对公共图书馆利用情况的实地问卷调查,指出老年人是一个同质性和异质性并存的群体,反映到阅读中就表现为阅读习惯的固定性、阅读目的的纯粹性、阅读影响因素的多样性、阅读层次以"浅阅读"为主的整体特征;认为公共图书馆应发挥主力作用,帮助老年人实现成功的阅读,从而调动他们更多地参与阅读;让阅读成为老年人的积极生活方式应是公共图书馆的目标。为达成这一目标,论文从宏观、中观、微观3个层面系统论述了公共图书馆促进老年人阅读的制度、策略和技巧创新[80]。论文丰富和深化了阅读及弱势群体知识援助的相关研究,在老龄化加剧的中国具有一定的现实意义。

在期刊方面,彭斐章、费魏从历史梳理的角度研究了阅读的时代性与个性,指出在文献稀缺时期、文献激增时期和信息膨胀时期的阅读特点各有不同,阅读的时代性孕育阅读个性。提出当前要弘扬阅读个性、培养全民阅读意识、重树经典阅读精神[81]。邹婉芬认为图书馆应在建设阅读社会中发挥主导作用,开展长期阅读推动活动,提供方便服务,引导网络阅读,加强书目与书评工作,培养儿童早期阅读和建立阅读基金会[82]。蔡红、唐秀瑜解读了当下流行的浅阅读现象,指出深阅读有待图书馆积极主动地履行读者教育职能,认为图书馆可以借助于推荐书目、书评、组织读书会和公益讲座等形式来引导读者进行深阅读,打造阅读型社会[83]。

阅读研究的华丽回归显露出学界对图书馆本质职能的反思,图书馆学人已经达成共识,图书馆应成为建立阅读社会的主导力量。但对这一问题的研究不能只是理论界的摇旗呐喊,还需要图书馆的参与和实践,两届全民阅读论坛在图书馆的大力支持下成功举办正说明了这一点。阅读研究还需深入,华丽回归之后是走向绚烂还是重新归于沉寂,2008 年国家社科基金项目中葛明贵的"青少年知识利用习惯和模式研究——一种心理学的视角"、丁延峰的"中国私家藏书个案研究——海源阁藏书研究"[84]让我们看到了一种上下求索的积极态度。

1.6　图书馆的社会融合之路探寻

Google 图书馆计划自 2004 年首倡以来就引起了国内外图书馆学者的密切关注和持续探讨,问题的焦点之一是图书馆与以 Google 为代表的网络信息提供商、传统书商、出版社等信息相关机构之间是否存在竞争? 焦点之二是图书馆应该如何应对? 尽管学者对于第一个问题众说纷纭、莫衷一是,但人们都意识到图书馆业态已发生明显变化,图书馆界必须积极应对。因此在第二个问题上给出了较为一致的答案,即加强社会合作、注重自身推广、吸纳用户参与,从而增进公众认知、谋求永续发展定位。随着时间推移,泛在知识环境、外部竞争加剧、Web2.0 技术扩展、图书馆联盟发展、用户信息使用行为的变化使得第二个问题的探讨更具现实意义,在 2007—2008 年间成为理论研究的重要议题。

2007 年第 73 届 IFLA 年会暨第 23 届世界图书馆和信息大会的主题就是"面向未来的图书馆:进步、发展与合作(Libraries for the future:Progress, Development and Partnerships)"。国际图联主席 Alex Byrne 在开幕致词中指出,图书馆等信息服务机构都是为了帮助人们获得各自所需知识并以此将人们联系起来,图书馆与其他相关机构合作会使图书馆变得更加强大、高效,更能为形成公正、和谐、进步的信息社会贡献力量[85]。OCLC 将通过图书馆合作将人们和知识连接在一起确立为自身使命,并以全球图书馆的连接为最终愿景[86];中国科学院国家科学图书馆与汤姆森科技信息集团实施战略合作[87],这些都与 Alex Byrne 的讲话构成良好的呼应和对接。

2008 年 IFLA 大会上,国际图联主席克劳迪娅·卢克斯(Claudia Lux)在致词时号召"将图书馆提上日程",呼吁打开图书馆的墙与门,走出去融入社会,呼吁使用 Web 2.0 为我们提供的更多的社会网络工具,在与我们的用户及朋友接触的过程中勇于创新,并为非用户提供了解图书馆信息的可能性[88]。她还认为,"成功说服所在的社区、地区机构、研究机构、公司、政府和国际组织等管理机构将图书馆事务纳入他们的日常工作日程,也就意味着我们图书馆员和信息工作者能够为建设更美好的世界贡献自己更多的力量。即使在经济、社会和政治等各方面存在着差异,我们的同行也必须为拓展信息和知识资源的获取做出重要贡献"[89]。

随着知识全球化的加速,跨文化的信息提供和交流成为图书馆社会融合时迫切需要面对的问题。2008 年第 74 届 IFLA 年会的主题"图书馆无国界:迈向全球共识"就主要关注图书馆在文化多样性、互补性背景中的表现。在卫星会议上的探讨凸现了这一主题的细微层面,如"为多元文化人群提供的家谱及地方志服务"、"从多元文化并存到文化融合:图书馆的文化连接作用"等。

Peter Giger 与 Eva Norling 在考察参与、民主、Web2.0、Library 2.0 和文化融合等概念的基础上,分析了瑞典布京理工学院吸引用户参与的两个案例,其一是建立一个全国及全球的合作社区,共同设立一份搜索指南;其二是引领图书馆赞助者参与到有关图书馆及其未来的讨论中。通过研究,他们指出图书馆应加入到开放资源、开放存取、开放讨论行动中;应围绕学习目标开展合作;应提高对开放资源和 Web2.0 系统的重视;应增进合作策略及互动策略的交流以更明智地应对未来;应让用户参与到内容创造和未来规划中[90]。

Alison Barlow 和 Anne Morris 调查了传统的和新建的公共图书馆中新用户的利用情况并与书店进行了比较研究。指出第一印象和适用性对于用户来说至关重要,而图书馆在工具利用、信息传递和发现流失用户方面较书店来说都稍逊一筹,图书馆应更多引入营销理念和方法,通过增加馆藏和馆藏组织介绍、提供初始指引工具和展示工具、采用合适的适用性评价方法来改善用户体验[91]。

陈传夫和吴钢认为,信息资源正由模拟形态进入数字形态、文献结构由线性到多维、读者更多地依赖网络获取信息、书刊涨价、其他信息行业的竞争等因素,正在促进图书馆业态的变化。这种变化的趋势主要表现在图书馆日益嵌入社会、逐渐成为读者中心,实现数字化获取、资源整合、馆际联盟、权威服务,以及回归其教育和文化价值。文中指出图书馆融入社会不仅要将自己的信息服务嵌入到社会发展的目标和规划中,而且要以人为本,与人们的生活方式融合。图书馆应成为社会信息环境的一部分,应积极利用 Google 的技术与市场优势,将 Google 纳入到图书馆环境[92]。

泛在知识环境是 2005 年首次出现的概念,郑永田归纳了其定义和特征,指出它是描绘图书馆现在和未来的一个非常贴切的专业术语,并列举了 LG 上南图书馆、Google 图书馆计划和内容开放联盟 OCA 等成功的泛在图书馆案例[93]。高兆云认为,在这种环境下数字图书馆构建的是一个多语言、多媒体、移动的、语义的数字图书馆知识网,要以前所未有的规模和速度来推动知识进步。数字图书馆的发展趋势是成为未来知识社区的中心,充分发扬人文精神,建设为用户提供无所不在的服务性、开放性、融入用户过程、以用户为中心的数字图书馆,提供面向需求、深入灵活的知识服务[94]。吴燕认为泛在智能是一种数字化的智能环境,它的产生和发展,变革了信息模式、信息传播渠道和信息利用机制,给图书馆的未来发展带来了前所未有的机遇,同时也严重削弱了图书馆在知识交流中的中介作用,使其面临着新的竞争环境。图书馆要在未来的知识服务中占据主动,就必须抓住机遇,充分利用自身优势,不断创新其管理模式和服务模式[95]。

舒正勇等分析了 Google 和百度的图书馆计划给图书馆事业带来的影响,认为图书馆可以根据具体情况,分别与两家公司开展合作,利用 Google 与百度提高虚拟参考咨询服务质量,提升服务价值链与核心竞争力[96]。刘晨对 Google 进行详细的解读,认为在某种程度上它与图书馆、数字图书馆有着理想主义的重合,又有着某些现实主义的优势。图书馆应学习 Google 的理念和意识,同时图书馆也有超越 Google 的地方,因此两者应互相合作,实现共赢[97]。这些观点都显示着图书馆界的心态更加开放,2008 年 OCLC 与 Google 签订了一份数据交换协议,通过 Google 扩大图书馆书目记录的价值,使馆藏及服务在网络上更广泛地被获取[98],这应当是对以上观点最好的行动注脚。

图书馆不仅加强了与其他信息机构的合作,而且内部的合作层次也在提升。2008 年中国社科院图书馆与高校人文社科文献中心结成战略合作伙伴[99];2008 年 11 月 5 日,湖南图书馆、湖南大学图书馆联盟建设合作协议正式签署,双方通过战略资源分配,在资源建设、资源利用、流程管理、科学研究、人才培养等多个维度进行合作。这标志着我国图书馆联盟从过去的资源联盟阶段升华到知识联盟的阶段[100],代表着图书馆合作的新发展。今后对于图书馆合作方面的理论研讨必将更加广泛。

1.7 图书馆管理:三驾马车同驰骋

科学管理是图书馆现代化转型的必然要求,因此图书馆管理研究一直方兴未艾,各种管理思想层出不穷,2007—2008 年主要表现为知识管理、战略管理和人本管理三驾马车共同驰骋的研究局面。

知识管理研究在近两年继续深化,知识转移和知识发现成为研究热点,立足实践应用的研究也有所增多。任全娥等在专家征询和案例调研的基础上,根据目前图书馆界对知识管理的认识程度及实施的实际状况,归纳并评价了国内外图书馆实施知识管理的 4 种模式,包括:既重视图书馆组织自身知识的管理任务,又重视社会知识产品的专门管理任务的实施模式;对知识管理的理解很大程度上局限于显性知识的应用管理即知识服务的实施模式;以知识共享组织文化的营造与学习型组织的建立为主要内容的实施模式;以知识资源共享理念与信息服务技术为支撑的图书馆联盟实施模式[101]。

在参考咨询服务中运用知识管理的探讨较多,宋云龙结合实例分析了一些具体的知识管理方案,主要是常见问题数据库、专家系统、知识仓库、合作参考咨询和数据挖掘,提出了实施过程中应注意的问题,指出有效的知识管理战略就要求图书馆深刻认识其母机构的知识领域和使用方式。参考馆员要将自己的思维模式从文献资源的管理者向机构记忆的管理者转移,承担起创造和管理知识的新角色[102]。

《郑州大学学报》2007 年第 6 期组稿力邀专家集中探讨知识转移与知识管理的问题,影响较大。邱均平认为,知识转移过程中本体论发挥的重要作用主要体现在削弱语义异构性、促进知识的存储和创新、促进隐性知识的显性化[103]。付立宏等研究了基于心理契约的图书馆知识转移,指出心理契约是维系馆员和图书馆关系的重要纽带,对图书馆知识转移的实施也起着良好的支持作用。知识转移要始终贯穿个人职业生涯,要有高效的激励措施保障,实行人本管理,建设符合本馆创新和发展要求的图书馆文化[104]。文庭孝研究了知识转移的学习基础,认为知识转移从本质上说就是知识学习,知识学习形成知识差和知识优势,知识差和知识优势导致知识转移产生,循环往复就形成了知识转移的学习机制[105]。此外,李炳英阐述了知识转移的内涵极其复杂自适应系统的特征。提出了知识转移的分析框架及其模型。指出知识转移系统的反应性、合作性、自主性和通信性会影响个体、集群、组织间的知识转移[106]。贺巷超认为,知识转移对于图书馆来说并没有带来新的课题,而仅仅是提供了一个新的视角。作为公共知识资源管理机构的图书馆,其知识转移应具有更丰富的内涵,不仅仅包括个人知识的转移,更重要的是还包括社会公共知识的转移;不仅仅是隐性知识的转移,更重要的是显性知识的转移;图书馆在社会公共知识间接转移过程中担当着连接知识发送者和接收者之间知识平台的角色,并使两者表现出高度的统一性[107]。

黄水清等以中国期刊网医药卫生大类的数据为测试集,采用的闭合式的知识发现方法,在中文科技文献中重现了两对概念的知识发现过程,验证了 Swanson 的基于非相关文献的知识方法中的闭合式方法在中文文献中同样可行[108]。他们还探讨了多种非相关文献知识发现过程的算法模型,提出了把该原理应用于汉语文献进行非相关文献知识发现的设想[109]。

吴常青讨论了目前作为研究热点的知识管理体系中知识集成的定义与模式,对基于非相关文献的知识发现方法的原理及进展加以探究,研究了知识集成与基于非相关文献的知识发现两者之间的共性与联系,指出基于非相关文献的知识发现法可纳入知识集成的方法体系,在隐性知识与显性知识集成、知识与人集成、知识与实践集成等方面提供可操作的具体而可行的途径,从而实现知识创新的目的[110]。

变化的环境中,图书馆的社会职能需要一套具有前瞻性的科学规划予以重新定位,政治、经济、文化、技术等因素带来越来越大的外部影响,时代潮流的变化带动了图书馆战略管理和战略规划研究的发展,国内外图书馆学界都对此表现了极大的兴趣。于良芝梳理了国内外有关公共图书馆战略规划的相关文献,明确了长期规划、战略规划的含义,认为两者存在根本区别,战略规划更注重从组织所处环境变化来选择未来趋势。长期规划和战略规划的价值在于:引导图书馆应对变化、把握未来,规范组织行为,增强组织活力,宣传价值。在当前我国公共图书馆发展环境下,实施战略规划对于公共图书馆界是非常有必要的[111]。吴悦结合对《美国图书馆协会2010战略规划》的分析,对美国图书馆协会在行业宣传、职业教育和行业队伍建设、行业标准与政策制定、会员发展与组织优化、知识自由维护、实施多元化政策与平等获取、提高公民信息素养等方面体现的功能和价值进行了深入解读,这些可供我国图书馆事业发展参考借鉴[112]。

还有不少研究者针对某一类或某个图书馆的战略规划展开了研究,柯平教授主持的国家社科基金重点项目《公共文化服务体系中的图书馆战略规划模型与实证研究》,结合国家提出的构建公共文化服务体系的规划目标,分析了图书馆面临的挑战和变化,从战略环境和战略主体维度构建适合我国各级各类图书馆实用的图书馆战略规划模型、标准和软件等。

吴慰慈先生研究了国家图书馆的发展战略,将其定位于研究性公共信息机构,要成为信息时代图书馆界的主导者和协调者、数字环境下制订并推行数字化战略的中流砥柱,要在履行基本职能的同时保持制度的创新,在全球化背景下开展国际和国内的广泛交流合作[113]。索传军承担的国家图书馆重大科研项目《国家图书馆数字战略研究》主要研究未来10—20年国家图书馆的战略走向,以及实现该目标的结构性和系统性需求,研究数字环境下国家图书馆数字图书馆建设、服务与资源共享的问题等。

李忠昊等人分析了四川省公共图书馆面临的社会转型和技术转型双重挑战和机遇,提出了通过改革构建公共文化服务体系与公共图书馆服务的保障机制,增建图书馆和完善传统业务工作,加强新技术应用和复合型图书馆建设,增进图书馆协作和文化信息资源共享工程建设,加大业务培训、学术研究和交流的力度,加快四川省公共图书馆立法等发展战略[114]。

人本管理研究主要从馆长和馆员两个角度分别开展。在馆长管理方面,李超等人以当今图书馆馆长为研究重点,对调查所得的数据进行分析比较,在主观幸福感、工作满意度两项指标中,馆长们的满意度高于总体水平。在对组织承诺水平的测评中,馆长们的情感承诺高于总体水平,而继续承诺明显低于总体水平。当今馆长群体存在高学历馆长缺乏、工作量大、高工作满意度与低继续承诺水平的矛盾等三方面的问题[115]。张峰的著作《大学图书馆馆长研究》全面探讨了大学图书馆馆长的角色、办馆活动和领导艺术,认为大学图书馆馆长的复合角色要求他们具有较高的综合素质,馆长的办馆理念是取得良好办馆效果的先决条件,人格魅力是凝聚人心的精神动力,馆长的领导艺术是把领导和管理思想及理念转化为办馆效果的桥梁。提出完善校(院)长领导下的馆长负责制应从系统整体观的角度进行调控,规定角色规范、建立选拔任用机制、加强角色培训、开展角色考核[116]。

在馆员管理方面,徐建华等开展的当代图书馆员的"工作满意度"、"快乐指数"、"消极心理"等系列调查颇有新意,也备受关注。对图书馆员的工作满意度调查主要抽取了公平满意度、获得满意度、工作价值感、组织氛围满意度、工作量满意度和管理者满意度 6 个因子,综合各行业人员工作满意度的水平考量,指出图书馆业从业人员的工作满意度水平并不高,他们对本职工作的热爱,对附加于工作的精神与物质条件的满意度均不是十分理想[117]。"快乐指数"调查主要从主观幸福感、工作满意度、组织承诺水平、快乐感受的实践历程变化 5 个方面展开,测算出当代图书馆员的"快乐指数"为 7.34,表明馆员的整体快乐水平偏上,快乐感受良好,整个行业处于比较快乐的心态体验之中,但性别、年龄、职称、收入、学历、工作满意度等多种因素的影响,内部呈现出比较明显的差异。据此提出,要提高馆员的快乐感受,需要政府持续加强对图书馆行业的重视与投入,全社会增加对图书馆行业的宽容度,全行业增进公共关系意识,图书馆内要设立多条职业发展通道,图书馆员个人要调整心态[118]。针对研究中发现的一部分程度不等的消极心理体验的图书馆员,归结了他们的共同特征并探讨了生成原因,提出要优先考虑满足男性普通员工的职业需求和关注图书馆行业中的底层从业群体[119]。他还对图书馆核心员工离职的原因、对图书馆创新能力的影响进行了研究,提出根据宏观策略、基本管理实践、展开模型、工作嵌入理论对核心员工的保持策略[120]。

王子舟等探讨了图书馆员的发展前景,认为将来图书馆员职业会以女性为主,职业形象从老套向得体转变;未来图书馆员将扮演善于交流的知识经纪人、社区居民的知识主管、博学敏捷的知识咨询师、某一领域的知识鉴赏家和业余自修的学习辅导员[121]。杨刚等主要研究了知识型员工需求的激励问题,提出应采取公平的发展机会、员工培训激励、绩效评价、薪酬奖励与工作内容丰富化等激励措施[122]。

现代化的图书馆需要现代化的管理思想,但再先进的思想也需要立足鲜活的实际,而如何将从企业管理移植过来的管理理念应用于图书馆工作实践,当是图书馆管理研究面对的最紧迫的问题。否则,雁过无声、水过无痕,理论研究成为空洞的过场,就失去了源于实践、指导实践的意旨。

1.8 学术史研究:温故而知新

"温故而知新"是学术史研究的宗旨,2007—2008 两年也产生了许多对名家名篇的重要纪念文字,在对学术传统重温的同时尤为关注现时的学科研究。

刘兹恒、潘梅为纪念周文骏先生《文献交流引论》出版 20 周年特意发文,重新检视我国图书馆学情报学界 20 年来的学术探索历程,思考周先生著作提出的问题,得到一些启示,主要是要有中国问题意识、保持观点和结构的统一、寻找学科对话的伙伴[123]。2007 年是刘国钧先生《什么是图书馆学》发表 50 周年,王子舟专门组稿,整理出刘先生的一篇课堂讲演稿,并重温了刘先生的文章,发掘其对今天的指导意义[124]。在这组文章之前,王子舟还特别撰文,指出学术创新必先从学术史研究入手,他认为现在图书馆学处于上升阶段,但在传统继承、学术积淀方面做得很不够,而离开了学术传统,就无从对现时研究进行评判,也就谈不上所谓的知识增量和学术创新的问题了[125]。

鲍振西、阎立中和黄俊贵三位先生也借此机会,对当前图书馆学研究的热点话题直抒胸臆,在学术风气、研究方向等方面提出了真知灼见,强调要对学术成果坚持数量与质量的统一,研究方向讲求理论联系实际,图书馆精神状况研究既要发掘历史更应着重现实,要寻求图书馆文化共识,促进图书馆事业发展[24]。这是黄俊贵先生 2000 年发表《丑陋的图书馆学》以来对图书馆学研究流弊的再次批评与警示,老先生们爱之深、责之切的治学态度,仰之弥高、钻之弥坚的为学之风,条分缕析、清晰明辨的行文思路可为后学之垂范,而文中提出的问题更值得当前研究者深思。

邱五芳直陈我国图书馆学研究明显失重,论著质量与数量不成比例,"二空"(空洞、空谈)"一跟"(跟风)之作不少[126],主张应大力弘扬实证研究,始终坚持现实主义取向,客观认识图书馆的地位和社会责任,避免伪实证研究[127]。徐建华与邱先生的看法不谋而合,他指出规范化的实证研究是提升自身整体研究水平的必由之路,但多种因素阻碍了实证研究的规范开展,要解决这一问题,认真踏实的学习态度,友善谦恭的合作精神是十分必要的[128]。

2008 年是改革开放 30 周年,柯平等人将这 30 年来的图书馆学基础理论研究归纳为一次对经验描述的历史传承和两次关于研究范式及研究重心的重大转折,认为图书馆学理论创新集中体现在关于研究客体的认识和图书馆活动主体的自省两大方面。但是与此同时,图书馆学基础理论的研究中还存在理论脱离实际、实证研究方法不足和缺乏学派研究模式等缺陷,未来还需要继续鼓励学科争鸣,拓展国际化研究视野,加强理论与实践的结合,保障人文与科学并重[129]。

1.9　结语

通过梳理 2007—2008 两年的研究成果,我们可将其特点归结为:识变、应变、求变。

所谓"识变",就是研究者对社会环境的变化反应灵敏,通过实证调查等方法实现了对现存问题的充分认识。研究者对国家制定的公共文化服务体系、"十一五"文化发展纲要、科学发展观、新农村建设等政策响应热烈,从中发现图书馆大发展的契机。对于图书馆业态的变化和泛在信息环境的发展,研究者也深有认同,分析较为全面深入。而无论是图书馆学教育,还是图书馆馆长和馆员,或是基层图书馆、农村信息服务体系,以及弱势群体状况的现状调查都映射出实证研究的光芒。

所谓"应变",就是理论研究中实践的影响日深,研究者突破传统窠臼,更自觉地探讨现实问题的应对之策。对于物理和虚拟空间遭遇的竞争压力和发展压力,开放合作、完善自我成为学界共识。开放合作表现在对图书馆社会融合之路的讨论、对民营图书馆的关注;完善自我表现在核心价值的追问、图书馆服务体系的研讨、阅读研究及图书馆科学管理问题的研究中。

所谓"求变"，就是研究者不囿于现实的增补，而致力于除旧布新，对图书馆、图书馆员、图书馆学理论体系、图书馆学教育的未来发展确立新的方向。所有的研究都更强调"知识"和"信息"，提出以此两点为核心，革新图书馆和图书馆学。学者对信息管理、情报学、经济管理等其他学科的学习和借鉴更加自如，也为图书馆学理论研究注入了活力。

但近两年实践环境、技术的飞速变化让研究者难以兼及，基础理论研究中也凸现出一些问题。这主要表现在：一方面，理论研究缺少对实践的尊重。美国图书馆协会确立图书馆的核心价值过程，先后成立两个小组、花费了 10 年时间，米歇尔·戈曼用"经历了一段艰辛的岁月"来形容过程的艰难[130]。反观我国的研究就显得有些随意，在辞藻的细微处着力甚多，但实践调查和与实践结合却少有。同样的问题在知识管理研究上同样明显，理论模型非常完美，但有关其在图书馆的实际运用以及相关案例的研究却比较少见。另一方面，理论过分追求解决实际问题。有些研究者出于对学科归属或职业需求或泛在信息环境的关注，提出了新的研究对象或理论体系，这些研究均有其意义，但学科发展是有内在科学逻辑的，过分追求解决实际问题会湮没学科特色和理论内核。所谓学术，"形而上者谓之学，形而下者谓之术"，它是对"形而上"的理论与"形而下"的实践的共同关照，不可偏废。但真正实现均衡确实困难，即便如此，我们仍需致力追求。

2007 年哈佛大学建校 317 年迎来了首位女校长——福斯特女士，这本身就预示着哈佛的变化，而她在就职典礼上的演说尤其引人深思。她说："知识的扩展意味着变革，但是变革往往带来不适。因为它总是同时包含着损失与收获，迷惑与发现。但是不安宁和叛逆对于思想的自由、创造和革新的自由来说是必需的。它们是塑造未来的关键。"[131] 图书馆学建立于知识研究的基点之上，面临令人心绪不宁的变化环境，是时候"将图书馆提上日程"，反思存在的问题和规划未来的发展路向了。从 2007—2008 年的研究中，我们明晰而且欣喜地看到了学界识变、应变、求变的态势，尤其当我们发现实证方法大量运用其中时，我们更有理由相信图书馆学基础理论务实、创新、求变的研究风格还将持续和发扬，对此，我们翘首以待！

参考文献：

1 Alex Byrne. Libraries for the future：Progress，development and partnerships[EB/OL].（2007-08-02）[2008-05-06]. http://www.ifla.org/IV/ifla73/papers/069-Byrne-en.pdf.

2 李超平. 扩大看图书馆学基础理论的角度——为吴慰慈老师七十华诞而作[J]. 图书馆论坛,2007(6):263-264,111.

3 吴慰慈. 图书馆学基础理论研究的走向[J]. 图书馆,2008(1):1,6.

4 王子舟. 面向知识的图书馆学发展新趋势[M]. 中国图书馆学报,2007(1):5-11.

5 马恒通. 图书馆知识传播论纲[J]. 中国图书馆学报,2007(6):26-29.

6 苏娜. 图书馆学研究对象之争[J]. 情报资料工作,2007(2):14-16,52.

7 龚蛟腾. 公共管理学体系中的公共知识管理学——关于图书馆学学科定位与归属的探讨[J]. 图书情报工作,2007(5):86-89,117.

8 龚蛟腾. 图书馆学上位学科再探究:知识管理学还是公共管理学[J]. 中国图书馆学报,2008(2):24-28.

9 刘兹恒,高丹. 构建面向职业的图书馆学理论体系——第五次全国图书馆学基础理论研讨会综述[J]. 中国图书馆学报,2008(3):78-81.

10 范并思. 论重构图书馆学基础理论的体系[J]. 图书馆论坛,2007(6):43-48.

11 范并思. 新世纪图书馆学基础理论的转型——理论体系重构的初步设想//刘兹恒,张久珍主编. 构建面向图书馆职业的理论体系[M]. 北京:北京图书馆出版社,2007:1-18.

12 柯平,弓克,孙情情. 图书馆学概念衍进二百年之思考[J]. 大学图书馆学报,2008(4):2-6.

13 盛小平,刘泳洁. 我国图书馆职业核心价值研究[J]. 图书馆杂志,2008(4):2-6,33.

14 俞传正,阳国华. 核心价值:我们共同的基石[J]. 图书馆建设,2007(3):20-23.

15 黄晓曼. 图书馆核心价值的探索和意义[J]. 图书与情报,2007(3):6-9,14.

16 王宏义,蒋永福. 作为图书馆核心价值的知识自由研究[J]. 中国图书馆学报,2008(5):20-25,67.

17 黄宗忠. 论图书馆核心价值(上)[J]. 图书馆论坛,2007(6):3-8.

18 黄宗忠. 论图书馆核心价值(下)[J]. 图书馆论坛,2008(1):1-3.

19 范并思. 图书馆核心价值研究:我们面临的挑战[J]. 图书馆建设,2007(6):15-18.

20 黄俊贵. 图书馆核心价值及其实现[J]. 中国图书馆学报,2008(5):14-19.

21 中国图书馆学会. 张晓林对主会场上午发言的点评[EB/OL].（2007-08-05）[2008-07-08]. http://www.lsc.org.cn/CN/News/2007-08/EnableSite_ReadNews 1117714751186243 200.html.

22 老槐. 序一//程焕文,王蕾编. 竹帛斋图书馆学论剑——用户永远都是正确的[M]. 广州:广东人民出版社,2008:1-6.

23 吴晞. 序二 又有花香,又有树高//程焕文,王蕾编. 竹帛斋图书馆学论剑——用户永远都是正确的[M]. 广州:广东人民出版社,2008:7-9.

24 鲍振西,阎立中,黄俊贵. 重实际 求共识 促发展——图书馆理论与实践研究纵横谈[J]. 图书情报工作,2007(11):131-138.

25 肖希明. 调查引发的思考——图书馆学教育七问[J]. 图书馆建设,2007(6):25-28.

26 肖希明等. 图书馆学专业教育与图书馆员职业竞争力——来自图书馆员的调查与分析[J]. 图书情报知识,2008(1):11-16.

27 肖希明,司莉,黄如花. 我国图书馆学教育发展现状的调查分析[J]. 图书情报知识,2008(1):5-10,16.

28 肖希明等. 图书馆学专业教育与图书馆员职业竞争力——来自图书馆馆长的调查与分析[J]. 图书情报知识,2008(1):17-21.

29 肖希明,黄如花,司莉. 我国图书馆学专业教育与职业需求的调查与分析[J]. 中国图书馆学报,2008(3):11-16.

30 王知津,闫永君,贺婷婷. 我国图书馆学研究生教育现状调查与分析(上)[J]. 大学图书馆学报,2007(4):63-70.

31 王知津,闫永君,贺婷婷. 我国图书馆学研究生教育现状调查与分析(下)[J]. 大学图书馆学报,2007(5):37-44,54.

32 金胜勇. 图书馆学专业教育竞争力分析[J]. 图书馆杂志,2007(7):63-65.

33 叶继元,Chaomei Chen. 坚守与拓展:中美图书馆学情报学教育科学定位的思考[J]. 中国图书馆学报,2007(2):18-23.

34 初景利. 国外图书馆学情报学教育新发展与新特点(上)[J]. 图书馆论坛,2007(6):211-215,136.

35 初景利. 国外图书馆学情报学教育新发展与新特点(下)[J]. 图书馆论坛,2008(1):17-21,3.

36 刘兹恒. 美国南康州大学的图书馆学远程教育及其对中国的启示[J]. 重庆图情研究,2006(4):1-5.

37 Charles T. Townley;万琳,耿骞译. 利用远程技术实现图书馆学情报学国际化学术教育[J]. 大学图书馆学报,2007(5):27-36.

38 海峡两岸图书资讯学系主任联席交流会关于专业教育若干问题的共识(备忘录)[J]. 图书情报知识,2008(5):15-16.

39 Mike Eisenberg. The sky is not falling! Opportunities abound as library schools become information schools[EB/OL]. (2007-09-20)[2008-04-25] http://www. oclc. org/programsandresearch/dss/pdf/eisenberg. pdf.

40 邹永利. 图书情报学教育的转型——国外图书情报学教育改革研究之观察[J]. 图书馆, 2007(6):25-28.

41 叶继元. iSchools 与学科整合[J]. 图书情报工作,2007(4):6-9,51.

42 张晓娟. iSchool 视野下加拿大图书情报学教育的分析与思考[J]. 图书情报工作,2007 (4):16-18,33.

43 陈传夫,于媛. 美国 iSchool 的趋势与启示[J]. 图书情报工作,2007(4):20-24,41.

44 中华人民共和国文化部.《公共图书馆建设用地指标》、《公共图书馆建设标准》及《文化馆建设用地指标》正式出台[EB/OL]. [2008-11-10]. http://www. ccnt. gov. cn/xwzx/wh-bzhxw/t20081021_58648. htm.

45 中国图书馆学会·图书馆服务宣言(2008)[EB/OL]. (2008-10-28)[2008-11-02]. http://www. lsc. org. cn/CN/News/2008-10/EnableSite_ReadNews1120725791225123200. html.

46 邱冠华. 图书馆服务宣言——从百年精神到核心价值的转变[J]. 图书馆建设,2008 (10):6-8.

47 信舒利. 解析《图书馆服务宣言》[J]. 图书馆建设,2008(10):9-10.

48 任瑞. 中国图书馆学会发布《图书馆服务宣言》[OL]. http:// www. nlc. gov. cn/yjfw/2008/ 1107/article_645. htm.

49 于良芝,邱冠华,许晓霞. 走进普遍均等服务时代:近年来我国公共图书馆服务体系构建研究[J]. 中国图书馆学报,2008(3):31-40.

50 于良芝. 为了普遍均等的图书馆服务——评苏州图书馆的分馆建设[J]. 国家图书馆学刊,2007(3):18-19.

51 于良芝. 建立覆盖全社会的公共图书馆服务体系[J]. 图书与情报,2007(5):23-24.

52 于良芝,陆秀萍,刘亚. 公共图书馆总分馆建设的法律保障:法定建设主体及相关问题[J]. 图书情报工作,2008(7):6-11,31.

53 中国图书馆学会. 第十一分会场快讯[EB/OL]. (2007-08-07)[2008-07-08]. http:// www. lsc. org. cn/CN/News/2007-08/EnableSite_ReadNews1117771438118641600. html.

54 李静. 图书馆学新年峰会聚焦热点话题:总分馆制与省级图书馆定位[EB/OL]. (2008-01-20)[2008-07-15]. http://www. ccdy. cn/pubnews/511024/20080120/535049. htm.

55 于良芝,王俊平. 农村信息服务效果及影响因素:信息服务组织视角//刘兹恒,张久珍主编. 构建面向图书馆职业的理论体系[M]. 北京:北京图书馆出版社,2007:256-270.

56 于良芝等. 农村信息服务效果及其制约因素研究:农民视角[J]. 图书馆杂志,2007(9):
    14-20.

57 于良芝等. 建立面向新农民的农村信息服务体系:天津农村信息服务现状及对策研究[J].
    中国图书馆学报,2007(6):30-35,40.

58 程焕文. 岭南模式:崛起的广东公共图书馆事业[J]. 中国图书馆学报,2007(3):15-25.

59 王冬等. 北京市青少年网络利用与图书馆利用调查报告[J]. 图书与情报,2007(1):32-41.

60 郜向荣,侯玮辰,王子舟. 北京市农民工知识能力及对图书馆需求的调查报告[J]. 图书
    馆,2008(4):4-10.

61 董克等. 武汉市农民工知识能力及图书馆需求调查报告[J]. 图书馆,2008(4):11-17.

62 吴丽娟等. 深圳市外来务工人员知识能力及图书馆需求调查报告[J]. 图书馆,2008(4):
    18-24.

63 王子舟等. 图书馆如何对网瘾青少年实施知识援助[J]. 图书与情报,2007(1):23-
    31,49.

64 王子舟,夏凡. 图书馆如何对残疾人实施知识援助[J]. 图书情报知识,2007(2):5-18.

65 王子舟,金美丽. 图书馆如何对农民工子女实施知识援助[J]. 新世纪图书馆,2008(3):
    17-22.

66 吴建国. 第一分会场汇报[EB/OL]. [2008-03-12]. http://www. lsc. org. cn/CN/News/
    2007-11/EnableSite_ReadNews1111416061194796800. html.

67 张广钦,张丽. 关于面向公众的基层图书馆服务网络建设[J]. 中国图书馆学报,2008
    (2):33-37.

68 王效良. 中德基层图书馆比较[J]. 图书情报工作,2008(1):139-142.

69 杨玉麟,赵冰. 关于建立基层图书馆培训志愿者行动长效机制的思考[J]. 中国图书馆学
    报,2008(3):94-96.

70 程焕文. 图书馆家园:援助图书馆人计划[EB/OL]. (2008-05-21)[2008-05-25]. http://
    blog. sina. com. cn/s/blog_4978019f01009bcl. html.

71 谷秀洁,张广钦. 公共产品理论视角下的民营图书馆[J]. 图书情报工作,2007(1):11-
    14,107.

72 李东来主编. 书香社会[M]. 北京:北京图书馆出版社,2008:81-88.

73 梁灿兴. 试析民营图书馆生存空间的特征[J]. 图书情报工作,2007(1):15-18,59.

74 马艳霞. 民办图书馆研究[D]. 武汉:武汉大学,2008.

75 杨玉麟. 第三分会场汇报[EB/OL]. (2007-11-01)[2008-01-22]. http://www. lsc. org. cn/
    CN/News/2007-11/EnableSite_ReadNews1111415981193846400. html.

76 文化火种寻找之旅——个体公民公益图书馆事迹寻访录[EB/OL].[2008-10-11].http://kindling.im.pku.edu.cn/default.asp.

77 李东来主编.书香社会[M].北京:北京图书馆出版社,2008.

78 王波.阅读疗法[M].北京:海洋出版社,2007.

79 王余光等.中国阅读文化史论[M].北京:北京图书馆出版社,2007.

80 肖雪.促进老年人阅读的公共图书馆制度创新[D].武汉:武汉大学,2008.

81 彭斐章,费巍.阅读的时代性与个性[J].中国图书馆学报,2008(2):9-15,23.

82 邹婉芬.构建阅读社会:图书馆的使命与对策[J].图书情报工作,2007(3):113-116,86.

83 蔡红,唐秀瑜.浅阅读时代图书馆的深度选择[J].图书馆,2007(3):41-43,46.

84 全国哲学社会科学规划办公室.图书馆·情报与文献学(61项)[EB/OL].[2008-06-25].http://www.npopss-cn.gov.cn/planning/xm2008/tsqb.htm.

85 Alex Byrne. Libraries for the future:Progress, development and partnerships[EB/OL].(2007-08-02)[2008-05-06].http://www.ifla.org/IV/ifla73/papers/069-Byrne-en.pdf.

86 OCLC简介.使命和愿景[EB/OL].[2008-04-18].http://www.oclc.org/asiapacific/zhcn/about/mission/default.htm.

87 2007年国家科学图书馆大事记[EB/OL].[2008-11-15].http://www.las.ac.cn/las/about-nsl/memo.jsp.

88 中国图书馆学会.2008国际图联快报第三期[EB/OL].(2008-08-10)[2008-10-12].http://www.lsc.org.cn/Attachment/Doc/1226559887.pdf.

89 中国图书馆学会.2008国际图联快报第一期[EB/OL].[2008-10-12].http://www.lsc.org.cn/Attachment/Doc/1210301535.pdf.

90 Peter Giger, Eva Nroling. Library participation culture[EB/OL].[2008-07-15].http://www.ifla.org/IV/ifla73/papers/074-Giger_Norling-en.pdf.

91 Alison Barlow,Anne Morris. Usability of public libraries:perceptions and experiences of new users.[2008-08-05].http://www.ifla.org/IV/ifla73/papers/122-Barlow_Morris-en.pdf.

92 陈传夫,吴钢.图书馆业态的变化与发展趋势[J].中国图书馆学报,2007(3):5-14.

93 郑永田.国外泛在图书馆理论与实践研究进展[J].图书馆杂志,2007(10):3-6.

94 高兆云.论泛在知识环境下的数字图书馆发展趋势[J].情报杂志,2008(2):156-158.

95 吴燕,张志强.泛在智能与图书馆的未来发展[J].情报科学,2007(1):25-29.

96 舒正勇,贾空寒,贾玉文.中国图书馆如何面对Google与百度的"图书馆计划"[J].图书馆建设,2007(2):16-18.

97 刘晨.Google解读及图书馆的应对思考[J].中国图书馆学报,2007(4):88-90,99.

98 OCLC 与 Google 交换数据,把数字图书链接到 WorldCat[J/OL]. 数字图书馆论坛. [2008-11-10]. http://www. dlf. net. cn/newsshow2. asp? articleid =1241.

99 图宣. 我院图书馆与高校人文社科文献中心结成战略合作伙伴[N]. 中国社会科学院院报,2008-05-13(1).

100 李华艳,陈有志. 湖南两大图书馆结成知识联盟[EB/OL]. (2008-11-13)[2008-11-13]. http://www. lsc. org. cn/CN/News/2008-11/EnableSite _ ReadNews 1923426111226505600. html.

101 任全娥,陈大洋. 国内外图书馆实施知识管理的几种模式[J]. 图书情报知识,2007(3):25-29.

102 宋云龙. 参考咨询服务中的知识管理方法研究[J]. 图书馆工作与研究,2007(5):46-48.

103 邱均平,程妮. 论知识转移的本体论基础[J]. 郑州大学学报(哲学社会科学版),2007(6):104-107,112.

104 付立宏,申峰. 图书馆知识转移的心理基础[J]. 郑州大学学报(哲学社会科学版),2007(6):109-111.

105 文庭孝. 知识转移的学习基础[J]. 郑州大学学报(哲学社会科学版),2007(6):111-112.

106 李炳英. 个体、集群、组织间知识转移影响因素的分析研究[J]. 情报科学,2007(10):1458-1462.

107 贺巷超. 基于公共知识资源视角的图书馆知识转移[J]. 情报资料工作,2007(6):18-20.

108 黄水清,熊健,李志燕. 闭合式非相关文献知识发现方法在中文文献中的验证[J]. 中国图书馆学报,2007(5):83-87.

109 李志燕,黄水清,严文强. 非相关文献知识发现的算法模型与探讨[J]. 图书馆理论与实践,2007(5):31-33.

110 吴常青. 知识集成与基于非相关文献的知识发现法[J]. 情报杂志,2007(11):32-34.

111 于良芝. 战略规划作为公共图书馆管理的工具:应用、价值及其与我国公共图书馆的相关性[J]. 图书馆建设,2008(4):54-58.

112 吴悦. 论美国图书馆协会之功能——以《美国图书馆协会2010战略规划》为视点[J]. 图书馆建设,2008(4):92-96.

113 吴慰慈,蔡箐. 国家图书馆发展战略研究[J]. 国家图书馆学刊,2008(2):15-20.

114 李忠昊等. 四川省公共图书馆发展战略研究——四川省公共图书馆现状分析与发展战略之三[J]. 四川图书馆学报,2007(1):2-9.

115 李超,徐建华,王雪莲. 图书馆馆长群体现状的实证研究[J]. 中国图书馆学报,2008(4):41-44,50.

116 张峰. 大学图书馆长研究[M]. 合肥:合肥工业大学出版社,2007.

117　徐建华. 引言:从实证的角度研究当代图书馆员的工作满意度[J]. 图书情报知识,2007 (9):5-7.

118　李超等. 当代图书馆员"快乐指数"调查主报告[J]. 图书情报工作,2007(6):6-11.

119　李超,徐建华,柳金石. 当今图书馆员消极心理体验的实证研究[J]. 图书情报工作,2008 (1):18-21.

120　徐建华,柳金石,王云石. 图书馆核心员工离职行为对图书馆创新能力影响研究[J]. 图 书与情报,2008(3):42-46,52.

121　王子舟,吴汉华. 图书馆职业的发展前景[J]. 中国图书馆学报,2008(2):16-23.

122　杨刚,宁婧,张晓英. 基于图书馆知识型员工需求的激励问题研究[J]. 情报科学,2007 (9):1302-1305.

123　刘兹恒,潘梅. 及之而后知 履之而后艰——纪念周文骏先生《文献交流引论》出版20周 年[J]. 中国图书馆学报,2007(1):80-84,95.

124　王子舟等. 衡旧如新立意高 遗篇一读想风标——纪念刘国钧《什么是图书馆学》发表50 周年座谈[J]. 图书情报工作,2007(3):25-28,32.

125　王子舟. 学术创新必先从学术史研究入手[J]. 图书情报工作,2007(3):5.

126　邱五芳. 畅饮理性泡沫[J]. 图书馆杂志,2007(9):61-62,21.

127　邱五芳. 中国图书馆学应进一步弘扬实证研究[J]. 中国图书馆学报,2008(1):16-21.

128　徐建华,李超. 莫让规范化的实证研究在当今图书馆学研究中缺位——"当代图书馆员 快乐指数"研究的启示//刘兹恒,张久珍主编. 构建面向图书馆职业的理论体系——第 五次全国图书馆学基础理论研讨会论文集[M]. 北京:北京图书馆出版社,2007:81-86.

129　柯平,赵益民,高爽. 改革开放30年图书馆学基础理论研究回顾与思考[J]. 中国图书馆 学报,2008(5):72-78.

130　高放. 国内图书馆核心价值观研究面临的挑战和问题[J]. 情报资料工作,2007(6): 21-24.

131　陈晋. [哈佛笔记之四]哈佛第一任女校长就职典礼见闻[EB/OL]. (2007-11-12)[2008- 10-26]. http://www. caijing. com. cn/2007-11-12/100034785. html.

2 以用户为中心的服务创新

——2007—2008 年图书馆服务活动发展及相关理论研究

服务一直是图书馆安身立命之本,是图书馆一切工作的灵魂。美国图书馆学家谢拉曾说过,"服务,这是图书馆的基本宗旨"。因此,当今的图书馆比以往任何时候都更加重视服务。2007—2008 年,国内外有关图书馆服务的理论研究和实践探索的热点和焦点主要集中在服务理念和服务模式的创新、公共文化服务体系的构建、用户研究以及国内外图书馆创新服务实践等方面。

2.1 创新的服务理念

所谓"理念"是指人们在理性思考和亲身体验的基础上形成的关于某一事物或活动的本身及其价值和价值实现途径的根本性判断与看法。图书馆理念是图书馆在经过不懈的理论研究和实践探索的基础上形成的关于图书馆如何实现自身价值的基本观念和基本准则,是贯穿图书馆服务工作的基本指导思想。任何图书馆理念的产生都与当时的社会政治、经济、文化背景以及在此背景下的图书馆的具体实践紧密相连,并随之发展而发展[1]。当前图书馆界所推出的创新的服务理念反映了当今读者对图书馆服务理念和服务模式的需求,主要表现为创新服务、人本服务和公平服务等。这些理念也是当代公共图书馆实现市民终身教育、提供信息平等获取和数字技能,传播文化、培育社会阅读兴趣和满足娱乐、休闲等使命和功能的必然要求[2]。

2.1.1 创新服务

随着社会和信息技术的发展,当代图书馆服务面临着前所未有的挑战,比如图书馆到馆读者减少、读者阅读发生变化，网络替代服务增强等，面对以上挑战，唯有创新才是图书馆服务应对挑战的最重要的出路。广义上的图书馆创新是指一切关于图书馆服务或针对图书馆服务的创新行为与活动。图书馆服务创新的方式有很多种，比如重组创新、专门化创新、形式化创新、技术创新[3]。图书馆要想服务创新，首先是服务观念的更新，并由此带动服务管理、服务手段、服务内容、服务环境的创新，从而达到服务质量、服务水平的提升。图书馆服务创新就是根据图书馆发展的形势和读者不断变化的需求，更新服务观念、深化服务内涵、拓展服务范围、引进科技新成果、改善服务手段的一个过程。服务创新是推动国家图书馆事业发展应该坚持的理念[4]。为此，柯平提出了当代图书馆服务的 10 个理念：USE（一切利用）、USER（一切用户）、OPEN（开放服务）、FREE（免费服务）；FACILITIES（便利服务）、HUMANISTIC（人性化服务）、INDIVIDUALIZED（个性化服务）、MARKETING（营销服务）、COMPETITION AND COOPERATION（竞合服务）、INNOVATION（创新服务）。他还指出延伸服务、知识服务、专业服务、个性导向、品牌服务以及开放获取将是当代图书馆服务的创新趋势[5]。

近年来，图书馆界对在新兴的 Second life 等虚拟世界中提供服务也表现出强烈的兴趣。这些虚拟世界为图书馆带来了很多新的机会：可以利用虚拟世界为真实世界提供服务与资源，图书馆也可向虚拟世界提供服务与资源。Second life 为图书馆提供了很丰富的画面（graphic）和聊天环境，图书馆员可以通过这个虚拟空间跟网络用户建立联系，为他们提供数字参考服务。同时，图书馆还可以利用动画环境，将自己的实体馆藏通过动画展现出来。最有趣的是可以通过虚拟世界模拟不同层次的图书馆漫游[6]。尽管公共图书馆、学校图书馆、学术图书馆和专业图书馆都是独立运营，但是这些图书馆已经加强合作，建立了一个相互连接、相互依靠的资源和员工网络，从各个不同层面，通过多种渠道影响着大众的终生学习，为不同种族、不同年龄、不同需求的人们提供公平服务[7]。

2.1.2 人本服务

黄宗忠指出，为了我国图书馆事业的持续发展，必须要：(1)由以图书馆现代化为重心转变为以提高图书馆服务档次为重心，树立"读者第一，服务为本，推动我国图书馆事业持续发展"的理念；(2)由以阅览外借为主的一般化服务转变为以人为本的人性化服务，树立"以读者为本、公正平等、信息自由获取、人性化服务”的理念;(3)由以馆内利益为重转变为以读者利益为重,树立“公益性事业,免费服务”的理念:(4)由不重视信息资源的存储到重视信息资源建设,树立“收集、保存人类记忆与文献信息资源是图书馆服务的基石”的理念。[8]

《图书情报知识》在 2007 年第 1 期对“用户永远都是正确的”这一图书馆服务基本理念进行了专题讨论,这些论文和笔谈,使图书馆界对图书馆服务理念的认识更加深入,也更加关注了。

大英图书馆在其“重新界定图书馆:2007/08 行动计划”(Redefining the library: Action plan for 2007/08)中指出,在当今这样一个信息无处不在,新方法、新技术、新产品层出不穷的时代,人与人之间无国界、无种族、无地域限制的交流与碰撞所激发出的信息流、智慧流、情感流是非常重要的财富。图书馆应首先具有远见和决心,确立优先发展项目,更多想到用户,不断评估和提升自己的技术,为发展经济和缓解社会压力承担责任,这就是大英图书馆的服务理念与奋斗目标。为了实现该目标,该馆已经汇集了自 1753 年以来的收藏,保存并提供给市民及其后代使用;为所有好学和好奇的人提供世界知识。大英图书馆给自己的新定位是:一个伟大的国家图书馆应建立在公共与经济价值上,以此为基础开展研究,帮助人们更好、更快地获取知识,来丰富人们的生活。[9]

随着 Web2.0 技术在信息行业的应用以及社会性网络服务的兴起,允许用户参加图书馆的业务活动,越来越成为图书馆服务的一种趋势和呼求。读者和用户认为自己有权给图书馆的历史照片馆藏加上标签和注释,在图书馆编目中加入图书评论和意见,为数字图书馆提供自己制作的照片和标题,等等。有几个图书馆已经在编目体系中添加了这方面的功能。为图书馆提供服务的开发商如 OCLC 也已为图书馆开发了一些相关产品,满足这样的需求,让用户能将评论、标签和其他信息添加到编目信息中。[10]有些图书馆还为数据库界面提供多种模板,以便用户能根据自己的喜好对这些数据库进行个性化的设置。[11]但是,做了这些还远远不够,还需要加强接口(enhance interface),增加新的资源形式,指定战略性文献采访(acquisition)方针。[12]

2.1.3 公平服务

近年来,国内图书馆界关于公平服务的研究重心主要集中在为残疾人等弱势群体的服务上。公共图书馆如何发挥自己的优势,脚踏实地地为残疾人等弱势群体服务成为当今乃至今后图书馆界研究和探讨的热点和方向。国外对这方面的研究起步较早,许多成功的经验也为国内图书馆提供了很好的启示。

在为残障人士提供服务方面,王子舟等人指出,无障碍环境建设、特殊文献资源建设以及残疾人数字图书馆建设,是图书馆对残疾人实施知识援助的基本条件;根据不同类别对残疾人提供深度知识服务,是图书馆帮助残疾人实现平等获取知识信息权利的有力手段;国家政策及法律的完善,图书馆管理体制的创新等,是图书馆帮助残疾人充分参与社会生活,回归社会主流的制度保障。[13]储荷婷等人则强调,图书馆必须预期到残障人员的需求,而且对残障人员的认识要超越“轮椅”范围,必须培养一支训练有素的队伍来为他们服务,必须确保图书馆所有的网络资料、书目记录以及各服务项目都能被残障用户使用。[14]

美国图书馆残疾人服务,有专门的国家政策及法律作保障,有方便周到的服务设施,有专门的馆藏及服务网络,提供个性化的细节服务,有为特殊群体服务的专业馆员。[15]澳大利亚国家图书馆遵照该国政府1992年颁布的《反残障人士歧视法》相关规定,为残障人士提供更加便捷的服务和良好的环境,并将其作为一项战略性内容列入图书馆的年度发展报告。为了提高馆员的残障意识(Disability awareness),英国邓迪大学图书馆还于2006—2007年间创建了一个数字学习模型,通过数字化的学习培训和在线交流帮助馆员加强对残障人士的理解,以提供更优质的服务。[16]在法国布洛尼—比扬古市(Boulogne-Billancourt City)的一家公共图书馆内,专门设有“残障人士的数字图书馆(Digital Library for Disabled Persons)”,致力于使残障人士更为便捷地获取数字化出版物。加拿大图书馆界为残疾人服务是通过公共图书馆和高校图书馆两个系统来实现的,其中加拿大国家盲人协会图书馆是公共图书馆服务的代表,也是加拿大图书馆界为残疾人服务的中心。[17]此外,国外许多高校图书馆网站普遍专门开设了残疾人服务,如加州大学伯克利分校图书馆和斯坦福大学图书馆。

国内图书馆界近年来在这方面也做了积极的尝试,比如,广州图书馆设立的盲人电子阅览室,[18]国家图书馆倡导与中国残疾人联合会信息中心及中国盲文出版社三家合作建设中国盲人数字图书馆等。尽管如此,与发达国家图书馆相比,我国图书馆在为残障人士服务方面还存在很大的差距,应当进一步学习借鉴其优秀经验,努力提高我国图书馆为残障人士服务的水平。

除残障人士以外,图书馆服务中特别强调关心的弱势群体还包括老年人、农民工、少年儿童等。

在老龄读者服务方面，国外图书馆界的做法值得借鉴。英美两国的图书馆协会将老龄者问题考虑到图书馆的政策中，以"超越因年龄增长带来的障碍，提供与普通成人读者同样的图书馆服务"为主题，专门为老龄读者制定了"图书馆老龄读者服务指南"，对图书馆老龄读者服务的方针、具体内容，以及对图书馆的服务设施与设备、图书馆员的条件等做了具体规定[19]。为了迎合老年读者的需求，美国新泽西州的老桥公共图书馆（The Old Bridge Public Library，New Jersey，USA）为年龄在60岁以上的读者建立了一个专门的"老年人空间"，根据老年人的生理特点配备家具、书籍以及相关设备，定期组织各种专题培训，包括教老年人上网、创建播客和博客、玩在线游戏等。目前，"老年人空间"已成为该图书馆的品牌服务项目，改变了人们对于为老年读者提供服务方式的看法[20]。

农民工问题是我国国情下的特殊问题，近年来，国内图书馆界越来越重视和关注农民工对图书馆的需求，《图书馆》2008年第4期发表了关于北京、武汉、深圳三地农民工知识能力及对图书馆需求的调查报告，了解农民工的知识需求，帮助图书馆为农民工提供有效的知识援助。

在为少年儿童提供服务方面，美国的图书馆通过开发网上教学，为在家学习（Homeschool）的儿童和青少年服务，定期通过电子邮件发送课程和教学资料等。通过移动图书馆为低收入家庭和农村学校的儿童提供多种图书馆服务，包括讲故事、手工课和其他活动。澳大利亚各公共图书馆都有专供儿童和中小学生阅读和活动的空间，适合各个年龄段孩子的不同种类图书、视听读物等应有尽有，孩子们可随意取阅。图书馆的宗旨包括：为孩子提供交流的空间；通过游戏获得可信赖的信息；为成长期孩子的父母提供指导；让孩子父母在买玩具之前有实验的机会；帮助父母适应成长中孩子的兴趣和需要；对残障孩子的服务给予特别支持等。肯尼亚恩布省（Embu，Kenya）图书馆把儿童服务延伸到了医院，为医院里的住院儿童提供情绪和心理的支持，同时也是为了增加图书馆的读者和文献流通。恩布省图书馆是肯尼亚全国图书馆服务体系中首家向住院儿童提供图书馆服务的机构，整个肯尼亚图书馆服务体系中的其他图书馆以及世界各地的图书馆都可以在他们的服务区域效仿[21]。

2.1.4　泛在图书馆

泛在图书馆(ubiquitous library)是国外近几年提出的一个概念,是全新的图书馆理念。泛在图书馆的重要意义在于,它突破现有物理图书馆和数字图书馆的藩篱,打破人们对图书馆的传统认识,真正能够从用户及其需求出发,遵循用户新的需求,适应用户的行为变化,将图书馆的服务融入用户科研和学习的一线,嵌入用户的科研和学习过程之中,用户在哪里,服务就在哪里,拉近与用户的距离,消除与用户之间的隔阂,模糊和淡化图书馆与用户之间的边界,创造图书馆服务于用户空间和过程有机融合的一种新的平衡状态,为用户提供一种到身边、到桌面、随时随地的服务[22]。

2.2　创新的服务模式

在数字化网络化发展的今天,随着信息网络技术的不断发展和电子资源的日益丰富,图书馆读者需求也呈现由简单到复杂、由平面到立体、由独占到共享的发展趋势。为适应这些变化,图书馆服务模式正在发生着重大变化,其显著特点就是传统图书馆的物理馆藏空间与网络数字空间日益融合,图书馆与用户之间的互动交流明显增强,个性化服务更加丰富多彩。知识服务、整合服务等创新服务模式都成为研究的热点。

2.2.1　知识服务

1999 年,任俊为在《图书情报知识》第 1 期上发表题为《知识经济与图书馆的知识服务》[23]一文,第一次将"知识服务"的概念引入图书情报领域。随后,2000年张晓林在《中国图书馆学报》上发表了"走向知识服务:寻找新世纪图书情报工作的生长点"[24],正式提出图书馆知识服务的研究主题,从此掀起了对图书馆知识服务研究的热潮。近两年来,关于知识服务的研究一直在延续。一方面,知识服务的基础理论研究更加深入,对于知识服务的定义和内涵,学者们有了更加丰富的理解;另一方面,随着我国知识工程及数字图书馆建设的深入开展,图书馆知识服务的实践也更加多样。

对于知识服务,有人认为它是深层次的信息服务;是一种服务观念、服务类型,亦是一种服务能力;追求"大服务体系";关注隐性知识开发;是一种效益服务;体现了图书馆文化[25]。也有人认为知识服务是一个不断发展的动态概念,它的内容应该是用户所需的知识体系;在整个知识构成体系中,包括在实践的基础上形成的各学科的显性知识,在知识组织过程中开发和挖掘的隐性知识,以及在知识应用基础上的创新和发展;它是一个完整的知识交流和应用过程[26]。图书馆知识服务的发展趋势是:服务知识化、服务顾客化、服务交互化、服务专业化、服务合作化、服务特色化、人员素质化[27]。

近年来,许多信息服务机构为应对数字环境都在进行着知识服务的探索和实践,努力超越传统模式,拓展新的服务内容和形式。如知识导航服务、数字参考咨询服务、咨询公司模式的团队知识服务、各种个性化的定制服务、网络学习中心以及社区信息枢纽等。这些研究为开发知识服务提供了视角和基础。

但是,走向知识服务,实现知识"服务化"和服务"知识化"的现状却不容乐观。主要是由于:一是知识服务理论研究滞后于实践,正在成为知识服务的制约因素;二是知识"服务化"的实践,要求知识服务主体能够识别用户需求的语义;三是服务"知识化"的实践,要求知识具有语义特性[28]。

国外的知识服务已经从理论探讨阶段进入到具体实践操作层面上了,如澳大利亚国家图书馆就利用维基(wiki)和博客(blog)技术支持馆内与馆外的交流与合作,这为知识服务提供了一个交流合作的平台,也是该馆 2007 年的创新服务之一。大英图书馆在为大型机构服务时,能够从专业方面对其进行辅导。如对管理人员进行领导力培训等。还有对中小型企业进行信息培训,像如何确定产品的发展机遇及市场增长潜力,如何了解竞争对手情报,如何支持更多符合成本效益的采购,降低研究成本和寻找经费来源,利用更有效的专利来支持营销活动,帮助企业启动。他们通常通过专利查新,帮助他们研究分析市场,评估发明项目的价值,提供稳定公司的财务数据并寻找潜在客户与之取得联系,最终帮助他们启动生意。

总之,我国图书馆知识服务研究有待进一步深入。图书馆工作者应该加强国内外学术交流,促进知识服务理论发展;同时积极进行国内外知识服务比较研究,借鉴他人先进经验,丰富图书馆知识服务理论,指导知识服务实践。

2.2.2　整合服务

随着数字资源的剧增,读者和用户对图书馆的需求内容呈现高度专门化与综合化的趋势,他们想得到内容更全面、类型更丰富、主题性强的整合后的资源。整合服务就是为适应读者的这一需求而出现的一种全新的服务,目前已成为当前图书馆服务领域新的研究热点。研究的重点主要集中在馆藏文献资源整合、信息共享空间以及机构库等。

现在图书馆资源整合的重点是数字资源的整合。数字资源的整合就是将相对独立的数字资源实现无缝链接进而产生一种新的知识组织方法。它是一种数字资源优化组合的存在状态,其整合程度直接关系到数字资源能否被高效吸收与利用。数字资源整合服务是对已有的数字资源进行有效整合,建立各数字资源间的有机联系,以统一的界面向用户提供跨库检索服务。数字资源整合服务可以解决信息资源分散性与读者信息需求综合性的矛盾,提高信息资源利用率,实现信息的增值服务,实现最大限度的资源共享。图书馆根据读者的不同需求和自身的条件,采用不同层面的整合技术实现阶段性的数字资源整合服务。当前主要有 3种:利用 OPAC 提供数字资源整合服务,建立数字资源导航的整合以及利用 SFX 提供数字资源整合服务[29]。

信息共享空间(Information Commons,简称 IC)是在读者多样化学习方式和开放获取的背景下发展起来的。IC 是大学图书馆一种"以读者为本"的服务新模式。它将参考咨询、网络技术和多媒体资源结合在一起,为读者提供一个促进学习交流、互动合作、研究创新的共享环境[30]。IC 是一种高度整合的信息服务模式,是适应现代人们需求的学习和交流空间。IC 的出现与发展为图书馆更好地整合资源、拓展信息服务空间提供了新的平台,受到了广大读者和用户的欢迎[31]。国内外 IC 理论研究现在主要集中在 IC 的概念、模式、治理和评价、发展方向以及 IC 与 Learning Commons、Lib2.0 的关系等[32]。IC 的理念与实践为现代图书馆提供了一种新型、动态的资源管理与服务视角。IC 的中心任务是提供空间、资源和服务的整合,进一步地整合、重新界定这些资源和服务,创造一站式的无缝服务环境,以满足各类型用户的需求,同时也随着用户类型、需求等的变化而发展。IC 的出现,使得图书馆在服务内容和形式上有了一定程度的拓展与创新,图书馆可以提供"一站式"综合服务环境,可以创建用户信息素质教育培育新模式,也可以增加图书馆促进学生社会交往与研究协作的服务功能[33]。图书馆在 IC 规划与建设的实践中要注意构建和谐的实体空间、构建开放获取的虚拟空间、选择合理的构建模式以及选择合适的组织模型[34]。

机构库(Institutional Repositories,简称 IR),又称机构知识库、机构仓储、机构典藏等,是收集、存放由学术机构专家、教授、学生创造的,可供机构内外用户共享的学术文献的数据库[35]。IR 内涵相当丰富,近两年,IR 得到快速发展,越来越受到人们的关注。国内对机构库的研究始于 2004 年,研究内容主要集中在 IR 的概念、发展、意义、影响以及国外 IR 研究的一些主要进展上,但大多停留在一般介绍和概述上,对 IR 建设的具体实施、存在的问题以及 IR 在我国的发展策略等方面研究较少。实践方面,从总体上看,我国 IR 发展还处于起步阶段,数量少,规模小,发展缓慢,高校参与度低。从我国现有的 IR 记录看,内容比较单一,学位论文、工作报告、实验数据、课件和多媒体等内容很少,绝大部分都是研究论文。今后的发展要建立多种 IR 资源收集渠道,加强宣传,树立并提高开放存取意识,鼓励将各种形式的知识资料上传到 IR,争取内部的政策支持,开发和完善 IR 系统的功能,满足各种需求。要加强 IR 联盟,防范可能引起的知识产权问题[36]。同时在机构库的建设中,要研究机构库的长期保存问题,机构库的长期保存与图书馆密切相关[37]。国外对机构库的研究比国内早,开始于 2002 年,发表的论文和专著较多。国外对此的研究大致分为三类,第一类是概述性的研究,主要是对机构库的兴起背景、存在问题、实施影响等方面进行论述;第二类属于具体项目介绍,是对一些具有代表性的机构库的建设项目如 FAIR、DAEDALUS、SHERPA、ePrints UK 等进行介绍与总结报告;第三类是对机构库实施所采用的各种软件如 ARNO、CDsware、DsDare、Eprints、Fedora、MyCoRe 等进行介绍和比较[35]。

2.3　公共文化服务体系下图书馆服务研究

加强公共文化服务体系建设,是从中国特色社会主义事业总体布局和全面建设小康社会全局出发提出的一项重要任务,是繁荣发展社会主义先进文化、建设和谐文化、构建社会主义和谐社会的必然要求。2005 年 10 月 11 日,党的十六届五中全会通过的《中共中央关于制定国民经济和社会发展第十一个五年规划的建议》中指出："加大政府对文化事业的投入,逐步形成覆盖全社会的比较完备的公共文化服务体系。"这是较早提出"公共文化服务体系"的国家级正式文件。2007年6月16日,中共中央政治局召开会议,研究加强公共文化服务体系建设,这是中央政治局多年来首次专题研究公共文化服务体系建设问题。同年8月,中共中央办公厅和国务院办公厅下发了《关于加强公共文化服务体系建设的若干意见》,以文件形式将中央政治局讨论的内容以国家文件的形式确定下来。2007年10月15日,胡锦涛总书记在党的十七大报告中提出"覆盖全社会的公共文化服务体系基本建成"、"坚持把发展公益性文化事业作为保障人民基本文化权益的主要途径,加大投入力度,加强社区和乡村文化设施建设"等新要求和新举措。这些对于构建公共文化服务体系具有重要的指导意义。

作为公共文化服务体系中的文化基础设施之一的图书馆,充分认识图书馆发展面临的机遇和问题,立足当前,着眼长远,有重点、有步骤地加快推进图书馆服务体系建设,为全社会提供优质的服务,让社会文化生活更加丰富多彩,已成为所有图书馆人的共识。图书馆的公益性特征以及图书馆的功能使得图书馆在构建社会公共文化服务体系中具有举足轻重的地位。

图书馆要想在公共文化服务体系中发挥更大的作用,首先要准确定位。图书馆信息服务的准确定位尤为重要[38],图书馆在公共文化服务体系中以及在读者和用户中的明确位置确立后,信息服务的对象、内容以及服务方式都将随之发生改变,图书馆的服务机制也都要相应的作出调整。图书馆服务的定位包括服务角色定位、服务区域定位、服务对象定位、服务内容定位、服务品牌定位等[39];其次要合理布局,从公共图书馆事业的科学发展而言,加强图书馆公共文化服务体系建设是一项重要的任务,而这一体系的科学合理的结构与布局应当成为我们思考研究的重点和实践推进的着力点。由于长期以来的经济、地理和历史原因,现有的图书馆体系结构不尽合理,布局也不够均衡,因此,在今后的图书馆体系建设中要着力解决好均等发展与率先发展、均等化与平均数等发展的理念问题,还要实施反鸿沟发展战略,建设公共图书馆文化服务体系的"层、网、群、圈、带、线"[40],同时要有具体的措施。目前行之有效的举措就是开展图书馆延伸服务。图书馆可以延伸公益服务,与相关的团体联合,共同构建社会公共文化服务体系,实现定点服务与流动服务方式相结合,推动公共文化服务向社区和农村推进;开展网上借书、网上咨询,使无偿服务从书刊借阅向数字资源领域延伸;发展图书馆的教育文化服务和休闲文化服务,丰富服务内容;设立盲人图书馆、流动图书馆、建立分馆,提供有针对性的图书服务,关注弱势群体和特别需求群体;与各类型文化机构联合起来,彼此加强协作,共同构建社会公共文化服务体系[41]。加强基层图书馆服务体系的建设,解决好基层公共图书馆服务体系建设有关公共财政与政府公共服务、公共图书馆服务体系层级与政府层级之间的关系、公共图书馆服务体系与图书馆公共服务体系之间的区别以及公共图书馆服务的"普遍均等"等几个原则问题[42,43]。

近年来,在普遍均等服务目标驱动下,我国政府和图书馆界在基层图书馆建设、总分馆建设、区域性服务网络建设等方面开展了一系列创新活动,这三方面构成新时期我国公共图书馆服务体系建设的主要内容[44]。在国内各地许多公共图书馆采取很多新的模式,从便利读者、规范服务、统一管理、资源共享的理念出发,通过建立馆外流通点和流动图书馆车等形式,把图书馆的服务向基层延伸。比较有代表性的有天津图书馆的"四轮驱动"模式、国家图书馆的远程跨越模式、深圳、东莞的"图书馆之城"模式、广东的流动图书馆模式、北京公共图书馆服务网络、上海中心图书馆一卡通、佛山的联合图书馆、杭州的一证通工程、哈尔滨、厦门、苏州的总分馆制等等[45,46]。

澳大利亚的公共图书馆,作为该国公共文化服务体系的一部分,通过以下措施推进图书馆的服务[47]:(1)努力拓展服务领域,把公共图书馆办成社会文化活动中心。几乎所有的大中型公共图书馆都向公众开展社会文化活动。如展览、培训、公益讲座、公共论坛、专题研讨会等。(2)收集保存文化资源。澳大利亚非常重视对文化资源的收集与保存,各州立图书馆都是该州的文化资源中心,在公共文化服务体系中起着重要的作用。(3)为市民和学校提供形式多样的信息服务。澳大利亚公共图书馆有许多贴近市民生活的信息服务。比如新南威尔士州立图书馆免费的健康信息服务、法律信息服务、学校教育服务。这也是公共文化服务体系中的一部分。(4)利用网站为公众服务。在澳大利亚国家图书馆的统一领导和地区政府的支持下,各地公共图书馆都在加紧图书馆网站的建设,努力深化服务功能,实现资源共享。以维多利亚州立图书馆为例,它创建了名为"VICNET"(维州网)的公共信息门户网站,为全州人提供了一个上网获取信息、交流、获得信息技术服务的平台。该平台连接了全州一万多个社会团体,包括学校、体育俱乐部、史学社团、美术馆等,形成了庞大的地区性公共信息网络,也是全州最重要的信息网络,囊括了全州公共图书馆文献信息与服务资源,并使国家图书馆资源得到延伸,网站还面向基层公共图书馆提供多语言和多元文化的服务,扩大了图书馆的服务范围。这个项目自创建以来得到了公众的好评,还在不断向前发展。

2.4　读者、用户研究

图书馆的发展潜力来自于其在不断发展的信息环境中始终从用户角度灵活组织和利用各种资源、服务和系统的能力。因此,自20世纪80年代初开始,用户研究逐渐成为图书馆学研究的热点。最近两年,国内用户研究的重点主要放在读者需求、特征、行为以及所处环境对信息咨询和使用结果的影响上。

2.4.1　国内读者需求研究

读者和用户需求是指他们对信息内容和信息载体的一种期待状态。它对人们的信息活动起着重要的推动作用,是激励人们积极开展信息活动的源泉和动力。随着信息社会的发展,读者和用户的信息需求呈现出多样化、个性化等鲜明的时代特点,通过积极开展读者和用户信息需求研究,关注他们信息需求特点,可以帮助图书馆科学组织信息服务体系,提高图书馆服务质量。

研究读者和用户的信息需求,开展用户调研是个好办法。中国图书馆学会专业分会和北京大学图书馆分别开展了"图书馆信息资源与服务现状调查分析"[48]和"数字图书馆时代的用户调研及其解读"[49]的调研。通过调研可以看出,用户需求是图书馆发展的重要动力,用户需求对于图书馆的信息资源建设、信息服务内容的开发有着重要的指导意义。不同类型的用户有着不同的信息需求,而且他们的信息查寻行为也各有不同,要为用户提供知识化、个性化的服务就势必要了解用户的信息需求。

读者与用户需求行为、特征以及权利始终是关注的热点。针对目前图书馆读者投诉问题,有人从服务心理学视角研究读者心理规律,掌握读者的心理变化过程和个人心理特征。分析读者投诉的原因和心理,提出以"宣传效应"、"沟通效应"等积极的心理效应策略,减少因服务不满而产生的抱怨情绪,减少读者投诉的冲动,实现最佳的服务效果[50]。关于读者权利的研究,国内主要是集中在读者权利的概念、内容、保障机制等方面[51]。

在当今网络环境下,读者对数字资源的需求越来越多,因此,图书馆对这方面的研究成为关注的重点,主要从以下三方面入手:图书馆具备哪些数字资源;与数字信息资源使用有关的服务有哪些,这些服务主要指基于网络的数字化信息服务,如电子文献传递、信息推送服务、科技查新服务、实时参考咨询等;应该从数字信息资源的检索系统入手,研究用户需要什么类型的检索系统,对这些系统的特性和功能有什么样的需求,包括对收录信息的特性、查询途径、可用性、友好性和个性化等方面的需求等[52]。

2.4.2 国外读者研究

国外公共图书馆领域对用户的关注不仅停留于观念,更见诸行动,其对用户需求研究的资源投入早,并已形成多种研究模式,积累了丰富的研究成果。国外公共图书馆用户需求研究理论与实践互相推动,形成良性循环。不但关注用户的信息需求内容,而且关注信息需求产生的背景、存在方式、本质等问题。采用的研究方法也多种多样,包括引文分析、实验研究方法、内容分析法、非参与观察法等各种研究方法。近年来对市场调查分析方法的大量引进更成为一个突出现象[53]。比如,美国的公共图书馆就针对为女性提供服务的现状,做了一个详尽调查。美国指定了一个特殊的全国女性历史月,图书馆可以依此大力发展为女性提供的服务项目。有的图书馆确实借机设立了一些专门为女性服务的项目,但是大部分图书馆并没有设立特别的项目。而实际上,女性对图书馆的多样需求和浓厚兴趣是清晰可见的,这就要求图书馆加强这方面服务的开发。虽然图书馆可能不愿意按性别定位读者,但事实上,图书馆推出的很多服务项目,相对而言会吸引更多女性的注意和参加[54]。女性读者认为她们虽然也感谢计算机和网络(包括图书馆网站和数据库)带来的方便,但还是很喜欢也很在乎传统的服务模式,譬如说纸本图书和参考资料。同时,调查发现家庭中带领孩子到图书馆并鼓励他们使用图书馆资源的绝大多数都是年长的女性成员。而且,多数女性认为图书馆是一个十分安静的地方,在这里她们能独处片刻。但是,女性在查找每天日常生活所需信息时会倾向于使用图书馆以外的其他资源。所以,对于公共图书馆而言,如何引导和培训女性使用图书馆尤其是电子资源,以及如何教会她们辨别网络信息和其他资源就变得十分重要。公共图书馆在这些方面应该发挥至关重要的主导作用[55]。

美国图书馆界一直以来都在探讨采用什么样的方法激发和培养儿童的阅读兴趣。但是,这些研究大部分都聚焦于儿童所阅览的图书,而忽略了关注儿童的读书行为和活动。有很多人研究如何"培养儿童阅读习惯",但是仔细研读这些研究文献后就不难发现,他们仅仅局限于引导孩子阅读"好书",因而也就很容易按照社会习俗对男孩和女孩的不同期望为他们选择不同的书籍。在推动培养儿童的阅读兴趣时,图书馆应该为男孩和女孩提供公平的阅读环境[56]。

2.5 国内外图书馆开展的创新服务实践

2.5.1 国内图书馆创新服务实践

2006 年《国家"十一五"时期文化发展规划纲要》明确指出,"十一五"期间要加大政府对文化事业的投入,推进我国基层图书馆网络建设,推动公共文化服务向社区和农村延伸。图书馆服务网络的构建将成为今后一个时期我国图书馆事业发展的重要任务。在此大背景下,国内一些图书馆根据自身的特点,纷纷开展了针对基层的图书馆创新服务实践工作,这些创新实践发挥了图书馆在公共文化服务体系中的作用,让图书馆走近百姓,让大家充分利用图书馆,为我国图书馆事业的发展探索出一条新路,并将产生积极而深远的影响。影响比较大的主要有广东省五所公共图书馆为代表的岭南模式,以杭州市图书馆为代表的总分馆模式,以及以上海地区图书馆服务网络为代表的公共图书馆服务网络的建设等。

(1)岭南模式[57]

岭南模式是指广东公共图书馆服务中出现的 5 种新模式:广东省立中山图书馆创立的"流动图书馆"模式,深圳图书馆创立的"图书馆之城"模式,广州市创立的由政府主导的图书馆发展模式;东莞图书馆创立的"集群图书馆"→"图书馆之城"模式,佛山市禅城区创立的"联合图书馆发展模式"。

广东省立中山图书馆创立的"流动图书馆"模式,突破了省级图书馆只在一个城市办馆服务的传统格局,通过设立分馆的形式将省级图书馆的服务延伸到省内的各个市县,组成了一个遍及全省的省级图书馆网,还通过在西北少数民族地区设立分馆的形式,将省立图书馆的服务延伸到了边远的少数民族地区;通过网络协作的方式将省立图书馆的数字资源服务延伸到全国各地。

深圳图书馆创立的"图书馆之城"模式，打破了市、区（县）两级财政"分灶吃饭"的制度限制，采用以市立图书馆为龙头，以区立图书馆为骨干，与街道和社区共建的方式，通过市立图书馆直接提供文献资源、计算机与网络设备等基本条件，由街道和社区负责提供场地、招募管理人员或志愿者、提供配套投入等相应条件，共同建设市、区、街道和社区四级公共图书馆（室），从而建立星罗棋布的图书馆网络。

广州市的图书馆发展模式是指广州市目前正在创造的一种由政府主导的图书馆发展模式。该模式主要是由市政府拨款，大力建设图书馆信息资源和馆舍，强化公共图书馆人才培训，制定《广州市图书馆条例》，开展"书香羊城——全民阅读系列活动"，显示出独特的发展态势。

东莞图书馆创立的"图书馆之城"模式，起初为"集群图书馆"模式，后来迅速发展成为"图书馆之城"模式。该模式突破了市、区、镇、社区四级公共图书馆管理体制的束缚，突破了公共图书馆和其他各系统图书馆之间的条块分割，建立了全市统一的总分馆制度。

佛山市禅城区创立的"联合图书馆发展模式"突破了区、镇、街道的条块分割限制，采用镇、街道投资建馆，区政府投资维持图书馆运作的方式，建立了管理统一、服务统一、标志统一、资源高度共享的普通公共图书馆和专业公共图书馆相结合的区级公共图书馆网。

（2）总分馆制

总分馆制是图书馆资源共享和整体化发展的较好模式，这也是国内外同行的共识[58]。国内东莞图书馆、杭州市图书馆以及嘉兴市图书馆等都是实施总分馆制的典型代表。

东莞地区总分馆制是以东莞图书馆新馆为城市中心图书馆（总馆），各镇区图书馆为分馆，社区（居委会）图书馆（室）以及图书馆流动车为补充，同时吸收企业、学校等其他系统图书馆加入，形成服务全市的地区图书馆网群。总分馆建设应用的是区域图书馆集群管理与协同发展模式，采取的实施战略是"技术＋管理"，以技术为支撑、以政策作保障、以管理见效益，在不改变原有人员和行政隶属关系的情况下，由市政府和各镇区共同出资，共同推动总分馆制建设。实施分两步走：第一步实现统一采购、集中编目、通借通还，达到"合理分工、共同负担、分别保存、合并使用"的目的；第二步将行政管理变为行业管理，达到"集中使用资金投入,合理组织专业分工,统一业务规范管理,最大实现资源共享"的目的。东莞地区实行的总分馆制的主要特点有:一是从解决技术瓶颈入手;二是区域图书馆集群整体协同发展;三是政府政策配套,环境良好;四是管理制度跟进完善,稳步发展[58]。

杭州市图书馆总分馆制的特点是把杭州市各个区县、各个专业图书馆联合到一起,以统一的制度、统一的服务模式向民众敞开大门,让更多的人能够享受到公共图书馆的服务。主要是通过"一证通"工程,建立以杭州图书馆为中心,区、县(市)图书馆为分中心,街道、乡镇图书馆为基层中心,社区、村图书室为基层服务点的四级图书信息网络服务体系[59]。

(3)图书馆网络服务

建立完善的公共图书馆服务网络一直是国际上通行的服务模式。在实践中,我国公共图书馆服务网络的建设也取得了很大的成绩。上海图书馆在区域性服务网络建设方面在国内首开先河,一直是图书馆界关注和借鉴的典范。现在上海地区图书馆网络服务体系已经逐步成熟。1994年,上海图书馆与上海科技情报研究所合作,建立了上海市文献资源协作网,从一开始签约的20家,发展到现在的82家。这是一个跨系统的协作体系,主要工作包括外文书刊采购协调,编制联合目录,颁发通用阅览证,开展学术研讨与培训等。从2002年开始,上海建立了中心图书馆体系,该体系也是跨系统的,但重心是公共图书馆工作。中心图书馆分为两级,市一级和区县一级,上海图书馆与街道乡镇图书馆签约时都要有区县图书馆参与,并明确三者之间的关系[60]。天津图书馆自2004年开始在全市范围内开设54家社区分馆。分馆建设采取市图书馆、区县图书馆和街道社区三方合作的方式,市馆提供文献资源,区县馆进行业务培训,社区提供场地、人员、设备和日常维护经费,形成了多方共赢、社区居民受益的建设模式。郑州市图书馆也解放思想、转变观念,在创新服务上下工夫,努力构建一个布局合理、结构完善的全市公共图书馆服务体系。他们走进机关厂矿,创办"阅读站",走进社区,创办"社区分馆",走进农村,创办"农村图书馆",送书下乡,构建"乡村图书室"[61]。

公共图书馆服务网络的建设是当前图书馆的发展潮流,探索和总结是大规模推广的前提,中国图书馆学会正在组织专家着手进行全国公共图书馆服务网络状况、运行模式的调查,计划从中总结出一些规律并研究共通问题的最佳解决方案,为全国各地图书馆服务网络建设提供可行性的指导[62]。

(4)阅读服务

从 2002 年起,香港公共图书馆(Hong Kong Public Libraries, HKPL)每年都与其他组织共同发起"香港公共图书馆促进阅读活动"。促进阅读、提高文化素养被看做是香港公共图书馆的一项主要任务,其目标是增进公众读书的兴趣,培养阅读习惯,从而支持终身教育及丰富社区的文化生活。从另一个角度来说,也是为公共图书馆培养更加广泛的读者群。与世界上很多地区相似,使公众形成终身阅读的习惯和兴趣对图书馆员、教师和家长而言都是一项十分艰难的任务。《最佳化与持续性——关于香港公共图书馆推动读书活动的概述》[63]这份报告着重展示了作为 HKPL 典型的"暑期读书月"年度活动的成果。这项活动吸引学生既有目的性而又休闲地阅读,鼓励家长共同参与到孩子们的阅读活动中。"暑期读书月"活动为期 7 天,通过照片讲述故事。该项目随即转变成为期 1 个月的全港范围内的年度活动,包含 70 多项活动,例如主题展览、专为家庭和儿童设计的工作小组、讲故事、竞赛、表演以及互动游戏等,每年吸引 100 000 观众参加。这组活动的特色在于通过一个专门研究的主题将不同类型的活动联系起来,这样有利于营造成果丰富、令人愉悦的阅读氛围。这种氛围不仅能够吸引儿童,而且使家长能够将他们从阅读材料中学到的知识再传授给他们的孩子。前几期的主题分别是:"故事王国"、"童谣和歌曲"、"奇异世界之旅"、"虫虫世界"、"小龙镇"。整个过程从形成创意、整合到最终实现,一路走来充满挑战。从仅仅形成关于一个特定主题的宽泛短语,然后扩展到研究广泛知识领域并从中挑选有趣、有用而且可行的想法。该报告旨在分享在促进阅读的过程中应对各种挑战的经验。

国内图书馆创新的服务实践给我们的启示是:理念的认同:对平等权利、公共公益、公开共享以及普遍服务等理念的认同;责任归位:政府的主导地位和作用;制度创新:模式的多样性与示范作用;未来和谐:全民阅读与未成年人阅读。[64]

2.5.2 国外图书馆创新服务实践

国外图书馆也都利用自身的条件,开展了很多卓有成效的创新服务。

(1)英国

三年前,大英图书馆推出了在线直接访问服务(British Library Direct),读者和用户使用信用卡便可从该馆网站搜寻 20 000 本免费杂志,并享受快速预约全文服务。经过 3 年的服务,目前已有 5 万多用户同图书馆签订了免费在线搜索直接访问服务协议。大英图书馆在线直接访问服务在过去 3 年获得了很大的成功,除了吸引了大量用户外,这项服务还得到了前所未有的推广。配合该项服务,大英图书馆提供直接支付方式,可从高端的 20 000 种国际研究期刊中获得航空、农业、药品和法律文献。一旦找到相关的文章,用户可以预约并在线支付信用卡,而且近 20% 的文章可以即时下载。他们称这种服务为"Pay as you go"(轻松支付)[65]。此外,OCLC WorldCat 全球用户通过一种叫"Get I"的链接,可以预约到大英图书馆文献提供中心的文献,进而连接到大英图书馆的"直接访问服务",便可到该馆的信用卡预约平台。OCLC 的 WorldCat 用户可在 WorldCat 系统上搜索大英图书馆的文章,如需要,同样可以使用信用卡预约全文,下载所需文献。对于用户而言,获取服务非常之方便。

2007 年 10 月,大英图书馆文献中心又推出更新版本的数据库,功能更加强大,大大改善了搜索环境质量、简化了文献查询排序。该项服务自 2007 年推出以来就很受欢迎。高级版本的数据库改进了搜索算法,使结果更集中;改进了文章预约程序,节省文献获取时间;改进了报警功能,可在 20 000 种期刊中建立电子邮件警示,此外还改进了对非商业用户的服务等[66]。

在为企业用户服务方面,大英图书馆大胆尝试了一系列创新服务。如对企业管理人员进行领导力培训,帮助他们掌握核心领域的专业知识,学会快速收集信息数据等;还有对中小型企业进行信息培训,培训内容包括如何确定产品的发展机遇及市场增长潜力,如何了解竞争对手情报,如何支持更多符合成本效益的采购,降低研究成本和寻找经费来源,利用更有效的专利来支持营销活动,帮助企业启动等。图书馆还为企业提供专利查新服务,帮助他们研究分析市场,评估发明项目的价值,提供稳定公司的财务数据并寻找潜在客户与之取得联系,最终帮助他们启动生意。

该馆商业及知识产权中心(Business and Intellectual Property Centre)于 2006 年正式开放,其主要服务对象是中小企业创业者和管理者。这项服务作为大英图书馆的企业服务平台,自开办以来深受广大中小企业欢迎,为图书馆开辟了新的服务领域。目前有 6 万多位企业家受益于该中心。中心致力于帮助中小企业获得市场和产品信息资料,包括企业信息、管理知识、行业数据库、市场研究报告以及一些创办公司、产品设计和市场营销等新的理念和技术信息。中心向客户提供了丰富的文献信息资源,包括 30 多个涉及最新公司、商业和行业信息以及金融情报等的商业、经济类数据库,包括权威的专利、注册的商标和工业设计资料在内的在线产权数据库;由 Mintel、Datamonitor 和 Frost & Sulivan 等著名研究咨询机构提供的数百种印刷版和电子版的市场研究报告,多达 900 万个本国和海外企业和供应商地址名录,由该中心信息专家编制的 30 多个行业的指南,以及多种商业期刊等[66]。中心每个月还举办成功故事展示会,介绍企业家和发明家在图书馆专家的指导下利用图书馆文献资源启动并发展各自企业的成功经验。除此之外,用户来到该中心,还可以参加一对一的商业和 IP 信息"诊所"见面会,向大英图书馆的咨询专家咨询,获得帮助;申请一对一的商业咨询会议,向有经验的企业家咨询;访问相关企业网站,参加非正式会议,结识其他企业家;注册图书馆的每月电子通讯;参加网上的相关论坛;等等。

(2)美国

同国内图书馆的服务相比,美国的图书馆服务实践可以说丰富多彩,五花八门,为我们图书馆服务创新工作的实施提供了很好的借鉴。

有图书馆通过出借玩具和工具来吸引读者。如考文垂、雪多特、林肯和罗得岛州的公共图书馆为读者提供的钓鱼装备的出借服务等。考文垂公共图书馆馆长 Lynn Blanchette 解释说:"这些钓具主要是为一些父母和祖父母准备的,他们的小孩想尝试钓鱼这项运动,但是他们又不想在钓具上投资。"[67]

Lake Villa 地区图书馆在 2008 年举办了一场"抢拍镜头"的摄影比赛,邀请5—12 岁的青少年朋友以"阅读"为主题拍摄各式各样看书的人们。这次活动深受大家欢迎,也锻炼了青少年的观察力和想象力,同时也加强了他们对图书馆和阅读活动的认识。[68]

Louisville Free Public Library 在 2007 年举办了一项名为"夏季阅读"的活动。凡是在十周的活动期间内阅读了十本书的青少年儿童,都能获得一块写有"阅读冠军就住在这里"的木牌,树立于他们的家门口。该活动大大促进了儿童的阅读兴趣的培养,同时也为图书馆提供了宣传渠道。2007 年夏季,共有 31 103 名儿童获得此殊荣。在整个城市中,处处都能看到醒目的得奖木牌。[69]

北加州图书馆界在全民图书馆周(2008 年 4 月 13—19 日)期间发起了以"图书馆如何让你自由自在"为主题的活动。目的就是为了大众重新认识本地图书馆。此次活动共有 165 个图书馆参加。同时,还开展了"Free2Contest"竞赛,邀请大家用 25 个或更少的文字描述他们在图书馆是如何自由自在。

美国俄亥俄州的 Worthington Libraries 采取新的措施,找寻新的途径,满足用户需求,使得服务更加直接和主动。他们在参考咨询台界面上添加了一个"rover"(漫游器),每间隔一小时,这个漫游器就会跳出来,向用户打招呼,用户通过手动操作即可访问图书馆资源,并且提供了模拟的路线指示。他们的员工接受培训,学习如何辨认身体语言,并从这些语言中找到"线索",判定哪些人可以接近提供帮助,哪些人喜欢独处,自己解决问题。图书馆还开始了一项计划,准备"商业化"自己的馆藏和服务。他们建立了专门的小组,派人去实地考察书店和其他图书馆,获取新思想;向专门的营销顾问咨询相关问题,然后着手新的变革[70]。

Web2.0 的发展,要求图书馆在读者导读服务(Readers' advisory services)方面也相应的采取措施应对冲击。密歇根州安阿伯地区图书馆(Michigan's Ann Arbor District Library)在这方面走在了前列。该图书馆鼓励用户在旧目录卡片影像上统计图书利用率,贴上标签,添加笔记,填写评论等。用户可以将自己感兴趣的目录卡片影像归档,并按照自己的喜好使用这些目录卡片,编制待读书目、已读书目或专题书目等。Hennepin County Library 在读者导读服务方面也颇有创新。他们自己制作了一些书目,同时又邀请用户制作书目。这些书目都能公开共享给其他用户,而其他用户还可以添加相应的评论和建议等。他们在短短 6 个月时间内就收到了用户共享的 270 份书目单,平均每个月还收到 600 份书评和建议[71]。

(3)澳大利亚

PANDORA(Preserving and Accessing Networked Documentary Resources of Australia)澳大利亚网络档案服务是在整合服务方面的创新项目之一。这个项目是对澳大利亚在线出版的社会、政治、文化、宗教、科学或经济等方面的出版物进行有选择的不间断收藏和保存,并对这些网络资源进行归类和标引编目,为研究人员提供服务。可以说这是一个整合服务方面的优秀典范。

由澳大利亚国家图书馆、各州图书馆及首都特区图书馆会同新西兰国家图书馆、新加坡国家图书馆等共同创建的 AskNow 是一个即问即答式的在线服务项目,由专业图书馆员承担,主要是利用网络信息资源通过网络聊天的方式与读者进行对话,解答读者提问,建议信息查询范围,起到了网络信息导航的作用。在以上服务的基础上,澳大利亚图书馆还提供了信息资源共享的服务,即国家联合书目数据库(该数据库可供用户检索澳大利亚 100 多个主要图书馆的书目信息)、澳大利亚图书馆文献传递系统等。这些项目的实施开展都为读者提供了便捷的服务。

（4）新加坡

为在全国范围内培养读书习惯,新加坡国家图书馆管理委员会公共图书馆服务部组织了一些阅读项目及活动,包括:①图书馆 2010 阅读计划(Library 2010 Reading Programmes):BookCross@ Sg, Read & Reap, Deliver Me;②在全国范围内以社区为据点的阅读计划(Nation-wide, Community-based Programmes): READ! Sg, kidsREAD, 10 000 Fathers Reading, Junior Reading Ambassadors and MOLLY。通过实施这些项目,国家图书馆管理委员会达到了满足新加坡不同图书馆用户区的阅读和学习需求的目的。善莎伦(Sharon Thien)和林赖娟珂(Kiang-Koh Lai Lin)认为,广泛采用国外图书馆先进实践模式,将公共类型与私人类型图书馆创造性地结合,鼓励社区作为赞助者或直接的参与者加入活动中是成功实施这些阅读活动的关键因素[72]。

（5）加拿大

为了促进青少年阅读的发展,2008 年加拿大不列颠哥伦比亚省(或称"英属哥伦比亚省")内的几家公共图书馆联合在网上成立了青少年阅读俱乐部(Teen Reading Club)。这是一个以图书馆为基础的在线阅读项目,由政府、专业协会和图书馆共同赞助和管理,其主要目的是为了提高青少年的读书热情以及促进图书馆事业的发展。该网站的特色栏目有同龄人推荐图书、网上论坛、在线聊天以及原创空间。目前在加拿大境内已有超过 590 家图书馆不同程度地参与到这个项目中。一些馆员作为论坛网站管理者,拥有审阅所有书评的权利。还有些图书馆员参与策划寒暑假的专题栏目。更多的图书馆及其馆员向青少年读者们宣传、推荐该网站。项目主要负责人之一科斯腾·安德森(Kirsten Andersen)认为,图书馆应以青少年最为熟悉的方式——网络来提高他们的阅读能力和热情。在这方面,"青少年阅读俱乐部"是个很好的范例。此外,该项目也表明了众多图书馆应如何共享资源,达到使用程度最大化,且能准确面向特定受众[73]。

（6）奥地利、荷兰和德国

奥地利、荷兰所开展的全国性读书活动影响也很大。全国读书活动可以作为将图书馆和阅读纳入议事日程的有效工具。在全国范围内组织阅读活动在荷兰有悠久的历史。在过去的 10 年里,人们将对阅读能力的关注与使图书馆走入全国人民的视线这一战略性目标更加紧密地结合在一起。图书馆开始参与到全国性的促进阅读活动中,例如"荷兰读书"。在这项活动最初进行的一个月里,图书馆向其会员免费发放同样的一本书,鼓励大家共同阅读并展开讨论;图书馆组织各种活动,并邀请电视中频频出现的知名人士作为阅读大使,这些举措共同促进了全国性的读书活动以及讨论。在奥地利也有一个类似的活动——"奥地利读书,会面图书馆"。这个活动充分利用媒体、名人的影响力来鼓励民众参与图书馆的活动。以上两个活动都是由图书馆协会发起和组织的。当这种活动被介绍到德国后,德国图书馆协会也在2008年发起了类似的读书活动。这种大规模全国性读书活动,也可以通过联合几个国家的图书馆来组织。这样在国际舞台上就会有更多的图书馆被人们所了解,并将其纳入议事日程,宣传阅读、文化、公民权利及人的发展[74]。

参考文献:

1　周旖. 解读"用户永远都是正确的"[J]. 图书情报知识,2007(1):9-11.

2　王素芳. 城市图书馆新馆建设:现代化图书馆理念的应用与彰显[J]. 图书馆杂志,2008(3):54-56.

3　鄢小燕,邹桂芬. 关于图书馆服务创新的思考及建议[J]. 图书馆论坛,2008(2):179-181.

4　詹福瑞. 谈国家图书馆的服务创新[J]. 国家图书馆学刊,2007(1):2-5.

5　柯平. 当代图书馆服务的创新趋势[J]. 高校图书馆工作,2008(2):1-7,18.

6　The Parallel Information Universe _ Mike Eisenberg[J]. Library Journal, 2008,133(8):22-25.

7　Leslie Burger. All seasons and all reasons[J]. American Libraries. 2008,39(3):45-48.

8　黄宗忠. 转变办馆理念,以提高图书馆服务档次为重心,推动我国图书事业持续发展[J]. 图书馆,2008(1),7-12.

9　[2008-10-09] http://www.bl.uk/about/annual/2007to2008/strategic/stratprior.html.

10　Open everything Meredith Farkas[J]. American Libraries, 2008,39(3):34-37.

11　New order, new thinking—Carol Tenopir[J]. Library Journal,2008,133(8):21.

12　Information with a twist[J]. Library Journal,2008,133(9):44-48.

13　王子舟,夏凡. 图书馆如何对残疾人实施知识援助[J]. 图书情报知识,2007(2):5-18.

14　储荷婷,张茵. 图书馆信息学[M]. 北京:中国人民大学出版社,2007:168-169.

15　杨江平. 服务与公平——美国图书馆残疾人服务现状及其启示[J]. 新世纪图书馆,2008(4):83-85.

16　(英)玛格丽特 E. S. 弗雷斯特. E-learning to support the development of disability awareness skills:a case study,2008年世界图书馆信息大会:第74届国际图联(IFLA)大会暨理事会,

第80次小组会议"残障人士图书馆组".

17 夏凡,邰向荣. 加拿大图书馆界为残疾人服务之现状及启示[J]. 图书馆建设,2008(3): 100-101,104.

18 潘拥军. 公平服务,公共图书馆服务之魂[J]. 图书馆,2007(3):22-25.

19 李农. 英美图书馆的老龄读者服务指南[J]. 图书馆杂志,2007(10):58-60.

20 Allan M. Kleiman. Senior Spaces:The library place for baby boomers, older adults & their families[C/OL]. [2009-05-21]. http://archive. ifla. org/IV/ifla74/papers/072-Kleiman-en. pdf.

21 Augustine M. Mutiso. Taking Library Services to Hospital Wards:A Case Study of Embu Provincial Hospital-Kenya[C/OL]. [2009-05-21]. http://archive. ifla. org/IV/ifla74/papers/085-Mutiso-en. pdf.

22 初景利,吴冬曼. 论图书馆服务的泛在化——以用户为中心重构图书馆服务模式[J]. 图书馆建设,2008(4):62-65.

23 任俊为. 知识经济与图书馆的知识服务[J]. 图书情报知识,1999(1):27-29.

24 张晓林. 走向知识服务:寻找新世纪图书情报工作的生长点[J]. 中国图书馆学报,2000 (5):32-37.

25 沙淑欣,于淑俐. 从实践工作者的视角看图书馆知识服务[J]. 情报资料工作,2007(1): 102-105.

26 吴秀珍. 对现代图书馆开展知识服务的思考[J]. 图书馆论坛,2007(5):124-127.

27 鄢小燕,邹桂芬. KIBS视角下图书馆知识服务研究——以图书馆为研究视角[J]. 图书馆杂志,2007(9):6-10.

28 毕强等. 知识服务——现状、进展及挑战[J]. 中国图书馆学报,2007(6):41-45,50.

29 涂文波,黄磊. 数字资源整合服务现状及发展趋势[J]. 情报探索,2007(10):37-40,93.

30 蒋丽丽等. 信息共享空间的构建与管理[J]. 图书馆杂志,2008(3):19-22.

31 戴维民,孙瑾. 论信息共享空间[J]. 中国图书馆学报,2007(6):22-25.

32 刘旬玲. 国内外图书馆信息共享空间理论研究综述[J]. 图书馆建设,2008(5):23-26.

33 王翠萍、刘旬玲. 基于Information Commons的图书馆资源整合与服务创新[J]. 情报理论与实践,2008(2):251-255.

34 任树怀,盛兴军. 大学图书馆IC规划与建设:理论基础、构建模式与实施策略[J]. 图书情报工作,2008(5):82-85.

35 何琳,李劲. 国内外机构库研究综述[J]. 图书馆建设,2008(1):26-29.

36 夏明春. 机构知识库发展现状、问题及对策研究[J]. 图书情报工作,2008(4):108-110,22.

37 杨思洛,韩淑娟. 机构知识库的长期保存问题探析[J]. 图书馆论坛,2008(2):71-73,47.

38 詹越. 公共文化服务体系中公共图书馆地位及作用探讨[J]. 图书馆论坛,2008(4):20-23.

39 张惠梅. 公共图书馆信息服务的定位分析[J]. 图书馆论坛,2008(1):111-114.

40 王世伟. 关于加强图书馆公共文化服务体系结构与布局的若干思考[J]. 图书馆,2008 (2):5-7,13.

41 李婷. 延伸图书馆公益服务,构建社会公共文化服务体系[J]. 图书馆,2007(5):66-68.

42 阮胜利. 基层公共图书馆服务体系建设的几个基本问题[J]. 图书馆杂志,2008(1):36-39.

43 程焕文. 普遍均等 惠及全民——关于公共服务普遍均等原则的阐释[J]. 图书与情报, 2007(5):4-7.

44 于良芝等. 走进普遍均等服务时代:近年来我国公共图书馆服务体系构建研究[J]. 中国 图书馆学报,2008(3):31-40.

45 邱冠华. 人民的图书馆:公共图书馆向基层延伸的模式研究[J]. 图书馆建设,2007(6): 19-24,28.

46 尚庄. 我国公共图书馆延伸服务的实践与思考[J]. 图书馆理论与实践,2008(3):86-88.

47 杨岭雪. 澳大利亚公共图书馆微探[J]. 新世纪图书馆,2007(3):49-52.

48 刘华等. 图书馆信息资源与服务现状调查分析[J]. 图书情报工作,2007(12):124-127.

49 雨僧. E家之言:由北大图书馆的《数字图书馆时代的用户调研及其解读》想到的[J]. 大 学图书馆学报,2007(5):95.

50 唐嫦燕. 图书馆读者投诉与服务心理效应的思考[J]. 图书情报工作,2007(9):113-116.

51 吴漂生. 我国读者权利研究综述[J]. 图书馆论坛,2007(4):16-19.

52 曹树金,林捷嘉. 数字信息资源用户需求研究[J]. 情报杂志,2008(3):135-138.

53 李桂华. 国外公共图书馆"关注用户"传统及其研究实践[J]. 图书情报工作,2007(12): 91-94.

54 Kay Ann Cassell, Kathleen Weibel. Public Library Response to Women and Their Changing Roles Revisited[J]. *Library Trends*,2007,56(2):303-327.

55 Dolores Fidishun. Women and the Public Library:Using Technology, Using the Library[J]. *Library Trends*,2007,56(2):328-342.

56 Suzanne M. Stauffer. Developing Children's Interest in Reading[J]. *Library Trends*,2007,56 (2):402-422.

57 程焕文. 岭南模式:崛起的广东公共图书馆事业. 中国图书馆学报,2007(3):15-25.

58 图书馆学刊记者. 走在城市图书馆集群化协同发展的探索之路上——访东莞图书馆馆长 李东来先生[J]. 国家图书馆学刊,2008(2):45-49.

59 图书馆学刊记者. 跨系统联城乡的总分馆制——访杭州市图书馆馆长褚树青先生[J]. 国家图书馆学刊,2007(4):36-40.

60 图书馆学刊记者. 驶在单行道上——访上海图书馆馆长吴建中先生[J]. 国家图书馆学刊,2008(1):28-32.

61 李红岩. 公共图书馆服务网络模式的实现探究——以郑州市图书馆服务模式为例[J]. 图书馆建设,2008(3):15-17.

62 粟惠等. 创新理念引领下的公共图书馆服务网络——以东南沿海城市公共图书馆为例[J]. 图书情报工作,2007(7):112-115.

63 Mary Mei-lee Lau CHENG. Optimization and Sustainability—An Overview of Reading Promotion by the Hong Kong Public Libraries[C/OL]. [2009-05-21]. http://www. ifla. org. sg/IV/ifla74/papers/085-Cheng-en. pdf.

64 程焕文. 岭南模式:崛起的广东公共图书馆事业[J]. 中国图书馆学报,2007(3):15-25.

65 [2008-10-5]. http://www. bl. uk/aboutus/stratpolprog/index. html.

66 About Us. [2008-10-01]. http://www. bl. uk/aboutus/index. html.

67 Rhode Island library lures patrons with fishing rods. *Library Journal*,2008 ,(33)11:15.

68 Young shutterbugs. American Libraries, 2008 ,39 (1,2): 25.

69 [2009-05-19]. http://www. librarybytes. com/2007/08/filed-under-brilliant. html.

70 John N. Berry III. Worthington Libraries, OH[J]. *Library Journal*, 2007,132 (11):36-39.

71 Neal Wyatt. Web2. 0 for readers. [J] *Library Journal*, 2007,132(18):30-33.

72 Sharon Thien, Kiang-Koh Lai Lin. Nurturing a Nation of Readers: Sharing the Joy and Adventure of the Reading Experience through the Singapore public libraries[C/OL]. [2009-05-21]. http://archive. ifla. org/IV/ifla74/papers/085-Tien_Lai-Lin-en. pdf.

73 Kirsten Andersen. Canada's Teen Reading Club[C/OL]. [2009-05-21]. http://archive. ifla. org/IV/ifla74/papers/155-Andersen-en. pdf.

74 Dr. Marian Koren, Mag. Gerald Leitner. The Potential of National Reading Campaigns-Experiences from Austria and the Netherlands in international perspective[C/OL]. [2009-05-21]. http://archive. ifla. org/IV/ifla74/papers/085-Koren_Leitner-en. pdf.

3　数字时代标准规范的开放化、体系化发展

——2007—2008 年图书馆标准规范建设及相关研究进展

长期以来,图书馆标准规范建设一直滞后于图书馆实践发展的需要。尤其是近些年来,随着数字图书馆建设的发展,图书馆实践工作面临许多新的变化与挑战,也因此产生了许多亟须标准规范的新课题与新领域。通过对 2007—2008 年国内外图书馆相关标准规范进展情况的跟踪,我们不难发现,国内外图书馆界及相关标准化组织一直在密切跟进图书馆事业发展的需要,图书馆标准规范的研制工作显示出勃勃生机。

在这两年中,国际上在数字资源长期保存、知识组织、元数据等新兴领域标准规范的研制方面取得了丰硕成果。我国图书馆界也对国外相关标准成果积极跟进,并结合实际应用需求,对文献与信息领域已有标准进行了较大范围与规模的修订,同时制定了部分新的标准。

与此同时,国内外图书馆界也越来越意识到统一标准规范对于数字图书馆系统建设的重要意义,有关数字图书馆建设标准规范成果的推广工作在这两年间卓有成效。在我国,与数字图书馆建设相关的标准规范则更多地以科研项目、工程项目的方式推出。

本部分旨在从蓬勃发展、广泛收获的图书馆标准规范领域中捕获其 2007—2008 年间的主要进展,以便"窥一斑而见全豹"。

3.1　各级标准化组织及其相关活动

我国现行信息与文献领域的国家标准有许多颁布于 20 世纪八九十年代,已经不能很好地适应数字化、网络化发展趋势,无法较好地满足图书馆实践工作的

需要。2007—2008 年间,有关标准化组织统一步调,积极行动,面对新的信息技术对信息加工、组织、服务、管理等行为的影响,以及用户对信息检索和获取的新的需求,对已有国家标准进行了全面梳理,集中修订了一批老标准,并制订了部分新标准。

3.1.1 全国信息与文献标准化技术委员会的标准制修订工作①

2007—2008 年,根据相关国家标准制修订计划及有关国际标准的最新进展和实践需要,全国信息与文献标准化技术委员会对我国文献信息领域的一批国家标准,尤其是对已执行二十多年的文献著录系列规则进行了修订,主要包括:

《古籍著录规则》(GB/T 3792.7-1987);

《文献主题标引规则》(GB 3860-1995);

《中国各民族名称的罗马字母拼写法和代码》(GB/T 3304-1991);

《中文书刊名称汉语拼音拼写法》(GB 3259-1992);

《文献著录总则》(GB 3792.1-1983);

《连续性资源著录规则》(GB/T 3792.3-1985);

《非书资料著录规则》(GB/T 3792.4-1985);

《书目信息交换用磁带格式》(GB/T 2901-1992);

《信息资源的内容和载体类型》(GB 3469-1983)。

目前,除《古籍著录规则》修订版(GB/T 3792.7-2008)已获得国家相关标准化机构批准外,其他各项修订标准仍在审批过程中,审批通过以后,这些标准将陆续颁布实施。

此外,该委员会还根据文献信息领域国际标准的新动向与我国实践领域的新要求,组织制订了一批新标准,主要包括:

《索引编制规则(总则)》(已获批,标准号为:GB/T 22466-2008);

《信息与文献——都柏林核心元数据元素集》;

《电子资源著录规则》;

《文献馆藏说明著录规则》;

《CNMARC 的 XML 表示》;

---

① 本部分由国家图书馆研究馆员刘小玲、副研究馆员孙静荣提供背景资料。

《文献分类标引规则》；

《信息与文献——术语》；

《信息与文献——信息检索：应用服务定义和协议规范》；

《信息与文献——开放系统互联馆际互借应用服务定义》；

《信息与文献——开放系统互联馆际互借应用协议规范 第一部分：协议规范》；

《信息与文献——开放系统互联馆际互借应用协议规范 第二部分：协议实现一致性说明形式》；

《通用电子文献交换》；

《信息与文献——书目数据元目录 第五部分：编目和元数据交换的数据元》（前四部分已在 2005 年正式颁布）；

这些新标准也将在获得国家有关标准化管理机构批准后陆续颁布实施。

3.1.2 全国文献影像技术标准化技术委员会的标准制修订工作[1]

2007—2008 年，全国文献影像技术标准化技术委员会根据相关国家标准制修订计划，组织了对我国文献影像技术领域的一批国家标准的修订工作，并于 2007 年 8 月编辑出版了两卷本《文献影像技术国家标准汇编》，汇集了截至 2007 年 6 月发布的现行国家标准、国家标准指导性技术文件共计 63 项[1]。

根据国家标准批准发布公告 2008 年第 12 号（总第 125 号），2007—2008 年间，由全国文献影像技术标准化技术委员会组织修订的标准主要包括：

《技术图样与技术文件的缩微摄影 第 1 部分：操作程序》，以 GB/T 17739.1-2008 代替 GB/T 15021-1994；

《技术图样与技术文件的缩微摄影 第 4 部分：特殊和超大尺寸图样的拍摄》，以 GB/T 17739.4-2008 代替 GB/T 17739-1999；

《缩微摄影技术 ISO 字符和 ISO 1 号测试图的特征及其使用》，以 GB/T 18405-2008 代替 GB/T 18405-2001；

《缩微摄影技术 A6 透明缩微平片 影像的排列》，以 GB/T 18503-2008 代替 GB/T 18503-2001；

《缩微摄影技术 第一代银—明胶型缩微品的质量要求》，以 GB/T 17292-2008 代替 GB/T 17292-1998；

《缩微摄影技术 检查平台式缩微摄影机系统性能用的测试标板》，以 GB/T

17293-2008 代替 GB/T 17293-1998；

《缩微摄影技术 字母数字计算机输出缩微品 质量控制 第 1 部分：测试幻灯片和测试数据的特征》，以 GB/T 17294.1-2008 代替 GB/T 17294.1-1998；

《缩微摄影技术 字母数字计算机输出缩微品 质量控制 第 2 部分：方法》，以 GB/T 17294.2-2008 代替 GB/T 17294.2-1998；

《缩微摄影技术 在 16 mm 和 35 mm 银—明胶型缩微胶片上拍摄文献的操作程序》，以 GB/T 16573-2008 代替 GB/T 16573-1996；

《缩微摄影技术 有影像缩微胶片的连接》，以 GB/T 12355-2008 代替 GB/T 12355-1990；

《缩微摄影技术 16 mm 平台式缩微摄影机用测试标板的特征及其使用》，以 GB/T 12356-2008 代替 GB/T 12356-1990；

《缩微摄影技术 缩微摄影时检查负像光学密度用测试标板》，以 GB/T 8987-2008 代替 GB/T 8987-1988；

《缩微摄影技术 ISO 2 号解像力测试图的描述及其应用》，以 GB/T 6161-2008 代替 GB/T 6161-1994。

此外，该委员会还根据国际标准的发展情况与文献影像技术领域的实践需要，制订了《文献管理——长期保存的电子文档文件格式——第 1 部分：PDF1.4（PDF/A-1）的使用》和《基于文件的电子信息的长期保存》等一些新的国家标准，这些新的标准将在获得国家有关标准化管理机构批准后陆续颁布实施。

3.1.3 日趋活跃的图书馆标准化组织

我国图书馆标准化组织的活动在 2007—2008 年期间显得较为活跃，除了紧密跟进业界动态，开展上述较大规模的国家标准制修订工作以外，可圈可点的还有对国际标准化活动的积极参与，以及新的图书馆界标准化组织的诞生。

2008 年，已成立 20 年的全国文献影像技术标准化技术委员会在积极参与国际标准化活动方面迈出了重要的一步，2008 年 10 月 27 日，该委员会协助国家标准化管理委员会在北京承办了 ISO/TC171 第 21 次年会。

长期以来，全国信息与文献标准化技术委员会、全国文献影像技术标准化技术委员会一直是我国信息和文献领域最主要的两个标准化组织，我国信息和文献领域的现行国家标准的制订工作基本上都是由这两个委员会组织进行的。2007

年底,根据国家标准化管理委员会发布的《关于批准筹建全国特殊膳食标准化技术委员会等 468 个全国专业标准化技术委员会的通知》(国标委综合[2007]104号)的要求,文化部教科司于 2008 年 2 月起开始启动筹建全国图书馆标准化技术委员会的工作。2008 年 12 月 9 日,全国图书馆标准化技术委员会成立暨工作会议在国家图书馆召开,会议正式宣布全国图书馆标准化技术委员会成立,审议通过了《全国图书馆标准化技术委员会章程》。该委员会主任委员由国家图书馆馆长詹福瑞担任,秘书处设在国家图书馆。"全国图书馆标准化技术委员会"的成立使我国信息与文献领域标准化组织形成了三足鼎立之势,毋庸置疑,这将会给我国文献和信息领域的标准化进程带来新的气象,图书馆行业的标准化工作也将进入一个新的发展阶段。

3.2　知识组织标准研究①

3.2.1　国内知识组织标准研制成果

2007—2008 年间,全国信息与文献标准化技术委员会第九分会描述与识别分技术委员会、中国标准化研究院以及中国军事科学院全军军用主题词表编管会办公室等标准化组织,在有关知识组织的国家标准制修订方面做了大量工作,主要包括:

《文献主题标引规则》。全国信息与文献标准化技术委员会第九分会描述与识别分技术委员会对 1995 年颁布的《文献叙词标引规则》(GB/T 3860-1995)进行了修订,并在其基础上,采用 ISO 5963:1985《文献工作——文献审读、主题分析与选定标引词的方法》(Documentation—Methods for examining documents, determining their subjects, and selecting indexing terms)的基本原则,重点对机读目录的主题词标引、自由词标引规则进行了补充,简化了手工检索工具编制的主题标引规则。鉴于适用性考虑,将原标准名称修订为《文献主题标引规则》。

《文献分类标引规则》。该标准是全国信息与文献标准化技术委员会第九分会描述与识别分技术委员会制订的一个新标准,采用 ISO 5963:1985 的基本原

---

① 本部分由国家图书馆研究馆员,《中国图书馆分类法》编委会委员卜书庆提供基础稿。

则，与《文献主题标引规则》配套使用。该标准旨在为建立文献的手工或机读式检索工具以及各类型数据库提供其所应当遵循的文献分类规则。

《索引编制规则：总则》。该标准是全国信息与文献标准化技术委员会第九分会描述与识别分技术委员会委托中国索引学会负责编制的。该标准是以 ISO 999：1996《信息与文献工作——索引的内容、组织和表示准则》（Information and documentation—Guidelines for the content, organization and presentation of indexes）为参照，结合 GB13190-1991《汉语叙词表编制规则》和 GB3468-1983《检索期刊编辑总则》等现行相关标准及索引工作的实践经验而制订的。该标准对索引的功用、类型、设计、索引款目及其编制、参照系统、索引款目排序、索引的形式以及质量管理等内容进行了规定，适用于任何类型文献索引的人工编制和计算机编制。

《中文信息分类与代码基本交换集》（国家标准征求意见稿）。该标准由中国标准化研究院组织制订，对信息标识与识别的主题内容及适用范围作出了明确规定，并对国内已存续的分类与主题标准，采用交叉分类标识方法进行了规范化定义，同时针对《中文信息分类与代码基本交换集》的标准化指导原则、技术管理措施等进行了说明性定义，从技术操作层面上提出了规范化的程序性要求。该标准提出并阐述的交叉分类标识与互换性代码体系基本反映了国内、国际常用中文信息分类与代码交换码表的互换性要求。

《军用电子分类表编制规则》等国家军用标准。中国军事科学院全军军用主题词表编管会办公室在 2007—2008 年间完成了两个国家军用标准的制修订工作。一是编制完成了《军用电子分类表编制规则》（报批稿），首次提出并界定了军用电子分类表的概念，详细规范了电子分类表的类目款目数据结构及数据交换格式，系统地提出了分类表编制系统和应用系统的研发原则及功能要求；二是对 GJB2418.1-1995《军事文献主题词标引通则》进行了修订，增加了计算机辅助标引的要求等内容。此外，还根据 GJB5098-2004《军用电子主题词表编制规则》完成了"军用电子主题词表的编制系统"项目，可以用 XML 格式输入输出数据。

《政务信息资源目录体系》（GB/T 21063-2007）。该标准由国家信息中心、北京航空航天大学、中国电子技术标准化研究所共同起草，其中 5 个部分于 2008 年 3 月 1 日开始实施。分别是：第 1 部分——总体框架（GB/T 21063.1）；第 2 部分——技术要求（GB/T 21063.2）；第 3 部分——核心元数据（GB/T 21063.3）；第 4 部分——政务信息资源分类（GB/T 21063.4）；第 6 部分——技术管理要求

（GB/T 21063.6）。该标准规定了政务信息资源目录体系中政务信息资源的分类原则和方法，以及主题分类类目表，设计和规划了目录体系，为建立政务信息资源目录体系提供了分类依据。

除上述国家标准外，知识组织的行业标准制订方面也有进展，比如国家广播电影电视总局科技司委托上海文广新闻传媒集团和北京电视台共同承担的《广播电视音像资料叙词表》的修订工作等。

3.2.2　国际知识组织标准制修订工作

2007—2008 年，ISO、W3C 等国际性标准化组织及 IFLA 等国际性行业组织围绕知识组织的标准规范问题做了大量的研究和开发工作，取得了一些重要成果。

ISO/TC46/SC9 组织法国、德国、加拿大、芬兰、新西兰、瑞典、英国、美国和乌克兰等多个国家共同参与 ISO 25964《叙词表及其与其他词表的互操作》（Thesauri and Interoperability with other Vocabularies）的制定工作。该标准旨在对现有的两个国际标准：ISO 2788：1986《单语种叙词表构建和开发》（Documentation—Guidelines for the establishment and development of monolingual thesauri）和 ISO 5964：1985《多语种叙词表构建和开发》（Documentation—Guidelines for the establishment and development of multilingual thesauri）进行修订和扩展，以反映当前网络化社会互操作的需求。该标准将以英国国家标准 BS 8723《用于信息检索的结构化词汇》（Structured vocabularies for information retrieval）为基准进行编制，其内容分为两部分，信息与文献——叙词表及其与其他词表的互操作（第 1 部分）：用于信息查询的叙词表；信息与文献——叙词表及其与其他词表的互操作（第 2 部分）：与其他词表的互操作。第 1 部分的修改草案已于 2008 年 10 月提交给 ISO/TC46/SC9，第 2 部分的制订工作自 2008 年 11 月开始，目前尚在进行过程中[2]。

ISO/TC37 启动了 ISO/NP 29383《术语政策——编制和执行》（Terminology policies—Development and implementation）的制订工作，该标准为编制和执行术语政策的战略计划提供了指南和方法，如用有意识的、系统的和受控的方法来制作、维护和使用术语。该标准包括两部分，第一部分是 ISO/CD 29383-1《语言计划》（Part 1：Language Planning），第二部分是 ISO/CD 29383-2《团体术语政策》（Part 2：Corporate terminology policies）。该标语目前还在研制中[3]。

W3C 先后成立了 OWL 工作组与 SWDWG 工作组（Semantic Web Deployment

Working Group,语义网部署工作组),在知识组织领域进行了卓有成效的研发活动。

W3C OWL 工作组成立于 2007 年 9 月 6 日,主要从事优化和扩展 OWL 推荐标准的工作。2007—2008 年,该工作组主要对 2004 年颁布的 OWL1.0 进行了扩展,于 2008 年 1 月 8 日发布了 3 个规范的公开工作草案:OWL1.1 结构说明与功能语法、理论模型语义和映像到 RDF 图,这 3 个规范分别包含了语法、语义以及与 RDF 的映像;2008 年 10 月 8 日,OWL 工作组又发布了另外 4 个工作草案:轮廓、直接语义、一致性与测试案例和 XML 连载[4]。这 7 个新规范是对 OWL1.0 的扩展,增加了很少但却非常有用的一些特性,这些特性都由用户提出,如现已实现的推理算法以及 OWL 工具等。

W3C SWDWG 工作组成立于 2006 年 7 月,主要致力于 SKOS(简单知识组织系统)领域的标准和规范制订,并进行相关的研究和开发。

2008 年 1 月 15 日,W3C 发布了《SKOS 参考》第一次公共工作草案,用以替代 2005 年 11 月 2 日发布的《SKOS 核心词汇规范》;此后又于 6 月 9 日和 8 月 29 日先后发布了第二次和第三次公共工作草案。2008 年 10 月 3 日,SWDWG 工作小组根据用户提交的意见和建议形成最终草案提交给 W3C,形成该标准的推荐草案。《SKOS 参考》是 SKOS 的标准规范,它的目的是帮助用户参与设计和实施信息系统,加深对语义网技术特别是对 RDF 和 OWL 的理解。其主要内容包括:SKOS 介绍、SKOS 命名空间和词表、SKOS 概念类、概念表、词汇卷标、符号、文件属性、语义关系、概念集合、映像属性、参考文献以及 3 个附录[5]。

2008 年 2 月 21 日,W3C 发布了《SKOS 初级读本》第一次公共工作草案,用以替代 2005 年 11 月 2 日发布的《SKOS 核心指南》;8 月 29 日,该工作草案经过修订再次发布。该文件是《SKOS 参考》的使用指南,其主要内容包括:概况介绍、SKOS 必备元素、语义网中的网络知识组织系统、高级 SKOS。

2007 年 5 月 16 日,W3C 发布了《SKOS 使用情况和需求》草案。该草案在广泛调查的基础上,列出了有代表性的使用情况,并从中抽取出主要和次要需求,用来指导推荐草案中 SKOS 的设计[6,7]。

除制订上述标准规范草案外,W3C SWDWG 工作组还提供其他一些服务,主要包括:公布了一些已经完成 SKOS 转化的受控词表数据集,如 GTAA、MeSH、IP-SV、GEMET、AGROVOC FAO 和 WordNet 2.0 等,其中有些机构还提供了将受控词表转化为 SKOS 的方法和程序[8];公布了一些用来制作、编辑和应用 SKOS 的软件工具[9],包括:验证 SKOS 有效性的软件[10]、制作 SKOS 的系统/平台[11,12,13]、SKOS 与其他本体语言的转化工具[14]、SKOS 的应用。

IFLA 在知识组织方面也发布了一些成果:《多语种叙词表构建指南》于 2007 年在南非德班会议定稿,并于 2008 年发布专业报告;FRSAR(Functional Requirements for Subject Authority Records,主题规范记录的功能需求)工作组在 2007、2008 年的 IFLA 大会上详细报告了 FRSAR 的研究进展,提出了新的概念模型,并已计划发布其最终报告(final report)。

除上述国际性标准规范外,美国、英国等一些国家也制订或修订了本国的知识组织相关标准。主要包括:

英国国家标准 BS 8723《用于信息检索的结构化词汇》(Structured vocabularies for information retrieval)的制订。该标准替代发布于 1987 年的 BS 5723《单语言词表标准》(Guidelines for the establishment and development of monolingual thesauri),提供了对电子词表的功能设计、词表管理软件、在电子环境下的显示和分面分析等诸多规范和建议。BS 8723 共包括 5 个部分:第 1 部分为定义、符号和缩写;第 2 部分为叙词表,包含了 BS 5723 和 ISO 2788 所有内容;第 3 部分为叙词表之外的其他词表,是全新的内容,描述分类体系、主题词列表、分类法、本体和名称规范,帮助人们理解它们之间的相似性和不同;第 4 部分为词表之间的互操作,包括 BS 6723 和 ISO 5964 的多语种内容,以及不同类型词表之间的映射;第 5 部分为交换格式和互操作协议,也是全新的内容,提供便于数据交换的数据模型和格式。其中第 1、2 部分已于 2005 年 12 月出版,第 3、4 部分于 2007 年 12 月出版,第 5 部分于 2008 年 7 月出版[15,16]。

NISO 与 UKSG(英国期刊研究会)于 2008 年 1 月成立了 NISO/UKSG KBART (Knowledge Base And Related Tools,知识库和相关工具)工作小组。该小组的目标是:①编制和出版最佳实践指南,在知识库供应链中有效实现各环节成员之间的交互,使知识库服务提供者、用户、出版者均能受益;②提供培训,介绍知识库供应链中各部分的作用、提高知识库数据水平的需求功能以及这样做的价值,使内容提供者更好地理解用户的需求及活动,知识库服务提供者和图书馆也将受益于知识库内容水平的提高;③制作一个集中的信息门户,用来支持培训活动和资源发布,提供全面深入的资源以促进学习。目前,兴趣小组已经确定,有关格式和研究的各个方案的草案文件已经准备好，相关术语的术语表也已经公布[17,18]。

3.3 元数据标准研究

伴着数字图书馆的发展一路走来的元数据，在 2007—2008 年间，继续呈现出非常活跃的发展态势，其研究与推广不断走向深入。

3.3.1 走向语义万维网的都柏林核心元数据（DC）

DC 在元数据标准及应用领域一直有着特殊的影响力，2007—2008 年间，DC-MI（The Dublin Core Metadata Initiative，都柏林核心元数据计划）作为 DC 元数据标准的维护机构，依然没有放慢发展的脚步，在修订已有标准规范文本方面取得了新的进展。

2006 年 12 月 18 日，DCMI 正式公布了修订后的都柏林核心元数据元素集（DCMES），在此基础上，美国国家信息标准组织对 2001 年颁布的 ANSI/NISO Z39.85:2001《都柏林核心元数据元素集》进行了修订，并于 2007 年正式发布（ANSI/NISO Z39.85:2007）。

DCMI 目前主要依托网络和年会开展活动，每年的 DC 年会即"都柏林核心与元数据应用国际研讨会"（International Conference on Dublin Core and Metadata Applications），都因其对 DC 新发展和新变化的反映而备受业界瞩目。

2007 年度 DC 年会于当年 8 月在新加坡召开，会议主题是"元数据应用纲要的理论与实践（Application Profile：Theory and Practice）"。本次会议取得了两项重要成果：一是在元数据应用纲要的形式化方面取得了突破性进展，提出了一整套以 DC 元数据抽象模型为基础的元数据形式化方案，即新加坡框架（Singapore Framework）；二是 DCMI 决定与新加坡国家图书馆局进行深层次的合作，在 2008 年 6 月之前合作成立非营利性公司，以进一步促进元数据的研究和推广应用[19]。

2008 年度 DC 年会于当年 9 月在德国柏林召开，会议主题是"语义和社会应用中的元数据（Metadata for Semantic and Social Applications）"。本次会议的热点关注主要包括：语义万维网；社会性标签；其他 Web2.0 主题，如维基应用、Linked Data、微格式等；元数据应用纲要和 RDA[20]。

　　除了组织召开 DC 年会以外,2007—2008 年间,DCMI 还在 DC 有关标准规范的完善与修订方面做了大量工作。

　　2007 年,DCMI 主要修订了 DCMI 元数据术语(DC Terms 2007 年 7 月)、DC-Text 草案(2007 年 4 月)、XML 编码指南草案(2007 年 6 月)、RDF 编码指南草案(2007 年 6 月)、命名域政策推荐意见(2007 年 7 月)、领域与范围(Domains and ranges)草案(2007 年 7 月)、DCMI 抽象模型推荐标准(2007 年 6 月)和描述集纲要(Description Set Profile, DSP)草案(2007 年 8 月)等 8 个标准规范(包括草案)文本[19]。其中最后两项的重要性尤为突出。"DCMI 抽象模型推荐标准"经过了多次严格的审定,最终由应用委员会审核通过。作为元数据应用纲要的模型基础,此标准的意义非常重大,严格来说,未来不符合抽象模型的元数据规范,其元素都不能被应用纲要采纳。"描述集纲要"(DSP)第一次对元数据应用纲要的形式化内容进行了明确的规定,被认为是元数据应用纲要的核心内容。经过讨论,DCMI 初步形成了一致性意见,即一套完整的元数据方案应该包含以下 5 个部分:功能需求说明(需要 desirable),领域模型(必备 mandatory),元素集描述(DSP:Description Set Profile)(必备 mandatory),应用指南(可选 optional),编码句法指南(可选 optional)。这个元数据应用纲要的结构,即上文所提到的"新加坡框架"。

　　2008 年,DCMI 推出或更新了采用 RDF 进行 DC 元数据编码(Expressing Dublin Core metadata using the Resource Description Framework, RDF)(2008 年 1 月)、采用 HTML/XHTML 的 meta 元素和 link 元素进行 DC 元数据编码(Expressing Dublin Core metadata using HTML/XHTML meta and link elements)(2008 年 8 月)、采用 XML 进行 DC 元数据编码(Expressing Dublin Core Description Sets using XML)(2008 年 9 月)的编码规范,并同时提供了这 3 个编码规范的应用指南。这 3 个规范文档及其"应用指南"涉及 DC 元数据采用 RDF、HTML/XHTML 和 XML 编码的各项规定,基本上厘清了具体需求中可能碰到的各类问题[20]。这是 DCMI 全面按照"元数据抽象模型(DCAM)"的框架和体系对 DCMI 2002—2003 年间推出的相应草案进行重大修订之后的结果,目前都作为 DCMI 的推荐标准。

　　除 DCMI 的努力以外,其他相关组织和机构近两年来对 DC 的标准化进程也作出了巨大贡献。

　　2008 年,国际标准化组织根据 ANSI/NISO Z39.85:2007 和 DCMI 的最新修订情况,对原 ISO15836:2003《信息与文献——都柏林核心元数据元素集》进行了修订，于 2008 年完成了 ISO /FDIS 15836，预计将于 2009 年颁布 ISO15836：2009《信息与文献——都柏林核心元数据元素集》。

2007 年 8 月，因特网工程工作组（IETF）发布了新版标准《都柏林核心元素集》（RFC5013），修订并取代了 1998 年发布的 RFC2413（DC1. 0）。

而在中国，受全国信息与文献标准化技术委员会的委托，国家图书馆、上海图书馆、北京大学图书馆、清华大学图书馆、中国科学院国家科学图书馆、中国科学技术信息研究所于 2008 年联合起草了国家标准《信息与文献——都柏林核心元数据元素集》，目前正在报批过程中。本标准修改采用国际标准 ISO 15836 的最新版本，并参考了 DCMI 于 2008 年 1 月 14 日发布的《都柏林核心元数据元素集（1. 1 版）》、《都柏林核心元数据元素集》（ANSI/NISO Z39. 85：2007）及《都柏林核心元数据元素集》（RFC 5013）[21]。

3. 3. 2　其他元数据规范

2007—2008 年间，国际上在描述元数据、技术元数据以及元数据互操作方面的标准规范制订上都有收获。

在描述元数据方面，美国国会图书馆网络发展与 MARC 标准办公室对其在 2006 年 6 月发布的 MODS（Metadata Object Description Schema，元数据对象描述方案）version 3. 2 进行了修订，于 2008 年 1 月发布了 MODS version 3. 3，并在此基础上，于 2008 年 5 月修订完成了 MARC 向 MODS 的映射（MARC mapping to MODS）version 3. 3，于 2008 年 10 月修订完成了 MARCXML to MODS version3. 3，于 2007 年 5 月制订完成 MODS to Dublin Core，并接着对 MODS 用户指南（MODS User Guidelines）Version 3 进行了修订。相比之前的版本，MODS version 3. 3 增加了对馆藏信息及权利信息的支持，并根据应用要求对其中一些元素及取值作了调整[22]。

2009 年初，ISO 发布了 ISO 20775：2009《信息和文献——馆藏信息格式》Information and documentation—Schema for holdings information，该标准制定了一个适用于各种类型资源（包括物理资源和电子资源，文本、图像、声音、视频等各种格式的资源，广播电视资源，出版的专著、连续性资源等）馆藏信息的 schema，可以用于查询响应的 schema，但它未规定检索属性和索引定义。ISO 20775 方便了静态和动态信息联合体的互交换[23]。

在技术元数据方面,由美国国会图书馆网络发展与 MARC 标准办公室和 NISO静态图像技术元数据标准委员会联合制订与维护的 MIX(NISO Metadata for Images in XML Schema)是为管理数字图像集合的一套技术元数据的 XML sche-ma,提供了基于 ANSI/NISO Z39.87《静态数字图像技术元数据数据词典》(Data Dictionary—Technical Metadata for Digital Still Images)进行交换、存储的一种格式。 2008 年,美国国会图书馆和 NISO 静态图像技术元数据标准委员会对 2006 年发布的 MIX Schema 进行了修订,于 2008 年 5 月发布了 MIX Schema Version 2.0[24]。

TextMD(Technical Metadata for Text)是文本数字对象技术元数据的 XML schema。TextMD 一般作为 METS 管理元数据部分的扩展方案,同时也可以独立使用。TextMD 最初由纽约大学数字图书馆团队(New York University Digital Library Team, NYU)开发,自 2007 年 10 月开始由美国国会图书馆继续负责维护,目前已发布了 TextMD Schema Version 3.0 alpha 版[25]。

在元数据互操作方面,元数据编码与传输标准(Metadata Encoding & Transmission Standard,METS)采用 XML 对数字对象的描述、管理、结构元数据进行编码,是数字图书馆领域的重要标准,由美国国会图书馆网络发展与 MARC 标准办公室负责维护。该办公室于 2007 年 9 月发布了 METS Primer and Reference Manual,并在 2006 年发布的 METS Schema 1.6 的基础上进行了修订,于 2007 年 10 月发布了 METS Schema 1.7。值得一提的是,2008 年北京中科软件有限公司获得美国国会图书馆、美国数字图书馆联盟的正式授权,完成 METS 相关文档的中文翻译,并在 2008 年 9 月 9 日正式发布[26]。

MarcXchange 是关于书目记录及其他类型元数据的基于 XML 的交换格式标准。2001 年,美国国会图书馆发布了基于 MARC 21 格式的 XML 交换格式 MARC XML。在此基础上诞生了 MarcXchange。MarcXchange 是适用于所有 MARC 格式的 XML 交换格式,2007 年 11 月开始由美国国会图书馆网络发展与 MARC 标准办公室负责维护,并于 2008 年 11 月发展成为国际标准 ISO 25577:2008《信息和文献——MarcXchange》(Information and documentation—MarcXchange)。 ISO 25577:2008 没有定义单个记录内容的长度,也没有为标签、指示符、标识符赋予任何含义,而是描述了一个总体的结构框架,主要考虑数据处理系统间的数据交换,也可用于系统内部的数据处理。MarcXchange 主要可以应用于以下几个方面: ①一个完整 MARC 记录或者 MARC 记录集合的 XML 表示;②以 XML 语法描述原生数字资源；③METS 的扩展方案；④以 XML 格式交换 MARC 记录；⑤在 Web 服务中（如 SRU）传输 MARC 记录；⑥发布者传输数据；⑦在各种数据转换或处理中作为临时格式；⑧可以与电子资源一起封包的 XML 格式的元数据[27,28]。

2008 年 6 月，ISO 对 1996 年发布的 ISO 2709：1996《信息和文献——信息交流用格式》（Information and documentation—Format for information exchange）进行了修订，发布了 ISO 2709：2008《信息和文献—信息交流用格式》（Information and documentation—Format for information exchange）。

3.4 数字资源唯一标识符标准规范研究①

唯一标识符在社会生活的各个领域都有着广泛的应用。20 世纪 90 年代以来，随着 Internet 的迅猛发展，对数字对象和数字信息进行标识与动态调用的需求，促进了数字资源唯一标识符的发展，如 Handle、DOI、URL、URI 都被认为是网络环境下的数字资源标识符。

在 2007—2008 年间，国内外唯一标识符规范建设方面有如下进展值得关注：

3.4.1 13 位 ISBN 正式启用

2004 年，国际 ISBN 中心（IIA）出版了《13 位国际标准书号指南》（Guidelines for the Implementation of 13-Digit ISBNs），描述了将于 2007 年 1 月正式启用的 13 位 ISBN 的概况。国际标准化组织于 2005 年颁布了新的 ISBN 标准——ISO 2108：2005，将原有的 10 位编码升位为 13 位（简称 ISBN-13），同时实现与 EAN-UCC（商品包装编码系统）条形码的 13 位编码全面兼容。自 2007 年 1 月 1 日起，所有新出版的图书全面启用新的 13 位 ISBN 编码[29,30]。

ISBN 的变化对图书馆的采购、编目和读者服务等业务将产生很大的影响。图书馆需要同时处理 10 位号码与 13 位号码图书并存的局面，同时由于 ISBN 分配政策等原因，将出现更多的同一内容著作由于不同的装订、开本等形式被分配以不同的 ISBN 号码的情况，这些因素使图书馆采购查重、书目数据控制、图书馆

---

① 本部分由中科院文献情报中心资源建设部副主任、研究馆员宋文提供基础稿。

自动化系统建设等业务的复杂度大大增加,图书馆需要认识到这一新的变革引起的问题和带来的挑战,采取积极的应对策略。

3.4.2 新版 ISSN 标准发布

2007 年,ISO 发布了新的 ISSN(Information and documentation—International standard serial number)标准(ISO 3297:2007)[31]。新版 ISSN 标准与原来的标准相比有比较明显的变化:

新的 ISSN 标准定义了一种新的资源类型——连续性资源(continuing resources),从而将覆盖范围扩大到包括连续更新的活页资源、连续更新的网站、数据库等资源,以及传统的连续出版物,以解决网络上越来越多的连续性集成资源、多种媒介的连续出版物的标识问题。

新版 ISSN 提出了在连续出版物抽象层进行标识的功能,也就是链接 ISSN(ISSN-L)。在继续使用不同 ISSN 分别标识不同媒介(物理产品)连续出版物的前提下,用 ISSN-L 在抽象的全局层面对连续出版物进行标识。这种机制将能促进不同媒介的连续出版物之间的链接,更有利于检索、编目、搜索引擎、知识库等服务,也将促进与 DOI、OpenURL、URN 等唯一标识符的互操作。ISSN 网站上的 ISSN-L 平台已于 2008 年 9 月 29 日公告开放,此平台免费提供且按季度更新[32]。ISSN 网站同时还公布了若干种 ISSN-L 的发布渠道,并提供了 ISSN-L 目录的免费下载与季度更新。

3.4.3 DOI 正在申请成为 ISO 标准

数字对象唯一标识符(Digital Object Identifier,DOI)国际标准项目在 2004 年由 IDF(International DOI Foundation,国际 DOI 基金会)向 ISO/TC46 提出并立项。ISO 于 2006 年 9 月成立了一个专门工作组(TC 46/SC 9/WG7)启动此项工作,该工作组于 2007 年 12 月 5 日通过工作组草案(ISO/WD 26324)。2008 年 8 月,委员会草案 ISO/CD 26324 被批准,DOI 标准已进入标准草案阶段,预计最终标准将于 2009 年发布[33]。该标准草案规定了 DOI 命名的编码规则和显示方式及特征,DOI 命名分配的范围和规则,DOI 命名的解析方案的主要功能,DOI 元数据框架的主要功能以及 DOI 与其他标识符系统的关系等内容[34]。

3.4.4　中国国家图书馆建立数字对象唯一标识符规范

由中国国家图书馆（以下简称"国家图书馆"）主持建设的国家数字图书馆工程标准规范建设项目中，数字对象唯一标识符规范是非常重要的一项。2007 年，国家图书馆委托中央国家机关政府采购中心公布了"国家图书馆数字资源唯一标识符规范"项目的采购公告[35]。通过竞争性谈判，中国科学院国家科学图书馆受国家图书馆委托，承担该标准规范的研制工作。该项目的研制成果包括《国家图书馆唯一标识符规范》、《国家图书馆唯一标识符应用指南》等。2008 年 10 月，项目成果征求意见稿通过国家图书馆网站公开发布，接受国内外同行质询。2008 年 12 月 23 日，该项目成果通过业界专家论证。该规范规定了国家图书馆数字资源唯一标识符系统的体系框架、语法规则、命名规则、解析规则、管理规则和扩展规则；并在规范的指南中提出了国家图书馆唯一标识符后缀的分配规则，详细描述了唯一标识符的生成与注册过程、解析过程，提出了唯一标识符规范应用对相关各系统的要求，为国家图书馆应用唯一标识符规范提供了流程机制、系统需求方面的建设性参考意见[36,37]。

3.4.5　万方数据成为中文 DOI 注册代理

自 2006 年起，中国科技信息研究所（以下简称"中信所"）联合北京万方数据股份有限公司（以下简称"万方数据"）一直致力于与 IDF 的沟通工作，最终于 2007 年初成为 DOI 的唯一中文注册机构，从而将 DOI 带入中国。一方面，万方数据可以提供 DOI 标识的注册服务、DOI 解析服务、中文 DOI 与西文资源的集成、引文的 DOI 匹配服务、前向链接服务（即原文与引用该文献的原文链接服务）等；另一方面，万方数据也借鉴 CrossRef 发展经验，建立中文 DOI 联盟，鼓励出版社和信息服务商免费注册元数据，鼓励参与者之间通过元数据和中文 DOI 标识进行资源互链，给予用户一个认识 DOI 价值的过程，从而降低用户的使用成本，在学术期刊领域中开展中文 DOI 的应用示范，逐步向图书、科学数据等领域扩展[38]。

2007 年 10 月，中信所与万方数据联合主办了"第二届科技信息资源共享促进国际研讨会（COINFO）"，会议主题即为"DOI 在中国的应用探讨"。通过此次会议和其他渠道，中文 DOI 注册中心与英文文献 DOI 注册机构 Crossref、日文文献 DOI 注册机构 JST、德国科学数据 DOI 注册机构、德国科技图书馆等业内权威机构建立了合作关系。2000—2006 年间,有 100 余种中国期刊的英文版在国外注册了 DOI。2007 年,有 300 种科技精品期刊成为中文 DOI 的付费会员,2008 年,有 115 种中华医学会的刊物以及浙江大学、华中科技大学、清华大学、中国科技信息研究所等 70 余所大学、科研机构的期刊成为中文 DOI 的付费会员。

3.5　文献著录与编目标准规范的发展

随着信息资源的网络化与数字化发展,以处理传统载体文献为主的著录与编目标准规范面临新的挑战。为应对挑战,2007—2008 年间图书馆界在这些标准规范的修订上着力甚多,也取得了令人瞩目的成果。

3.5.1　《国标编目原则声明》修订完成①

《国际编目原则声明(草案)》(以下简称《原则声明(草案)》)最早于 2003 年在德国法兰克福召开的第一次国际图联国际编目规则专家会议(IME ICC)上通过,目的是对 1961 年"巴黎原则"进行修订,使其能适应信息资源发展新形势的需要,并希望在新的国际编目原则的指导下制订一部用于书目著录与检索的国际编目规则。此后,IME ICC 又于 2004 年、2005 年和 2006 年分别在阿根廷布宜诺斯艾利斯、埃及开罗和韩国首尔召开,来自拉丁美洲、阿拉伯国家及亚洲国家的编目专家结合各国、各地区的编目实践与编目规则,对《原则声明(草案)》进行了广泛、深入的审议与修订。

2007 年 8 月,在南非比勒陀利亚召开的第五次专家会议是这一系列会议的最后一次,出席会议的是来自撒哈拉以南非洲国家的编目专家。这一地区的图书馆主要采用英美编目条例 AACR2 与法国编目规则 AFNOR。会议最后通过的修订案对《原则声明(草案)》的结构作了重大调整,原本作为附录的"制订编目规则的目标"被纳入正文,成为提纲挈领的第一部分,阐述了指导编目规则制订工作的十大目标,其最高目标是目录用户的便利性,进一步彰显了"用户第一"的指导思想;"名称的选择与形式"被从检索点部分挪到规范控制部分,突出了规范控制在

---

①　本部分由上海交通大学图书馆研究馆员王绍平提供基础稿。

编目工作中的地位。此外,修订案对原则中一些概念的含义、职能等也提出了修改,譬如将"必备检索点"(indispensable access points)改称为"基本检索点"(essential access points),《原则声明(草案)》的词汇表也作了相应的调整与修改[39]。

2008年5—6月,经历次专家会议审议的《原则声明》(修订稿)以投票表决方式进行了全球性评议。《原则声明》最终版根据评议过程中收集的意见,在南非会议修订稿的基础上作了进一步的修改;把指导编目规则制订工具的十大目标由总目标改为总原则,正式成为《原则声明》的一部分;将第4节"目录的功能"改为"目录的目标和功能",并把"规范记录"一节并入"检索点",将书目记录与规范记录的检索点结合在一起述。《原则声明》的词汇表在很大程度上体现了编目观念的更新,一些传统的编目术语,如书目单元、标目、参照、统一题名、著者等,被载体表现、规范检索点、受控检索点、名称的变异形式、名称的规范形式、创作者等更为确切的术语取而代之[40,41]。

《原则声明》的正式颁布标志着在新的形势下,国际编目界在编目工作的基本原则上达成了共识,而《原则声明》的目标之一——制订一部国际性的编目规则——也被提上了议事日程。在2008年8月的国际图联大会上,国际图联编目组决定在2009年成立IME ICC工作组,启动国际编目规则的起草工作。

2007—2008年间,国内编目界继续对国际编目原则给予较大的关注。与2005年《原则声明(草案)》首次被介绍到国内时相比,目前国内相关研究已从宏观评介层面逐步深入到微观实践层次。研究者不再局限于对新的国际编目原则的产生背景及其内容的陈述,以及与"巴黎原则"的一般性对比分析,而是在编目工作更为微观的范畴内对编目原则进行更深层次的剖析。这一方面的研究涉及中文编目规则对国际编目原则的反映、国际编目原则中目录功能的阐述以及从具体的编目工作范畴对国际编目原则及其中采用的新方法与新观念的分析等。

王松林等人将《中国文献编目规则》(第一版与第二版)与"巴黎原则"进行对比分析,详细阐述了中文编目规则在"一般资料标识"、"连续性资源"、"多卷/多部分资料"、"个人名称"、"团体名称"、"统一题名"等方面与"巴黎原则"的异同,作为对《原则声明(草案)》进行评估的基础[42]。

杜芸分析了从潘尼兹《91条规则》到《原则声明(草案)》不同时期的研究者对目录功能的不同论述,探讨了现代意义的图书馆目录的功能,即检索功能、集中功能、识别功能、选择和获得功能[43]。

林明分别从检索点语言和统一题名方面剖析国际编目原则对中文编目工作的指导意义。他从不同目录体系、语言文字同编目规则之间的差异探讨检索点采用的语言文字,认为检索点语言文字的选择应遵循国际编目原则倡导的"用户第一"原则,把读者的便利性放在第一位。对于统一题名,他根据国际编目原则,利用 FRBR 模型,阐述了统一题名的由来、职能、必备性、类型和结构,分析了中文编目中统一题名存在的问题与解决方法[44,45,46]。

王绍平探讨了《原则声明(草案)》中运用的 FRBR/FRANAR(即 FRAD)模型,分析了 FRBR/FRANAR 模型在描述书目工具、实现目录功能的特征与作用、确定编目对象、从用户任务拓展目录功能、提炼实体属性及其相互关系来定义书目记录与规范记录的数据元素、划分必备与附加检索点等方面所起的重大作用[47]。

3.5.2 《国际标准书目著录(统一版)》问世①

《国际标准书目著录》(International Standard Bibliographic Descriptions, ISBD)是国际图联(IFLA)主持制订的一套关于文献著录的国际标准,为世界各国的书目机构及各类型编目规则所采纳,成为国际图联在编目标准化领域中最成功的工作,影响极为深远。在 2007—2008 年,这套标准发生了很大的变化,那就是《国际标准书目著录(统一版)》(ISBD Consolidated Edition)的诞生[48]。

首先,ISBD 修订组成立的 ISBD 未来走向研究小组(Study Group on Future Directions of the ISBDs)于 2007 年完成并发布了 ISBD 统一版出版,统一版将 ISBD 家族的各个文本统一成一个文本,将适用于所有文献类型的共同条款合并,并且针对各个文献类型设立特定的条款,在 ISBD 家族的内容中考虑不同文本之间术语的一致性[49]。同时,在该组的建议下,国际图联编目组一致通过,停止对所有专门 ISBD 的维护,正式启用 ISBD 统一版。

此外,ISBD 评估组成立的文献类型标识研究小组(Material Designations Study Group)对多种 ISBD 文本的使用、多种一般文献类型标识的使用、多种载体(形式)的著录单元的顺序、多种形式出版物所需创建书目记录的数量等问题重点进行了讨论,并于 2008 年底提交了 ISBD 第 0 项的最终稿《内容形式和载体类型项》

---

① 本部分由国家图书馆中文采编部主任、研究馆员顾犇提供基础稿。

(Content Form and Media Type Area),该项内容期待 2009 年正式通过,并纳入 ISBD 统一版的修订版中。

为了消除大家对 ISBD 规定的理解差异和翻译文本的不一致,从而方便编目人员理解和使用,ISBD 修订组又成立了一个样例补编研究小组(Examples Supplement Study Group),提供主要语言的著录样例。到 2008 年底,起草工作已经基本完成,其成果将被增补到 2009 年即将出版的 ISBD 统一版修订版中。

根据 ISBD 的修订计划,目前 ISBD 修订组正在对 ISBD 统一版初版进行修订,该修订版将于 2009 年发布。

值得一提的是,国家图书馆顾犇从 2007 年开始在 ISBD 修订组(ISBD Review Group)任职,代表中国图书馆界参与了这个国际标准的修订工作,将中国图书馆编目的特点及时反映给国际图联,也把 ISBD 的最新进展传达给中国图书馆界。这项工作对中文编目走向国际具有深远的意义。2008 年,由顾犇翻译的《国际标准书目著录(统一版)》在我国正式出版,受到广泛关注[50]。

3.5.3　FRBR 研究趋于成熟①

《书目记录的功能需求》(Functional Requirements for Bibliographic Records,FRBR)来自于 IFLA 的一项专题研究,旨在对信息资源数字化与网络化环境下的书目记录功能进行系统的研究,其研究报告于 1997 年在国际图联(IFLA)获得通过,并于次年正式出版。FRBR 对书目功能的阐述、它所建立的书目工作概念模型,以及它所采纳的分析问题、解决问题的理念与方法,对书目工作的理论与实践产生了深刻的影响。

FRBR 在 2007—2008 年间有两项重要的举措:其一是于 2007 年颁布了第一个修正案,对“3.2.2 内容表达”作了重大的修改,使内容表达的界定具有较大的灵活性与实用性[51];其二是 FRBRoo(FRBR object-oriented,面向对象的 FRBR)模型的问世。FRBR 模型与其他模型的互操作是 FRBR 研究的重要议题,其中最引人注目的是与国际博物馆理事会国际文献工作委员会(CIDOC)开发的概念参考模型(Conceptional Reference Model,CRM)的协调。CRM 是有关文化遗产的面向对象概念模型,现已被批准为 ISO 国际标准。2003 年 FRBR 评估组与 CIDOC

---

① 本部分由上海交通大学图书馆研究馆员王绍平提供基础稿。

CRM 特别兴趣组共同设立了 FRBR/CIDOC CRM 协调工作组,其主要任务是用 CRM 提供的概念、工具、结构和惯用符号来表达 FRBR 模型,使 FRBR 与 CRM 达成完全的互操作。2008 年 1 月协调工作组完成了"FRBR:面向对象定义与 FRBR (ER)映射"的 0.9 版草案(FRBR:Object-Oriented Definition and Mapping to FR-BR$_{ER}$(version 0.9 draft)),提出了面向对象版的 FRBRoo 模型[52]。

FRBR 颁布至今已届 10 年,近年来一些对 FRBR 研究进行阶段性总结的论著开始面世,这标志着 FRBR 的研究已进入成熟期。Taylor 主编的《Understanding FRBR:What It Is and How It Will Affect Our Retrieval Tools》(《理解 FRBR:它是什么,它将如何影响我们的检索工具》)[53]以及 Maxwell 的《FRBR:A Guide for the Perplexed》(《FRBR:指点迷津》)[54]是近两年出版的具有代表性的著作,其中涉及 FRBR 的理念、思想以及实际应用方面的重要论题。

对 FRBR 的基础研究依然集中于 FRBR 产生的背景、FRBR 的实体—关系分析方法、模型结构及其对编目规则的影响等关键问题上,在这方面 Riva 有权威的论述[55]。Carlyle 则专门从概念模型的角度研究 FRBR,探讨了不同类型的编目模型[56]。

FRBR 第一组实体中作品与内容表达的界定是研究者十分关切的议题。Riva 认为,作品是独特的知识或艺术的创造,其原始创作者相同,且总体内容一致,便是同一作品,而且作品反映用户的文化期望(cultural expectation of users),即对一个作品的认定与用户所处的文化环境有密切关系。她还提到"超作品"的概念,即包括某一作品及其改编本与其他形式版本的高层次实体。不少研究者认为,资源在"超作品"层次的聚集也很有必要。对于内容表达而言,任何形式或内容的变化,对文本的任何修订、更改,都会形成新的内容表达,但如拘泥于这样的表述,那么几乎每一载体表现都会成为新的内容表达。Riva 认为,内容表达的界定应考虑作品的本质、用户的需求、载体表现呈现的方式以及编目员的知识[57]。

在用 FRBR 模型审视编目规则方面,研究者对修订中的英美编目条例 RDA 给予了极大的关注;RDA 力图依据 FRBR 定义的用户任务以及实体与关系来构建新的编目规则结构,确定书目记录的数据单元。

与编目规则相关联的是 MARC 格式。在讨论 FRBR 对 MARC 格式的影响方面,Miska 利用试验数据分析了 MARC 字段的设置与用户任务的关系[58]。

Salaba 和 Zhang 对 FRBR 的应用研究作了比较全面的论述[59]。FRBR 的应用研究几乎覆盖了各种类型的信息资源,如艺术品、古典作品、小说、影视资源、手工印制文献、表演艺术、音乐、连续性资源、电子资源等。美国音乐图书馆协会书目控制委员会还对各类音乐"作品"所应包含的属性及其关系作了具体规定[60]。

FRBR 模型对于连续性资源的适用性是众多研究者讨论的问题。FRBR 应用于连续性资源的主要障碍是其连续性、聚集性、多重版本与频繁的更名。Wolverton 和 Antelman 建议对连续性资源在更高的层次上进行聚集[61]。Allgood 认为,解决期刊多重版本的有效办法是以作品层次作为目录显示的基础[62]。Tarango 则提出,为了使连续出版物 FRBR 化,应使 FRBR 适应连续出版物的出版现实。他重新定义了"作品",并引入了"作品片断"记录的概念[63]。此外,谷口祥一探讨了 FRBR 对于电子资源的适用性,认为电子资源的载体表现不能简单地划分为格式(format)与载体(carrier),并将 FRBR 模型与其他模型作了对比[64]。

Salaba 和 Zhang 把 FRBR 应用系统的开发分为三大类[65]:图书馆联机目录,数字图书馆,FRBR 支撑工具、算法与应用软件。图书馆联机目录又可分成完全实用的系统、试验系统与商用系统。完全实用的系统中有代表性的是 OCLC 开发的 WorldCat. org 与洛杉矶加州大学开发的 UCLA 图书馆——影视档案。试验系统主要有 OCLC 的 OCLC FictionFinder、澳大利亚国家图书馆的 Libraries Australia、美国研究图书馆协会的 RedLightGreen、挪威国家图书馆与挪威科技大学的 BIBSYS 等。系统商开发的系统有 Virtua 图书馆集成系统、Innovative Interfaces 与 VisualCat。

应用 FRBR 模型的数字图书馆主要有澳大利亚国家图书馆牵头开发的 AustLit 与 Music Australia、挪威国家图书馆的 Paradigma、塔夫茨大学的 Perseus Digital Library(PDL)、北卡罗来纳州立大学图书馆的 NCSU E-Matrix、澳大利亚电影委员会的国家声像档案馆(National Film and Sound Archive)、罗切斯特大学 River 校区图书馆的视频与音乐项目、由欧共体资助的 ECHO(European Chronicle On-Line)、印第安纳大学音乐学院的 Variation3 等。

FRBR 化的转换工具主要有 OCLC 开发的 OCLC FRBR 作品集合算法(FRBR Work-Set Algorithm)、挪威国家图书馆与挪威科技大学为 BIBSYS 项目开发的书目记录转换工具。FRBR 化的显示工具有美国国会图书馆网络开发与 MARC 办公室的 FRBR 显示工具、Monte Sano 公司的 FRBR Floater。FRBR 化的系统则有 Roberto Sturman 的 IFPA(ISIS FRBR Prototype Application)、Morbus 的 LibDB 和精灵信息服务公司(Wizard Information Services)与澳大利亚国家声像档案馆的

MAVIS(Merged AudioVisual Information System)。

在2007—2008年间,随着FRBR研究的深入,国内的研究者已逐步将视线由纯理论研究转向应用研究,更多的触及编目工作的微观领域,如FRBR模型在描述各种类型信息资源方面的应用。谢美萍分析了FRBR在连续性资源编目中应用的难点[66];吴有梅提出用FRBR实体之间的层次关系来揭示电子期刊的复杂关系[67];陈立原与陈昭珍介绍了FRBR在组织学位论文馆藏方面的应用[68]。张耀蕾利用FRBR同用户任务的映射关系来评估书目记录的质量,为FRBR的应用研究提供了独特的视角[69]。

在FRBR的应用开发项目方面,国内的研究明显落后于国际水平,近年见诸报道的只有CNMARC中文书目记录FRBR化试验系统。胡晓鹰提出了试验系统的运算法则[70];王泽贤则讨论了该系统的开发[71]。

美国国会图书馆书目控制的未来工作组的报告《On the Record》(《记录在案》)认为,FRBR框架对于揭示和利用信息资源之间存在的各种关系具有潜能,但还需要进一步的试验来验证其实用性[72]。Zhang和Salaba通过对专家调查的分析,列举FRBR的发展所面临的10个关键问题,其中居于首位的是制订以FRBR为依据的编目条例,其次是需解决基于FRBR的记录结构、记录编码标准与FRBR实施的框架等问题[73]。谷口祥一指出,FRBR的发展应立足于FRBR概念设计、FRBR编目规则与FRBR OPAC的书目工作流程[74]。因此,FRBR今后的研究将更注重FRBR在书目工作中的应用,其重点是制订基于FRBR模型的编目规则,设计与实施基于FRBR的书目系统。

3.6　RFID标准研究与技术应用

RFID技术在图书馆的应用对提高图书馆的管理水平和服务水平有积极的促进作用,围绕图书馆应用RFID的相关标准规范也一直在不断发展。2007—2008年间,有关RFID的标准规范研制取得了新的进展,国内图书馆界在RFID应用方面更是迈出了历史性的步伐。

3.6.1 RFID 标准规范研制取得显著进展①

在 RFID 图书馆应用标准领域,国外主要有 3 个数据模型。

一是"丹麦模型"。2004 年以丹麦图书馆学会为主导,并联合标准化组织和重要厂商代表成立了 RFID 数据模型图书馆工作组,开展图书馆 RFID 标准化研究工作。该工作组于 2005 年 7 月发布了"图书馆 RFID 数据模型"(RFID Data Model for Libraries)公告[75],并于 2006 年向 ISO 提交了 ISO/DIS 28560《信息与文献——图书馆 RFID 应用》(Information and documentation—RFID in libraries)草案。ISO TC46/SC4/WG11 工作组对 ISO 28560 草案文件进行了修订,将该标准分为 3 个部分:ISO/DIS 28560-1《第一部分 总体要求及数据项》(Part 1: General requirements and data elements)、ISO/DIS 28560-2《第二部分 基于 ISO/IEC 15962 的编码》(Part 2: Encoding based on ISO/IEC 15962)、ISO/DIS 28560-3《第三部分 固定长编码》(Part 3: Fixed length encoding),目前正在向世界各国图书馆界征求意见,文件在 2008 年 6 月进行了最近的更新。ISO 28560 专项工作组由丹麦图书馆及媒体管理局负责。

二是"澳大利亚模型"。澳大利亚图书馆 RFID 标准工作组(IT-019-01-02)于 2006 年 9 月 6 日提出了澳大利亚"图书馆 RFID 数据模型提案"[76]。该数据模型在标签字段设置中首先提出了字段项"OID"(目标指示符的指针表)概念,定义了澳大利亚图书馆 RFID 标签的 11 个字段项,同时定义了 105 种媒体类型代码表。相比较而言,"澳大利亚模型"比"丹麦模型"的项目要少一些。

三是"美国模型"。美国国家信息标准化组织 NISO 于 2007 年 12 月发布了"RFID 在美国图书馆中的应用"(RFID in U. S. Libraries)(NISO RP-6-2008)[77],接受了"澳大利亚模型"中的"OID"概念,定义了美国图书馆 RFID 标签的 18 个字段项。

上述 3 个"数据模型"在技术上有共识的部分,如都接受 ISO 15693(ISO18000-3),13.56 Mhz 段通信协议("美国模型"对 ISO 18000-6(900Mhz UHF 段)有所保留);都同意接受 ISO 3166 和 ISO 15511 框架下的图书馆代码体系;都接受目前 ISO 15693 协议下的 ISO 64bite UID 编码标签及其 AFI 基本架构设置;都同意将非

---

① 本部分由国家图书馆副研究馆员董曦京提供基础稿。

AFI 安全位、EAS 等功能视为标签商或系统商的自有技术;都为馆际互借和设备资源共享制定了相应的参数项;等等。但是,这 3 个"数据模型"的出现也显示出图书馆行业在 RFID 标准化思路上还存在一定的差异。

基于国家图书馆二期新馆利用 RFID 技术的需要,国家图书馆于 2006 年 6 月启动了馆级科研项目"图书馆 RFID 技术应用标准化问题研究"。2007 年,课题组完成了中国图书馆馆代码方案、UID 嵌入型的馆代码方案、中国图书馆类型代码表、中国图书馆 RFID 数据结构版本——指针表方案等项目成果。

2008 年 9 月,汕头大学图书馆举办了图书馆 RFID 应用研讨会,会议邀请了若干国内外图书馆 RFID 标准化问题专家与国内图书馆 RFID 主要应用机构代表,重点讨论了 RFID 在图书馆应用的标准化问题,这标志着我国图书馆界已经开始结合实际对 RFID 应用的有关标准规范问题进行较深入的研究。

3.6.2　RFID 在国内图书馆的应用进入发展期

自 2006 年 RFID 技术先后在集美大学诚毅学院图书馆和深圳图书馆新馆得到应用之后,2007—2008 年间,我国图书馆界在 RFID 技术应用方面进行了更多的探索。

2006 年 9 月,汕头大学图书馆与宁波远望谷信息技术公司联合就 UHF RFID (Ultra High Frequency RFID,超高频 RFID)技术在图书馆中的应用进行试验,自 2007 年 9 月起,该馆在新书外借室采用 UHF F2 RFID 标签正式开展新书流通和馆藏管理应用。这是 UHF RFID 在我国图书馆界的首次应用[78]。

2007 年 11 月,武汉图书馆引进了 RFID 智能图书管理系统,并首先在该馆青少年阅览室试用[79]。

2008 年 1 月,国家图书馆委托中央国家机关政府采购中心就国家图书馆 RFID 系统设备采购项目进行公开招标。2008 年 9 月 9 日,在国家图书馆二期新馆正式开馆时,国家图书馆 RFID 系统正式向社会提供服务。该系统包括图书点检、自助借还、智能架位管理、智能分拣、标签转换、安全门系统等,目前已全面应用于国家图书馆北区新馆的文献管理及南区的文献外借管理。

此外,在 2007—2008 年间,厦门市少年儿童图书馆、上海市长宁区图书馆、杭州市图书馆等也相继采用了 RFID 技术。RFID 技术在国内图书馆的应用已从备受业界瞩目的躁动期转入侧重实质应用效果的平稳发展期,随着技术成熟和产品价格的下降,相信将会有更多的图书馆引入 RFID 技术。

3.7 《公共图书馆建设标准》[80]①

改革开放 30 年来,我国经济建设取得了日新月异的繁荣发展,为满足人民群众不断增长的文化服务需求,各级政府对公共文化事业的投入也不断增加,文化设施水平得到了极大的改善,许多地区也纷纷立项新建或改扩建当地公共图书馆。为规范各级政府在公共图书馆决策、规划和建设方面的行为,2005 年 9 月,受文化部委托,中国图书馆学会组织成立了《公共图书馆建设标准》编制小组,于 2007 年 1 月完成《公共图书馆建设标准》正文和《公共图书馆建设标准》条文说明征求意见稿,发至全国各地征求意见,此后根据意见进行多次修改,7 月完成上报稿。2008 年 10 月 20 日,国家颁布了《公共图书馆建设标准》(建标108-2008),11月 1 日开始实施。2008 年 6 月 1 日,与之配套的《公共图书馆建设用地指标》也已经开始实施。

《公共图书馆建设标准》是各级政府的决策部门和审查监督部门确定公共图书馆建设规模和投资水平的依据,是各级政府对公共图书馆建设项目行使审查权、决策权和监督权的依据。其特点是:以规范单体公共图书馆建设项目为主,以规范公共图书馆的建设规模及相应的投资水平为主,以规范独立建制的公共图书馆建设项目为主。

《公共图书馆建设标准》正文共 5 章 42 条,条文说明约 2 万字,分别为:第一章"总则",第二章"规模、项目构成与选址",第三章"面积和分项面积",第四章"总体布局与建设要求",第五章"设备配置与主要技术经济指标"及附录"公共图书馆基本用房项目设置表"。

《公共图书馆建设标准》提出,以服务人口为基本依据,兼顾服务功能、文献资源的数量与品种、经济发展水平来确定公共图书馆的等级规模。

确定服务人口的具体方法是:省、自治区、直辖市、副省级城市、地级市公共图书馆,以其所在城市的市直辖区人口数为服务人口;地区、盟、州公共图书馆,以其

---

① 本部分由国家图书馆研究馆员富平提供基础稿。

所在地的县(市)城镇人口数为服务人口;区、县(市)公共图书馆,以其区域全部人口数为服务人口。

表3-1 以服务人口为基本依据的公共图书馆建设规模控制指标

等级		服务人口(万)	总建筑面积(m²)
大型	一级	200—400	20 000—36 000
	二级	100—200	12 000—20 000
中型	三级	50—100	6 000—12 000
	四级	20—50	2 600—6 000
小型	五级	5—20	1 000—2 600
	六级	1—5	350—1 000

表3-2 不同规模等级公共图书馆总建筑面积、总藏书量、总阅览坐席数控制指标

等级		服务人口(万)	总藏书量(万册/件)	总阅览坐席数(个)	总建筑面积(m²)
大型	一级	200—400	120—240	1 200—1 600	20 000—36 000
	二级	100—200	60—120	700—1 200	12 000—20 000
中型	三级	50—100	30—60	350—700	6 000—12 000
	四级	20—50	16—30	200—350	2 600—6 000
小型	五级	5—20	5—16	75—200	1 000—2 600
	六级	1—5	2—5	20—75	350—1 000

此外,《公共图书馆建设标准》还涉及其他一些重要指标,包括建筑密度、容积率、绿地率、公共停车场、节能与防护措施,并列举了公共图书馆开展服务活动应该配置的专用设备,专用设备分为13类,其中8类为应配设备,5类为选配设备。

《公共图书馆建设标准》是我国公共图书馆建设项目科学决策、合理确定项目建设投资水平的全国性统一标准,是我国编制、评估和审批公共图书馆建设项目可行性研究报告的重要依据,是有关部门审查公共图书馆建设项目初步设计和监督检查工程建设全过程的尺度,是公共图书馆建设项目科学决策和管理的标准,为政府的项目决策和综合评价提供了基础指标。它的颁布与实施,对于我国公共图书馆建设的理性回归具有深远的意义。

3.8 数字资源长期保存标准研究①

"数字资源的长期可获得性,不仅是某个研究、教育和文化的问题,它涉及知识创造、加工、管理的专业化,目的是确保我们的信息可以被下一代所获得;同时也是一个发展的问题,可以保障我们创造的知识被用来促进发展"[81]。数字图书馆在经历了二十多年的发展以后,在不断拓展数字资源服务的同时,也逐步认识到数字资源长期保存的重要性,开始了对这一课题的研究与探索。如今,数字资源长期保存已经成为当前数字图书馆研究的一个热点问题。2007—2008 年间,有关数字资源长期保存标准规范的研究取得了以下新的进展。

3.8.1 PREMIS 2.0 发布

PREMIS(Preservation Metadata: Implementation Strategies)数据字典(The PRE-MIS Data Dictionary version 1.0)和 XML schema(PREMIS schemas Version 1.0)于 2005 年 5 月正式发布以后,在很多国家与机构的项目中都得到了广泛的采纳,成为数字资源长期保存领域一个重要的准行业标准。该数据字典及其 XML schema 由美国国会图书馆负责维护。2008 年 4 月,PREMIS 发布了 PREMIS Data Dictionary for Preservation Metadata version 2.0 及其 Schema。PREMIS 2.0 中对 PREMIS 1.0 所做的修订主要包括:

(1)对数据模型进行了修订

PREMIS 数据模型(Data Model)包括 5 个实体,即知识实体(Intellectual Enti-ties)、对象(Objects)、事件(Events)、权利(Rights)和代理(Agents)。在 PREMIS 1.0 中,权利和代理间、事件和代理间的关系被定义为单向连接,PREMIS 2.0 对数据模型进行了修订,将实体间的关系全部都定义为双向连接。

(2)对权利实体进行了修订和扩充

PREMIS 2.0 对权利实体(Rights Entity)进行了全面的修订和扩充,最关键的不同之处是在 2.0 中权利声明(rightsStatement)取代了许可声明(permissionState-

---

① 本部分由国家图书馆高级工程师杨东波提供基础稿。

ment），权利声明中可以表达 3 种形式的知识产权权利，即基于版权（copyright）的权利、基于许可（licenses）的权利、基于法令（statutes）的权利。

（3）对重要属性和保存层次进行了扩充

PREMIS 2.0 对重要属性（Significant Properties）和保存层次（Preservation Level）两个语义单元进行了扩充，由 PREMIS 1.0 中单一的没有结构的语义单元扩充为更为详细和有结构的语义单元。

在 PREMIS 1.0 中 significantProperties 是语义单元 objectCharacteristics 的子单元，且 significantProperties 本身没有下位子单元，而在 PREMIS 2.0 中 significant-Properties 与 objectCharacteristics 并列为实体的语义单元，且其下设 3 个子单元，即：significantPropertiesType、significantPropertiesValue、significantPropertiesExtension。

PreservationLevel 在 PREMIS 2.0 中也由单一的没有结构的语义单元扩充成为容器（container），具有 4 个子单元，即 preservationLevelValue、preservationLevel-Role、preservationLevelRationale、preservationLevelDateAssigned。

（4）引入扩展机制

在 PREMIS 1.0 中用非 PREMIS 元数据扩展 PREMIS 元数据是存在问题的，因为 PREMIS schemas 不具有兼容非 PREMIS 规范元数据的机制。PREMIS 编委会和工作组意识到在资源仓储中会出现用其他的元数据来补充 PREMIS 定义的元数据，或者是用其他的 schema 来扩展、代替一些 PREMIS 元数据的情形，因此在 PREMIS 2.0 修正了这一问题，在使用 PREMIS schemas 时引入了扩展机制，扩展机制被应用于 7 个语义单元，即 significantProperties、objectCharacteristics、creatingApplication、environment、signatureInformation、eventOutcomeDetail 和 rights。

此外，PREMIS 2.0 中还有一些其他的改变和更新，如对语义单元进行编号，更易于查找使用。PREMIS schemas 也相应进行了一系列的修订[82,83,84,85]。

3.8.2　WARC 走向国际标准之路

WARC（Web ARChive）标准是国际互联网典藏联盟（International Internet Preservation Consortium，IIPC）标准工作组目前研制和推广的重点。该标准旨在为关联的多个数字对象资源提供一个协议，把一组简单的文本标题和任意数据块封装为一个大文件[86]。该标准目前已提交给 ISO，作为 ISO/PRF 28500《信息与文献—WARC 文件格式》（Information and documentation—WARC file format）等待审核批准[87]。

IIPC 还推出了 Heritrix、Wayback 和 NutchWAX 等一系列工具套件,并对其进行不断更新,提供免费下载使用。其中,Heritrix2.0.2 于 2008 年 12 月推出,Wayback1.4.1 于 2008 年 11 月推出,NutchWAX0.12.3 于 2008 年 12 月推出。

此外,我国数字图书馆建设的各相关机构对数字资源长期保存标准一直在进行跟踪与研究。科技基础性工作专项资金重点项目"我国数字图书馆标准与规范建设"二期研究计划已开始着手开展数字资源长期保存有关标准的研制工作。

3.9 我国数字图书馆标准规范研究与实践活动

自 1998 年起,我国数字图书馆建设已经经历了十一个年头,取得了丰硕的成果,尤其是在最近几年间,随着文化事业投入的增加以及技术的发展,数字图书馆建设更是进入了快速发展期。在这个过程中,标准规范被视为是数字图书馆建设的重要组成部分,是保证数字图书馆系统可互操作与可共享的基础,也因此受到高度重视。可以说,数字图书馆的发展历史同时也是数字图书馆标准规范的发展历史。数字图书馆的研究与实践活动呈现出百花齐放、百家争鸣的繁荣景象。

3.9.1 重视数字图书馆标准规范体系建设

国内几大数字图书馆工程都非常重视标准规范建设,近两年来,国内有代表性的数字图书馆标准规范建设项目主要有:国家数字图书馆工程标准规范建设项目、科技部"我国数字图书馆标准与规范建设"项目(CDLS)。另外,中国高等教育文献保障系统(CALIS)、党校数字图书馆系统、军队数字图书馆系统、全国文化信息资源共享工程等在数字图书馆标准规范体系建设方面也取得了一些成果。

国家数字图书馆工程是国家"十五"重点文化建设项目,该工程从建设伊始就非常重视标准规范的建设,在大量的前期调研的基础上,2007 年开始陆续启动了一批标准规范建设项目,主要包括汉字属性字典、中文文献全文版式还原与全文输入 XML 规范、古籍用字规范(计算机用字标准)、计算机中文信息处理规范、生僻字与避讳字处理规范、国家图书馆数字资源唯一标识符规范、国家图书馆数字资源对象管理规范、文本数据加工标准与工作规范、图像数据加工标准与工作规范、音频数据加工标准与工作规范、视频数据加工标准与工作规范、国家图书馆元数据应用规范、国家图书馆核心元数据标准、国家图书馆专门元数据设计规范、CNMARC XML、CNMARC-DC-国家图书馆核心元数据集的对照转换、MARC21-DC-国家图书馆核心元数据集的对照转换、数字资源统计标准、国家图书馆管理元数据规范等。截至 2008 年底，汉字属性字典、古籍用字规范（计算机用字标准）、生僻字与避讳字处理规范、国家图书馆数字资源唯一标识符规范的研制工作已经完成。

"我国数字图书馆标准与规范建设"项目（CDLS）是科技部科技基础性工作专项资金重点项目，该项目的主要目标是针对数字图书馆的数字资源建设与服务，制定我国数字图书馆标准规范发展战略与标准规范框架，制定数字图书馆核心标准规范体系，建立数字图书馆标准规范开放建设与开放应用机制，促进我国数字图书馆的快速、经济和可持续发展。项目一期从 2002 年 10 月开始，到 2005 年 9 月结束；二期是从 2006 年开始，目前仍在进行中。二期启动的子项目主要包括数字资源描述标准规范的完善与扩展建设、数字资源唯一标识符应用系统的完善建设、数字图书馆集成服务标准规范研究、数字图书馆知识组织系统标准规范研究、数字图书馆标准规范推广宣传培训等。2007—2008 年，该项目已经发布了多份技术报告，涉及元数据、对象数据、唯一标识符、知识组织体系、集成服务等多个方面[88]。

王松林等人在对我军内部已有标准规范体系进行归纳分析的基础上，依据一定的目的与原则，充分吸收国内外已有的标准规范，提出了军队院校数字图书馆标准规范体系框架，并指出建设这一标准规范体系需掌握的两大策略，即拿来主义策略和自主创建策略[89]。

目前，党校系统主要采用国内外已有的、通用的、开放的技术标准和规范，同时结合党校系统数字资源共建共享的实际需要，形成了《全国党校图书馆数字资源共建共享基本标准与规范（试行）》。2008 年，中央党校数字图书馆项目初步设计方案编制完成，在该方案中也规划了标准规范体系的建设内容，包括元数据规范、专题库设计对象规范、资源与服务评估体系规范、课件制作和发布技术规范、服务集成规范等[90]。

3.9.2 从以跟踪研究为主逐步转向重视实践应用

随着数字图书馆建设的发展，一些国家层面的数字图书馆项目相继启动，对相关标准规范问题的研究已不仅停留在跟踪研究阶段，而是更加重视实践应用。国家数字图书馆工程在标准规范项目建设中要求所研制的规范要能够满足国家数字图书馆建设的需要，能够实际指导数字资源建设、服务及相关的系统开发工作，目前已研制完成的规范成果大都制定了详细的标准规范应用指南，已研制完成的标准规范项目已在国家数字图书馆工程建设中得到实际应用。为满足中国高等教育数字图书馆建设的需要，中国高等教育文献保障系统（CALIS）以科技部"我国数字图书馆标准与规范建设"项目（CDLS）的研究成果为基础，结合中国高等教育数字图书馆的建设实际，通过不断的修订完善，已形成了一系列资源、服务与技术等方面的标准规范，并广泛应用于其项目建设中。全国文化信息资源共享工程在其全国各分中心的资源建设中，在 CDLS 的前期研究成果、国家数字图书馆标准研制成果及相关行业标准的基础上，结合实际应用需要，制订了全国文化信息资源共享工程资源建设与服务中要遵循的一系列标准规范。看得出，我国数字图书馆领域的标准规范基本以实际应用需求为先导，在研制中就注重实际问题的解决，并在实践中不断对有关标准进行修订与完善。

3.9.3 更加开放的合作建设模式

近年来，我国数字图书馆标准规范的建设模式渐趋开放，更加注重合作与联合建设。

科技部"我国数字图书馆标准与规范建设"项目（CDLS）采取开放、联合与合作的方式进行，由中国科技信息研究所、中国科学院文献情报中心和中国国家图书馆联合发起，有多家单位共同参与。该项目二期依然采取开放建设方式，每个子项目均有多家单位参加。如二期子项目"数字资源描述标准规范的完善与扩展建设"的参加单位包括北京大学图书馆、上海图书馆、国家图书馆、中国科学院国家科学图书馆、上海交通大学图书馆、清华大学图书馆。

国家数字图书馆工程标准规范建设项目也非常重视开放性建设，所有建设项目均采用公开招标的方式进行，通过竞争性谈判确定规范研制单位，使在相关标准研制与实践方面有经验的文献信息机构或研究机构、企业能够有机会参与国家数字图书馆标准规范建设项目。目前,已有中国科学院国家科学图书馆、北京大学图书馆、文化部全国文化信息资源建设管理中心、上海交通大学图书馆、中华书局等机构承担了国家数字图书馆工程有关标准规范项目的研制工作。对于项目研制成果,国家图书馆将通过公开质询、专家论证等方式,广泛征求国内各大文献信息机构及专家的意见,以保证标准规范建设的开放性与科学性。

3.9.4　加强标准规范的宣传推广

近年来,许多图书情报机构都在开展数字资源建设与服务,数字图书馆标准规范的宣传推广工作也越来越受到重视。通过对标准规范成果的宣传推广,可以更好地促进标准规范的应用与完善。例如,从 2007 年 6 月开始,"我国数字图书馆标准与规范建设"项目(CDLS)已经举办了六期"全国数字图书馆标准规范建设宣传与推广"培训。该培训采取理论与实践相结合的方式进行,在介绍国内外数字图书馆标准和规范发展态势、参考技术标准的基础上,讲解数字图书馆建设各类标准和规范的应用,并结合案例和实践研究,详细说明标准和规范的使用程序、运行环境等。通过这些培训,一方面使学员能够熟练掌握数字图书馆数据加工等基本标准与规范,具备指导数字化信息加工、参与新标准规范试验、推广和应用数字图书馆基本标准规范的能力;另一方面,也通过深入广泛的试验推广,发现试用标准与规范中存在的缺陷,促进标准规范成果的修订与完善,以满足在更大范围内的应用需求[91]。

在最终验收之前,国家数字图书馆工程的标准规范成果都要通过国家图书馆网站向业界进行公开质询,在通过验收后,也将通过国家图书馆网站等多种方式向业界公开,为各类型数字图书馆的建设提供标准规范应用参考。

3.10　结语

静观 2007—2008 年图书馆标准规范的研究与应用,我们欣喜地发现,图书馆研究与实践工作者已经敏锐地感觉到行业所处的社会环境与技术环境的变化,并通过标准规范的研究将对这种变化的思考与积极应对反映出来。更为可贵的是,这种研究已经不再是单独的学术研究,而是来源于实践并应用于实践的研究,这种理论研究与实践应用的紧密结合,在我国数字图书馆各系统标准规范的研究与应用中表现尤为突出。

如今的图书馆行业受技术的影响更为深远,我们所处的标准规范环境也已经不再单一,这里有对其他相关行业相关标准的采用与借鉴,有在其他相关行业相关标准基础上的面向图书馆行业应用的进一步研发,有与其他相关行业共同研发相关标准的要求。图书馆标准规范的研制无一不是出于统一的目的,而各行业的标准之争从来都是伴随着标准的一路发展,我们这个行业也不例外。我们所期盼的不仅仅是形式上的开放,更是思想上的开放。

从 2007—2008 年图书馆标准规范所走过的道路中,我们不难看出,标准规范的开放研究与开放应用已经成为共识,图书馆研究与实践工作者也正在为这个共识的实现而努力。我们有理由相信,图书馆标准规范研究与应用在未来还将继续沿着感知变化、应对变化、开放研究、开放应用之路不断发展。

参考文献:

1　张雅芳. 全国文献影像技术标准化技术委员会 2007 年工作报告[J]. 数字与缩微影像,2007(4):3-6.

2　[2008-10-19]. http://www. asis. org/Bulletin/Oct-08/OctNov08_DextreClarke. html.

3　ISO/TC37[EB/OL]. [2008-07-18]. http://www. infoterm. info/standardization/index. php.

4　Seven OWL 2 Drafts Published[EB/OL]. [2008-10-19]. http://www. w3. org/blog/SW/2008/10/10/seven_owl_2_drafts_published.

5　SKOS Simple Knowledge Organization System Reference[EB/OL]. [2008-10-20]. http://www. w3. org/TR/2008/WD-skos-reference-20080829/.

6　Specifications & Documentation[EB/OL]. [2008-10-20]. http://www. w3. org/2004/02/skos/specs.

7　Introduction to SKOS[EB/OL]. [2008-10-20]. http://www. w3. org/2004/02/skos/intro.

8　ESW Wiki. SkosDevDataZone[EB/OL]. [2008-10-21]. http://esw. w3. org/topic/SkosDev/DataZone.

9　Software Tools & Applications[EB/OL]. [2008-10-21]. http://www. w3. org/2004/02/skos/tools.

10　SKOS Validator[EB/OL]. [2008-10-21]. http://esw. w3. org/topic/SkosValidator.

11　ThManager[EB/OL]. [2008-10-22]. http://thmanager. sourceforge. net/.

12　Protégé SKOSEd［EB/OL］.［2008-10-22］. http://code. google. com/p/skoseditor/.

13　Tematres［EB/OL］.［2008-10-22］. http://www. r020. com. ar/tematres/.

14　SKOS2GenTax［EB/OL］.［2008-10-22］. http://www. heppnetz. de/projects/skos2gentax/.

15　Stella G. , Dextre Clarke. ISO 2788 ＋ ISO 5964 ＋ Much Energy ＝ ISO 25964［EB/OL］.［2008-10-25］. http://www. asis. org/Bulletin/Oct-08/OctNov08_DextreClarke. html.

16　Stella G. , Dextre Clarke. Overview of ISO NP 25964［EB/OL］.［2008-10-25］. http://www. comp. glam. ac. uk/pages/research/hypermedia/nkos/nkos2007/presentations/Stella-ISONP25964Overview. ppt#256,1,Overview of ISO NP 25964.

17　Knowledge Base And Related Tools（KBART）Working Group［EB/OL］.［2008-10-25］. http://www. niso. org/workrooms/kbart.

18　［2008-10-25］. http://www. uksg. org/kbart/.

19　刘炜. DC 元数据年度进展（2007）［J］. 数字图书馆论坛,2007(11):19-22.

20　刘炜,夏海. DC 元数据年度进展（2008）［J］. 数字图书馆论坛,2007(11):46-49,63.

21　国家标准《信息与文献——都柏林核心元数据元素集》（报批稿）［S］.

22　［2009-01-04］. http://www. loc. gov/standards/mods/.

23　［2009-01-04］. http://www. iso. ch/iso/iso_catalogue/catalogue_tc/catalogue_detail. htm? cs-number＝39735&commid＝48750.

24　［2009-01-04］. http://www. loc. gov/standards/mix/.

25　［2009-01-04］. http://www. loc. gov/standards/textMD/.

26　［2009-01-04］. http://www. loc. gov/standards/mets/.

27　［2009-01-04］. http://www. iso. org/iso/iso_catalogue/catalogue_tc/catalogue_detail. htm? cs-number＝43005.

28　［2009-01-04］. http://www. loc. gov/standards/marcxml/.

29　［2009-01-04］. http://www. isbn-international. org/en/revision. html.

30　［2009-01-04］. http://www. iso. org/iso/catalogue_detail? csnumber＝36563.

31　ISO 3297:2007:Information and documentation—International standard serial number（ISSN）［EB/OL］.［2008-11-07］. http://www. iso. org/iso/iso_catalogue/catalogue_tc/catalogue_detail. htm?csnumber＝39601.

32　What is an ISSN-L?［EB/OL］.［2008-11-08］. http://www. issn. org/2-22635-What-is-an-ISSN. php.

33　ISO standard on the DOI System［EB/OL］.［2008-11-07］. http://www. doi. org/news/DOINewsDec07. html#1.

34 张书卿. 国外 DOI 相关标准介绍[J]. 前沿探索, 2007(2):13-17.

35 中央国家机关政府采购中心采购公告[EB/OL]. [2008-11-07]. http://zyzfcg. ggj. gov. cn/
    StockAffiche/StockAffiche/2007-11-23/200711231639171142. htm.

36 中国科学院文献情报中心. 国家图书馆数字资源唯一标识符规范. GC-FJ070310-05[S/
    OL]. 2008-10-10. [2009-05-22]. http://www. nlc. gov. cn/sztsg/2qgc/sjym/files/nlcnor-
    mal. pdf.

37 中国科学院文献情报中心. 国家图书馆数字资源唯一标识符规范应用指南. GC-
    FJ070310-06[S/OL]. 2008-10-10. [2009-05-22]. http://www. nlc. gov. cn/sztsg/2qgc/
    sjym/files/nlcmanual. pdf.

38 孙卫. DOI 给我们带来了什么? [EB/OL]. [2008-11-07]. http://www. periodicals. net. cn/doc/%
    E5%B9%BF%E8%A5%BF%E4%BC%9A%E8%AE%AEPPT/%E5%AD%99%E5%8D%AB. pdf.

39 Barbara B. Tillett, Tienie de Klerk. IME ICC5 Report[OL]. [2009-05-21]. http://www. ime-
    icc5. com/download/IME%20ICC5%20Report%20rev3. pdf.

40 [2009-05-21]. http://archive. ifla. org/VII/s13/icc/principles_review_200804. htm.

41 STATEMENT OF INTERNATIONAL CATALOGUING PRINCIPLES[OL]. [2009-05-21].
    http://archive. ifla. org/VII/s13/icp/ICP-2009_en. pdf.

42 王松林等. 《中国文献编目规则》与"原则声明"之比较[J]. 中国图书馆学报, 2007(1):
    31-35.

43 杜芸. 从《91 条规则》到《国际编目原则声明(草案)》——图书馆目录功能的演变研究
    [J]. 图书馆杂志, 2007(3):14-17.

44 林明. 从国际编目原则看检索点语言[J]. 图书与情报, 2008(1):84-87.

45 林明. 从国际编目原则看统一题名——统一题名的理论和实践问题[J]. 国家图书馆学
    刊, 2007(1):49-54.

46 林明. 再谈从国际编目原则看统一题名——统一题名的理论和实践问题[J]. 国家图书
    馆学刊, 2008(4):46-47,81.

47 王绍平. 《国际编目原则声明》中的 FRBR/FRANAR 模型[J]. 国家图书馆学刊, 2007
    (1):45-48.

48 ISBD Review Group Home Page[OL]. [2009-01-04]. http://www. ifla. org/VII/s13/
    isbd-rg. htm.

49 顾犇. 《国际标准书目著录》及其最新发展[J]. 国家图书馆学刊, 2006(3):56-60.

50 顾犇. 国际标准书目著录(统一版)[M]. 北京:北京图书馆出版社, 2008.

51 IFLA Working Group on the Expression Entity. Functional Requirements for Bibliographic Re-

cord, Chapter 3: Entities: Changes approved to the FRBR text. 2007 [OL]. [2009-02-14]. http://www. ifla. org/VII/s13/frbr/amend-1998-1-clean. pdf.

52 International Working Group on FRBR/CIDOC CRM Harmonization. FRBR Object-Oriented Definition and Mapping to FRBRER (version 0. 9 draft) [OL]. [The Hague] : [IFLA], 2008. [2009-02-14]. http://www. ifla. org/VII/s13/wgfrbr/FRBRoo_V9. 1_PR. pdf.

53 Taylor A. G.. Understanding FRBR: What It Is and How It Will Affect Our Retrieval Tools[M]. Westport, CT: Libraries Unlimited, 2007: 192.

54 Maxwell R. L.. FRBR: A Guide for the Perplexed[M]. Chicago: American Library Association, 2008: 151.

55 Riva P.. Introducing the Functional Requirements for Bibliographic Records and Related IFLA Developments[OL]. In: Bulletin of the American Society for Information Science and Technology. 2007 (6): 7-11. [2009-02-14]. http://www. asist. org/Bulletin/Aug-07/Bulletin_Aug-Sep07. pdf.

56 Carlyle A.. Understanding FRBR as a Conceptual Model: FRBR and the Bibliographic Universe [version abridged by Lisa M. Fusco][OL]. In: Bulletin of the American Society for Information Science and Technology. 2007 (6): 12-16. [2009-02-14]. http://www. asist. org/Bulletin/Aug-07/Bulletin_AugSep07. pdf.

57 Riva P.. FRBR, Understanding Current Developments [OL]. 2007. [2009-02-14]. http://www. nctpg. org/programs/past_programs/2007/PatRivaFRBRforNCTPG. ppt.

58 Miska S. D.. Understanding Support of FRBR's Four User Tasks in MARC-Encoded Bibliographic Records[OL]. In: Bulletin of the American Society for Information Science and Technology. 2007 (6): 24-26. [2009-02-14]. http://www. asist. org/Bulletin/Aug-07/Bulletin_AugSep07. pdf.

59 Salaba A., Zhang Y.. From a Conceptual Model to Application and System Development[OL]. In: Bulletin of the American Society for Information Science and Technology. 2007 (6): 17-23. [2009-02-14]. http://www. asist. org/Bulletin/Aug-07/Bulletin_AugSep07. pdf.

60 BCC Working Group on Work Records for Music. Final Report [OL]. 2008. [2009-02-14]. http://www. musiclibraryassoc. org/BCC/BCC-Historical/BCC2008/BCC2008WGWRM1. pdf.

61 Wolverton R. E., Antelman, K.. The FRBR Frontier: Applying a New Bibliographic Model to E-Resources[J]. In: The Serials Librarian. 2007 (4): 213-221.

62 Allgood J. E.. Serials and Multiple Versions, or the Inexorable Trend toward Work-level Displays[J]. In: Library Resources and Technical Services. 2007 (3): 160-178.

63 Tarango A.. FRBR for Serials : Rounding the Square to Fit the Peg, presented at the CONSER Operations Meeting, 24 April 2008 [OL]. [2009-02-14]. http://www. loc. gov/acq/conser/ FRBR-for-serials. pdf.

64 谷口祥一. FRBR のその後:FRBR 目録規則? FRBR OPAC? [J]. TP&Dフォーラムシリーズ. 2008 (7):7-8.

65 Salaba A., Zhang, Y.. From a Conceptual Model to Application and System Development[OL]. In: Bulletin of the American Society for Information Science and Technology. 2007 (6):19-22. [2009-02-14]. http://www. asist. org/Bulletin/Aug-07/Bulletin_AugSep07. pdf.

66 谢美萍. FRBR 在连续性资源编目中的应用[J]. 图书馆杂志,2007 (3):18-20.

67 吴有梅. FRBR 在电子期刊编目中的应用[J]. 中小学图书情报世界,2007 (9):57-60.

68 Chen L. Y., Chen C. C.. FRBR Implementation on a Thesis Collection in National Central Library of Taiwan : a Prototype Case Study[J]. 图书馆学与资讯科学,2008 (4):4-13.

69 张耀蕾. FRBR 应用于书目记录质量评估的研究[J]. 江西图书馆学刊, 2008 (2):49-50.

70 胡晓鹰. FRBR 化中文 OPAC 运算法则开发研究[J]. 图书情报工作,2008 (8):89-92.

71 王泽贤. 基于 CNMARC 的 FRBR 化 OPAC 系统开发初探[J]. 现代图书情报技术,2008 (7):81-85.

72 Library of Congress. Working Group on the Future of Bibliographic Control. On the Record : Report of the Library of Congress Working Group on the Future of Bibliographic Control [OL]. 2008. [2009 - 02 - 14]. http://www. loc. gov/bibliographic-future/news/lcwg-ontherecord-jan08-final. pdf.

73 Zhang Y., Salaba A.. Critical Issues and Challenges Facing FRBR Research and Practice[OL]. In: Bulletin of the American Society for Information Science and Technology. 2007 (6):30-31. [2009-02-14]. http://www. asist. org/Bulletin/Aug-07/Bulletin_AugSep07. pdf.

74 谷口祥一. FRBR のその後:FRBR 目録規則? FRBR OPAC? [J]. TP&Dフォーラムシリーズ. 2008 (7):4.

75 RFID Data Model for Libraries[R]. [2008-12-31]. http://www. biblev. no/RFID/dansk_rfid _datamodel. pdf.

76 Standards Australia Working Group IT -019-01-02. Proposal for a Library RFID Data Model [OL]. [2009-05-21]. http://www. sybis. com. au/Sybis/4n597-599％20proposal％20docu ment. pdf.

77 NISO RFID Working Group. RFID in U. S. Libraries[OL]. [2009-05-21]. http://www. ni-so. org/publications/rp/RP-6-2008. pdf.

78 李志清. UHF RFID 技术在图书馆中应用的试验与探讨[J]. 图书馆论坛, 2008(2):62-65.

79 邓攀. 试论 RFID 技术在图书馆应用中的利弊[J]. 科技情报开发与经济, 2008(18):43-44.

80 李国新. 关于《公共图书馆建设标准》的若干问题[J]. 国家图书馆学刊, 2007(2):9-19.

81 国际数字资源长期保存国际会议在京召开[OL]. [2008-12-31]. http://www.sciencenet.cn/htmlnews/20071018823221191917.html.

82 Brian F. Lavoie. PREMIS With a Fresh Coat of Paint: Highlights from the Revision of the PREMIS Data Dictionary for Preservation Metadata[J/OL]. D-Lib Magazine,2008,14(5/6) [2009-01-03] http://www.dlib.org/dlib/may08/lavoie/05lavoie.html.

83 Data Dictionary for Preservation Metadata: PREMIS version 2.0[OL]. [2009-01-03] http://www.loc.gov/standards/premis/v2/premis-2-0.pdf.

84 Data Dictionary for Preservation Metadata: Final Report of the PREMIS Working Group[OL]. [2009-01-03] http://www.oclc.org/research/projects/pmwg/premis-final.pdf.

85 [2009-01-03]. http://www.loc.gov/standards/premis/.

86 [2009-02-02]. http://archive-access.sourceforge.net/warc/.

87 [2009-02-02]. http://www.iso.org/iso/iso_catalogue/catalogue_tc/catalogue_detail.htm?csnumber=44717.

88 [2009-02-07]. http://cdls2.nstl.gov.cn/.

89 王松林等. 军队院校数字图书馆标准规范体系架构[J]. 数字图书馆论坛, 2008(9):37-41.

90 郑光辉. 党校图书馆数字图书馆应用规范问题[C]. 第四次全国数字图书馆建设与服务联席会议,2008-01-07.

91 [2009-02-07]. http://cdls2.nstl.gov.cn/notice/new.doc.

4 数字环境下多方权益的重新制衡

——2007—2008 年图书馆立法实践及相关理论问题研究进展

4.1 国内有关图书馆法制问题的理论与实践

2007—2008 年国内学界和业界有关图书馆法制问题的理论与实践主要体现在两个方面,即有关图书馆著作权及其中的合理使用问题的探讨和《政府信息公开条例》与《公共图书馆建设标准》的出台。总体上讲,学者们对于前者的研究大都是针对网络环境下或是数字图书馆建设中所遇到的版权问题而开展的;而后者则与图书馆实务界和专家学者们的积极工作密不可分,这些规定出台以后对社会实践产生的影响也是学术界研究的热点之一。理论与实践交相辉映,是国内2007—2008 年图书馆法制建设和发展的重要特色。

4.1.1 图书馆著作权以及其中的合理使用问题

4.1.1.1 关于著作权宏观理论的研究与实践进展

2007—2008 年,对数字图书馆知识产权及相关法律问题进行宏观理论研究的论文主要涉及利益平衡、图书馆的权利义务、信息自由权、信息资源知识产权发展的合理性等主题。

顾朝晖、朱伟铃和孙红卫从国内外现状出发,论述了信息自由权和知识产权的冲突,指出在强调知识产权的同时不要忽视公民的信息自由权,应建立健康的数字图书馆建设环境[1]。

周庆山指出,2007 年图书馆伦理研究主要集中在读者隐私权的保护、信息技术发展中的信息平等、图书馆员与系统提供商的伦理关系、图书馆员信息伦理教育等方面。而图书馆法律方面的研究和进展主要包括图书馆立法、图书馆与知识产权法、《爱国者法案》对图书馆的影响等[2]。

陈蔚丽从信息资源特点着手,分析了信息资源知识产权的特征;详细地从自然权利理论和黑格尔的人格理论来探究信息资源知识产权合理性的本源,并基于知识产权制度架构中的衡量准则利益平衡论,进一步从社会的角度阐释了知识产权合理性;指出由于技术扩张导致知识产权权利扩张的正当缘由与现状,通过案例具体分析了解决知识产权问题的立场,最后指出知识产权的良性发展需要构建新的平衡,反垄断法与开放存取成为信息资源知识产权的有效制衡与有益补充[3]。

曹竟列举了数字图书馆建设和使用过程中诱发知识产权纠纷的领域和服务环节,简要剖析了存在侵权风险的原因,并对知识产权保护对数字图书馆发展的制约因素逐一论述,从立法和实践两个方面提出了构建知识产权保护与信息共享二者平衡和谐机制的建议[4]。

何坚石首先概述了图书馆版权平衡理论,分析了数字时代图书馆与版权人利益之间的变化及冲突,提出了系统解决这些冲突的方法。最后在利益平衡这一图书馆版权平衡核心的基础上提出了数字时代图书馆权利彰显的措施,如明确界定合理使用范围、建立和完善版权集体管理制度、引入版权补偿金制度等[5]。

马海群和王政指出,在数字图书馆信息资源开发与利用的各个环节中,著作权制度具有较高的效率价值,但我国现行著作权制度在社会效率、自身效率与配置效率等方面仍存在低效的问题。因此,提高著作权的制度效率应坚持"利益独占,成果共享"的利益平衡原则,整合各种著作权制度,协调、提高著作权制度整体效率[6]。

罗雪明针对图书馆数字化建设过程中可能遇到的复制权、公共借阅权和公共传播权等问题进行了分析,提出了在现有版权法的框架下图书馆应对数字化版权问题的策略,他认为,在图书馆坚持自身职能和公益事业法律地位不变的前提下,解决图书馆数字化过程中版权问题的根本保障就是制定颁布《图书馆法》和《版权法》,为图书馆数字化建设营造一个相对宽松的法律环境[7]。

赵振营认为,图书馆界在著作权法立法活动中扮演着双重角色:一方面图书馆是著作权立法的参与者,不能在著作权立法活动中缺位;另一方面图书馆也是著作权法规的履行者,因此,图书馆界应该积极协调好知识产权人和广大公众之间的利益关系,应对好目前知识产权保护强化和知识共享趋势并存的国际环境,积极参与著作权法的制修订过程，争取图书馆界的话语权，在法律颁布后要在强化著作权意识和理解水平的基础上，加强著作权法规的实施力度[8]。

由北京图书馆出版社 2007 年出版的国家"十一五"重点图书出版规划项目"当代中国图书馆学研究文库"中的《信息资源公共获取与知识产权保护》一书，为图书馆知识产权研究专家陈传夫先生 1999 年以来关于信息资源公共获取与知识产权问题研究的论文辑录，这些论文围绕知识产权的垄断性与信息公共性的矛盾，系统研究了信息公共获取所代表的公共利益问题、知识产权保护问题，体现了平衡信息资源公共获取与知识产权保护的思想。

海洋出版社 2007 年推出了二十一世纪图书馆学丛书，其中刘可静所著的《知识产权与图书馆员》较为系统地分析了图书馆员如何尊重、保护和限制著作权以及著作权与图书馆员之间的关系问题，探讨了著作权集体管理、数字权利管理（DRM 技术）和知识产权合同管理三大知识产权管理方式，并介绍了国际有关知识产权协议的主要内容及其对图书馆的影响以及相应的对策。

2008 年，王小会在其专著中介绍并论述了版权平衡理论的思想溯源、版权视野中的数字图书馆、数字图书馆资源建设与版权利益平衡、数字图书馆用户服务与版权平衡、技术防范措施与利益平衡、数字图书馆侵权案管辖权的困境、数字环境下版权利益平衡机制的构建等问题[9]。该书具有很强的针对性，可以作为了解数字环境下图书馆面临的知识产权问题的普及型培训教材。

在国家社科基金立项研究方面，近两年获准立项的与知识产权有关的图书馆·情报与文献学项目有 2007 年武汉大学陈传夫教授主持的一般项目——《图书馆知识产权方案实证研究》和 2007 年中山大学韦景竹主持的青年项目——《图书馆知识产权风险规避模式实证研究》等。

中国科学院国家科学图书馆于 2007 年 9 月 24—26 日召开"数字图书馆与著作权法律应用热点问题研讨会"，对在数字环境下国际图书馆界普遍关心的话题进行了充分的研讨。

国内图书馆界近两年有关著作权方面的实践主要围绕著作权法再次修订的调研工作展开。

2007 年 11 月 22 日，国家图书馆邀请国家版权局"权利限制专题"立法调研组负责人中国政法大学张今教授和北京大学信息管理系李国新教授与国家图书馆的相关领导和专业人员一起座谈，积极表达了图书馆界的立法理念与实际诉求。

2008 年初,国家图书馆向张今教授提交了正式书面立法论证意见。

2008 年 12 月 21 日至 22 日,新闻出版总署(国家版权局)法规司在上海主办"著作权法第二次修改调研工作交流会"。国家版权局法规司副司长于慈珂、中国版权协会理事长沈仁干、西南政法大学张玉敏教授、中国人民大学刘春田教授等知名专家学者出席了会议。各专题调研组负责人分别就著作权法和相关法律法规的关系、关于著作权客体、著作权人权利完善、著作权归属、权利限制、法定许可、著作权许可使用与转让、邻接权制度、著作权侵权赔偿和法律责任、著作权集体管理制度、作品登记问题、著作权行政执法状况、与著作权有关的前沿技术(网络广播、网络视频)等问题研究的最新进展情况向与会人员做了汇报。

4.1.1.2　著作权授权解决方案研究

如何解决数字图书馆在资源建设及服务中的著作权问题依然是 2007—2008 年的研究重点。

蒋京平分析了数字图书馆建设中涉及的信息加工、组织和传播的知识产权问题,比较和研究了中美两国在知识产权保护方面的现状,认为知识产权保护需要从法律、运营和技术 3 个方面去考虑和解决,建议我国加强立法,完善知识产权制度,加强知识产权执法力度,并在现行法律框架下充分考虑版权保护方面经费的投入,用以合法获取所需资源的知识产权或使用权;在实现信息资源共享的同时,引入共享结算机制;采取有效的技术措施来保护知识产权[10]。

作为中国科学院知识创新工程重要方向项目的研究成果之一,钟永恒与陈传夫的《欧洲数字图书馆的版权解决方案研究》通过研究欧洲数字图书馆的版权解决方案的高级原则、数字保存原则、孤本作品和绝版作品版权解决原则,总结出该方案具有统筹规划、系统设计、先易后难、先急后缓、分步实施等特征[11],这些无疑对推动我国数字图书馆建设中的版权解决事宜具有重要参考意义。

李菊梅以数字图书馆为平台,对数字图书馆建设和运行过程中可能发生侵权冲突的诸环节逐一分析、估判,从共享与保护二者利益平衡的视角,提出了具有实践意义的解决方案[12]。

张利平通过介绍数字图书馆的版权保护问题,讨论并分析了多种版权保护技术,阐明了数字水印技术是实现知识产权保护的有效方法,已经成为多媒体信息安全领域的一个热点,最后讨论了数字水印技术在数字图书馆的应用[13]。

张晓琳主要从图书馆馆藏资源数字化建设,以及数字图书馆上载、下载、复制和使用中的版权问题入手进行介绍与分析,认为要解决版权问题首先要增强版权意识,其次应该尽快完善我国著作权集体管理制度、适当放宽版权合理使用的范围,并且允许数字图书馆享有使用"特权"[14]。

李华伟通过调研国内外一些同类项目的做法与经验,结合国家图书馆的业务实践,认为只有对海量的自建资源、合作共建资源与外购资源进行有效的版权管理才能最大限度服务于各层次读者又避免侵权。他介绍了国家图书馆在严格遵守国家相关法律法规的前提下,积极探索解决版权问题的各种途径,如:保护自有版权,有偿、无偿征集版权,通过谈判或招投标购买版权,通过"送书下乡工程"、"文津图书奖评选"等公益性活动获取版权,充分利用著作权法的合理使用制度与法定许可制度等。在此基础上,国家图书馆根据各类资源的版权状态,通过局域网或互联网最大限度为读者推送资源,并采取完善内部版权管理规范、加强版权知识培训与宣传力度、采用技术保护手段等措施予以保障,希冀在为数字环境下的国家图书馆业务建设保驾护航的同时,能为业界同类建设项目在版权处理方面提供一些参考[15]。

张胜珍、伍治良的研究主要针对的是高校图书馆数字化建设中的著作权问题,其中包含文献数字化、信息网络传播和自主数据库建设中的著作权问题,他们认为有必要在尊重他人著作权的情况下,区分合理使用、法定许可和授权许可等不同情形的著作权保护,以便有效地引导我国高校数字图书馆的建设和服务实践[16]。

郑国辉通过对当前著作权法中涉及的著作权许可问题进行逐个分析,结合网络时代作品传播的特点,确定解决数字图书馆著作权许可问题的入手点——建立"有限制"的默示许可制度[17]。

杨蓉在梳理数字版权相关的法理关系的基础上,从数字版权困境的原因出发,通过分析、比较现存的著作权保护中的特殊制度所具有的缺陷,提出以授权要约为基础,辅以集体管理组织为保障的数字版权授权模式,进而更好地完善数字时代的数字版权保护体系[18]。

李秀莲认为,网络环境下合理使用的内容发生了演变,越来越激烈的利益冲突和平衡需求对数字环境下的传播权限制和相关的法律制度提出了挑战,应该将传统条件下的图书馆和当前媒体上频频出现的"数字图书馆"进行区别,并在此基础上分析数字环境下图书馆存在的版权问题及相关的解决策略,要通过明确界定合理使用范围、推行"创作共用"（Creative Commons，网络环境下一种新的授权许可协议）机制、引入授权要约模式等方式来解决数字环境下的图书馆版权问题[19]。

肖尤丹对创作共用机制进行了阐释，这种新的授权许可协议可以使作者与作品的使用者之间就使用、复制等问题达成一致，构成一种作品使用许可合同或作品授权许可合同，这种协议对传统的著作权制度造成了一定的影响，有可能改写版权法的规则。因此，肖尤丹认为应该去建立一个全新的、多层次的、立体的合理使用体系，从而形成网络环境下更合理、更有弹性的著作权保障模式[20]。

郭小青分析了开放存取给著作权集体管理带来的挑战，提出：数字图书馆的发展应该坚持其公益性的主体性质，著作权集体管理也应该以维护公益性为宗旨来开展活动；应加强国际合作，借鉴国外经验，将著作权集体管理组织定位于社会团体，以便著作权集体管理组织的市场化运作；要探索和实践新的著作权集体管理的授权形式，积极建立新形式的著作权管理组织；同时，还应大力争取政府支持[21]。

此外，2008 年 7 月 18 日—7 月 22 日，中国版权协会在青海西宁举办"数字环境下的版权保护与授权方式"研讨会，就数字环境下如何加强版权保护的一些理论和实践以及授权方式等问题进行广泛探讨，以促进我国数字环境下版权保护立法、执法工作的进一步开展。其中，公益性图书馆馆藏作品的数字版权授权方式问题引起了大家的热烈关注。

总体说来，对著作权问题解决方案的研究涉及了数字图书馆资源建设和服务过程中的一系列知识产权问题，受到了业界的普遍关注，但也正因如此，造成了学术跟风，除少数核心作者外，大部分作者并未将文章所论及的问题论述清楚，往往只是泛泛而谈，学术价值并不高。

4.1.1.3 著作权限制的研究

著作权限制仍然是业界关注的重点问题。其中对合理使用的研究占了相当大的比重，此外，对法定许可也略有涉及。

汪琼从"合理使用在数字环境中的适用性"和"图书馆合理使用制度存在的必要性"两方面列举了数字环境下图书馆"合理使用"所面临的挑战，对图书馆合理使用制度的发展趋势进行了分析，列举了"合理使用"在未来可能发生的变化；认为数字网络环境下，合理使用应在一定范围内向法定许可使用转化。数字图书馆需要将海量的作品复制上网,如果实现了一定范围内的合理使用向法定许可转化,就可以解决图书馆为海量作品争取海量许可的问题[22]。

李津以数字图书馆的合理使用法律制度为视角,探讨适合数字图书馆发展的、相对完善的合理使用制度,结合国外有关图书馆合理使用的规定,建议我国确立合理使用的判断标准;对数字图书馆的合理使用制度进行合理定位;建立适合数字图书馆合理使用的法定许可制度;加强立法工作,建立适合社会发展的合理使用制度[23]。

杨红军指出,数字图书出版领域当前面临着一个难题,即作品使用与版权之间的冲突问题。作者列举了几种法定许可使用之外的解决方案并加以分析,认为扩大现有法定许可制度的适用范围,从而涵盖数字图书馆环境下对图书进行扫描和网络传播的行为是一项比较现实也更有可能被各方所接受的方案。与此同时,作者还认为,针对数字图书馆的法定许可制度的适用,需要与版权集体管理制度相配合[24]。

钟龙认为,作为著作权保护问题之一的合理使用原则在网络环境下发生了新的变化,新修订的著作权法对图书馆运行产生了新的约束,图书馆界应该加强对著作权法有关知识产权问题的学习和研究,并且需要以一种积极的姿态加入到著作权法的制定中去,明确著作权中的合理使用范围,从而保障数字图书馆建设能够顺利进行[25]。

许明金、林杨认为,合理使用作为实现利益平衡的一种法律技术,在数字技术和网络环境的冲击下,已经无法平衡著作权人和广大公众之间的利益了,著作权人的权利扩张呼声越来越高,合理使用空间被不断挤占,合理使用制度受到了严重的挑战。尽管如此,其存在的基础还没有动摇,各国图书馆界人士仍然需要积极合作共同来构建数字时代的图书馆合理使用制度,不要拘泥于合理使用一种限制方式,在坚持合理使用原则的同时,坚持采用法定许可、授权许可等权利限制方式,减少不合理权利过度垄断的局面,加快信息的流通速度,从而促进数字图书馆的建设和发展[26]。

胡芳、钟永恒对中美两国关于图书馆合理使用的立法制度进行了比较,指出了两种制度之间存在的差异及原因,认为图书馆不仅仅是版权法的被动执行者,而且应该成为版权法修订过程中的积极参与者和用户利益的捍卫者,图书馆应该通过广泛开展舆论宣传以及向全国人大、国务院递交提案等多种方式积极参与版权法的修订[27]。

4.1.2　图书馆与信息网络传播权研究

2006 年《信息网络传播权保护条例》的颁布(本节以下《条例》即指此条例),赋予了网络环境下著作权人新的权利,图书馆界作为公众利益的代表也积极参与其中,就网络环境下著作权人权利的限制和合理使用问题进行博弈。这一时期一直到 2008 年,相关的研究成果十分丰富。

李国新[28] 首先对图书馆界以积极主动的态度参与《条例》的制定表示了肯定,认为网络环境下图书馆界有义务代表公众利益参与信息网络传播权立法的博弈,一方面因为今天的图书馆服务对数字资源、网络环境的依赖程度越来越高,另一方面因为没有与图书馆活动相适应的信息网络传播权保护与限制的法律环境,图书馆的网络服务很难合法、规范与健康发展。新颁布的《条例》对图书馆的活动既有保障同时也有制约,图书馆界需要确定自己的新任务,在数字环境下为保障公众利益作出不懈努力。

秦珂认为,《条例》的实施有助于在图书馆领域构筑新的利益平衡,不仅能够促进图书馆对信息资源的开发服务,还可以促进信息资源在图书馆的科学配置,此外,该《条例》还提供了图书馆使用数字著作权的法律依据,设置了图书馆规避法律风险的一般程序[29]。

在另一篇文章中秦珂认为,在新的信息网络传播权法律保护环境下,图书馆界不应该只停留在对《条例》具体条款的争论和褒贬不一的评价层面上,而是应该在分析《条例》对图书馆正负作用的基础上,选择图书馆在新的法律环境中采取的对策,更理性地在法制性轨道上实现数字环境下图书馆的使命[30]。

李曙光认为图书馆的合理使用在一定程度上限制了信息网络传播权,《条例》的第七条就规定了在一定条件下图书馆可以合理使用数字化的版权作品,这在某种程度上是对权利人信息网络传播权的限制,在网络环境下面对各式各样的著作权纠纷问题,图书馆应该积极去寻找合理使用的对策[31]。

黄雪婷阐释了《条例》给图书馆带来的启示,她认为图书馆应该代表公众利益积极参与版权讨论,对《条例》中的某些规定采取灵活变通的方式执行。此外,图书馆界还要充分认识到限制权利就是限制传播,要积极发挥自身信息催化剂的重要作用[32]。

肖红对图书馆信息服务与信息网络传播权两者之间的冲突进行分析,针对目前图书馆服务中所受到的限制,提出应完善我国关于信息网络传播权的法律法规,以促进图书馆网络信息服务,更好地实现资源共享[33]。

参与《条例》的制定,是图书馆界在 2006 年法治实践方面的一件大事。这是中国图书馆界第一次以积极主动的态度参与国家立法,也是中国图书馆界第一次旗帜鲜明地代表社会公众利益参与著作权保护的制衡与博弈,带动了信息网络传播权研究的发展。但是,在出台的条例中,图书馆在数字时代的侵权豁免并未得到适当的体现,这在很大程度上影响了图书馆进行公共文化服务的数量和质量,不能不说是一个重大缺憾,这也决定了在实践发展过程中对相关条款进行修订的必然要求。

4.1.3　公共图书馆与政府信息公开

《中华人民共和国政府信息公开条例》(本节以下《条例》即指此条例)于2007 年 4 月 24 日公布,并于 2008 年 5 月 1 日起施行。《条例》明确将各级公共图书馆列为法定的政府信息查阅场所,并规定各级政府应为公共图书馆开展政府信息服务配备相应的设施、设备,行政机关应当及时向各级公共图书馆提供主动公开的政府信息。各级公共图书馆开展政府信息服务的基本保障条件有了法律依据。2008 年 7 月 17 日,《国务院办公厅主要职责内设机构和人员编制规定》发布,其中国务院办公厅的主要职责新增了"指导、监督全国政府信息公开工作"的内容。《条例》以及新规定的发布实施充分说明了国家对政府信息公开工作的高度重视。此《条例》的公布对于图书馆参与政府信息服务实践产生了重大影响,因此也成为 2007—2008 年图书馆界理论研究的重要热点之一。

4.1.3.1　公共图书馆与政府信息公开理论研讨

从《条例》公布到实施的准备期间,图书馆界的同仁们积极应对,热烈探讨图书馆界参与政府信息公开的各种问题,出现了大量研究成果。其中研究的热点问题涉及了《条例》颁布给公共图书馆带来的机遇与挑战,公共图书馆开展政府信息服务的现状,公共图书馆参与政府信息公开工作的优势,公共图书馆开展政府信息公开工作的具体措施,国外公共图书馆参与政府信息公开的经验介绍等。下面分别加以说明:

（1）政府信息公开条例颁布给公共图书馆带来的机遇与挑战

李国新教授首先分析了《条例》实施给公共图书馆带来的机遇和挑战。挑战首先是"观念的挑战"，表现在有相当数量的公共图书馆对开展政府信息服务的重要意义认识不足，对公共图书馆拓展和深化这项服务的方式方法比较陌生，对国外公共图书馆长期积累形成的成功经验了解不多，依然停留在满足于政府公报的馆内陈列、阅览层次上；机遇表现在《条例》的明确规定使各级公共图书馆开展政府信息服务的基本保障条件有了法律依据，各级公共图书馆如果能积极主动、创造性地开展政府信息服务，必然会带来服务领域的拓展，社会影响的扩大，政府重视程度的提升，以及图书馆服务条件的改善[34]。

白雪华[35]、李曙光[36]等人也从不同的角度对政府信息公开条例给公共图书馆带来的机遇与挑战进行了分析。

（2）公共图书馆开展政府信息服务的现状

李国新教授指出，我国各级公共图书馆开展的政府信息服务还处于很初始的阶段，基本限于各级政府印刷版公报的馆内陈列和阅览，在经济发达地区，也有少数公共图书馆成为地方政府公报的免费索取点[34]。高红、支娟等人则较为全面地介绍了我国公共图书馆开展政府信息服务的发展历程及现状[37]。

还有的文章从个案的角度分析了图书馆开展政府信息服务的现状，如李薇的《在公共图书馆开展政府信息公开的实践与思考》介绍了北京市西城区公共图书馆开展政府信息服务的现状[38]，梁蕙纬的《国家图书馆政府信息整合服务概况与设想》介绍了国家图书馆在政府信息服务方面所做的工作，包括政府网站采集与保存，网站开设政府频道，中国政府公开信息整合服务门户项目等[39]。

此外，王新才、谭必勇，宁燕妮、尹泽[40]，陈华[41]等人也都对相关服务现状进行了介绍。

（3）公共图书馆开展政府信息服务的优势

对于公共图书馆开展政府信息服务的优势，范并思教授在《论信息公平的制度选择》中指出，公共图书馆的价值表现在3个方面：公共图书馆能为弱势人群提供接触网络所必需的软硬件设备，为其提供经济支持；公共图书馆还能为他们提供上网所必需的技术能力的培训，为其提供技术支持；图书馆中本身丰富的信息资源为全社会民众提供了自由接触信息的公平机会。这主要是从为弱势群体服务的角度出发，公共图书馆在弥补数字鸿沟，促进信息公平方面起到了重要的作用[42]。在另一篇文章《信息获取权利——政府信息公开的法理基础》中，他还指出，现代公共图书馆制度的建立与政府信息公开制度的建立一样，其目的都是保障公民的信息获取权利[43]。程洁在其《〈政府信息公开条例〉与公共图书馆的实践》中也指出，公共图书馆具有对全社会开放的公共属性，最符合《条例》所蕴含的公开精神。这都体现了图书馆在开展政府信息公开服务中的天然优势[44]。

而其他学者还从图书馆信息保存的长期性、连续性、完整性，服务的广泛性、无差别化、免费获取性，地理优势，全国性服务网络，专业技术人才等方面进一步论述了图书馆在开展政府信息公开服务中的优势。

（4）公共图书馆如何做好政府信息服务工作

关于公共图书馆如何做好政府信息服务工作，李国新教授提出了具体的方式方法，包括：科学组织、加工整合、深度揭示；创新公共图书馆政府信息服务的方式方法；积极介入当地政府信息公开目录、指南、索引、摘要的编制工作等。此外，他还提出了我国公共图书馆开展政府信息服务需要的保障措施：首先要建立政府信息及时、完整进入公共图书馆的制度保障，如"及时"的时间界限，行政机关"提供"和公共图书馆"接受"数字载体的政府信息的程序、方式，行政机关"提供"和公共图书馆"接受"纸质载体的政府信息的程序、时限和方式；同时，还要落实各级政府为公共图书馆开展政府信息服务提供必要保障的规定，如配备必要的设施设备、经费和人员等[34]。他还在《公共图书馆在政府信息公开体系中的地位和作用》中提出，公共图书馆应积极参与政府信息公开相关基本标准的制定以及政府信息的长期保存和永久利用等活动[45]。肖萍提出，利用公共图书馆公开政府信息应当遵循人本原则、免费原则、及时原则[46]。

为加强政府信息资源建设，其他学者还提出了借鉴图书馆联合编目的相关做法，建成在数据上分布式存储、在逻辑上统一集中的政府信息公开目录体系[47]，增设政府信息公开阅览室[36]，开展政府信息定制服务、参考咨询服务、利用 Web2.0 技术、信息素养培训、发挥图书馆的交互功能[48]等方法手段。

（5）国外公共图书馆参与政府信息公开的实例

这两年的文章还介绍了许多国外公共图书馆参与政府信息公开的实例，为我国公共图书馆开展政府信息服务提供了有益借鉴。

美国联邦托管图书馆项目被介绍得最多。美国联邦托管图书馆是联邦政府信息收集、整理并向公众提供服务的图书馆，由有关机构在公共图书馆、高校图书馆中指定,其中大部分是公共图书馆。高红、支娟等作者介绍了成为托管图书馆的条件、政府信息进入托管图书馆的保障机制、托管图书馆长期保存及提供服务的情况等等[37]。张怡、慎忧怡介绍了美国托管图书馆的历史沿革及在美国政府信息资源管理中的角色[49]。罗伟对美国政府出版物的出版发行和寄存制度的历史发展和现状做了简要的介绍,并对与政府信息公开和政府出版物相关的法律制度,以及21世纪"联邦寄存制改变策略"进行了论述。对担当重要角色的政府印刷局的职能和管理制度也作了简要介绍,并对美国联邦政府文献的编目标准做出解释[50,51]。李国新、陈传夫、黄璇、陈能华、刘梦华、程真等学者和专家也纷纷撰文对相关内容进行了介绍。

另外,关于美国图书馆界参与政府信息服务的实例还有:美国的Minerva等政府信息的长期保存项目[37],美国联邦政府的政府信息定位服务系统(GILS)[34],美国内华达大学拉斯维加斯分校图书馆建立政府信息集成平台的例子[48],美国Corvallis-Benton县公共图书馆的"议会角"项目[48],美国Monessen公共图书馆的"政府信息网页"提供的查询工具[34]等。

此外,还有一些文章分别介绍了澳大利亚、加拿大、日本的图书馆开展政府信息服务的例子。

除了对以上5个方面的问题进行探讨之外,图书馆界同时也对公共图书馆在政府信息服务活动中面临的主要困难和问题等进行了充分的考察和研究。

4.1.3.2　图书馆界参与政府信息公开的实践

(1)各地公共图书馆开展政府信息服务的实践

2007年8月,国务院办公厅发出《关于做好施行〈中华人民共和国政府信息公开条例〉准备工作的通知》,之后,地方各级人民政府纷纷发出类似通知。根据笔者掌握的文献信息情况,截至2008年11月,全国已有114个省、地市级人民政府发出了关于落实《条例》相关工作的通知,其中在全文中提到图书馆的共有75个,大都在公开场所中列出了公共图书馆①。2008年4月,文化部办公厅下发《关于贯彻落实〈中华人民共和国政府信息公开条例〉的通知》,国家行政主管部门对国家图书馆、公共图书馆以及"共享工程"积极参与政府信息公开工作提出了明

---

　　① 此数据为笔者于2008年11月24日在"北大法律信息网"地方法规规章库中,以"中华人民共和国政府信息公开条例"为标题关键词进行检索所得。

确要求,抓住机遇,发挥优势,推进公共图书馆的政府信息服务成为共识。

各地公共图书馆2007—2008年间开展政府信息服务的实践①主要体现在:设立政府信息公开查阅点;整合政府信息,充分利用图书馆文献分类、编目等专业优势,编制目录、指南及数据库;开展网络服务;进行员工培训,培养政务专家等几个方面。

其中山西省图书馆、黑龙江省图书馆、首都图书馆、苏州图书馆以及嘉兴市图书馆等单位设立的政府信息公开查阅点比较典型,效果良好。

苏州图书馆与政府部门主动联系,探讨委托苏州图书馆对政府信息进行标引著录的可能性,并对政府信息公开的元数据进行研究,希望能够在全国的著录标准出台前,先进行简单著录,使苏州图书馆公布的政府信息具备较多的检索入口[52]。

国家图书馆开展了中国政府公开信息整合服务门户——国家图书馆平台建设[39];黑龙江省图书馆在门户网站首页设置"政府信息公开"栏目;南通市图书馆与国务院、省政府网站、市政府网站建立了链接;温岭市图书馆数字图书馆平台成功发布了市外经贸局、市粮食与贸易局、市办证中心、市气象局、市统计局等5家行政机关的政府信息。

从以上情况可以看出,2007—2008年公共图书馆开展政府信息服务比起之前有了很大的进步,各地公共图书馆纷纷开设了政府信息公开查阅点,并从单纯的设立公开场所发展到对政府信息进行分类、整合,方便读者利用;也开展了一定的咨询服务;开展了一些与政府部门合作的活动等。但是与国外公共图书馆开展的服务相比仍存在巨大差距。尤其政府信息远程服务方面,只是简单地与政府部门网站建立链接或发布政府信息,还需要借鉴国外同仁的经验,不断改进、加强。

（2）学界与业界关于政府信息公开的理论与实践的积极对接

2008年初,中国图书馆学会举行"中国图书馆学会新年峰会",其议题之一就是"公共图书馆落实《政府信息公开条例》有关规定的举措"。公共图书馆的政府信息服务第一次被提到界内重要会议上研讨。

2008年3月1日,北京大学宪法与行政法研究中心和北京大学法制信息中心

---

① 图书馆实践活动除另外注明出处的,为笔者在慧科中文报纸数据库以"图书馆与政府信息公开"为关键词检索所得。

主办的《政府信息公开条例》研讨会在北京大学举行。图书馆界的多位专家在会上重点阐述了公共图书馆在政府信息公开体系中的地位和作用,介绍了国外公共图书馆开展政府信息服务的做法、经验和效果,概括了我国各级公共图书馆开展政府信息服务的现状,提出了落实《条例》与公共图书馆相关规定的建议。

2008年5月30日,公共图书馆政府信息服务研讨会在国家图书馆召开。本次研讨会由中国图书馆学会和中欧信息社会项目主办。来自国务院法制办、文化部、欧盟的专家、图书馆界和其他机构的40余位代表齐聚国家图书馆,共同就《政府信息公开条例》实施后图书馆开展政府信息服务遇到的相关问题进行了广泛而深入的探讨和交流。

2008年11月,在重庆召开的中国图书馆学会年会以"公共图书馆与政府信息公开"为主题的分会场,吸引了来自政府机关、学术界、图书馆业界以及企业界代表的积极参加。与会人员就美国的政府出版物及寄存本制度问题与来自美国的代表罗伟先生进行了交流。而政府部门代表提出的公共图书馆为读者提供"依申请公开"服务的问题,也引起所有代表的热烈讨论。

4.1.4 公共图书馆建设标准

李国新教授在其《中国图书馆法治建设:现状与问题》一文中指出,图书馆法治建设,是要构建图书馆事业发展的法律保障体系,营造图书馆事业发展的法治环境。因此,除了《中华人民共和国图书馆法》之外,一些只涉及图书馆事业发展某一局部、某一侧面的法规、制度、政策、规范建设都属于图书馆法治建设必不可少的部分[53]。并且,政府部门制订的针对某一问题的具有普遍约束力的规范性文件是我国法律制度的重要组成部分。《公共图书馆建设标准》正是由政府部门批准公布的,涉及图书馆事业发展的重要方面——馆舍建设的极为重要的规范性文件,因此,《公共图书馆建设标准》的编制及发布是我国图书馆法治建设的一项重要进展。

编制公共图书馆等公共文化设施建设的国家标准是《国家"十一五"时期文化发展规划纲要》的一项重要任务。《公共图书馆建设标准》的编制工作由建设部、国家发展改革委员会主管,文化部主编,中国图书馆学会受文化部委托,承担标准的编制工作。图书馆界同仁直接参与《公共图书馆建设标准》的编制过程,是近两年来图书馆界积极关注的法治建设热点。

4.1.4.1 《公共图书馆建设标准》编制历程

《公共图书馆建设标准》(以下简称《标准》)确立了以服务人口为主要依据确定公共图书馆建设规模的原则,形成了比较系统的控制指标体系,第一次明确提出了未来5—10年我国公共图书馆建设规模控制的主要指标,如人均拥有公共图书馆藏书0.6—1.5册,千人拥有公共图书馆坐席0.3—2个,千人拥有公共图书馆建筑面积6—23平方米,同时还提出了公共图书馆每平方米藏书量、单个阅览坐席占用面积、使用面积系数等基本测算指标。

总体上讲,2007—2008年《标准》的制定及进展脉络如下:

2007年1月,形成正式的《标准》条文及条文说明征求意见稿,发至全国各地征求意见。

2007年2月6日,《标准》(征求意见稿)北京地区征求意见座谈会召开。

2007年2月12日,《标准》征求建筑专家意见座谈会在京召开。

2007年3月1日,《标准》(征求意见稿)省级公共图书馆馆长征求意见座谈会召开。

2007年8月30日,文化部计财司组织召开了《标准》(送审稿)专家审查会。

2008年11月1日,由文化部负责编制,住房和城乡建设部、国家发展和改革委员会批准的《公共图书馆建设标准》开始施行。

4.1.4.2 《公共图书馆建设标准》研究状况

关于《公共图书馆建设标准》的研究与该标准的编制是在2007—2008年并行开展的。尽管近两年图书馆界对于该标准的制定给予了极大的关注,但研究成果并不多。根据笔者检索,2007—2008年在公开刊物上发表的相关文章不足10篇。

这几篇研究论文探讨的主要问题有:我国《公共图书馆建设标准》的有关问题,美国威斯康星州公共图书馆标准,台湾地区图书馆标准化建设,县级公共图书馆馆舍建筑标准等问题。

李国新教授介绍了《公共图书馆建设标准》的作用及其主要解决的三大问题,还介绍了《公共图书馆建设用地指标》和《公共图书馆建设标准》的关系问题,以及二者相互结合对公共图书馆建设和发展的重要意义[53]。

《公共图书馆建设标准》编制组制订、李国新教授执笔的《关于〈公共图书馆建设标准〉的若干问题》详细介绍了该标准的编制过程,标准的性质、特点与编制的指导思想;阐述了该标准征求意见稿提出的规模等级控制、建筑面积控制等重要指标的内容；对于国际经验的借鉴，该文介绍了国际图联的《公共图书馆标准》，日本的《图书馆法施行规则》，美国威斯康星州制定的《公共图书馆标准》，澳大利亚昆士兰制定的《公共图书馆建设标准》，英国制定的《公共图书馆服务标准》等[54]。

张丽、柳春阳、赵胜军介绍了美国威斯康星州公共图书馆概况，威斯康星州公共图书馆标准的主要内容、特色及对我国的启示[55]。

陆宝益、陈雅介绍了台湾地区图书馆法制化、标准化建设的历程，指出了其建设的特点及对大陆图书馆法制化、标准化建设的几点启示。该文强调了台湾《公共图书馆标准》体现的人本主义与人文主义关怀的思想，并指出，该标准是在"图书馆学会"的直接参与和推动下产生的，认为应当充分发挥中国图书馆学会在我国图书馆法制化标准化建设中的作用[56]。

王曹莉指出了县级公共图书馆建设当中存在的问题，如选址不当、缺乏科学的建馆理念，只注重馆舍面积、忽略合理分布、内部设计缺乏必要的灵活性等问题，并提出了相关建议[57]。

除上述问题外，在图书馆建设与服务中还会涉及其他一些重要法律问题，如旨在保障图书馆界在构建国家公共文化服务体系中发挥更重要作用的公共图书馆法的立法等。为确保国家图书馆职责履行和职能发挥的《国家图书馆条例》的制订，已在国家文化部的直接领导下，于 2008 年 11 月 18 日正式启动。

4.2　世界部分国家有关图书馆的立法与实践

2007—2008 年国际上有关图书馆等文化服务机构的立法动态主要依托两个社会背景：其一是数字环境日益渗透到社会生活的方方面面，特别是计算机和网络技术作为主要服务手段与图书馆等信息服务业的密切结合，使得原有法律保障支撑体系不断面临着新的问题；另外一个方面，欧洲许多国家在新的著作权法修订过程中，注意与欧盟指令（EU Directives）的呼应一致，并在努力一致的呼应过程中与美国的强势发展的数字化项目（如 Google Research Project）相抗衡。这种主要来自欧美两大地域的信息数字化发展实力的较量，也是促进相关图书馆立法活动活跃发展的重要原因。

与此同时,国际图联(IFLA)、世界知识产权组织(WIPO)、国际出版者协会(IPA)、图书馆版权联盟(Library Copyright Alliance),以及欧洲共同体委员会等国际组织也对数字环境下图书馆发展中的著作权问题以及其他法律问题密切关注,并为此联合或分别制定和发布了阐述各自相应立场的文件。

纵观2007—2008年国外有关图书馆立法热点及动态情况,主要表现在以下几个方面:

4.2.1 有关著作权法的修订

根据笔者掌握的国际图联版权与其他法律问题委员会(Copyright and Other Legal Matters Committee)各国委员分别在2007年和2008年提交的国家报告,澳大利亚、丹麦、德国、法国、芬兰、加拿大、拉脱维亚、南非、瑞典、以色列等国,在此期间都相继开展了新的著作权法的修订工作。其中尤以德国、俄罗斯和以色列的著作权法修订工作值得我们关注。

4.2.1.1 德国著作权法的修订及其影响[58,59]

2007年7月,德国议会通过新的著作权法——Second Basket for German Copyright Law,并于2008年初正式实施。新著作权法与图书馆相关的有两个条款,即条款52b和53a。

条款52b规定,只要是出于读者研究或个人研究的目的,而非商业用途,图书馆、博物馆和档案馆就可以在专门阅览室通过电脑终端为公众提供正式出版品的服务。该条款实际上是直接吸收了欧盟指令(European Directive 2001/29/EC)第5(3)款的内容,亦即图书馆可以基于存档和保存之目的进行相关内容的数字化工作。

条款53a主要是关于图书馆文献传递的内容。该条款明确规定,公共图书馆通过电子邮件和传真的形式复制和传播报纸或期刊中的单篇文章为读者提供服务是合法的。由此引起的合理使用费用问题则由集体著作权学会负责向著作权人支付。

新著作权法53a条款的明确规定在德国产生了很大的影响。按照国际图联版权与其他法律问题委员会德国委员哈罗德·缪勒(Harald Müller)的话:"这是德国历史上第一次在著作权法中为图书馆的文献传递提供了法律依据。新的条款赋予图书馆独有权利,亦即只要读者是个人使用或基于研究的目的,就可以复制一篇文献并将其传输给读者。"59

当然对于电子文件的传递,新著作权法也有 3 个条件的限定:第一,是用于教育或研究;第二,文献传递的文件必须是 PDF 格式;第三,如果电子商务性的服务并不明显,在合理的条件下,图书馆可以进行电子文件的传递。但是,关于第三点,目前仍然是有争议的,主要问题在于对"合理条件"的界定和理解是有困难的。

德国图书馆界对于新的著作权法的实施表示满意,但对其中有关电子文献传递的严格规定也多少有些保留意见。另外一方面,新的著作权法在出版协会引起的反应比较强烈。而在新的著作权法实施下,关于报酬的支付问题,德国各州与集体著作权管理学会也在积极协商和讨论中。

尽管新的著作权法为数字环境下的德国图书馆文献传递业务确立了法律地位,但是新的著作权法的实施却给学校带来巨大的不利,因为对任何教科书的复制行为都是被绝对禁止的。

4.2.1.2　俄罗斯民法(第四部分)实施及其影响[60]

2008 年是俄罗斯著作权立法领域变化巨大的一年,民法第四部分的实施,对图书馆远程服务、文献传递、数字化复制等都产生了重大影响。民法第四部分内容的主要条款与以往相关的法律条款的规定相比,其最主要的区别是这样的一个原则:以"没有允许的就是禁止的"代替以往的"没有禁止的就是准许的"的规定。

在民法第四部分实施以前,俄罗斯图书馆的读者是可以按一定比例扫描图书作品(可以是文字内容也可以是图表)。但实施后的情况则发生了根本性的变化,即这种做法已经是被禁止了的。显而易见,这个限定严重影响了图书馆文献传递业务。当然,作为信息服务功能实践者的图书馆,也在寻求一种折中的办法。例如,他们使用法律缴存的版本图书进行复制,但这样做是有风险的。目前在俄罗斯任何一家图书馆,如果需要复制,任何一台复印机的拥有者都需与要被复制的作品的作者签订协议。

4.2.1.3　以色列的新著作权法及其特点[61,62]

以色列新的著作权法于 2007 年 11 月 19 日通过,并在 2008 年 5 月底开始实施。从整体上来讲,以色列新的著作权法具有如下特点:

第一,新的著作权法几乎是逐字逐句套用美国的合理使用豁免的条款,以之代替了英式的合理使用的法律条文。

第二,厘清了数据库权利,并与伯尔尼公约、《世界知识产权组织版权条约》

和《与贸易有关的知识产权协议》及欧盟数据库指令协调一致。

第三,在法庭审判、立法和议会报告中,终止了政府的著作权。

第四,对图书馆基于馆藏需要复制和保存文献的权利提出了限定。

第五,对于可以使用著作的新的权利作出了规定。

虽然新的著作权法的实施是在2008年,但以色列在新法律的修订中所采取的态度比较审慎,对于数字版权的管理、反技术限定、孤儿著作和公共借阅权的内容都没有涉及。

4.2.2　有关孤儿著作问题的法律活动和讨论

孤儿著作(Orphan Works),即指不能确定或无法找到版权拥有者的那些著作。目前在世界各国不同类型的图书馆中,孤儿著作的存在及其使用,越来越引起广泛的关注。美国图书馆协会在其2008年版权工作报告(Copyright-Current Legislation,2008.6)中指出:"我们的图书馆和档案馆收藏了大量的孤儿著作。但目前还未能向公众提供服务。我们担心一旦向读者提供服务,版权拥有者会诉诸法律行动,其结果是我们仅为一部著作就要支付15万美元的补偿。在这样的情况下,图书馆要么冒着违法的风险提供服务,要么将这些著作束之高阁,没有人能使用。"[63] 这是近年来世界许多图书馆在孤儿著作使用问题上面临的尴尬境地。

4.2.2.1　美国的立法活动[64]

美国版权办公室2005年开始对孤儿著作问题进行研究,并敦促国会立法以保障图书馆可以自由使用这些孤儿著作;此后,版权办公室于2006年向众议院提交了《孤儿著作法2006》(草案)(the Orphan Works Act of 2006,HR5439);2008年4月24日,美国国会众议院议员霍华德·伯曼(Howard Berman)、拉玛尔·史密斯(Lamar Smith)与霍华德·科布(Howard Coble)、约翰·科尼尔斯(John Cony-ers)共同提交了《孤儿著作法2008》(草案)(the Orphan Works Act of 2008,HR5889)。与此同时,参议院议员帕特里克·利希(Patrick Leahy)和奥利·哈奇(Orrin Hatch)也联合向国会提交了《肖恩·本特利孤儿著作法》(草案)(Shawn Bentley Orphan Works Act of 2008,S. 2913)。2008年5月15日,参议院司法委员会关于《孤儿著作法》(the Orphan Works Bill)举行了听证会。

4.2.2.2　荷兰图书馆界关于解决孤儿著作权问题的努力

荷兰图书馆界对数字化过程中产生的版权问题、孤儿著作问题,一直在积极寻求解决的办法。经过荷兰图书馆合作组织(FOBID)法律委员会(the FOBID Legal Committee)自 2007 年开始的坚持不懈的努力,2008 年 4 月 22 日,FOBID法律委员会、国家图书馆学会、荷兰版权基金会共同签署了合作意向书。该意向书的主要内容是在文化机构和集体著作权管理学会之间,就图书馆、档案馆和博物馆的馆藏数字化开展合作。根据这个意向书,图书馆可以就某一个专题某一个项目与著作权人组织签订协议,进而可以开展馆藏的数字化工作。

FOBID 法律委员会与集体著作权管理学会代表召开多次会议,就意向书的实施设计框架性草案,并就联合合作协议的签署提出框架性意见。

作为实施合作意向书的开始,图书馆、档案馆、博物馆和其他文化教育机构与各类集体著作权管理机构就孤儿著作、绝版书的数字化等 10 个方面的内容达成协议[65]:

(1)负责管理、安排图书馆、档案馆和其他非营利文化机构的绝版图书,包括孤儿著作的数字化和在线传播。

(2)文化机构有权未经个人正式许可对收藏于其馆藏中的所有著作进行数字化,同时可以基于文化和教育的目的在开放获取的网络上传播这些已经数字化的著作。

(3)这些机构须向集体著作权管理学会或者其代理提供意欲进行数字化的著作清单。这些拟定数字化的著作必须是绝版的,不具有商业的意义并且有益于文化机构的知识积累。

(4)集体著作权管理学会有权在合理的期限内,对清单上所列出的著作禁止其数字化,但拒绝的理由只能是因其具有商业性的目的。

(5)文化机构和集体著作权管理学会根据数字化著作的开本大小及性质列出费用清单,用来支付数字化作品的相关费用。集体著作权管理学会则会再将这些费用分发给其会员。

(6)著作权人可以将其著作撤回,或者将其著作权转让给其他机构。

(7)著作权人拥有自己的著作权。但是在国家著作权立法的框架体系下,作品的数字化可以适用于限制性的例外和豁免。

(8)文化机构应努力保证对数字化作品的适当和正确的使用。

(9)当著作权人基于商用目的再次利用其著作,或者其再次利用自己的作品时受到影响,可以从数字化作品清单中撤出其著作。

(10)对非基于数字化目的的再利用,或者未经著作权人的许可的其他目的的使用,是要被禁止的。

除了美国、荷兰的上述系列行动外,芬兰、瑞典、德国、澳大利亚等国也就孤儿著作使用、绝版著作的数字化问题进行了多方努力。但各国的情况又表现出不同的状态。与荷兰的进程情况比,克罗地亚等国则感到,在解决孤儿著作的使用方面,最为困难的是很难列出一个孤儿著作的书目清单。

4.2.3 有关缴送法的修订

关于缴送法的修订,也是2007—2008年世界许多图书馆立法活动中的一个重要内容。以芬兰、法国、拉脱维亚、南非等国为代表,它们纷纷在新制订的缴送法中对于文献作品的缴存,特别是数字环境下的网络文献的缴送作出明确的规定。

2008年1月1日,新的缴送法在芬兰正式开始实施。该法适用范围包括:所有在芬兰出版或者以芬兰文出版并在芬兰发行的文献资料;国家电视节目、广播节目,以及网络文献,同时也包含电子文献。

另外,新缴送法对于互联网网页的收割、互联网资源的保存都予以明确的规定。特别是对于芬兰国家图书馆在网页收割和互联网资源的保存中所具有的责任,以及对网络资源保存的类型作出了规定。值得一提的是新缴送法给予芬兰国家图书馆一个特别的规避技术保护措施的优惠权限。

除了上述3个方面的问题,有关公共借阅权问题、音乐作品版权保护期问题、反恐怖主义分子法在图书馆界产生的影响等,也都是相关国家的图书馆、著作权人和出版商争议、讨论,寻求新的利益平衡点的领域。

纵观2007—2008年世界部分国家有关图书馆立法动态情况,我们不难看出:面对数字环境下产生的图书馆使用与服务中出现的新的法律问题,各国纷纷在著作权法和缴送法的修订过程中,进行了积极的应对。但处于著作权人、出版者、图书馆使用者等多方利益平衡点的寻求过程中,有关图书馆发展的法律制定及其相关的立法活动,则会艰辛而漫长。而各国立法成果和立法活动不均衡的发展状况还会持续。

4.2.4 国际组织有关图书馆发展中的数字版权的立场

与上述各国在解决数字环境下的图书馆发展中的法律问题的种种努力和行动相呼应,以国际图联、国际出版者协会等为代表的国际组织也积极参与相关问题的讨论,并以联合或独立的形式正式颁布代表各自立场和态度的文件。

4.2.4.1　国际图联、国际出版者协会、图书馆版权联盟

国际图联最早于 2000 年发布《国际图联对于在数字环境下版权问题的立场》,其后又先于 2001 年发布《国际图联对于世界贸易组织的立场》、《许可原则》,2002 年发布《国际图联对于世界贸易组织条约谈判的立场》、《数字环境下版权及邻接权的限制和例外:国际图书馆展望》、《图书馆及图书馆员指南:与知识产权相关的贸易协议》,2004 年发布《IFLA 关于 WIPO 未来发展日内瓦宣言的立场》,2005 年发布《与图书馆相关的 WIPO 未来发展计划中的几个原则》、《国际图联关于公共借阅权的立场》、《支持世界知识产权未来发展计划的声明》,以及 2006 年发布《IFLA 与知识获取协定》。

总体概括说,国际图联有关数字版权及相关问题的立场[66] 是:有效的图书馆项目和服务是促进知识进步的工具;图书馆为了保存的目的,可以对其馆藏中已出版和未出版的作品进行复制,或将内容转换成新的形式;图书馆依法获得的作品可以出借给他人,图书馆无需为此而支付交易费用;为支持课堂教学或远程教育之目的,在不侵害著作权人权利的情况下,图书馆或其他教育机构依法获得的作品,可以在网络上提供使用;在正常限定范围内,图书馆或教育机构为支持课堂教学之目的可以进行复制;为支持保存、教育或研究之目的,而不是为了商业性开发,图书馆或教育机构可以对仍处于著作权保护期的作品进行复制。

在上述代表国际图联有关数字版权等问题立场的文件基础上,2007 年,国际图联与国际出版者协会就孤儿著作使用问题联合发表声明,双方在五点原则上达成共识[67]:第一,寻找孤儿著作权人的努力要坚持不懈;第二,使用孤儿著作时应对著作权人做出清楚合适的说明;第三,如果找到孤儿著作权人,著作权人应该获得合理的使用补偿;第四,如果对孤儿著作的使用免除法律限制,那么对在使用孤儿著作基础上所进行的创造和开发也应该免除相应的法律限制;第五,使用孤儿著作具有非排他性的特点,孤儿著作的使用者可以对在进一步使用同一作品(如翻译、改编等)时的侵权行为加以反对。

此外,2007 年 2 月 19—23 日,在日内瓦举行的有关世界知识产权组织发展计划的第三次会议上,国际图联、图书馆版权联盟和图书馆电子信息委员会(Electronic Information for Libraries)联合就公有领域(或公共域服务)(The Public Domain)中的有关问题阐述了共同的观点。他们认为,在新的数字环境下,公共领

域服务在版权保护期延长、技术保护措施强化等一系列变化的影响下,正面临着严重的威胁。

而于 2008 年 7 月 7—11 日在日内瓦举行的世界知识产权组织委员会有关发展和知识产权议题的第二次会议上,国际图联与图书馆版权联盟再次发表联合声明,在表明双方的立场和态度的同时,敦促世界知识产权组织对数字环境下的版权问题予以认真考虑。

4.2.4.2　欧洲共同体委员会《知识经济时代著作权问题绿皮书》[68]

2008 年另外一个值得关注的重点是,欧洲共同体委员会发表了《知识经济时代著作权问题绿皮书》(以下简称《绿皮书》)(Green Paper Copyright in the Knowledge Economy, Brussels, COM（2008）466/3),并广泛征求各方意见。《绿皮书》除开首对发表目的和内容所涉及的范围进行说明外,主要由"总体原则问题"(General Issues)和"特殊问题"(Specific Issues)两个部分构成。

总体原则问题主要包括对欧洲信息社会指令(The Information Society Directive 2,Directive2001/29/EC)和欧洲数据库指令(The Database Directive, Directive 96/9/EC)中的独有权例外的内容的讨论。特殊问题具体包含四点内容:(1)图书馆、档案馆的例外,其中涉及数字化保存、数字化作品的使用以及孤儿著作问题;(2)对残疾人的例外;(3)为教学和研究的目的所进行的传播;(4)用户进一步创作的内容。

《绿皮书》在总体原则问题下,提出 5 个问题征求意见,在特殊问题下提出总计 20 个问题希望得到各界的回应和反馈。针对《绿皮书》的 25 个问题,国际图联于 2008 年 11 月逐条进行了反馈,表明自己作为全世界图书馆信息情报机构代表的立场。它坚持,表达与信息获取是人的基本权利;国际图联尊重著作权人的权利,并将其视为版权法律制度的核心内容。同时还指出,关于版权限定与例外理应是一个好的版权法律制度体系中的组成部分,一个成功的版权法律体系一定会考虑著作权人的利益,但也必须充分考虑知识经济时代的其他重要代表者的利益,如再创作者、教育者、研究者,他们都需要在版权例外的框架下从事再创作和教育与科研活动。

应该说,《绿皮书》是欧共体继欧洲信息社会指令和欧洲数据库指令之后,在致力于解决数字环境下的版权问题上作出的新的努力。

附录

表4-1　世界部分国家有关图书馆立法动态一览表

国别	法律名称（英文）	法律名称（中译）	说明
澳大利亚	Copyright Act	著作权法	2007 年 1 月 1 日正式颁布实施，该法主要是为积极响应澳大利亚与美国签订的自由贸易协定而采取的一项行动。
丹麦	Danish Copyright Act	著作权法	2007 年开始修订。
	New Anti-Terrorist Regulation	新反恐怖主义分子法	2007 年 9 月 15 日生效。
德国	Second Basket for German Copyright Law	著作权法	2007 年 7 月由德国议会审议通过，2008 年初正式实施。该法最重要的内容是对图书馆文献传递作出了明确规定。
俄罗斯	Part IV of the Civil Code	民法第四部分	最早产生于 1828 年，其后分别于 1992 年、1993 年、2004 年以及 2008 年进行了多次修订。对图书馆影响最大的是 2008 年的修订工作。
法国	Copyright Law	著作权法	新著作权法于 2006 年 8 月 1 日正式颁布实施。该法对网络资源的缴送作出了明确规定。
	Antiterrorist Law	反恐怖主义分子法	法国图书馆协会对反恐怖主义分子法在图书馆服务中的影响进行了长期讨论。
芬兰	The Finnish Copyright Act	著作权法	2006 年开始修订，并于同年颁布实施。2008 年对于著作权法第 19 节的内容进行了修订，该部分内容主要是关于公共借阅权方面的规定。
	Act on Deposit and Preservation of Cultural Material (1433/2007)	文化资料缴送与保存法	2008 年 1 月正式实施，适用范围包括所有在芬兰出版或者以芬兰文出版的在芬兰发行的文献资料，同样适用于国家电视节目、广播节目和网络资源和所有电子文献的缴送。

续表

国别	法律名称(英文)	法律名称(中译)	说明
加拿大	Bill C-62	新著作权法	未通过议会讨论。
克罗地亚	Copyright Law	著作权法	新著作权法于2003年10月通过议会审议并颁布。
	Library Act	图书馆法	新图书馆法草案的起草工作于2007年开始,并提交文化部。
拉脱维亚	Law on copyright and related rights	著作权与邻接权法	2008年进行第四次修订,自1999年著作权法颁布实施以来,先后于2000年、2003年、2006年进行了三次修订。
	Law on legal deposit	缴送法	2006年12月15日正式颁布实施,该法对电子资源的缴送作出明确规定。
	New rules for PLR	公共借阅权规则法规	2002年2月拉脱维亚制定公共借阅权法,2007年8月14日完成新公共借阅权规则的修订。
美国	Orphan Works Legislation	孤儿著作立法	美国版权办公室2006年向众议院提交了《孤儿著作法2006》(草案)(the Orphan Works Act of 2006,HR5439);2008年4月24日,美国国会众议院议员霍华德·伯曼(Howard Berman)、拉玛尔·史密斯(Lamar Smith)与霍华德·科布(Howard Coble)、约翰·科尼尔斯(John Conyers)共同提交了《孤儿著作法2008》(草案)(the Orphan Works Act of 2008,HR5889)。与此同时,参议院议员帕特里克·利希(Patrick Leahy)和奥利·哈奇(Orrin Hatch)也联合向国会提交了《肖恩·本特利孤儿著作法》(草案)(Shawn Bentley Orphan Works Act of 2008,S. 2913)。2008年5月15日,参议院司法委员会关于《孤儿著作法》(the Orphan Works Bill)举行了听证会。

续表

国别	法律名称(英文)	法律名称(中译)	说明
南非	The Draft Cultural Laws Third Amendment Bill	文化法草案第三次修正案	该修正案于 2008 年 5 月 26 日的《政府公报》(Government Gazette No. 31082-Notice 652)中发布。其中,与图书馆发展密切相关的内容有:《南非国家图书馆法》(National Library of South Africa Act 92 of 1998)、《南非盲人图书馆法》(SA Library for the Blind Act No. 91/1998)、《南非缴送法》(SA Legal Deposit Act No. 54/1997)。
	Intellectual Property Amendment Bill, 2007	知识产权修正案	该修正案于南非贸易产业部 2008 年 5 月的《政府公报》(Government Gazette No. 31026)中发布,2008 年 7 月列入议会立法进程。
日本	—	图书馆法	2008 年日本对与社会教育相关的法律进行部分的修订,其中包括图书馆法,修订后的图书馆法于 2008 年 6 月 11 日颁布实施。
瑞典	Copyright Act	著作权法	2008 年 4 月,瑞典政府启动对现行著作权法的调研,旨在考虑解决集体著作权管理方面的法律问题。
牙买加	Terrorism Prevention Act 2006	反恐怖主义法	
以色列	Copyright Law	著作权法	以色列议会新的著作权法于 2007 年 11 月 19 日获得通过,并在 2008 年 5 月底正式颁布实施。
	National Library Law 2007	国家图书馆法	2008 年 1 月 1 日,国家图书馆法正式颁布实施。

参考文献:

1 顾朝晖,朱伟铃,孙红卫. 数字图书馆信息自由权和知识产权的冲突[J]. 现代情报,2008 (9):73-75.

2 周庆山. 图书馆伦理与法律研究进展[J]. 中国图书馆学报,2008(3):70-72.

3 陈蔚丽. 信息资源知识产权发展之合理性探究[J]. 图书馆学研究,2008(7):2-5.

4 曹竟. 数字图书馆知识产权保护与信息共享的矛盾与和谐[J]. 图书馆,2007(5):61-62.

5 何坚石. 从版权平衡理论谈数字时代图书馆权利的彰显问题[J]. 情报资料工作,2007 (2):20-22.

6 马海群,王政. 面向数字图书馆信息资源开发与利用的著作权制度效率研究[J]. 情报科学,2008(9):1286-1291.

7 罗雪明. 图书馆数字化建设中的版权问题[J]. 图书馆论坛,2007(4):77-79.

8 赵振营. 图书馆界在著作权法中的双重角色[J]. 图书馆建设,2007(4):36-39.

9 王小会. 数字图书馆与版权保护[M]. 北京:北京图书馆出版社,2008.

10 蒋京平. 数字图书馆建设中的知识产权保护[J]. 图书馆工作与研究,2008(5):15-17.

11 钟永恒,陈传夫. 欧洲数字图书馆的版权解决方案研究[J]. 现代情报,2007(12):89-91.

12 李菊梅. 数字图书馆著作权问题解决方案探析[J]. 情报杂志,2008(3):69-70.

13 张利平. 关于数字图书馆中版权保护技术的研究[J]. 农业图书情报学刊,2008(1):78-81.

14 张晓琳. 网络环境下数字图书馆建设中的版权问题分析[J]. 现代情报,2007(12):99-101.

15 李华伟. 国家图书馆数字资源建设与服务中的版权管理[J]. 数字图书馆论坛,2008(8):43-48.

16 张胜珍,伍治良. 我国高校数字图书馆建设和服务中的著作权问题[J]. 图书情报知识,2007(5):65-69.

17 郑国辉. 数字图书馆中著作权"有限制"默示许可使用制度研究[J]. 图书馆建设,2008(6):40-43.

18 杨蓉. 数字环境下的版权授权方式研究[D]. 北京邮电大学,2008.

19 李秀莲. 图书馆版权问题研究[J]. 图书馆理论与实践,2007(5):63-65.

20 肖尤丹. 网络环境下多元著作权保护制度的建构——以"Creative. Commons"机制与合理使用为视角[J]. 图书情报知识,2007(3):10-14.

21 郭小青. 开放存取环境下我国数字图书馆著作权集体管理研究[J]. 高校图书馆工作,2008(4):77-78.

22 汪琼. 数字环境中图书馆"合理使用"的困境与出路[J]. 现代情报,2008(4):97-99.

23 李津. 数字图书馆合理使用制度适用性刍议[J]. 科技信息(科学教研),2008(3):282,260.

24 杨红军. 将版权法定许可制度扩充适用至数字图书出版领域[J]. 出版发行研究,2008(7):63-66.

25 钟龙. 著作权的合理使用和图书馆事业的发展[J]. 当代图书馆,2007(3):20-22,50.

26 许明金,林杨. 数字时代图书馆著作权合理使用制度研究[J]. 图书馆,2007(4):67-69.

27 胡芳,钟永恒. 美国关于图书馆合理使用的立法现状及对我国的启示[J]. 现代情报,2007

(5):2-4.

28 李国新. 图书馆的网络服务与《信息网络传播权保护条例》[J]. 图书馆工作与研究, 2007,(4):31-33.

29 秦珂. 信息网络传播权立法保护对图书馆的意义[J]. 图书馆理论与实践,2007(2):37-39.

30 秦珂.《信息网络传播权保护条例》对图书馆的影响和启示[J]. 图书情报工作,2007(5): 38-40,98.

31 李曙光. 信息网络传播权与图书馆合理使用[J]. 新世纪图书馆,2007(4):81-84.

32 黄雪婷.《信息网络传播权保护条例》给图书馆的启示[J]. 四川图书馆学报,2007(2): 72-75.

33 肖红. 信息网络传播权对图书馆信息服务的影响及其完善[J]. 武汉科技学院学报,2008 (6):117-120.

34 李国新. 公共图书馆与政府信息公开[J]. 中国图书馆学报,2008(3):41-46.

35 白雪华. 抓住机遇,发挥优势,推进公共图书馆政府信息服务[J]. 情报资料工作,2008 (4):8-9,26.

36 李曙光. 政府信息公开条例对公共图书馆的影响及对策[J]. 新世纪图书馆,2008(4): 39-41.

37 高红,支娟,胡月平,李国新. 我国公共图书馆政府信息服务的现状与国际经验借鉴[J]. 图书情报工作,2008(7):12-17.

38 李薇. 在公共图书馆开展政府信息公开的实践与思考[J]. 图书馆建设,2008(12):30-32.

39 梁蕙玮. 国家图书馆政府信息整合服务概况与设想[J]. 图书馆建设,2008(12):20-23.

40 宁燕妮,尹泽. 从"政府信息公开"谈公共图书馆的全民服务[J]. 高科技与产业化,2008 (7):100,102.

41 陈华. 图书馆为政府信息公开构建应用平台的思考[J]. 情报探索,2007(7):37-38.

42 范并思. 论信息公平的制度选择[J]. 图书馆,2007(4):1-5.

43 范并思. 信息获取权利——政府信息公开的法理基础[J]. 图书情报工作,2008(6):36- 38,86.

44 程洁.《政府信息公开条例》与公共图书馆的实践[J]. 情报资料工作,2008(4):16-18.

45 李国新. 公共图书馆在政府信息公开体系中的地位和作用[J]. 情报资料工作,2008(4): 10-13.

46 肖萍. 公共图书馆与政府信息公开[J]. 图书馆论坛,2008(1):126-129.

47 魏云波,张新民. 我国政府信息公开目录建设的现状、问题与发展思路[J]. 图书馆建设 2008(12):2-4,9.

48　吴钢.《政府信息公开条例》实施背景下的图书馆对策分析[J].图书馆杂志,2008(6):16-19.

49　张怡,慎忧怡.政府信息资源管理中的美国托管图书馆[J].图书馆杂志,2000(7):63-64,57.

50　罗伟.美国政府信息公开、传播、寄存制度——过去、现在与面临的挑战[J].法律信息文献与研究,2007(4):61-64.

51　罗伟.美国政府信息的出版、编目与寄存制度及其作用[J].图书馆建设,2008(12):32-38.

52　邱冠华.苏州图书馆政府信息服务现状及建议[J].情报资料工作,2008(4):21-23.

53　李国新.中国图书馆法治建设:现状与问题[J].图书馆建设,2007(6):10-14,18.

54　李国新.关于《公共图书馆建设标准》的若干问题[J].国家图书馆学刊,2007(2):9-19.

55　张丽,柳春阳,赵胜军.美国威斯康星州公共图书馆标准对我国公共图书馆相关标准的启示和影响[J].图书馆建设,2008(7):24-28.

56　陆宝益,陈雅.我国台湾地区图书馆法制化标准化建设及其启示[J].大学图书馆学报,2007(1):19-23,68.

57　王曹莉.县级公共图书馆馆舍建筑标准探究[J].河南图书馆学刊,2008(1):136-137.

58　Harald Müller. Country Report Germany 2007:Annual report to the IFLA CLM committee[R],3 August 2007.

59　Harald Müller. Country Report Germany 2008:Annual report to the IFLA CLM committee[R], 26 June 2008.

60　Yakov Shrayberg. Country Report Russia 2008:Annual report to the IFLA CLM committee[R], 25 July 2008.

61　Brian Negin. Country Report Israel 2007:Annual report to the IFLA CLM committee[R],July 26,2007.

62　Brian Negin. Country Report Israel 2008:Annual report to the IFLA CLM committee[R], July 2008.

63　Jim Neal. Country Report United States 2008.:Annual report to the IFLA CLM committee[R], July 2008.

64　[2009-02-15].http://www.ala.org/.

65　Copyright and the digitisation of Library Materials.[2009-05-06].http[0]://www.sitegenerator.bibliotheek.nl/fobid/img/docs/10% 20building% 20blocks% 20for% 20an% 20agreement% 20between% 20libraries.pdf.

66　卢海燕,白云峰.国际图联为世界知识产权组织国际发展计划提出的有关图书馆的几项原则[J].中国图书馆学报,2006(3):87,92.

67　IFLA/IPA. International Publishers and Librarians Agree on Access to Orphan Works[OL].
　　[2009-02-15]. http://archive. ifla. org/VI/4/admin/joint-ifla_ipa-press-releaseJune2007. pdf.

68　COMMISSION OF THE EUROPEAN COMMUNITIES. GREEN PAPER：Copyright in the Knowl-
　　edge Economy[OL]. [2009-05-06]. http://ec. europa. eu/internal_market/copyright/docs/
　　copyright-infso/greenpaper_en. pdf 2009-02-15.

5 网络环境下知识组织理论、方法的深化与拓展

——2007—2008 年知识组织与知识服务研究综述

"知识组织"(Knowledge Organization)最初由美国著名图书馆学家、分类法专家布利斯于 1929 年提出,此后随着相关学者的关注而逐渐成为图书馆学信息学等领域的研究热点。我们以《中国期刊网(CNKI)》、《中文维普科技全文数据库》、*ISI Proceedings*、*IEEE/IEE Electronic Library*、*EBSCOhost/LISTA*、*Elsevier-Science Direct*、*SAGE Journals Online*、*Academic Research Library*、*ABI/INFORM Trade & Industry*、*Library and Information Science Abstracts* 等数据库和国际图书馆协会联盟(IFLA)、美国国会图书馆(LC)、NKOS 联盟、联机计算机图书馆中心(OCLC)、国际知识组织学会(ISKO)、美国情报科学和技术协会(ASIS&T)、国际分类学会联合会(IFCS)、万维网联盟(W3C)、国际标准化组织(ISO)、美国国家信息标准协会(NISO)等机构的官方网站或门户提供的信息为基础,跟踪调研了 2007—2008 年间国内外出版或发布的关于知识组织研究方面的 400 多篇期刊论文、会议文献、年度报告,以及国内外 20 多个主要知识组织机构的研究项目、行业标准、相关著作等,对国内外近两年来知识组织研究的热点和重大项目进行了分析总结。

5.1 国内研究热点

5.1.1 知识组织理论研究

知识组织理论研究集中在知识的系统化组织、结构化组织、个性化(服务)组织、集成化组织和可视化组织等方面。

很多学者都探讨了系统论与知识组织的关系,提出将系统论应用到知识组织系统中,包括在分类系统、主题系统、专家系统中的应用,从而创建智能化的知识

组织系统[1,2,3]。也有学者提出基于知识元的知识组织理论,将知识分割为多层次、多知识元组成的知识体系,从而实现以知识元为基础的知识序化、知识发现、知识导航、知识评价等服务功能[4,5]。

张帆、明均仁提出了基于线性结构、树型结构、网状结构、多维结构的信息组织[6]。白华研究了知识存在的空间结构特点,认为知识分布的地域状态即为宏观空间,宏观空间中的各种知识集合点,包括信息机构、信息系统、文本空间和知识单元空间等为微观空间,知识组织物理空间的虚化或镜像化即为虚拟空间,因此认为知识组织的实质是在这3种空间结构中实现知识控制,从而使知识的空间分布合理化、有序化[7]。王曰芬、熊铭辉等研究了面向个性化服务的知识组织机制,将用户需求信息资源和服务人员的隐性知识也纳入到知识组织的对象中,通过分析内在要素及变化规律、外在要素的作用和影响等,从而形成面向个性化服务的知识组织[8]。冯兰萍、朱礼军等提出一种基于模块化本体的知识组织方法,该方法对知识进行分割,将其分配给独立工作的领域专家或用户建立本体模块,采用OWL DL语言描述,按照一定规则进行本体模块组装,实现模块间知识语义的集成和开放知识组织[9]。

知识可视化是将个体知识以图解的手段表示出来,形成能够直接作用于人的感官的知识外在表现形式。周宁、张会平等提出一种知识可视化框架模型,并构建了基于知识可视化的隐性知识转换模型,还将其方法和技术应用到跨语言信息检索领域当中,提出了跨语言信息检索可视化模型[10,11,12]。

5.1.2 知识组织系统(KOS)研究

5.1.2.1 主题法与分类法

主题法、分类法作为传统知识组织工具,一直是图情界关注的重点,近两年相关研究内容主要包括:情报检索语言的发展趋势研究,国外分类法、主题法研究,分类法与词表的自动构建、更新修订、可视化及互操作技术的研究,分类法与词表在网络信息组织、自动分类、自动标引、文献推荐服务系统等方面的应用研究,等等。

(1)理论研究

近两年有关主题法和分类法的理论研究主要集中在分类法和词表的标准化、分类法和词表的网络化应用、受控检索语言与自然语言和新兴工具的有机结合等方面。

两部作为国家标准的新分类法——《军事信息资源分类法》和《中文新闻信息分类与代码》的颁布[13]，表明我国情报检索语言在规范化和标准化方面的发展进步。侯汉清等介绍研究了美英等国分别制定或修订的分类表编制标准 Z39.19及 BS 8723，以及我国陆续制定或者修改的一系列相关标准[14]。网络化的词表联机显示及应用是词表在网络环境下应用的主要形式之一，司莉对国外 40 个网络叙词表用户界面进行了全面调查，从词表可用性、易用性及界面友好性的原则出发，提出了词表用户界面设计策略[15,16]。她还对基于国会图书馆分类法的等级浏览界面（HILCC）研究项目进行了介绍，提出建立基于《中图法》的电子资源的主题浏览界面设想，通过主题来访问电子资源，促使《中图法》向用户检索服务方向迈进[17]。对于国际分类法的新发展，马毓、邓小昭介绍了国际十进制分类法（UDC）自 2000 年到 2005 年的新进展[18]；李军莲介绍了 2007 年 MeSH 的词条增减情况及有关标引规则的变化，并就 2008 年 MeSH 可能在副主题词方面发生的变化进行简单阐述[19]。此外，很多学者都认为，受控语言和自然语言相互渗透、有机结合是未来情报检索语言发展的必然趋势[20,21]，可促进网络信息资源的有效存取和检索[22,23]；也有学者认为兼容改造传统的叙词表、分类表研发知识本体等语义工具已成为我国网络知识组织工具研发的总趋势[24]。侯汉清等用网络信息检索的大量实践回答了检索语言能否适应网络信息组织这个问题，分析其在网络环境下表现出的强大生命力[25]。

（2）技术研究

近两年关于分类法和主题法的技术研究主要包括词表的自动构建、传统分类法的更新修订、可视化以及互操作等。

目前的词表自动构建方法主要有合并现有词表、用户生成词表、通过语法分析自动构建词表、通过同现分析自动构建词表等。杜慧平等以电子政务主题词表为例，探讨了词表自动构建的方法，主要技术有基于模式匹配或同义词词典的等同关系识别、基于字面相似度算法和词聚类算法的等级关系识别、基于相关度算法的相关关系判断等[26,27]。桂胜等遵循政务信息资源分类体系建立的主要原则和关键标准，建立了《国土房产管理信息资源分类体系》[28]。

更新修订的方法和技术以及概念体系建设主要集中在《中图法》与《中国分类主题词表》的研究上。白华认为，传统分类法可以借鉴 Web 数据库、本体论与语义网技术的优势进行现代化改造。可以汲取关系数据库、Web 数据库技术，建立多维、灵活的等级描述结构,建立事物领域细化的概念体系;还可以借鉴 ontology、语义网等的分类技术和词语定义方法,建立简洁的分类框架,减少类目层级;还要规范类目,采用简明的规范语言和共享性强的自然语言,提高类目的描述能力和适应机器处理的能力[29,30]。孔晨妍、侯汉清对《中图法》和 DDC 的更新周期和方法进行比较,提出了《中图法》日常更新的途径和方法[31];黄如花提出《中图法》第五版在修订时要注意充分利用现代信息技术,注意研究用户的需求,注意了解国际分类法的最新动态,加强对《中图法》的宣传和网站建设[32]。施振宏认为《中图法》的类目设置缺乏简练性、多重列类过多过细罗列、大量类目虚设、脱离图书分类实际等,希望《中图法》第五版能予以改正[33]。

在词表的可视化研究方面,斯坦福大学医学院的可视化本体构建工具Protégé受到研究者的关注,被用来研究叙词表、分类表的可视化显示。Protégé具有图形化显示界面,可以免费下载安装,许多插件还支持中文的编辑和输出。侯汉清指导学生以《汉语主题词表》、《中图法》为例,利用Protégé的可视化插件,对叙词表等同、等级和相关关系,以及《中图法》中一些具有从属、并列、交替和相关关系的类目进行可视化显示。实验证明,Protégé 基本上能够满足动态、全面地实现词表可视化的需求[34,35,36,37]。

目前,情报检索语言的互操作研究也成为热点。刘华梅、侯汉清提出采用构建集成词库的方法实现不同词表间的兼容,并以教育类数据为例,研究了基于词表结构的自动匹配和基于同义词表的语词匹配两种互操作技术的基本原理、实现过程及结果分析评价[38]。

(3)应用研究

关于分类法与主题法的应用,一方面,很多学者对传统分类法在网络信息资源组织中的优势与不足进行了分析。有人提出分类主题一体化能够使分类法和主题法优势互补,是目前比较适合网络信息组织的一种模式[39]。还有学者借鉴传统分类法,提出在中文网络目录分类体系构建时,采用以主题聚类和以学科聚类的方法设置类目,并参照网页使用频率和《中图法》的排序原则进行排序的优化方案[40]。孙玉英提出构建多层次的、相互兼容的网络信息分类体系,即面向博客等用户发展和完善自由分类法、面向普通用户优化现有网络分类法、面向学术用户研制《中图法》搜索引擎版[41]。关键词法在网络信息组织中得到广泛的应用,针对关键词法检准率低的缺点,使用后控制词表可以改善其性能。建立等同词词典、提供信息检索图等方法可以改进关键词检索效率[42]。夏崇镨、康丽则研究了基于叙词表的主题爬虫技术,通过主题域对网页的主题过滤和链接分析控制,实现页面主题资源的自动形成,极大地提高了信息检索的查准率[43]。

另一方面,应用分类法和主题法对文献资源进行自动标引、分类的相关问题仍然为人们所重视。自动标引包括自动抽词标引和自动赋词标引两种类型。章成志对自动标引的五十年研究历程进行了总结与回顾[44],提出一种自动标引通用评价模型,该模型主要借助于外部资源,根据有参照情况与无参照情况,分别对标引结果进行评价[45]。蒲筱哥对 Rocchio 方法、决策树方法、贝叶斯分类、K 近邻算法和支持向量机等目前已经研究出的经典文本自动分类方法进行了述评,同时,他还指出,随着人工智能、机器学习、模式识别和数据挖掘等领域的不断发展,一些新的文本分类方法涌现出来,如多分类器融合的方法、基于模糊—粗糙集的文本分类模型、基于群的分类方法、基于 RBF 网络的文本分类模型、潜在语义分类模型等[46]。郭少友提出了一种基于词上下文向量的文本自动分类方法[47,48]。刘新、刘任任提出一种基于主题词表的快速中文文本分类算法[49]。白振田、侯汉清提出了一个基于词典约简及多分类算法的文本分类模型,主要是对自动分类的几个环节提出了改进措施:采用约简法进行抽词词典的构造,采用投票法进行文本特征的选择,采用层次法进行逐层次的分类,采用统计与规则相结合的方法进行分类器的构造等[50]。傅亮参考基于标引经验的自动分类模式,针对军事信息资源构想出了一种基于《军事信息资源分类法》标引经验的自动分类模式[51]。

5.1.2.2 本体

本体作为一种能在语义和知识层次上描述概念体系的有效工具,是知识工程及其相关领域的研究热点之一,在图书馆学情报学领域也得到了相当广泛的关注,成为近年来一大研究热点。司莉认为,近年来我国对本体的研究主要集中在本体与叙词表的比较、本体构建工具、语言、方法以及本体的应用等方面,我们应该从实现本体编辑的互操作、开发中文本体工具、创建本体示范工程、深化本体研究等几方面努力[52]。

(1)本体理论

对于本体概念,有学者认为本体是通过描述、捕获领域知识,确定领域内共同认可的概念和概念间的关系,以用于领域内的不同主体之间交流与知识共享的形式化规范说明[53]。也有学者认为本体是词汇表、知识库,是一个数据库之类的东西,本体就像智能的知识库,位于机器和人中间,使人和机器的交流像人和人的交流一样[54]。

李景对本体技术标准化问题进行了研究,认为本体技术的标准化包括叙词表、分类法、本体表示语言、本体设计基本技术路线、本体系统的开发、顶级本体的逻辑结构、领域本体的构建、本体在语义网中的应用等多方面[55]。李弘伟、王惠临从主要元素和推理机制对 8 种常用本体表示语言进行了分析研究,探讨其语法和语义转换技术、转换模型和转换工具[56]。

目前,最常用的本体编辑工具是 KAON 和 Protégé,很多学者从基本信息、本体构建、管理机制以及应用等方面进行了比较和分析。可以看出,Protégé应用的优势在于是开源软件,提供多种可选择的插件,支持基于框架和网络本体语言两种可选模式,有规范化的检索式和相应的关系词等,但其存储管理比较薄弱,很难适应数据量较大的情况。KAON 查询形式则与编辑的可视化相统一,易于学习,令用户更方便把握全局,它是基于关系数据库的存储,是目前功能和结构较完善的语义网的支撑软件[57,58]。

(2)本体构建

本体构建包括:确定本体的领域与范围,领域信息的收集和分析;建立本体框架;设计元本体,重用已有的本体,定义领域中概念之间的关系;形式化编码;检验与评价等[59]。从构建方式上看,很多学者都在研究将自动化或者半自动化的方式融入本体资源的建设中,从而提高本体构建的效率。孙玉娣、裴勇提出基于可视化文本挖掘本体构建的方法,由挖掘信息来部分替代传统的领域专家的作用,使本体的建立更加智能化[60]。张新、党延忠则提出基于规则匹配和统计方法相结合的中文领域本体概念获取方法[61]。王昊、苏新宁建立了基于模式匹配的中文通用本体概念抽取模型(PMCEM),以此作为领域本体自动构建的基础[62]。目前本体构建研究中存在本体构建与本体应用脱节、难以复用集成等问题。丁晟春、甘利人等结合"骨架"法和"七步"法,融合了叙词表和顶层本体资源的优势,提出了基于顶层本体的综合本体构建方法,并利用该方法构建了军用飞机领域本体[63]。李景、孟献学将领域本体中的概念分为绝对无关概念、通用概念、相关概念和核心概念,并提出"领域属性"概念来表示和构建领域本体[64]。本体在应用中要解决如何自动发现领域中新出现的概念和关系的关键问题,葛宁、王军通过实例研究提出了一种对领域本体进行自动丰富的方法[65]。

　　许多学者提出基于现有的受控语言的本体构建,如基于字典、叙词表、主题词表、分类表进行融合、转换、改造来构建本体,并在实践中进行了尝试研究。近两年领域本体的构建涉及法律、医学、古籍、电子政务、计算机等领域。贾君枝提出了《汉语主题词表》转换为本体的思想,指出未来的研究更应注重探讨采用机器学习的方式构建人工智能系统,实现《汉语主题词表》到领域本体的自动转换[66]。很多学者提出了基于《中国分类主题词表》构建领域本体[67,68],其中,杜小勇、马文峰以《中国分类主题词表》为基础构建经济学学科领域初始核心本体[69]。此外,还有基于《农业科学叙词表》构建果树学领域本体[70],以《医学主题词表》(MeSH)为基础构建医学领域本体[71],依照《综合电子政务主题词表》主题分类类目表构建电子政务领域本体[72]。曾新红等人则提出了中文叙词表本体(OntoThesaurus,即基于中文叙词表建立的本体知识库)的概念,并研究构建了中文叙词表本体共建共享系统[73]。本系统为中文叙词表的升级、共享和动态完善提供了解决方案。

　　贾君枝、郭丹丹等在国家社科基金项目"汉语框架网络知识本体构建研究"的支持下,对法律框架网络知识本体进行了深入研究。以法律文本语料库为依据,通过抽取核心概念集并建立概念之间关系,形成法律框架网络知识本体模型;采用本体构建工具Protégé进行形式化描述,对相关的类、属性及公理进行定义,并运用RacerPro工具进行推理,以验证描述的一致性及分类的合理性[74,75]。然后基于已构建的法律框架网络本体,探讨在领域本体之下的语义检索的解决方案,旨在提高用户检索网络法律信息资源的效率[76]。他们还对法律框架本体与顶层本体SUMO进行了映射研究[77]。曾召提出了基于本体论构建中医药学语言系统的思路和方法[78,79]。刘耀、穗志方等也对中医药本体概念描述体系的自动构建进行了研究。他们利用自然语言处理理论和技术方法对已有公认领域知识进行重构利用,在利用Protégé3.1的基础上,加入大量自然语言处理技术,成功开发出中医药本体辅助构建系统[80]。何琳、侯汉清等以半自动模式构建了古农书领域本体,他们借鉴软件工程中的领域建模、图书馆学中的分类学和本体学习的方法论,由领域专家给出领域的上层知识模式,通过机器学习技术从领域语料库中学习等级关系和相关关系,将专家的自顶向下和机器学习的自底向上的结果结合起来构建本体。最后利用protégé工具对古农书本体进行了可视化显示,大大提高了查阅相关资料的效率[81,82,83]。赵东霞、赵新力结合《综合电子政务主题词表》建立概念之间的关系,选择Protégé软件来研究电子政务领域本体的构建方法[84,85]。何燕、穗志方等利用《计算机科学技术百科全书》的分类目录构造了计算机科学技术领域本体[86]。

徐国虎等人例析了基于语义关系的本体推理规则和基于描述逻辑的本体检错推理[87,88]。

（3）本体应用

本体应用也是近两年的研究热点,主要集中在基于本体的智能检索、基于本体的信息集成、基于本体的可视化检索等方面。

当前,许多研究者从不同角度探讨基于本体的信息检索方法,旨在利用本体知识实现对用户提问及网络资源的语义理解与分析,实现概念而不是字词匹配检索,从而提高查询的精确率。姜华提出在本体基础上计算语义相似度和相关度,利用语义推理将描述的隐含语义显式化,以充分挖掘出与检索内容相关的信息[89]。丁晟春等基于本体设计了问题处理引擎、问题类型识别器、问题处理器等模块,通过对用户提问进行分词、类型识别、知识查询后,将答案加以组织提供给用户[90]。一些学者还在某些具体领域做了构建基于本体的小型检索系统方面的尝试和实验。如李宝敏、张娜以农业果品领域本体为例,开发了一个语义智能检索系统[91,92]。钱智勇以基于本体的张謇研究知识库智能检索系统开发为例,探讨基于本体的专题领域知识库智能检索系统的框架结构、工作流程以及功能实现[93]。另外,还有一些学者将领域本体引入到数字图书馆的信息检索中,更好地为用户提供服务[94,95,96]。但是总体来说,基于本体的信息检索研究主要还是停留在理论研究方面,在具体的实施和系统构建上还比较少。

信息集成自被提出来就引起了众多学者的关注,随着该领域研究的不断深入,有人提出将本体技术运用于信息集成中,以解决传统信息集成技术所无法解决的语义异构问题。本体应用于信息集成有 3 种方法:单本体方法、多本体方法和混合方法[97]。焦玉英、成全就是采用混合本体方法,将知识网格内的信息资源组织成全局概念层、局部概念层和信息资源层 3 个层次,在此基础上构建基于本体的知识网格集成服务平台,实现一站式的集成信息服务[98]。王兰成指导学生对基于本体的知识集成进行了研究,提出了一种基于领域本体的 Web 信息个性化集成方法[99]。他们还构建了一种基于本体的学科数字信息群知识集成框架,并提出运用本体进化和本体视图的方法解决本体一致性和多本体协同的问题[100]。

查询检索是开展本体应用的重要环节,常用的本体构建工具多以列表、树状结构或文本超链接方式显示本体,可视化效果不够理想。南京理工大学的颜端武、甘利人等通过加入可交互的动态网状图形元素,丰富了本体检索的可视化效果。他们以军用飞机领域试验型知识本体 OntoAvion 为例,实现了基于 J2EE 的 B/S 结构的通用本体可视化检索系统,该系统能够将本体中的类层次、属性、实例等语义关系以图形化方式直观显示,实现可视化语义检索,在此基础上还支持关键字、SPARQL 的本体检索[101,102]。

5.1.2.3 知识组织系统构建及其互操作

知识组织系统是目前研究的热点,很多学者对其概念、类型、构建以及互操作等进行了研究。认为知识组织系统是对人类知识结构进行表达和组织的语义工具的统称,既包括传统图书馆建立在文献单元基础上的分类法、标题表、叙词表等,也包括网络时代建立在概念单元上的概念地图、本体等[103]。关于知识组织系统的类型,有学者将其划分为两个层次:概念类聚体系和概念关联体系[104];还有学者将其总结为 3 种典型的类型:数字图书馆中科学概念高度结构化描述的 KOS、基于语义网的映射辞典语义的 KOS 模型、不同元数据领域之间的语义互操作的元网[105]。傅亮提出运用《军事信息资源分类法》和《军用主题词表》以及后控词表(即入口词表)构建一个知识组织系统,从而对所有军事类资源进行分类主题一体化知识组织[106]。

知识组织系统的互操作是实现跨库浏览与检索的关键技术之一。司莉例举和分析了国内外学术界已开展的 37 项互操作研究计划,总结了知识组织系统间互操作的模式和方法。就我国知识组织系统间的互操作问题,她建议从以下几方面进行努力:在不同语言间的互操作方面,在中外分类法的兼容与互换方面,在领域本体集成化的互操作模式方面[107]。

5.1.2.4 简单知识组织系统(SKOS)与知识描述

简单知识组织系统(Simple Knowledge Organization System ,SKOS)是 W3C 下的语义网工作组发布并维护的,为叙词表的形式化表达提供了概念、模型,使各叙词表之间、叙词表与本体之间的映射成为可能。目前已有一些叙词表尝试采用 SKOS 描述。如英国档案叙词表(UKAT)本身被定义为一个概念框架,其下所有词汇又被划分为 8 个大类 83 个小类,在 UKAT 网站(http://www.ukat.org.uk/)上提供在线检索和浏览服务;在一定条件下还提供 SKOS Core 格式的数据下载[108]。国内很多学者也都尝试将主题词表、叙词表用 SKOS 进行描述[109],实现不同叙词表间的映射[110],实现叙词表到本体的转换[111]。还有学者提出对基于 SKOS 构建的知识组织模型中的类与属性进行扩展,增强对知识的描述能力,并将 SKOS 与其他语义描述语言(如 FOAF、Dublin Core 等)结合,发挥 SKOS 模型在语义 Web 中的作用[112]。

XML、DC 元数据作为结构化的知识描述语言,仍得到广泛关注。XML 语言可以用来描述知识本体的术语、术语的定义以及术语之间的语义网络,所以基于 XML 本体在多个领域得到应用,有学者提出基于 XML 的大学图书馆知识管理系统的体系架构,从而有效地解决多源多格式知识的存储、交换、发布和发现等问题[113]。还有学者论述了 XML 语言在数字图书馆 Web 信息资源整合方面的优势,探讨了基于 XML 本体语言描述的资源整合系统的功能及其实现途径[114]。王兰成、李超提出用 DC 元数据的 15 个核心元素描述网页数据,并在此基础上实现知识集成和知识检索[115]。白海燕、胡铁军等提出了 Multi-MARC 架构统一知识描述机制的思想,将 MARC 的定义方式应用于不同对象的方法,基本思想是建立一套以规范 MARC 为基础,适用于所有对象属性的统一描述机制,为各种对象建立相同的描述规范和体系架构[116,117]。

在开放和分布式网络环境中,如何解决元数据格式的多样性与交叉性,克服元数据标准间的差异,实现数据的有效共享与互操作,成为信息领域研究的热点。孔庆杰、毕强等都从语义、结构、语法、检索协议等角度对元数据互操作问题进行了深入分析[118,119]。语义互操作解决的方法主要有元数据衍化、应用方案、元数据映射、通过中心元数据格式进行转换、元数据框架、元数据注册系统等。语法、结构互操作解决的关键在于建立一个标准的资源描述框架,如 XML,RDF,XML 与 RDF 的融合,XSLT 等。协议互操作的典型代表是 Z39.50、OAI 协议。他们还指出,随着高层互操作协议的出台、新的资源描述语言的产生及本体技术的发展,元数据的互操作性问题将会得以彻底解决。

5.1.2.5 其他知识组织系统及其应用研究

(1)主题图

通过对国外主题图相关研究的调查分析,刘丹、包平指出国内应研究开发适合各个具体项目和不同领域的主题图技术工具,积极尝试将利用主题图构造的实验模型推进到实际应用中,通过用户的使用评价来不断改进和完善系统的建设[120]。吴江宁、田海燕提出了一个基于主题地图的多层文献组织模型

(TMDOM),通过从文献内容中概化出主题并定义主题之间的关联,将领域内主要的概念及其关联以合理的层次结构体现出来,以实现对文献资源的有效组织[121]。吕元智、王心裁等从主题地图的角度对电子政务信息资源组织进行探讨,提出构建电子政务信息资源的主题地图[122]。德国环境学科信息门户(PortalU)成功地应用了主题图技术进行信息组织[123],值得我们学习借鉴。

(2)知识地图

知识地图作为一种指南和导航系统,以可视化技术显示各种知识及其相互关系,帮助用户方便快捷地找到他们所需要的知识。知识地图正在成为网络时代知识管理领域的研究热点之一。很多学者从知识地图的概念、特点、类型、功能、构建技术、评价指标以及知识地图的应用等方面对国内外知识地图相关研究进行了全面的分析与总结[124,125]。知识地图是实现知识管理的重要工具,学科知识地图的建设更是意义重大。潘有能、丁楠探索了图书馆学学科知识地图的构建。他们通过对 CSSCI 2003—2005 年数据的统计分析,构建了图书馆学关键词关联图、学科专家知识地图、学科交叉图等学科知识地图,并提出了应用聚类分析来构建图书馆学关键词聚类树状图的方法[126]。有学者结合图书馆实际,探索影响情报研究中知识地图构建的因素,提出了情报研究知识地图的绘制步骤[127]。还有学者研究了一种基于层次分类体系的知识地图结构,并提出了一个以层次分类方法为核心的知识地图自动生成方法,用来自动构建符合组织需求的知识地图[128]。

(3)主题网关

主题网关主要是针对专业研究用户的需要,对具有一定学术价值的网络信息进行搜集、选择、描述和组织,建立本学科权威专业信息资源的规范导航系统。主题网关在国内也逐渐被重视起来,近年来理论研究和构建实践方面都不断得到加强。

很多学者分析了我国主题网关建设过程中存在的问题,如资源规模较小、低水平重复建设等[129]。有学者提出发展网上资源自动跟踪、自动分类、自动标引和自动文摘技术,采用人机结合方式进行分类标引、主题标引,为用户提供更优质、高效的信息服务[130]。李育娥分析了分类法在主题网关信息资源组织中的基本功能、应用特点及存在的问题,在此基础上提出了分类法进一步完善的具体措施[131]。她还研究了主题网关互操作问题,指出主题网关的互操作包括两种模式:链接模式和集成模式[132]。王雅戈、费志勇等以茶主题网关为例研究了主题网关的构建,主要由资源精选、元数据制定、目录组织、主题和分类标引、资源来源地址项标引、检索功能配置等环节组成。他们还提出在茶主题网关中嵌套搜索引擎,当茶主题网关中的资源不能满足需求时,用户可以方便地转换到嵌套的搜索引擎,在整个互联网中进行搜索,发现新的资源[133]。

(4)分众分类法

一些学者对分众分类法(Folksonomy)的含义和功能进行了研究,认为它是由网络信息用户自发为某类信息定义一组标签进行描述,并最终根据标签被使用的频次,选用高频标签为该类信息类名的一种网络信息分类的方法。信息资源、信息用户以及信息标签能够在大众化分类过程中互联和共享,并能够个性化地进行信息的获取和推荐[134,135,136]。有学者就其特点和不足,提出对标签进行规范,对一些主要信息源进行信息特征提取再组织[137]。目前分众分类法已在一些网站中应用,如分享书签网站 delicious、相片分享网站 Flickr、学术论文共享网站 CiteU-Like、网上书城 Amazon. com、书签共享网站 BooksWeLike 和共享编目数据网站 LibraryThing 等。有学者认为分众分类法还可以与图书馆传统目录结合以整合馆内外在线资源[138]。还有学者参照分众分类的模式,提出了优化学科导航库建设的具体措施[139]。

5.1.3　知识组织与知识服务

5.1.3.1　数字图书馆的知识组织

目前,数字图书馆知识组织研究主要集中在知识组织系统构建模式的研究方面,包括采用分类主题一体化模式,集成分类法、主题词表和语义元数据,采用专家系统的构造模式等[140]。

基于本体组织、整合数字图书馆信息资源已成为该领域近两年的研究热点。张敏勤提出从文献信息资源、Web 信息资源、知识库这 3 个层次来进行基于本体的数字图书馆信息资源组织[141]。廖君华、白如江提出一种新型的基于本体的数字图书馆门户网站模型,通过引入 Ontology 概念,将传统门户网站的资源集成、服务集成、个性化服务、统一认证、统一检索等功能扩展到语义层面[142]。孙雨生提出基于本体论的数字图书馆互操作机制,利用专业元数据方案描述微观层面的信息资源,利用元数据采集协议采集元数据,利用 ABC 本体模型实现元数据记录的互操作,最终实现分散信息资源的整合[143]。

此外,很多学者对知识组织系统在数字图书馆的应用进行了综合研究。司莉、徐丽晓对国内27个数字图书馆的知识组织系统应用现状进行了全面整理,认为遵循创建数字图书馆知识组织系统的一般步骤,有机融入各类型知识组织系统,提供易用的用户界面,加强本体的应用,可以获得更快更好的发展[144]。徐晓梅、牛振东归纳出目前的4个研究热点:标准、协议的研究和制定,知识组织系统登记注册,互操作研究,DL-KOS的应用研究[145]。

网格技术也是近年来在数字图书馆知识组织领域研究的热点。毕强、韩毅等在国家自科基金项目"语义网格环境下数字图书馆知识组织的应用"中,对语义网格下数字图书馆知识组织理论方法、过程以及语义互联策略等进行了系统研究[146,147,148,149]。将网格计算的研究成果与数字图书馆环境中数字资源的语义互联研究结合起来,提出了语义网格环境下数字图书馆的概念模型。黄勇凯、詹萌从平台构架、设计思想、关键技术等方面例析了网格技术在数字图书馆领域的应用,认为分布式异构资源的体系结构、信息资源描述标准、信息共享服务平台技术及知识管理等内容将成为未来的研究方向[150]。

5.1.3.2 网络信息资源的知识组织

网络信息知识组织方法的研究主要分为两类:一类是基于图书馆传统信息组织方法,如分类法、主题法和元数据等;另一类是IT界新的知识信息组织方法,如语义网和Web2.0等[151]。网络信息组织中的本体应用仍是研究的热点,有学者提出对网络信息资源进行知识重组和表示,实现计算机自动组织,从而为用户提供智能的检索与服务[152]。博客是近年来出现的新型网络资源。陈志新通过调查研究,总结了博客的信息组织方法:时序组织、形式分类法、形式主题法以及关键词聚类组织,博客文章的自我组织、博客网站的公共组织方法以及博客资源网络分类目录,内容聚合、信息推送以及博客搜索引擎等[153]。冯向春提出增加检索功能、专业知识分类与专题分类相结合、创建个性化标签、增加真实性和资源类型等博客组织建设方式[154]。Wiki作为一种新型的网络知识组织工具,具有操作简易、成本低廉、协作共享、开放、自组织、知识挖掘等特点,使得它在许多领域得以广泛应用[155]。都蓝分析了知识组织在Wiki中的应用,如知识分类、知识聚合、语义网络的应用等,并提出增强Wiki结构化程度的改进措施[156]。向菁、黄如花详细分析了Wiki在国内外图书馆领域的应用:目录评注、主题指引、搭建新型交流平台等[157]。

5.1.3.3　知识服务

知识服务模式、策略、管理机制、技术的研究等主题是近八年来的研究热点，有学者预测，知识服务将在此基础上向深层次和务实方向继续发展，其体系将不断完善[158,159]。毕强、韩毅指出，国内知识服务的相关研究主要集中在语义门户、网络化知识组织系统和基于语义 Web 检索理论等方面，而基于语义 Web 技术开发知识服务所面临的挑战来自 3 个方面：知识服务统一标准规范；知识服务主体的语义互联策略；知识服务用户需求的语义描述策略[160]。

刘昆、毛秀梅在对现有知识服务系统和语义网技术进行研究的基础上，构建了语义网环境下的知识服务系统模型。该模型能够利用相应的描述语言对接收的用户信息需求进行基于领域本体的语义描述，并通过监视用户的信息查询过程来自动获得用户信息需求的个性化特征，并在此基础上提供服务[161]。田红梅、王素青在分析学科信息门户建设和发展现状的基础上，阐述了如何用知识服务理念构建学科门户体系，指出集专业化、知识化、个性化、智能化于一体的新一代学科信息门户正在成为图书馆从信息服务走向知识服务的有效模式，并对学科信息门户建设的可持续发展提出了几点思考[162]。

5.1.4　规范控制研究

近两年国内对于书目规范控制的研究主要集中在两方面：国际规范控制发展动向和规范控制实践。

国内图书馆始终关注着国际规范控制的新趋势新动向，并积极地给予介绍。如"21 世纪国际图联文献信息编目创新的研究"[163]、"FRAR 及其对我国规范控制工作的影响"[164]、"从 FRBR 到 FRAR——兼论中文文献资源的规范控制工作"[165]、"关注国际编目进展，强化书目规范控制"[166]等，这些文章都涉及"规范记录功能需求"（FRAR）和 FRAD，介绍了 FRAR 和 FRAD 模型的基本概念、结构关系及其影响等，探讨了 FRAR、FRAD 对我国规范控制工作的影响，并认为从用户任务角度看，我国规范文档与书目数据没有完全连接，没有大规模应用于读者服务中，无法实现 FRAR 规定的用户任务。

规范控制实践研究主要集中在规范标目的选取与区分、规范记录的整合、规范控制的工作范围、规范标目的附加成分、规范控制与文献检索、非书文献资料的规范控制等。此外，还从文献编目及检索的角度探讨了规范控制存在问题的原因,指出规范控制标准与规则的最终目标是建立全国统一规范档。国家图书馆在规范控制工作中遇到的问题非常具有典型性,比如,对目前给全部书目数据的名称标目制作规范数据的要求的质疑,对为虚拟团体建立规范记录等问题的探讨,以及对外国人名称规范控制采用原文的形式表示赞成等[167,168]。贺燕等人还对连续性资源规范控制涉及的统一题名问题、题名相同的不同连续性资源的区分问题等进行了探讨[169]。林明提出要改变编目观念,建立"名称/题名"检索点形式[170]。

5.2 国外研究热点

5.2.1 知识组织理论发展研究

2007—2008 年知识组织理论研究主要包括以下 3 方面:

对用户认知和用户行为的关注。在用户行为对知识组织的影响方面,匈牙利赛格德大学的研究人员研究了知识组织的理论和实践及其同人类知觉的关系,寻找契合用户直觉的最佳的知识组织系统设计方案,提出可视化是将用户直觉融入知识组织系统设计的一种方案[171]。知识组织团体应该仔细理解这些新的分类方案,思考和决定怎样使现有的知识组织结构更优更具活力,从而使知识组织得到更好的改编、扩大和发展。

在用户认知对知识组织的影响方面,以色列巴伊兰大学的研究人员在研究认知理论对网站目录建构的影响。他们通过认知理论认为目录结构尤其适合于儿童进行信息检索,建议让儿童参与目录的设计过程,包括界面设计过程和内容结构设计[172]。

对知识组织和知识管理的关系的继续探讨。最近两年两者共有成果的研究领域得到拓宽。描绘两个学科边界变得越来越不容易,它们有着共同要处理的问题,通过探索两者之间的关系和知识管理系统操作依赖的知识环境,得出知识管理的功能需有强大的知识组织作为基础来支持它[173]。

网络环境对知识组织的威胁。有研究者认为图书馆已经失去了垄断地位,同时 OPAC 的时代已经结束。他们认为应该摒弃传统的信息资源和知识组织理念,而是集中于新领域的资源,如 3D 信息的可视化、分众分类法/标签、大规模数字化、Library2.0 和与数字资源相关的元数据[174]，并开展与之适应的知识组织理论、形式、方法和技术研究。

5.2.2 知识组织系统进展

5.2.2.1 分类法

（1）分类法的发展

动态分类法正迅速成为一个热门话题。动态分类法是一个多维的分类法，一个子类可以有多个属类，并且文献中如果发现分类法中的概念有关系，则将它们联系起来[175]。用户在使用时，首先是一个完全的分类法，当用户选择了需要的话题时，分类法就会缩小，只保留用户最近关注的话题，这其中的任何概念可继续缩小和扩展，从而可反复选择直到用户觉得合适为止[176]。它在工业领域得到了迅速的发展，如基于存取范例的电子商务应用、元数据存取复杂信息、分面检索系统。

有人提出了不按学科组织的综合级别的自由分面分类法。传统分类法在数字环境中存在局限性，并且有些类在多个学科的等级体系中都会出现。自由分面分类法可按领域和资源类型分类检索，用户也可以通过浏览分类体系来检索，或直接检索分类法。返回结果中会显示所有包含此类的等级信息，在排序时不按字母而是按功能来排序。然而分面分类法却得不到广泛的应用，原因归纳如下：①图书馆信息科学对它不是很了解，在检索界面的设计中没有把该理念加进去；②比其他分类法复杂，需要事先大量的调查；③要实现分面分类法系统需要多个层面的合作，包括概念结构、标识、自然语言标题、数据库管理、标引界面和用户界面等[177]。

Connelly 研究了功能分类法的重要性、功能和设计及设计的基本模式等。功能分类法早在 1994 年就由 Mentzas G 提出[178]，并应用在基于计算机的信息系统分类方面，但一直没得到知识组织界的注意和研究。2008 年，Connelly 研究了功能分类法的重要性、功能和设计，认为要把记录管理和信息技术联系在一起，关注功能性系统和功能分类法的方案，并研究了功能模式的检验、分类法设计的基本模式、人们对分类法设计的期望和当模式出现故障时应采取何种补救措施[179]。

面向互文性的分类体系。针对西方综合性分类法的文学类主要按国别列类，不能揭示文学作品内容联系的问题，英国学者 Anat Vernitski 提出开发一个面向互文性(Intertexuality)①的小说分类体系。这个面向互文性的小说分类体系,并不是传统意义上用于文献分类的分类体系,而是一组用来揭示文献间互文性关系的元数据的分类,包括:引用、题名、名称(角色、地点、主题、概念)、变体(主题、形式)、前篇、续篇等元数据,用来揭示小说文献间的内容关联性。这组元数据可供浏览和检索,便于人文学科的学者研究小说使用[180]。

分类法与 XML 结合。美国俄勒冈州健康与科学大学(Oregon Health & Science University)科研情报服务所主任 Darin Stewart 认为,分类法软件和服务行业在过去几年飞速发展,但大部分的分类法还是用微软 Excel 编制和维护,这种方式编制的分类法在应用于某一系统以及导入到其他系统中存在着很多问题。将分类法封装在 XML 结构中,能够清楚地展现分类法结构,可以准确地被任何 XML 工具理解,从而解决传统方法编制的分类法无法在不同系统通用的弊端,为语义网和本体的构建打下基础。采用 XML 和诸如 Zthes、SKOS 和 OWL 这些标准框架,可以大大减少在系统和应用之间共享分类法的兼容和转换[181]。

分类法的种类。Hedden 对现有的分类法进行了概括总结,提出将分类法分为 4 种,包括平面、等级结构、分面和网状分类法[182]。

(2)分类法的构建

分类法可用在人工标引、自动标引和自动分类等方面,不同的应用对分类法构建的要求各不相同,如用于组织和导航的分类法对等级结构要求较高,用于检索的分类法更关注同义词集合。

构建面向手工标引的分类法和面向自动标引的分类法主要有以下四方面的不同要求:①在分类法的术语方面,前者要求术语要尽量颗粒度小,后者则要求使用与以前完全一致的术语,并且要避免同时出现谓词和主题术语。②在术语关系方面,前者中的关系非常重要,而后者中的关系却不是很需要。③在术语注释定义方面,只有前者需要为人工标引员标引提供注释帮助,而后者则不需要。④在同义词/变量方面,前者的同义词目的是方便书写,如缩写(国家、工业号等)和按字母浏览;后者的同义词则越多越好,并且单复数和词性变化都要包含在内。

在具体执行时,构建用于手工标引的分类法首先要确定标引人员的类型(是否专业),是否需与外界交流,提供标引员训练文档(标引政策指南、检测和质量

---

① 互文性通常被用来指两个或两个以上文本间发生的相互关系。

控制方法）。其次可通过分类法的使用反馈进行构建。在使用中，如果术语被完全忽略，词表构建时就应多增加相关链接；如果经常用错则要增加范围注释和重新命名；如果使用标引软件来标引文献就要确定标引界面的易用性、速度和正确性。在构建用于自动标引的分类法中，分类法专家需为每个术语提供多个有代表性的文献来训练自动标引系统。基于规则的自动归类中，分类法专家必须为每个分类法术语写规则[183]。

（3）分类法软件系统

用来创建和维护分类法的软件开发工具蓬勃发展。目前较有名的分类法软件有 Multisystems 公司的 MultiTes Pro（2007.02.01 版本）、Pty 公司的 Term Tree 2000（2.3 版本）和 Webchoir 公司开发的 TCS-10（2.26 版本），它们都达到了维护词及其之间关系和属性的分类法基本功能，除此之外还提供了一些附加功能。MultiTes Pro 按字母顺序排列分类法中所有的款目，可以方便地编辑款目之间的关系，这些关系可以是等级关系、相关关系、等同关系。Term Tree 2000 的用户界面由分类体系的浏览、关系的编辑和分类系统详细款目的展示等几个分区组成，该工具提供款目创建、链接和可编辑的编号选项。TCS-10 为用户提供两个切换的视窗：一个按字母顺序显示，一个按等级结构显示。它像 Term Tree 一样有分区，支持高级检索，支持大部分输入数据的格式，包括 ASCII、MARC 和 XML 等[184]。

面对分类法的网络化，分类法软件的评价指标有所扩充和丰富，包括：①基本特性，包括创建、复制、重命名、删除和合并节点、范围注释、拼写检查、检索、版本管理；②可用性，包括复制、粘贴、重命名和合并节点等的易用性、用户帮助（使用手册、在线帮助和培训）、可视化、自动节点/分类法生成；③附加特性，包括支持的语言、可量测性、输入输出格式（XML、SKOS）、支持的标准（NISO）、分类法之间的映射、是否提供 API 接口和安全性；④作为平台的分类法，包括实体抽取、自动分类（训练集、术语、规则、布尔）、情感分析、与分面、本体和语义网的结合[185,186]。

5.2.2.2 叙词表

（1）理论研究

有学者认为叙词表应是一个语义工具，在设计叙词表时应该以此为指导，拓展叙词表关系中除等级关系以外的语义的不同方面以及它们之间更复杂的结构。目前，表示复杂知识和文献中出现的不同主题领域的术语语义工具的性能需求已经提出，有人探索了设定叙词表框架的可能性，它还涉及语言游戏和注解学范围[187]。

（2）自动构建

2007—2008 年叙词表的研究热点主要集中在自动构建方面,包括较新的自动构建方法、针对应用的跨语言叙词表的自动构建和特种叙词表的自动构建方法。详细如下:

近两年较新的自动构建方法有:(1)NLP 方法。在 NLP 方法中,常用到同现分析、N-gram 分析和 TF-IDF 权重算法。针对歧义和同义问题,需要的 NLP 前处理技术包括:词干分析、形态分析、句法分析和标记等。自动构建叙词表的方法包括 3 个步骤:通过分词技术形成术语向量;通过计算每个术语的权值识别出重要概念并去除停用词,从而形成最终的术语向量;通过聚类算法挖掘词间关系[188]。(2)网络结构挖掘。网络挖掘包括网络内容挖掘、网络日志挖掘和网络结构挖掘,其中尤以基于网络结构挖掘的方法引起极大的关注。使用该方法构建叙词表的过程概括如下:选择构建领域高质量和有代表性的网站;通过一些迭代规则抽取网站之间的语义关系;为选择的每一个网站构建网站内容结构;通过后退链接文本分析将获得的内容结构融合起来。但由于同义歧义和算法复杂度的问题,Kotaro 等人提出了利用大型网络词典巨大的词库及其超链接功能构建联合叙词表的方法[189]。

跨语言叙词表的半自动和自动构建成为词表构建的研究热点。有学者使用一种半自动翻译词汇方法,通过处理大量的多语种网络资源(包括网页锚文本和检索结果页),构建了中英文的 MeSH 叙词表。他们利用这种方法开发出了中英文 Mesh 编辑系统,帮助词表维护人员编辑 19 000 多条中英文叙词[190]。德国的一些学者也提出自动获取多语种医学词汇(西班牙语、法语和瑞典语)的方法,将来自 UMLS 超级叙词表的种子辞典和可靠的词汇翻译整合在一起,通过处理术语转化来确认词汇和语义的假说,并根据它逐步扩充目标词典,最终将把现存的一个 6 万英、德、Portuguese 词条的叙词表,自动地扩充成具有 17 万新的西班牙语、法语和瑞典语词汇的新词表,并在文本检索系统框架中使用[191]。也有学者提出一种联合限制网络(associative constraint network)方法自动构建跨语言叙词表,采用后退标示算法(Backmarking algorithm) 和前进评估算法(forward evaluation algorithm)解决联合限制网络中的受限制满足问题[192]。

图像叙词表的构建。Joohyoun 等人提出了从 WWW 搜集训练图像集构建图像叙词表的新颖方法。训练图像集的要求是能收集大量的图像,并要和给定的概念高度相关。为了达到这些要求,系统据概念和图像的相关性标准从 WWW 搜集和给定概念相关的大量图像,然后分配一定的权重来合并 5MPEG-7 图片的可视化描述和概念对簇的相关性值,从而优化等级聚类方法,过滤掉不相干的图像。实验结果表明,该方法产生的图像叙词表的精确度比其他方法高 18%[193]。Tuuli 在构建可视化叙词表时,将其分为两个主要的层次。视觉特性包括叙词表色彩(上色、主导颜色、颜色反差)和图像结构(组成、表层、突出和线),视觉印象包括若干对应的词对,如正式—轻松、静止—动态等[194]。

5.2.2.3 网络分类体系与分众分类法

(1)网络分类体系

构建用于网络信息组织的分面分类体系也是本领域关注的热点。为解决网站中缺乏信息资源组织、检索困难等问题,有学者提出开发一种多维分类体系,用于网页信息的组织和浏览,改善用户检索的效果。这个多维分类体系的原型系统是根据阮冈纳赞分面分类法的观点开发的,通过面向内容的元数据组织在不同的分面(类目的正交群)下,提供网页文件的多重分类[195,196]。此外,利用程序集成互联网应用的不同网络分类法也是一个研究方向。台湾的一些学者采用等级收缩算法(hierarchical shrinkage algorithm)和细粒度关系(fine-grained relations)集成来自不同互联网应用的网络分类法[197]。

(2)分众分类法

1)理论分析

随着分众分类法(Folksonomy)在各领域的广泛应用,其性能的评估以及与搜索引擎、主题目录、专业元数据框架等知识组织工具的比较成为目前研究的一个热点。加拿大一些研究人员用"国家信息标准组织"(National Information Standards Organization,NISO)的《关于构建受控词表的指南》评估了来自网站的分众分类法标签,结果表明喜忧参半[198]。

大部分人的观点认为分众分类法是网络社会最热的趋势。它为网络用户提供了增加、改变和改进网络内容组织的工具,面对网络信息资源爆炸的环境,分众分类法是唯一低投入高效率的,它将会变为信息检索的重要结构[199,200,201]。

但是,也有些人认为,分众分类法并不是好的组织知识的方法。元数据标签的选择不是偶然的,标记时会遵循经典的实用定律,这种现象在认知心理学中被称为认知基础分类,它只需要很少的认知过程。Munk 等人认为,与分类法、分面分类法和搜索算法比较,分众分类法不是更好、更实际和经济的制作元数据的方法[202]。意大利的研究人员也意识到这个问题,在 FaceTag 原型系统中引入分面分类结构,为标签添加层次和分面,消除标签的歧义,改善社会标签系统的信息嗅觉(information scent)和信息采集(berrypicking)能力[203]。

分众分类法目前最大的问题在于怎样标准化从而能在元数据环境中实现互操作。有学者正在研究是否应该使用一个更结构化的界面来激励用户对资源添加标识,它能否得到推广和起到作用是将来需要考虑的问题[204]。

2)构建方法

针对用户自定义的标签存在模糊、同义和歧义现象而导致检索效果下降的问题,目前构建分众分类法的方法有:①基于共现方法的聚类。该方法的缺点在于如果标签内容是单个时将无法使用共现率,而且不具有语义。②基于语义相关的方法。通过标签聚类的相似度计算,形成标签云或主题等级。通过计算标签和标签、标签和用户、标签和标签簇之间的相似度,寻找最佳簇的大小,从而形成同义词簇[205]。③前组配的结构。Smith 提出用分面或同义词的形式对标签进行事先组织[206]。针对同义歧义的问题,Sun 等人使用 Wordnet 来寻求解决的方法,Cheng 等通过分析分众分类法的三重结构来消除标签的歧义性[207]。

3)系统和模式

2007—2008 年提出的分众分类法系统和模式有:①基于部件的分众分类法系统 SynTag。用户可以安装这一新组件到自己的系统,它支持用户上传资源和标签,并可检索外部的分众分类法系统,如 Del. icio. us 和 Flickr。该系统的优势在于构建了同义词数据库,用户在上传资源和标签时,系统会记录该标签在同义词数据库和通过 API 接口链接的其他资源网站的 id,保存在 SynTag 数据库中。用户在检索时,系统同样会出现"同义词选择界面"让用户选择[208]。②Munk 等人研究了在实际中操作和建立分众分类法的模式。根据词频从 del. icio. us 随机选500 个标签云,通过关键词统计频率和百分比的分配进行数学统计学上的分析,通过量化数据帮助找出使用者标记标签的某种模式;对标记原文进行定性分析,找出哪种标记策略可以代表以上统计的数据资料。最后作者得出 4 个结论:关键词的分配符合经典的 power 定律;不同的标记群落是可辨别的;最常使用的标记位于"具体—一般"轴中;发现 9 个有特色的标记策略[209]。这 4 个结论适用于思考分众分类法更普遍的理论和分类系统的未来。③与受控词表的结合。目前有一些机构和个人在研究如何结合两者的优点将受控词表和分众分类法加以合并。如 EnTag 项目中,分别使用标签、DDC、标签和 DDC 的结合来标引文献进行实验,比较它们的效果,目的是调查是否能使用已建立的受控词表帮助消除免费的社会标签中的同义歧义问题,发挥其在信息环境和电子框架中资源发现的作用[210]。

4)应用

使用分众分类法进行知识发现,如通过分众分类法网站中标签的使用频率、用户上传的资源和用户信息等识别出有相同兴趣的用户组、大众的信息需求、发现标签云、实现标签的检索和订阅等,是分众分类法目前最主要的应用领域[211]。还有学者提出了建立学术性的图书馆分众分类法,由图书馆员为优质的网络资源创建标签,在学院机构中使用与标记相关的分级来保证学生获得更多的有用的信息[212]。

5.2.2.4　本体

近两年在知识组织领域探讨本体的论文,涉及了本体的构建、本体的校正(ontology alignment),以及本体在知识管理、自动分类、信息检索、商业管理等方面的应用。

（1）构建方法

本体的构建方法仍然是这个时期研究的热点问题。研究人员提出了多种形式的本体构建方法,其中有些是在已有本体自动构建方法的基础上加以改进和融合,如有学者提出了基于模糊推理机制从非结构化文本文献中提取领域本体的方法,从事件中抽取概念属性和操作来构建一个领域本体,同时也能得到非分类关系[213];还有学者提出了基于词频和反文献频率采用回归 ART 网络构建领域本体的方法[214];泰国农业大学(Kasetsart University)的学者提出了通过抽取术语和关系,自动学习泰国文本本体的方法[215]。

2007—2008 年出现了一些较新的本体自动构建方法:(1)自下而上的方法。以往的方法大多是自上而下的方法,但没有自下而上的方法效益好,Park 等人提出了系统的方法论,从工程文献中以自下而上的方法编制本体,叫做 DocOnto。该方法主要分 3 个阶段进行,首先定义工程文献中的术语,为单个文献和聚焦的文献组联合语义网络来整合本体,最后进行修剪[216]。在此方法中,用一阶逻辑正式代表本体,用语义映射与相似度评价方法来整合本体,该做法可以用在结构化工程文献的计算机处理中。(2)从文本中学习亚层次结构。有学者提出从文本语料库中发现本体概念的亚层次结构,该方法据文本揭示出多集合的潜在话题,再通过对潜在话题对的有条件的独立测试,构造一个亚层次[217]。（3）基于大型中间本体映射构建全球本体。大量的本体缺乏映射成为语义网的严重问题,一对一映射显然不是有效的方法。由于分布式环境的特点,有人提出使用维基百科作为中间概念来映射全球本体。维基百科是一项规模宏大的概念网络,涵盖了现实世界中几乎所有的概念。由于维基百科叙词提供联合的概念没有明确的关系类型,学者 Minghua 等建议使用"名称映射"和"基于逻辑的映射"两个子方法来进行概念匹配[218]。

模块化本体的构造技术。与传统的知识组织相比,模块化本体的构造能够将知识分配给专门知识用户进行本体模块的构建、分析、维护,能够改善知识用户对跨领域知识的理解,实现知识的开放组织,这将大大降低知识组织的复杂度及知识的共享和协作能力,提高知识组织的质量,降低知识组织的复杂性及其成本[219]。

（2）本体校正

本体校正（Ontology alignment）是建立不同本体的概念间联系的过程。一个本体校正被定义成来自两个本体的一组概念对,由一个关系 R 连接,R 不限制为等价关系或包含关系。法国的一些研究人员提出利用句法模式和 UMLS 语义校正生物医学本体的方法。他们开发出一种方法,利用 OBO 本体中的词汇合成原则,以及 UMLS 提供的同义词和词间关系,界定句法语义模式的概念语义关系。这种方法有助于找到本体中概念之间的语义关系[220]。

（3）本体应用

领域本体在企业知识管理、企业整合和 e-商务中的应用。本体在这些领域扮演着重要的角色并有很深的影响,如应用在企业发布信息、开展业务和进行交易、整合信息等方面。本体具有良好的概念层次结构,可以用来帮助组织、浏览、搜索企业管理平台和 e-商务中的知识和信息;本体对逻辑推理的支持使得在 e-商务中可进行更高级的在线信息服务,如在数据挖掘商业理解阶段,组织—本体框架可以以半自动化的形式整合输出该阶段应进行的活动;由于本体是一套共享通用的术语和知识表示结构,所以为信息整合提供了一个统一的模式,目前国际上相关的著名项目有（Onto）^{2}Agent、Ontobroker 和 SKC 等[221,222,223,224]。

基于本体的知识管理是知识组织领域的重要研究方向。一些研究人员利用医学本体的语义关系进行自动分类,解决主诉词汇变化问题及多组病症分类问题（multiple sets of syndromic categories）[225]。奥地利维也纳大学的研究人员提出使用本体对（专家）的知识建模,以提高从法律知识系统的文献中提取和利用信息的能力[226]。德国不来梅大学(University of Bremen)和德国数据中心(Germany Data Centre)的学者研究了本体在生物分类学方面的应用,提出了利用本体和排名算法记录和管理生物分类知识的方法。他们的实验结果表明,将生物分类同义词作为本体的一部分是记录和管理生物分类知识的一种方法,从而有助于保护科学遗产[227]。

5.2.2.5　新兴的知识组织系统

面对语义网络的发展和全球信息资源的共享,2007—2008年出现了新的知识组织系统KRRs(知识表示资源)和综合国际知识组织系统。

(1)知识表示资源系统KRRs

KRRs中,资源本身就组织有序,结构是隐形的概念系统。它包含了隐形的组织元素,我们可以用它控制、挖掘和使用资源。据系统化程度对KRRs进行分类,包括系统性资源(父子关系、整体部分关系、序列性、RDF、OWL、SKOS、SGML)、非系统资源(内容是无序的)、介于两者之间的资源(术语、元数据注册)[228]。

(2)综合国际知识组织系统

综合的国际知识组织系统可以标引和检索任何语言和异构的资源,和以往的受控词表互操作相比更加注重关系结构。它面临的挑战有语言、结构和类型的差异。为了实现该系统,需要的工作包括:①国际化。首先需有一个核心知识组织系统来表示概念和语义关系。这个核心知识组织系统需是通用的,并且可处理多语言的环境,从而来消除概念和关系的地方性。选取的标准包括对所有领域的覆盖、语言的独立性和近似的结构。然后需编制脱离国别的结构,识别出通用结构和带有地方性的结构从而方便改造。另一个环节是关系的建立,包括发现独立与语言的通用语义关系和具体定义好的关系类型。②映射。用来建立国际核心知识组织系统和多语言的地方知识组织系统的互操作,它的准确性和完备性决定着全球知识组织系统的质量。目前主要的映射是相似知识组织结构的映射,还可通过属性映射,如受控的SKOS。③地方知识组织系统的改造。它依赖于具体的语言、文化、历史发展和社会结构,需转化国际概念到具体语言和提高编制地方概念和语义关系的知识组织系统,其中的关系通过独立于语言和通用的基础关系集[229]。

5.2.2.6　知识组织系统的构建标准或模式

(1)简单知识组织系统

简单知识组织系统(SKOS)是W3C制定的用来表达知识组织系统(包括叙词表、分类法、标题表系统和系统分类法等)的通用数据模型,建立在RDF及RDFS

基础上,支持在语义网(Semantic Web)框架中利用知识组织系统。国外许多机构采用了 SKOS 描述的词表,并在此基础上开发应用。此外,知识组织领域的学者也在关注 SKOS 本身功能的扩展。美国华盛顿大学的一些研究人员提出,为满足"词表开发应用(vocabulary development applications,VDA)"管理元数据框架及密切追踪这些框架及其成员概念(member concepts)变化的需要,应对 SKOS 维护系统时间上连续性进行扩展。他们初步论证了从书目领域(诸如著作、文本和范例)实体建模的经验性工作中进行概念化可以提供 SKOS 扩展的基础,支持在"词表开发应用"中捕捉概念演化的更严格的要求[230]。

(2)主题图

主题图(Topic Maps)是 2000 年由国际标准组织和国际电工委员会联合制订的一套用来实现索引、词典构建形式化的国际标准(ISO/IEC 13250:2000),并于 2002 年修订发布第二版。2007—2008 年有关主题图的研究重点集中在以下几方面:

1)构建方法

数据类型不同,主题图(TM)的构建方法也不同,目前用于 TM 构建的数据类型有结构文档、数据库、非结构化文档和半结构化数据[231],如有人研究如何从 RDF 和 XML 格式的文档抽取 TM 结构。其中有些方法使用了学习技术和 NLP(自然语言处理)技术从文本抽取主题和关联,据学习自动化的程度可分为手工、半自动和自动方法。

有学者研究通过网页间的链接从一组网页中半自动提取主题地图的方法。有些方法仅合并有链接的网页,抽取主题的基本关系。有些方法据网页内容和链接的类型来计算相似性,通过网页所在目录间的距离来聚成簇,该簇即为主题,链接即为联合,与主题相关的网页即为事件,从而生成主题图[232]。

2)工具和系统

TM 工具/系统可以根据其功能划分为以下 3 种:①TM 引擎,用来加载 XML 文档,存储、更改和检索 TM,如 XML Version 1.0、TM4J、tinyTIM 和 XTM4XMLDB 等;②TM 导航,如 TMNav 等;③TM 编辑器,如 TM4L 和 Viewer 等。

3)融合和整合的方法

TM 标准委员会公布的融合方法只是相同实体间的整合,即只有名称、范围完全相同时才能整合。目前融合 TM 的解决方法有:

①通过计算 TM 中概念语义的相似度进行融合。TM 的相似性测度包括主题

的句法、结构、概念和实体对的相似性测度。融合时据要求和 TM 的特点来选择相似性测度的内容233 。

②检测和解决冲突的方法。融合中的冲突包括名称冲突、属性冲突和暂时冲突。匹配方法有基于主题属性的匹配、基于层次关系的匹配和基于联想的匹配，主题图之间的合并通过匹配策略合并，可以满足实体保存、属性保存、关系保存和冲突消解的合并需要234 。

③可以借鉴本体融合的方法。如 Anchor-PROMPT 首先寻找有相同名称或在等级结构中位置一样的实体进行映射，然后检查冲突并加以去除，通过和用户交互的方式反复迭代最终消除冲突235 。

4）应用

TM 的一个重要应用是语义知识融合。网络知识存在多样、异构和分布的情况，TM 在结构化信息方面的灵活性使其可以成为数据互换格式的事实标准，有助于避免集成解决构架之间的不兼容性。使用 TM 标准基于网络学习的资源语义整合包括三步：学习目标表示、学习目标的语义附加和分布学习资源的语义整合。由于学习资源来自不同类型的仓库，首先需将其表示成为主题地图知识仓库，然后用 DAML + OIL 表示，从而实现语义的整合236 。

5.2.3　知识组织系统的应用研究

5.2.3.1　自动分类、自动聚类技术

近年来，随着人工智能、机器学习、模式识别和数据挖掘等的不断发展，自动分类和聚类技术得到了长足的进步。目前主要的方法为基于统计学习的方法与基于语言分析的方法。

（1）自动分类

基于受控词汇的文本自动分类是分类法的一个重要应用。它不像机器学习需要训练集，只有新的文献和训练集足够相似结果才能好。基于分类法的文本分类大多使用字符串匹配算法，如词语加权、削减取舍、排除特定术语和通过自动化抽取术语来丰富分类表。

最近流行的基于图书馆分类法（如 LCC、DCC、NLM、UDC 等）的文本分类项目和应用包括 Pharos、Scorpion、DESIRE、Wolverhampton Web library 等。经实验研究，目前基于分类法的文本分类效果依赖于分类法的数量、结构特性、对类的等级

结构的限制和各分类法的互操作性等[237,238]。基于《美国国会图书馆分类法》分类体系，香港城市大学的一些学者采用 KNN 算法开发了一种基于机器学习的自动文献分类系统[239]。高雄应用科技大学的一些学者提出分层 SVM（support vector machine，支持向量机）分类方法，并对标准路透语料库进行分类，取得了比传统的非分层 SVM 分类器更好的分类准确度[240]。

（2）自动聚类

1）方法和算法进展

非监督学习。无监督的自动聚类，计算机自动比较数据的相似性和差异性，发现数据的内在特征及分布规律，从而获得对数据更深刻的理解与认识。2007—2008 年的非监督的自动聚类算法主要围绕以下三方面展开：①算法的改进。新加坡信息通讯技术研究院的一些学者，提出了一个基于文献聚类的有效性聚类算法。该算法可以发现重要的特征子集，评估聚类数量，比需要预先提供聚类数量的文献聚类算法达到了更高的微观平均精度[241]。②模型的具体使用。巴黎电信学院的一些学者研究了在无监督聚类（unsupervised clustering）中概率模型的使用。概率聚类模型可用来计算每篇文献的概率向量，概率向量的值可用来加强文献和聚类的联系[242]。③操作执行模式的改进。伊利诺理工学院的一些学者，提出了一种分布式存储并行计算环境下的"组平均层次凝聚聚类算法"（group average hierarchical agglomerative clustering algorithm），将文献聚类问题扩展到大文献集中[243]。

半监督聚类。利用样本先验信息来改善无监督聚类算法的性能，已成为最近机器学习领域的一个研究热点，所提出的算法被统称为半监督聚类。复旦大学的一些学者提出一种半监督聚类方法（semi-supervised clustering），将少量文献的聚类组员（cluster membership）的一些有限的知识（诸如一些属于相同聚类的文献对）作为聚类过程的约束，整合进 K-means 的平方欧氏距离函数和（the sum of square Euclidean distance function）的迹公式（trace formulation）进行聚类[244]。

改进二元文本分类方法。当自动文本分类从二元分类（binary classification）发展到多类分类（multi-class classification），通常使用一对多方法（one-against-the-rest method）。但使用一对多分类方法处理过的数据集可能含有大量的噪音信息。韩国西江大学的一些学者提出采用滑窗技术（sliding window technique）从反数据集中抽取潜在的噪音信息，用修改的 EM 算法移除真正的噪音文献，改进二元文本分类方法[245]。

2）应用

自动聚类可以用于受控词表的关系发现和层次构建，以及检索结果的优化，以下为2007—2008年自动聚类在知识组织中的应用。

①增长等级自组织映射神经网络

增长等级自组织映射神经网络（GHSOM）通过挖掘不同语种关键词和短语的关系来实现自动多语种叙词表建设和跨语言信息检索。该组织结构能高维显示数据，并可随着文本的增加扩展自组织映射神经网络（SOM）的横向和纵向层次。首先需对文档进行前处理，包括切词、去除停用词、词干分析和关键词选取。在形成向量空间时，考虑到关键词的权重，用 $w_{ij} = tf_{ij}^{*} \log(N/df_i)$ 来计算。在进行聚类时，如果一个SOM中包含了很多异构文献，则在下一层次分裂形成新的SOM。形成的等级结构中，每一层都是独立的SOM[246]。

②概念格

概念格本质上描述对象和属性之间的联系，表明概念之间的泛化和例化关系，它是数据分析和知识发现的有效工具。利用概念格来进行聚类的关键一步是从建造的概念格中提取聚类结果，估计每一个类别大约的平均文档个数，取一个合适的阈值，将不在这个阈值内的概念舍去；如果概念集正好均匀划分了整个文档集合，则这些概念集就是聚类结果；如果这些概念出现多处交叉，需要进行以下处理：如果两个类（概念）有一半以上的文档是相同的则将这两个概念并成一个类；如果某个概念中含有比它粒度小的概念中的文档，则将这个文档从粒度较大的概念中舍去，最后将舍去的这些概念按照到每个类的最小距离来进行划分[247]。

③检索结果的自动聚类和排名算法

为了能向用户显示精简的相关引文集，美国一些研究人员用一个文本挖掘系统框架对简单PubMed查询反馈的MEDLINE引文进行了自动文档聚类和排名组织，他们的文本聚类和知识提取策略把检索结果分组成信息聚类，由每个聚类中文献抽出的关键词和Mesh词显示每个聚类的内容[248]。

（3）对结构化文献的自动分类和聚类

研究人员也在充分利用分类文献的各种特征（如结构特征、语言特征）对传统自动分类和聚类方法进行改进，相关的研究对象有专利文献、HTML表单和电子邮件等。

一些学者使用分类或聚类对专利文献进行实验。韩国科学技术院的一些学者使用 KNN 算法(K 最近邻算法)和语义聚类结构对日文专利文献进行自动分类。由于专利文献是结构化的,聚类过程中只对包含语义元素的内容,如声明、用途、应用领域进行比较,结果比不使用结构化信息的聚类的效果提高了 74%[249]。台湾交通大学的一些学者采用了 SOM 的无监督聚类算法对具有相似内容和结构的中文专利文献进行了聚类[250]。

美国南加利福尼亚大学的一些学者开发了自动 HTML 表单特征生成和神经网络算法实现 HTML 表单自动分类。该方法可以帮助搜索引擎提高索引的质量和检索结果的精确性[251]。

比利时根特大学的 Kristof Coussemen 等人将传统的文本信息同电子邮件语言风格的新信息相结合,提出了一种通过自动电子邮件分级系统区分投诉和非投诉信息,改善处理投诉的策略的方法[252]。

除对文本主题的分类和聚类,一些研究者发现文本的其他特征也包含了很多有用信息(如作者、目的、想唤起的情感等),可以帮助聚类和分类取得好的效果。伊利诺理工学院的一些学者基于词或短语的不同语义功能的分类,开发了一种使用新型词汇特征的文体文本分类(stylistic text classification)方法[253]。

(4)自动分类或聚类的关键技术

词加权技术。意大利米兰—比可卡大学的一些学者认为,网页上的图像是吸引用户注意的主要元素,因此图像中包含的文本有较高的重要性,可以对这些文本中包含的词赋予较高的权重,提高网页的分类效果,他们提出了一个新的度量标准——反词重要性标准(Inverse Term Importance Metric),通过视觉图层分析,将重要的图像块中包含的重要的词分配较高的权重,并在分类中采用了改进的传统 TFxIDF① 模型[254]。黎巴嫩美国大学的一些学者提出了一种基于语形学分析(morphological analysis)和词权分配技术的阿拉伯文献自动标引的方法。语形学分析使用大量的语法规则抽取备选索引词的词干,备选索引词按照权重降序排列,然后通过词权分配技术计算这些词同文献之间相关性的权重[255]。

文本分类中文献特征语言预处理。支持文本挖掘的一个重要条件是文本表

---

① TFxIDF,用以计算字词频率与文件重要性。TF(Term Frequency)为检索词汇于文件中出现频率;IDF(Inverse Document Frequency)则是指数据库中含有检索词汇的文件出现频率越低,该文件越显得重要。

达,这就是找到适当的词将文献转换为特征向量。最近,日本高等科技研究院的研究人员为使用向量空间模型(VSM)丰富文本表达改善文本挖掘技术(诸如文本分类和文本聚类)的性能做了大量工作[256]。

训练文献(语料库)自学习方法。大部分分类技术假设采用学习文本分类器,可以很容易地获得人工置标的文献。不过,被置标的训练文献(语料库)有时难以获得。台湾"中央研究院"的研究人员提出了一种根据一套用户定义的类目和一些高度相关的关键词从网页抽取高质量训练文献的自学习方法[257]。中国的一些研究人员提出了一种新的等级学习策略,通过建立相关类之间的共同属性来解决语义关系抽取中的数据稀疏问题。不论是人工预先建立的层次结构中的每个类,还是自动聚类产生的层次结构中的每个类,都决定了一个自顶向下方式的判别函数。每个较高级别的类一般比较低级别的类有更多正的训练实例,其相应的判别函数的判断就更加可靠,可以指导较低级别的类的判别函数进行学习,以达到更高的效率[258]。

(5)与人工干预结合

研究人员也在考虑对文献预处理或者在自动分类过程中对分类结果进行人工干预,改善自动分类或聚类的结果。香港科技大学的一些学者认为网页中嵌入了大量的噪音信息,提出通过摘要技术去除信息噪音,提高网页分类的效果[259]。台湾慈济大学的一些学者认为,要实现高质量自动文本分类所要求的高检全率和高检准率,一个解决方法就是加入用户判断,纠正自动文本分类潜在的错误。他们开发了一个智能的分类器独立确认策略——ICCOM,通过较少的用户确认,帮助不同类型的分类器达到较高的检准率和检全率[260]。

5.2.3.2 知识检索

知识检索是一种基于知识组织系统,能够实现知识关联和概念语义检索的智能化的检索方式。目前学界所提出的"概念检索"、"语义检索"、"智能检索"都是基于知识的信息检索的表述形式。以知识本体作为知识组织的技术和方法,实现基于语义的知识检索是当前的研究热点[261]。

(1)基于知识组织系统的检索

基于本体的知识检索。丹麦的一些学者介绍了基于本体的信息检索的一些原则,计算来自本体结构和关系的原子概念和复合概念之间的相似性。本体的不同关系会影响全部概念之间的相似性等检索匹配结果[262]。新加坡的一些学者提出了 SSWeb 的分布式构建和支持 SSWeb 学术信息检索的语义网服务，除了基本功能之外还支持专家发现、趋势检测这些高级检索功能。该研究是针对学术文献检索提出的，但是同样适用于其他文献类型，比如医学信息、机器故障记录、法律文献等[263]。

基于本体的语义概念扩展查询。根据概念间的各种关系，利用一定的技术，构建概念语义空间（如概念知识库、语义概念网络、概念语义词典或者概念语义树等），把原始查询看作一系列的概念（而不是一连串字符串），从建好的概念语义空间提取查询语义及其语义关联，实现语义概念扩展。同样以知识本体作为概念语义空间，实现基于本体的查询扩展也是知识检索的重要研究领域，也是当前语义概念查询扩展的研究热点[264]。美国的一些研究人员提出了一种通过关联规则结合本体和自然语言处理技术的新型的语义查询扩展技术。利用关联规则发现的重要词的内容属性；通过词义消歧将木休款目添加到到查询中[265]。英国的一些研究人员对利用专门领域和非受限领域本体进行查询扩展的案例进行研究，分析了从评论中获取的信息，总结了采用本体实现查询扩展的成功因素[266]。台湾的一些研究人员提出一种基于本体的自适应语义检索方法，改进较长检索结果列表的排序靠前的检索结果[267]。

基于叙词表的检索技术。荷兰阿姆斯特丹大学的一些研究人员进行了视频信息语义检索方法的研究，提出了一种基于高层概念探测器的视频自动检索方法，他们利用这套探测器构建多媒体叙词表，就像从词网（WordNet）不断丰富的语义描述和语义结构的一套机器学习概念探测器，结论显示这是一种有前途的研究方向[268]。美国斯坦福大学医学院的研究人员研究将"组织微阵列数据库"（TMAD）中的组织样本的病理诊断映射到 NCI 叙词表的方法，他们提出了 NCI-T 方法，有效地将 TMAD 中描述样本的与诊断有关的术语映射到 NCI-T，促进组织微阵列数据的集成和查询[269]。

基于自组织地图的检索技术。个性化网页检索可以根据不同用户的偏好进行检索。为了实现个性化网页检索，新加坡的一些研究人员提出用自组织地图（self-organizing map，SOM）进行用户兴趣建模。研究结果显示，SOM 能够帮助用户找到网络检索中每个检索提问的相关类目，实现有效的个性化网页检索[270]。

基于网页目录或 OPAC 的检索技术。在搜索引擎中，用户通过人名检索某人信息时，返回的结果往往包含多个人的信息。日本的一些研究人员提出使用网页目录作为知识基础,计算文献的相似性从而对人名消歧,以帮助用户找到他们感兴趣的人的信息的方法,并对网络中提及现实中人物的文献以及一些著名的网络目录结构进行试验,显示使用网页目录进行人名消歧比其他常规方法更有效[271]。美国戴顿大学的一些研究人员调查了在"开放目录项目"(Open Directory Project,ODP)中符号链接(symbolic links)的使用,以提高对网页目录的符号链接的理解。他们的研究结果发现,符号链接可以帮助用户更好地使用目录;帮助设计人员高效地构建和维护目录,制作用户界面;帮助信息检索人员深入研究网页目录[272]。美国芝加哥大学的研究人员研究了一个分面 OPAC 界面,试图改善学术研究的信息发现的问题。他认为在一个图书馆目录中采用分面界面和检索词建议,可能帮助那些高度依赖图书馆资料的学者找到仍隐藏在传统的图书馆目录里的文献[273]。

基于主题网关(Subject Gateway)的分类检索。新西兰国家图书馆提供了新西兰和太平洋岛国的网络信息资源的主题网关;瑞士国家图书馆的 SwissInfoDesk 虚拟参考咨询台根据用户的兴趣选择出 12 个有关瑞士的主题建立了一个主题网关,帮助用户通过检索获得网络信息[274,275]。

(2)基于语义网技术的检索

我国的一些研究人员提出了 RSS,能在语义网中实现语义检索排名的框架。在这个框架中,将充分发掘不同类型的语义关系以判断资源的重要性。此外,检索结果可以通过与检索语义最相关的实体得到很大的扩展,这样根据资源同检索式之间的相关度,合并全部的排序值,为用户提供排序好的语义检索结果[276]。美国学者 Dennis Quan 研究了语义网技术在信息检索系统中的应用。他使用 RDF 语义网络模型创建一个统一的抽象知识,设计从信息中抽取上下文关系子集的语义镜(semantic lenses)①,将语义镜集成到功能强大的信息显示中。此外,他还提出了将这些原则应用到生命科学领域问题的具体实例中的设想[277]。

(3)基于语义繁殖的图像检索

自动语义繁殖是完成图像检索过程的一个重要技术。它能增加图像检索系统的准确性、速度和性能,同时减少人力开支。Keyvanpour 等人提出了一个语义

①　语义镜是一种能对群体目标进行全局浏览并且保持个体间特定关系的可视化方法,它通常通过放大局部细节、缩小周边内容的方法来满足观察需要。魔镜技术推进了自定义界面的应用。

繁殖框架,用自动的方法来繁殖图像数据库中的语义,包括本土和全球离线模式两个不同的层次,基于视觉相似度和语义关系繁殖图像的相关语义到相似图形,同时更新图像和语义网络的语义关系。使用该方法的实验结果表明,它为语义图像检索提供了可接受的精确度[278]。

5.2.3.3 知识服务

(1)聚合

随着 Web2.0 的出现,Mashup 成为网络上十分火热的新事物。据 Fichter(2006)的定义,Mashup 是聚合来自多个资源的内容产生一个全新的内容的一个网站或网络应用。

惠普美国实验室的研究人员探讨了 Mashup 的定义和组成,评价了网上不同类型的 Mashup,并且详细说明了他们开展的企业环境中知识组织的聚合(Mashup)实验。他们将来自两组信息源的信息内容进行聚合,创建了一个新的信息源——组织和展示惠普实验室技术报告的新方法。通过这个 Mashup,他们将刚发布的技术报告放在带有实验室和部门组织结构的标签云下。这些标签云按照基于关键词在技术报告中的引用频率的树结构进行组织。通过浏览这些标签云,最终用户可以对实验室和部门最新的研究有所了解[279]。

(2)元数据互操作

元数据的互操作(Interoperability)是指多个不同元数据格式的释读、转换和由多个元数据格式描述的数字化信息资源体系之间的透明检索。目前针对元数据互操作有多种解决方案:元数据映射、建立基于 DC 扩展的各种元数据格式、元数据开放描述、元数据开放搜寻和元数据应用模板的创建。

挪威科技大学的研究人员提出了一个支持在异构元数据框架创建的分布式数字图书馆查询系统。他们认为,将推理功能引入本体可以描述元数据词之间更复杂的关系。该方法对多个本体之间的查询互操作十分关键[280]。雅典大学的研究人员提出了一个描述数字民俗收藏的多层元数据模型,讨论了旧数据模型之间的互操作,提出一个主题地图模型作为开发映射的方法[281]。

(3)术语服务及跨语言的互操作检索

术语注册拥有表信息,可以列出、描述、识别和指出在信息系统和服务中可用的知识组织集合和其他类型的词汇。从高的层次来讲,术语注册拥有词汇表中的术语、类、概念和关系,可在概念/术语之间映射,使知识组织系统的内容在不同的工具中使用。术语注册提供的网络服务可以用来自动分类、术语扩展、消歧、翻译和语义推理。目前从事术语注册的工作和项目有 JISC 的 HILT Ⅱ 和 TRSS,NERC 的数据格词汇服务和 OCLC 的术语服务和国际术语信息中心的 ISO/NP 29383 术语计划政策一编制执行标准[282]。

OCLC 的术语服务(Terminologies Service)是互操作领域的一个研究项目。术语服务的重要内容就是在多个受控词表之间有选择地建立映射。英国的一些研究人员评价了在分散术语服务器环境下方便互操作的等价范围(range of equivalence)或映射类型(mapping types)。他们逐条检查了这些映射类型,描述从选定的术语(AAT、LCSH、MESH 和 UNESCO)到《杜威十进制分类法》之间映射关系的特征,判断这些映射关系的有效性,提出了一组一般性的映射类型。但是在开发简单知识组织系统(SKOS)核心映射词汇说明书的过程中,对这组一般性的映射类型是否够用还有怀疑[283]。

知识组织系统间的互操作包括不同的层次,具体如下表:

表5-1　知识组织系统互操作类型[284]

互操作层次	互　操　作　因　素
词表层	不同的主题领域 前组配/后组配的程度 不同的粒度 不同的语种
记录层	不同的编目格式 描述 KOS 元数据表
系统层	检索 KOS 的不同协议 不同的信息检索系统

最近两年出现的知识组织系统互操作方法有:基于共现的方法、卫星和叶节点的链接、中间语言转换、直接语言的翻译转化、受控词表间的直接映射、通过临时统一表的链接、叙词表服务协议的链接和将要实现互操作的受控词表转化为 SKOS 或 RDF 格式,从而寻找词间的关系。

美国德雷塞尔大学的学者研究了跨语言、文化、机制的名称和主题检索以及跨语言信息检索的知识组织工具(如目录、元数据等),分析了在这些过程中存在的非罗马文本(特别是韩语)的音译问题和分词问题,及创建跨语言访问的标题表和名称规范文档存在的挑战。他们通过国会图书馆标题表的概念映射(conceptual mapping)进行多语言主题访问检索,通过国会图书馆名称规范的交叉链接(cross-linking)之间的交叉映射进行跨语言名称检索[285]。

加拿大长期以来使用美国的主题访问检索工具,包括国会图书馆分类法(LCC)、国会图书馆标题表(LCSH)、杜威十进制分类法、西尔斯标题表(Sears List of Subject Headings)等,以满足加拿大的特殊需要。美国韦恩州立大学的学者通过研究加拿大国家档案馆(Library and Archives Canada,LAC)系统提供的目录记录中对 LCC 和 LCSH 的扩展使用,提出了在美国主题检索工具中提供更深入和精确主题标目和分类的思想[286]。

(4)Web 服务标准与协议

UDDI 标准。它是核心的 Web 服务标准之一,是统一描述、发现和集成(Universal Description, Discovery, and Integration)的缩写,是 OASIS 发起的一个开放项目,基于 XML 的跨平台的描述规范,可以使世界范围内的企业在互联网上发布自己所提供的服务。UDDI 通过简单对象存取协议进行消息传输,用 Web 服务描述语言描述 Web 服务及其接口使用[287]。

SOAP 协议。SOAP 即简单对象访问协议(Simple Object Access Protocol, SOAP),允许使用 XML 在通过低层 Internet 协议连接的系统之间进行通信。它为通过网络消息传输的 XML 信息提供了标准的信封,并为这类消息体提供了可选的约定。

WSDL。WSDL 与 UDDI、SOAP 同样是 SOA 的基础部件。WSDL 用来描述服务;UDDI 用来注册和查找服务;而 SOAP 作为传输层,用来在消费者和服务者之间传送消息。SOAP 是 Web 服务的默认机制,一个消费者可以在 UDDI 注册表(registry)查找服务,取得服务的 WSDL 描述,然后通过 SOAP 来调用服务[288]。

SOA。SOA 即面向服务的体系结构(Service-Oriented Architecture),是一种 IT 体系结构风格,支持将本地的业务转换为一组相互链接的服务或可重复业务任务,可随时通过网络访问这些服务和任务。企业常用的内容管理系统(CMS)中,常常存在不同的系统之间数据和内容相互独立和数据冗余等问题,给版本管理、归档和检索带来困难。使用 SOA 构建的内容管理系统,使用符合 SOA 标准规范的统一组件来构架不同的 CMS,数据源通过 XML 或 SOAP 交互,始终保证数据的一致性及同步更新[289]。

5.2.4　可视化在知识组织系统中的应用

重视知识组织的用户界面建设,改善了信息资源的组织和应用环境。信息可视化技术和知识组织技术的结合,是知识组织工作注重用户体验的重要转变。近年研究的主要内容包括知识组织体系的可视化、网络空间结构的可视化、面向实际应用系统的可视化等[290]。

专书索引的可视化。美国帕洛阿尔托研究中心的研究人员提出在阅读工具中设计可视化分析环境,帮助用户快速消化大量阅读资料。他们介绍了一种名为ScentHighlights 的技术,通过概念组织满足特殊用户的信息需求,改善一本书的主题索引。用户首先通过关键词输入信息需求,描述他们想要检索和包含的概念,然后通过称为 ScentIndex 的系统,计算什么索引项是概念相关,在单一页面组织和显示这些索引项,通过这种索引项列表向用户提供大量的检索提示,快速找到相关段落[291]。

基于分众分类法的可视化。标签云(tag clouds)也叫加权清单(weighted list),是一个与分众分类法紧密相连的概念。标签云作为标签系统中信息检索的可视化界面被广泛采用,可提供系统中资源所分配标签的全局环境视角。对已经形成的分众分类法,标签云采用其特定的方法将分众分类法显示给用户,它通常用字体的大小和颜色来表示标签的流行度。标签云出现在很多流行的基于分众分类法的网站上,在 Flickr、Delicious、Technorati 和许多其他网站的发展历史上具有重要的意义。澳大利亚国立大学的研究人员设计实验,检查标签云对于改善实际检索的帮助。实验结果显示,在特定信息的信息查找任务中,参与人员倾向于选择检索界面;在一般性的信息查找任务中,参与人员倾向于选择标签云。他们认为,标签云作为基于分众分类法数据库的唯一的浏览方式不能完全满足用户的需求[292]。

基于 SKOS 的可视化构建。知识组织领域的学者们也在关注 SKOS 创建的可视化工具的开发。西班牙萨拉戈萨大学的研究人员开发了一种开源工具——ThManager,可用来方便地创建基于 SKOS 的知识组织系统。ThManager 被设计用于管理叙词表,也可以利用它用 SKOS 格式表示其他的知识组织模型。这个系统由 3 层组成:存储层(repository layer)用来存储相关元数据描述的叙词表;持久层(persistence layer)提供访问存贮层叙词表的 API 接口;图形用户界面层(GUI)提供可视化叙词表的不同图形组件,通过属性检索并用不同的方式编辑叙词表[293]。

网络空间的可视化。呈现网络空间的拓扑结构,既能帮助人们快速发现所需信息,又能利用这种拓扑结构结合网络计量学的知识完成特定分析任务。西班牙Cybermetrics Lab 的学者采用网络图(web graph)和共链分析(co-link analysis)对北欧学术网空间中的链接关系进行了可视化,从而判断其一般特征和网络关系;同时在网络计量学研究中用社会网络分析(social network analysis)探测北欧网络中的子网络,分析不同大学网站的地位和作用,了解这个学术网空间的拓扑结构;使用共链分析(co-link analysis)、非对称矩阵(asymmetrical matrices)和余弦计算法(cosine measure)识别主题聚类[294]。

知识表达与可视化。图解表达是知识表达最普遍的一种[295,296]。有实验证明使用 TM 分析知识领域中遇到的问题更为有效,如将几种知识表示法联合使用要比只用一个能更好地解决问题[297]。知识表达的对象可以是各个领域。Yousheng 等人编制了一个概念代数学可视化的知识表达工具,这个知识表示工具可以通过多样的方式来表示概念和知识系统,从而可以通过计算机模拟可视化概念网络[298]。

分类法和叙词表的可视化。可视化分类法设计的关键在于加强界面的可理解性和加强界面所呈现的知识的可视化。目前分类法可使用一维、二维、三维设计的方法来显示,应用在图像检索的视觉分类法由两个层次组成——视觉印象和视觉特性,用于从视觉的角度为指定查询提供修饰语[299,300]。可视化叙词表多应用在专业图像检索中。Houissa 等人将其应用在基于视角的空间建模查询中,它可以通过用户的神经图来选择可视化的组合从而形成提问。将可视化组合之间的空间关系描述融合到检索程序后,结果会得到优化。作者还定义了加权的角度空间柱状图,用来合并拓扑结构的规律和不规律之间的角度计算[301]。

5.2.5　规范控制

规范控制是一个发展成熟的方向,但近两年又出现了一些新的发展、服务和理论,包括 FRAD 概念模式、国际虚拟规范文档和国际标准规范数据号等。它们是避免重复资源建设、实现信息共享和规范控制数量趋于稳定的必然产物。

5.2.5.1　从 FRAR 到 FRAD

国际图联在原有的 FRAR 基础上于 2007 年 4 月 1 日推出新草案,同时接受各界的意见将规范记录功能需求(FRAR)改名为规范资料功能需求(Functional

Requirements for Authority Data，FRAD）[302]。

FRAD 模式设计的目的,第一为规范记录建立过程中所记载的规范记录资料提供一个明确的定义及结构,迎合使用者需求;第二于图书馆及各界协助评估规范资料的国际分享与利用。FRAD 概念模型是 FRBR 的扩充和发展,同 FRBR 一样,FRAD 把重点放在规范资料的实体上,基本目标在于建立迎合使用者需求的资料结构化框架。其概念模式的目标在于澄清规范记录识别码或标准号码的功能,并且评估规范记录国际分享及使用的潜在性。FRAD 模式将反映规范资料的实体关系分为四大类,第一类存在于各类型实体之间;第二大类与第三大类则涵盖一般反映规范记录参照结构中的实体关系,亦即第二类包括个人、家族、团体与作品之间的实体关系,第三类包括个人、家族、团体、作品与人们所知（Known by）的名称间的实体关系;第四大类为受控检索点之间的实体关系,出现于规范记录的连结结构。

各界对 FRAD 草案评论不一。美国图书馆协会编目委员会描述与检索小组（Committee on Catalogin：Description and Access，CC：DA）的评论工作小组（2007）意见最为详细[303]。对于 FRAD 的实体关系模式,该小组质疑 FRAD 没有完全遵照 FRBR 的实体关系模式,"如果 FRAD 真正扩展 FRBR 已有概念,并清楚交代如何建立个人实体记录,以及包含那些属性的细节,FRAD 将会是更好的文件";"FRAD 的概念化应该更严谨,FRBR 实体关系模式的使用说明要更清楚。尤其对辨识作品实体名称、主题关系非常有用的实体关系模式,更应明确指出导航及优势"。另外对于 FRAD 实体的定义、属性及关系等,该小组也提出了自己的建议。另外,德国国家图书馆、瑞典国家图书馆及瑞典图书馆协会编目委员会也表示意见,认为 FRAD 是规范资料发展的里程碑,建议扩展这种模式到博物馆及档案界,迎合网络环境下的知识管理需求。

FRAD 的发展势必会对编目规则产生冲击。未来的 IFLA 新国际编目规则（International Cataloguing Code，ICC）与 Resource Description and Access（RDA）将以 FRAD 为其检索点及其名称规范的理论基础。Joint Steering Committee for Development of RDA 指出 RDA 分为 A 和 B 两部分。A 部分（著录）以 FRBR 为基础,B 部分（检索点控制）以 FRAD 为基础。

5.2.5.2 国际虚拟规范文档

国际虚拟规范文档（Virtual International Authority File，VIAF）是国际规范控

制的设想,由国际图联主持开展,它通过 Z39. 50 协议将现有联机规范文档连接,同时支持检索及横跨多个规范文档的互操作方法,通过现有的记录号码连接同一实体的多个规范记录,同时支持规范标目多语种转换。其长远目标是连接来自许多国家图书馆和其他权威数据源的规范名称,形成一个共享的个人、团体、会议和地名的全球规范文档服务。

2007 年 11 月 14 日,法国国家图书馆(Bibliotheque nationale de France)、德国国家图书馆(The Deutsche Nationalbliothek)和美国国会图书馆(The Library of Congress)签署有关扩大和增强虚拟国际规范文档谅解备忘录,这个项目整合多个名称规范文档为一个单独的名称规范服务。新的协议的签订提供了一个从其他机构增加更多规范文档的架构。

5.2.5.3　国际标准规范数据号

国际标准规范数据号(International Standard Authority Data Number, ISADN)是规范资料国际识别码,目的在于增进规范资料的国际交换及控制。1984 年 IFLA出版的 GARE 提出 ISADN 建议。FRANAR 工作小组经过讨论之后,认为有许多问题尚待解决,包括:ISADN 应该以什么为编码对象? 它是针对实体,还是名称标目,或者是规范记录? 2007 年,美国国会图书馆的蒂利特(Barbara B. Tillett)发表文章,建议使用规范记录中由机器产生现存的记录控制号码作为规范记录的独特性识别码[304]。

5.3　国内外主要学术机构的相关会议、项目及活动

5.3.1　国内

5.3.1.1　中国图书馆学会

在中国图书馆学会 2007 年年会上,标引与编目专业委员会组织了主题为"文献信息描述与组织的新进展及其对策"的研讨会。会议针对目前文献信息描述与组织面临的新问题、新发展组织了 7 个专题发言,涉及本体研究进展、元数据标准及其互操作、MARC 转换、传统知识组织工具在网络环境下的发展、分众分类法在图书馆的应用、网络信息资源的自组织与再组织等内容[305]。

2007 年 7 月,中图学会专业图书馆分会组织了主题为"专业图书馆的知识服务实践探索"的研讨会,对图书馆知识服务前沿问题、支持知识服务的图书馆机制

创新与管理实践、基于知识服务的图书馆业务流程改造和服务模式再造、面向知识服务的技术方法与系统的应用实践、支持知识服务的信息资源组织、面向知识服务的图书馆人力资源建设等主题进行了探讨。

2008年9月,中图学会专业图书馆分会又组织了主题为"知识化服务进程中的专业图书馆:技术、方法和服务"的研讨会,从知识服务的组织技术、服务方法和工具角度,深入讨论了满足知识服务需要的资源组织方法、技术系统开发、平台工具建设、服务产品开发等问题[306]。

5.3.1.2 《中图法》编委会

2007年9月,《中图法》第4版修订工作全体委员会议召开,对《中图法》第4版无文献保障和文献过于集中的问题,各类体系与学科领域发展的滞后性问题,网络应用的方法和实践以及国外主要分类法修订的特点、技术等进行了分析,同时对《中图法》第5版的大类设置、划分详简程度、版本设计与出版、维护机制等方面提出了设想。

2007年11月,《中图法》在线服务网站开通[307],定期发布《中图法》、《中分表》修订问题,用户可以通过该网站了解《中图法》、《中分表》等系列版本的基本知识、标引问题及相关研究项目的进展情况。

5.3.1.3 中国索引学会

2007年11月和2008年11月,中国索引学会分别在广州和北京组织召开了年会暨研讨会,会议主题分别为:"索引事业发展趋势展望"、"信息化进程中的索引事业"。会议围绕全球视野下的中国索引事业、索引服务与索引普及、索引与出版、文献数据库的设计与构建、搜索引擎与知识挖掘、索引服务与知识服务、标引与情报检索语言研究进展、索引与数据库工作机制研究、索引员教育培训和职业资格认证等问题进行了广泛而深入的研讨[308]。

5.3.1.4 中国科学技术信息研究所

2007年,完成了国家电子政务标准体系建设项目一期工程"国家信息资源的基础(核心)元数据标准"研究子课题"政务信息资源分类标准"的研究。

2007—2009年,承担国家"十一五"科技支撑计划项目"知识组织系统的集成及服务体系研究与实现",研究内容包括词表资源建设、语义工具开发、语义服务系统建设和知识本体等[309]。

5.3.1.5 中国科学技术情报学会

2007年9月,召开第21届"全国计算机信息管理学术研讨会",会议主题为

"知识服务的关键技术研究",探讨信息服务机构新的运作模式,交流信息服务过程中的新技术、新思想,以此推动知识服务走向实践。

2008 年 10 月 1 日,召开第 22 届"全国计算机信息管理学术研讨会",会议主题为"知识服务的评估问题"。

2007 年 7 月,与中国科学技术信息研究所、国家科技图书文献中心联合举办"2007 年中国科技情报与图书馆事业创新发展论坛",以"从信息服务走向知识服务"为主题,就科技情报机构和图书馆体制创新与业务发展、科技情报研究与竞争情报、信息资源开发与利用、信息服务与知识服务的相关技术及发展趋势、情报学和图书馆学学科建设与人才培养等方面内容进行了深入探讨和交流。

2008 年 6 月,召开"2008 年中国科技情报与图书馆事业创新发展论坛",以"知识服务现状与未来"为主题,从用户需求、信息资源开发利用与共建共享、知识服务、知识发现与挖掘技术、信息抽取与知识抽取技术、聚类分析与知识库等22 个方面进行研讨和交流。

5.3.1.6　中国医学科学院

2007 年 10 月,主持"医学分类主题一体化系统建设"、"知识组织系统互操作中的映射研究"两项目申请并获中央级公益性科研院所基本科研业务专项立项。这两个项目的目的是在规划、设计、实现分类主题一体化词表建设与维护平台的基础上,通过相关原则、标准与规范的研究制定,实现《医学对应表》与"医学主题词—分类号对照表"的整合,初步建立一个计算机化的可持续发展的医学分类主题一体化系统。

5.3.1.7　中国中文信息学会

2008 年 5 月,中国中文信息学会在北京信息科技大学召开第一届全国知网研讨会(The First National HowNet Workshop,NHW2008),主要议题包括:知网理论的研究,知网建设、应用的研究与实践,语义资源、世界知识资源建设的研究与实践等[310]。

5.3.2　国外

5.3.2.1　IFLA 分类和标引组

2007 年,在第 73 届 IFLA 世界图书馆与信息大会(WLIC)上,分类和标引组以"通过合作的主题检索使图书馆员和用户连接起来"为主题,对通过改进 DDC 标记法来完善主题检索、应用与用户合作的方法来设计主题检索途径,通过用户参与制定标签来改进主题检索,将以整合分类法为指导的大众分类法用于澳洲教育网络等问题进行了探讨[311]。

2008年,在第74届WLIC中,分类和标引组以"打破分类与标引中的语言界限"为主题,选取了3篇宣读文献,分别对异构主题语言的互操作进行了研究。其中,法国国家图书馆从不同词表的本体映射及其RDF/SKOS表示的角度,汇报了最近正在进行的"使用语义互操作检索文化遗产(STITCH)"项目;Philipp Mayr和Vivien Petras就德国联邦教育与研究部资助的项目"交叉语词索引"中的有关语词映射的分析、创建及检查过程进行了陈述,并通过信息检索试验证明,在异构数据库中运用交叉语词索引的检索结果都得到了改善;Michael Kreyche讨论了lcsh-es. org双语标题表数据库中多个西班牙标题表到LCSH的映射,并提出了一个规范控制的国际合作新模型[312]。

IFLA分类和标引组2007—2008年发布的时事通讯和年度报告主要涉及欧洲各国知识组织动态及项目。包括:葡萄牙CLIP项目对国家书目数据库中标准化的主题标引规范条目与葡萄牙主题标引系统SIPORBASE的整合,意大利2008年为了研究怎样将语义标引用在OPAC中而对"语义OPACs"项目的扩展;德国2007年3月提出的解决异构标引数据集合的项目;捷克斯洛伐克主题规范文件系统CZENAS信息门户对编目过程中的共享规范的支持及其多语种计划;捷克斯洛伐克国家图书馆馆藏主题图系统及其多语种计划;意大利佛罗伦萨国家图书馆中心和意大利图书馆联盟主题标引研究组于2007年发布的基于叙词表的全新标引系统;瑞典国家图书馆对"图形材料叙词表 II:体裁和物理特征术语(TGM II)"的翻译及应用;冰岛主题标引委员会的独立及其对冰岛叙词表的编制、管理工作;意大利对DDC的瑞典语翻译以及瑞典、德国等对本国分类法和DDC进行的映射;德国Colibri项目编制的基于DDC的,可以实现(半)自动语义分析、主题标引及DDC与其他分类系统的映射的(半)自动系统;由法国、德国、英国和瑞士共同实施,以建立SWD(德语)、RAMEAU(法语)和LCSH(美国国会标题表)之间的链接,从而使用户可使用母语检索四国主题标题表所生成的书目数据,实现资源的共享为目的的MACS项目;挪威分类和标引委员会(NKK)对DDC网络版的调查及其形成的相关报告;俄罗斯于2008年6月第15界国际会议Crimea中展示的UDC的光盘版 УДК[313,314,315,316];等等。

5.3.2.2 美国国会图书馆

（1）《美国国会图书馆分类法》的相关问题

《美国国会图书馆分类法（LCC）》每周更新一次，更新内容公布在国会图书馆编目政策和支持办公室（CPSO）的每周列表中，并于每季出版一次《LC 分类法：补充和修改》[317]。到 2008 年底，CPSO 完成了 LCC 个人著者号码表 PL2661-2979 的汉语转化项目，除拼音名称外，还加入了传统的简化汉字[316]。

LC 于 2007 年将分类法和分类排架的主题编目手册合并，于 2008 年 5 月出版《分类法和排架手册》，解决了几十年来在使用 LCC 过程中积累的问题[318]。2008 年 2 月，LC 通过了对《主题标目手册》的第五次更新，并于 2008 年 9 月出版，这是对《分类和排架手册》的补充。

（2）《美国国会图书馆标题表》的发展与应用

《美国国会图书馆标题表（LCSH）》拥有世界上最多的主题规范记录，并且每年以 6 000—8 000 条的数量增加。截至 2007 年 10 月 1 日，LCSH 已有 307 689 条主题规范记录，新的和已改编的主题规范文档已加载到数据库 LCDB 中[317]。LCSH 第 31 版已于 2008 年夏天发布。

2008 年 2 月，CPSO 向 LC 提交《LCSH 的先组与后组及相关问题》报告。在回顾 LCSH 先组与后组优缺点的基础上，勾画出改善 LCSH 的途径，提出在保留 LCSH 中先组的优势的同时，利用主题标题串的自动分配和机器验证的进一步简化过程，减少主题编目的成本，并探讨了高级搜索引擎利用 LCSH 优势的可行性。

LC 还对 LCSH 进行了 SKOS 化的尝试。决定用 RDF 框架对其进行描述，目前已经对其 150 151 个一级主题概念和 155 个二级主题概念制作了 SKOS 的原型（http：//lcsh. info/），而且正在寻找赞助者来测试和主持结果数据库。下一步 LC 还希望可以用 SKOS 对其名称规范文档进行表示。

在 LCSH 的发展方面，LC 计划为从事相关工作的单位免费提供 LCSH，从而支持相关主题叙词表的编制以及对 LCSH 进行计算分析等。LC 鼓励网络团体加入到 LCSH 的编制当中，从而发展其网络应用。此外，LC 还鼓励增加 LCSH 和其他受控主题标题资源（如 LCC、DCC 等）的参照，从而使各词表间可交叉检索和互操作。LCSH、LCC 和 DDC 之间通过 OCLC 产品"Dewey 相关关系"和编目者桌面的"LCSH/LCC 相关关系"软件，增加明确的相关关系和参照关系。为保证该关系的准确性，工作人员定期有规律地给 Dewey 辅助编辑人员发送新的 LC 标题列表和 LCC 号。该工作可以改善检索效果,并且方便主题标题的分配和 Dewey/LCC 的处理[319]。

以形式/载体规范记录(MARC21 字段为 155)的研制和发布为代表,LCSH 扩展计划已进入最后阶段。2007 年 9 月,LCSH 第一批形式/载体规范记录发布,并在网络分类法中提供浏览和检索。2007 年 10 月,为支持制作和应用动态图像的形式/载体规范记录,草案《主题编目手册:主题标目》中对表 H 1913 进行了优化和发布,并于 11 月安装在编目人员的桌面。有关音乐和法律的形式/载体规范记录正在调研和制作中[316,317]。

(3)LC 书目控制未来工作组

2007 年 11 月 30 日,LC 书目控制未来工作组发布了《书目控制未来报告》草案,并于 2008 年 1 月 10 日发布了最终报告。2008 年 6 月 1 日,LC 副馆长 Deanna B. Marcum 发布了《对书目控制未来工作组报告的回复》,对报告中提出的各项建议予以回复。报告中与知识组织相关的内容包括:①将 LC 管理的词表转换为一个平台,提供友好的网络服务,允许下载并可嵌套到其他应用,以保证扩大受控词表的使用。目前,LC 已经将 MARC 编码的词表(包括语言码、国家码和地区码等)以 XML 和 HTML 的格式放到网上(见 http://www.loc.gov/marc/marcdocz.html)。②验证记录。2007 年中旬,LC 开始了 LC 书目记录中有效主题字段(6xx)的主题规范记录的整合项目[320,321]。

5.3.2.3 美国图书馆协会规范控制兴趣组

该兴趣组于 1985 年成立,在 2007—2008 年间围绕规范控制召开了四次会议[322];2007 年会议围绕着层面理论展开。2007 年冬季会议于 1 月 21 日在西雅图召开,主题是"规范控制中的层面理论"。会议介绍了读者层面理论,展示了图书馆编目和数字资源的收集方法如何促进结构化的规范数据更好地支持层面导航形式。2007 年年会于 6 月 24 日在华盛顿特区召开,主题为"规范控制遭遇层面浏览(faceted browse)"。会议主要介绍了读者层面理论,展示从线性目录使用层面方法实现信息检索,从理论的角度阐述了规范控制与层面浏览问题。2008 年会议的议题是 FRAD。2008 年在费城召开的冬季会议主要是对 LC 和 OCLC 规范控制的最新进展情况进行了介绍。2008 年阿纳海姆年会围绕 FRAD 展开,从编目实践人员的观点对 FRAD 进行了回应,介绍了主题规范记录的功能需求(FRASAR)模型。

5.3.2.4 NKOS 联盟

NKOS 联盟在其网站上(http://nkos.slis.kent.edu/)对全世界有关网络知识组织的活动、项目和会议等进行汇总。它对知识组织系统实施的功能和数据模型进行讨论,包括分类系统、叙词表、地名词典和本体等。NKOS 联盟近年尤其关注KOS 注册和术语服务方面的动态和进展,并在网站中公布了目前全球正在进行的KOS 注册和术语服务项目,包括 HILT 项目、OCLC 术语服务、STAR 项目和 TRSS项目[323],详见各机构中的介绍。

(1)CENDI& NKOS 研讨会

CENDI&NKOS 研讨会由 CENDI(商业、能源、宇航和国防信息管理组织)和NKOS(网络知识组织系统)联盟联合举办,两年召开一次。2008 年 9 月 11 日在华盛顿举行的第八届 NKOS 研讨会主题为"知识组织系统的新视野",分两个专题。其中"知识组织系统"专题讨论了互操作的新领域:使用 SKOS 和用手工方法做匹配的链接、知识组织系统和检索在各行业的使用调查、分众分类法和分类法的融合;"知识组织服务"专题讨论了术语资源的元数据、术语服务实现的基础条件、合作编制词表的工具语义媒体维基和开放本体注册(OOR)的概念、作用和一些机制等[324]。

(2)ECDL NKOS 研讨会

ECDL(欧洲数字图书馆研究和高级技术会议)是欧洲有关数字图书馆和联合技术、实践和社会问题的主要会议。其中,NKOS 联盟每年在会中组织研讨会,旨在探索网络及传统分类法、词表、叙词、本体和词汇数据库等工具在塑造和实现信息检索、知识发现、语言工程和语义网的底层语义结构模型。该研讨会提供机会来报导和讨论下一代数字图书馆中与 NKOS 相关的项目、研究和发展。

2007 年 9 月 21 日,匈牙利布达佩斯举行的第 11 届 ECDL 第六届 NKOS 研讨会有 4 个议题:①分众分类法与社会标签。研究了标签的使用和结构,分析了标签的新趋势。②ISO NP 25964 项目和用于检索的结构词表。对 ISO NP 25964 项目进行了总结,讨论了 BS8723-5 的数据模型和 XML 方案,并对叙词标准转化为一般知识组织标准进行了质疑。③知识组织系统应用的相关问题。包括使用分面分析作为基础理论来构建主题组织工具、网络化的受控主题词表和术语注册等。④映射问题。介绍了德国术语映射中受控词表的内外学科的交叉映射,并讨论了受控词表的合作构建问题[325]。

2008年9月19日,在丹麦奥胡斯举行的第12届ECDL第七届NKOS的研讨会的议题包括:①社会标签。谈论了社会标签在结构、控制以及应用于自动和手工标引方面的新趋势及其与KOS的关系。②网络知识组织系统。讲述了检索选择和内容标记的相关内容,介绍了商业与经济语义门户以及一个面向综合的国际知识组织系统,并提出使用分类法来进行概念聚类从而提高标签质量。③术语注册。讨论了术语注册的范围、要求和问题。④具体领域和分面知识组织系统。研究了自由分面分类法在知识检索和浏览中的潜力和语义标引组件对具体领域网络门户的信息检索的改进[326]。

(3)DC NKOS研讨会

2008年DC会议于10月22—26日在柏林召开,其中,NKOS联盟于24日举行研讨会,目的是研究元数据在语义和社会中的应用,以及NKOS工作对元数据方法和问题的贡献。该研讨会就EnTag项目探讨了知识组织系统和社会标签的结合,介绍了在元数据中编制受控主题词和语义网的实践,讲述了元数据注册、术语注册和服务注册的协作与差异[327]。

5.3.2.5　英国格拉摩根大学超媒体研究组

该组早在1991年就活跃在智能超媒体系统领域中,后来研究领域拓宽到知识组织系统和服务,并得到很多著名机构的研究资助,自1994年起开展了多项KOS专案。其2007—2008年在知识组织系统和服务方面的项目及进展包括:

(1)STAR

STAR(考古资源中的语义技术)项目于2007年1月开始,历时3年,目的是开发高层次的核心本体并应用语义和基于知识的技术来改进数字考古学资源的检索,包括异构数据集和联合灰色文献的效果。目前的成果包括:①制作CIDOC CRM核心本体的扩展RDF文件;②制作语义网络服务的雏形,该服务基于叙词和相关知识组织系统的SKOS核心数据模型,并基于SWAD欧洲SKOS API进行概念扩充,提供网络演示系统和SKOS版本的客户端软件下载,并在最近发布了API接口[328]。

(2)EnTag

EnTag项目由JISC资助并与UKOLN合作,时间为2007—2008年,它是将社会标签与知识组织系统DDC进行合并的演示系统。该项目研究受控词表和分众分类法在支持电子文件和仓库资源发现中的异同,具体的工作是调查受控词表能否帮助免费的社会标签发挥其在信息环境和电子框架中资源发现的作用;演示并评价在电子文件和仓库环境中合并这两种系统的方法。该项目可在不同的环境中演示使用标签,并提供传统分类法功能接口来优化标签标识的过程[329]。

(3)TRSS

TRSS(术语注册范围研究)项目由 JISC 资助,历时两年。该研究将分析在 JISC 信息环境中使术语注册成为共享基础设施服务的相关问题,如注册是怎样支持术语发展,怎样将术语注册的角色考虑到信息环境的其他相关组件中等;研究还将调查注册工作中的要求、持续性、成本、收益和相关的组织问题,如谁来维护、主持注册的内容以及与相关注册的合作等;该研究还将对用户使用的过程和案例进行描述[330]。

(4)KOS 的 XML/RDF 表示

为了表示和存储各研究项目的叙词数据,该组对怎样使用 XML/RDF 表示 KOS 数据进行了研究,并对 SKOS 格式进行了初步的实验[331]。

5.3.2.6 OCLC 项目研究部

OCLC 项目研究部 2007—2008 年开展的活动中,与知识组织相关的项目和服务进展如下:

(1)项目

1)术语服务

术语服务能快速简便地检索浏览多个叙词表、提供叙词表的简单描述、显示术语/标目的关系、支持现有编目订阅。目前该服务中包含的词表有:艺术与建筑叙词表(AAT)®,都柏林核心元数据计划类型词汇表,Getty 地理名称叙词表(TGN)®,《关于小说、戏剧等单作品主题检索的指南》第二版—形式和类型等,Māori 主题标目,医学主题标目(MeSH®)2008,报纸类型列表,图像数据叙词表:TGM I 主题术语,图像数据叙词表:TGM II 类型和物理特性术语和艺术家名称联合目录(ULAN)®等[332]。术语服务可以应用在多个服务中,如为社会标签提供资源、优化检索中的提问式、为检索词提供语境和规范元数据中的名称和主题等[333]。

2)WorldCat Identities 项目

WorldCat 是世界上最大的图书馆联合目录和服务网,致力于网上资源名称规范的整合,WorldCat 识别采用视觉化的认知设计,把 FRBR 模式扩展到规范控制领域,同时运用 FAST(Faceted Application of Subject Terminology)项目的主题标题实现每个身份认证的主题面(a cloud of subjects associated with identiy)的连接,FAST 明确区分的组面包括个人名称、团体名称、会议名称等,它与自动化的规范控制相兼容,是以 LCSH 的词汇为基础,为联机环境所设计的一个后组式的分面叙词表。WorldCat 识别包含个人和团体名称,其他形式的名称、著作、主题标目、出版物时间、有关名称的相关著作、责任者著作、读者水平、相关识别、有用的连接、相关主题、著作封面和分类等。

(2)KO 服务进展

1)OCLC DeweyBrowser 2.0

2007 年 12 月 11 日,OCLC 研究部公布了 DeweyBrowser 2.0,该版本提供了新的接口和更新的数据库,交互接口提供了英语、法语、德语、西班牙语、挪威语和瑞典语等多个语种的 DDC,用户可以通过点击 Dewey 中的类目标题来检索某一文献主题,文献主题记录是从 OCLC Worldcat 得到的 200 万条记录[334]。该系统同时可以从文献类型、语种等途径对检索结果进行二次检索。

2)WorldMap

WorldMap 发布于 2007 年 2 月 11 日,它是一个原型系统,提供交互可视化工具来选择和显示国际图书馆资产、出版业、图书馆、文化遗产和收藏数据。它允许用户选择感兴趣的国家,通过图形化显示来比较不同的图书馆和文化遗产数据。就像使用地图来承载地理信息,其他类似这样的数据也可以用可视化形式来存储、搜集管理、买卖、保存和数字化。除 WorldCat 外,相关的数据资源还有四十多种,但却无法完成,OCLC 正在寻求这方面的帮助[335]。

3)标签集

2007 年 8 月 23 日,标签集(Tag Cloud Builder)开始提供服务。该工具通过相似术语分析和高频词让用户看到文本中常用词。用户输入文章或 URL 网址,该工具通过去除标点、计算词频、选择字体大小来产生标签集的卷,结果按字母顺序排列,以段落风格显示,用户可以控制字体的颜色和显示术语的数量,最后可以将生成的标签集打印或保存起来[336]。

4)Classify

2008 年 7 月 3 日,OCLC 研究部推出了实验性分类服务 Classify,这是一项基于 WorldCat 数据挖掘的原型服务,采用 OCLC 的 FRBR 作品集算法,提供作品的

DDC、LCC 及 NLM 分类号。它的不同之处在于快速、简单获取分类号的途径,而无须是 OCLC 成员[337]。

5.3.2.7 当代信息公司

ITI 是信息科学领域的出版商,该公司资助并举办每年一度的分类法新兵训练营(TBC)会议。

2008 年 9 月 24—26 日,TBC 会议在加利福尼亚州圣何塞 McEnery 会议中心举行。会议讨论了分类法存亡问题,就有关本体、分众分类法、新技术、演示评价、分类法管理、整合企业中的检索和分类法等进行了案例研究探讨,并展望了未来信息组织的方法和技术,就分类法工具、产品和技术的选择提出了切实可行的意见[338]。

2007 年 11 月 8—9 日,TBC 会议在加利福尼亚州圣何塞 McEnery 会议中心举行。会议主题分为以下几方面:①社会标签的讨论:着重讨论了面向知识共享的社会标签。②分类法构建方面:通过实践介绍了合作构建分类法的程序和政策。③分类法软件选择:讨论了如何有效的选择、购买分类法软件问题,并列出了评价分类法软件的指标。④分类法的改造:将分类法改造为本体,以此为语义网奠定基础[339]。

5.3.2.8 国际术语信息中心

国际术语信息中心(Infoterm)由 UNESCO(联合国教科文组织)于 1971 年在维也纳成立,为开展术语领域的国际合作提供支持,统筹有关术语学活动并对其成果进行搜集,其总体目标是依靠各领域专家及其团体来推动可靠的多功能术语的应用工作。

(1)术语和知识工程(TKE)国际会议

TKE 会议讨论的范围包括方法论、多语种下的信息互操作、术语抽取、内容发展、本体、概念系统、分类系统、叙词和层次结构,三年举办一次。

2008 年 8 月 18—21 日,TKE 会议在丹麦哥本哈根商学院举行,其中与知识组织相关的主题为"编制企业级的本体和词汇资源方法"和"在 SKOS 和 OWL 中挖掘 TBX 信息"前者回顾了从分散的术语表到全球术语管理系统和本体标准的发展,指出了术语和本体管理中的挑战,并介绍了 IBM 的术语管理;后者则对术语到本体的转化进行了讨论,讲述了 TBX(术语交换标记语言)指南和术语信息的标准表达,讨论了 TBX-SKOS 之间的映射,并对利用 OWL 表示具体的语言信息的实例进行了分析[340]。

（2）术语和信息互操作（TII）会议

该会议由 Infoterm 与 ISO/TC37 共同组织，涉及 ISO 技术委员会标准活动的各个主题，而且与工业应用和服务有关。2008 年的 TII 会议于 8 月 10—15 日在莫斯科举行，会议议题包括：①基础理论和方法：知识的基础理论和方法、信息与内容、简单和受控的语言方法、内容整合和互操作等。②语言和知识应用：词汇语义中的结构内容，术语、词典和产品属性，术语的多语言应用，转化、互操作和术语政策等。③工业、管理和服务：内容、信息管理、电子商务中结构内容和网络服务等[341]。

5.3.2.9　国际知识组织学会

国际知识组织学会（ISKO）成立于 1989 年，是关于知识组织的国际学会，其工作包括以下三部分：促进知识组织系统的研究、发展和应用；为知识组织的成员提供交流和联合工作的工具；作为研究机构和国家学会的中介和纽带，从事概念组织和知识处理的工作。

ISKO 两年召开一次国际会议，第十届 ISKO 会议于 2008 年 8 月 5—8 日在加拿大蒙特尔举行，会议主题为"知识组织中的文化和认识"。

此外，ISKO 各成员国 2007—2008 年也组织了相关会议：

2007 年 3 月 27 日，ISKO—英国就职会议召开，就谷歌导致用户对检索质量和效果的漠视引发了会员的热烈讨论。2007 年 5 月，ISKO—英国举行第二次会议，宣布为知识管理者和叙词专家提供论坛，并将企业和政府中的知识组织实践者加为成员，并希望能作为官方运作国际项目[316]。

2007 年 4 月 18—20 日，第八次 ISKO—西班牙会议于莱昂举行，会议主题为"组织科学知识中的内部和外部学科"[342]。

2007 年 6 月 14—15 日，ISKO—北美洲会议于加拿大多伦多举行，会议内容有：分面分类法在材料类型和 OPACs 中分面导航和浏览的应用、分类法的设计空间、知识结构在现实世界的位置和知识战略对知识组织的影响。

2007 年 7 月 7—8 日，第六次 ISKO—法国会议在图卢兹举行，会议主题为"组织的知识：观念、做法和使用"；

2007 年 7 月 22 日，第三次 ISKO—意大利会议在米兰举行；

2008 年 2 月 20—22 日，第十一届 ISKO—德国会议于康士坦茨湖举行。

5.3.2.10　美国情报科学和技术协会

美国情报科学和技术协会(ASIS&T)创建于 1937 年,在倡导研究和发展信息科学的基础和应用研究方面起到了领导作用,其 2007—2008 年与知识组织相关的研究、出版物和会议动态如下:

(1)分类法研讨会

年会中分类法研讨会(SIG/CR)组织了知识组织方面的研讨,SIG/CR 研究分类表的基础理论、处理和分析手工或自动生成的结构和过程,包括标引、标引结构、标引语言、叙词表结构、术语、任意形式信息的分类和对这些产品效果的测试和评价。

第 18 届分类法研讨会 2007 年 10 月 20—21 日在美国威斯康星州密尔沃基市举行,主题为"我们的日常生活中的分类法:历史根源、目前的分支和新生的替代品",主要内容包括:①理论方面,认为图像数据库、语义鸿沟和社会标记是以后的趋势,强调不能让传统的观念影响今天这个多元复杂环境下知识组织的发展,并对关键词和主题词检索在数字化时代的适用性进行了探讨。②构建方面,通过建立立体数据基础结构来组织国家地理学信息,为图像结构建立描述词汇从而填补语义学鸿沟,提出了构建概念空间工具的设计和评价建议。③应用方面,分析了消费者健康信息分类法用于信息检索的情况,并对分类法是怎样影响我们的生活的问题进行了讨论[343]。

第 19 届分类法研讨会议于 2008 年 10 月 24—29 日在美国俄亥俄州哥伦布市举行,主要关注分类法的可视化和表现艺术,其内容包括:分类法在艺术中应用的不同和挑战、应用在组织艺术中的分类和主题分析、新的知识组织,如社会标签在艺术中的应用和建立整合文献和媒体的复杂平台[344]。

(2)信息科学和技术年度回顾(ARIST)

信息科学和技术年度回顾(ARIST)自 1966 年以来每年出版一次,2007—2008 年与知识组织相关的篇章包括"语义学和知识组织"(2007 年 41 卷)和"语义网络中的本体"(2007 年 42 卷)等,它们研究了子学科知识组织中语义学的若干问题,关注不同领域之间广泛合作的问题及其未来远景[345]。

5.3.2.11　国际分类学会联合会

国际分类学会联合会(IFCS)成立于 1985 年,是一个基于语言学的分类学会联合会,是非营利、非政府的科学组织,目的是促进分类研究。IFCS 两年举行一次会议,并出版《分类》期刊、《资料分析和分类的进展》和《时事通讯》。该组织2007—2008 年主要围绕分类、数值分类、多维排列和其他等级排列技术,如聚类、树结构、其他网络模型和适合它们的联合模型和算法[346,347],数据的结构分析、定量和统计方法;分类、聚类和认知方法的进展、复杂数据建模和挖掘大量数据集的战略,从数据中抽取知识的方法并将高级方法应用在具体领域等主题进行探讨[348,349]。

5.3.2.12　英国联合信息系统委员会

英国联合信息系统委员会(JISC)和研究支持图书馆计划(RSLP)联合资助开展了高级叙词表项目(HILT),旨在研究网络环境下如何通过映射将现有的主题表、叙词表、分类法等联系起来,从而实现通过主题对不同团体、服务机构和各类资源的交叉检索和浏览。目前,该项目的前三阶段已经完成,正在进行第四阶段的研究,具体完成情况如下:

第一阶段(2000 年 9 月—2001 年 8 月),通过为期两年的调查分析,确定了项目的参与者所拥有的资源概况并总结了成果[350]。

第二阶段(2002 年 5 月—2003 年 5 月),建设了交互术语路由服务器,并形成了术语服务器说明书,设计了不同术语间的映像系统 TeRM,并形成了成本—效益报告[351]。

第三阶段(2005 年 11 月—2007 年 3 月),建设了 M2M(机器对机器)演示系统。该系统通过(基于 SOAP)SRW 协议提供网络检索服务(也可扩展到其他协议,如 Z39.50、SRU 等),并且系统使用 SKOS 核心元素作为标记发送术语集和分类数据(也可选择 MARC 和 Zthes)。这一阶段的演示系统包括:HILT SOAP 客户端示范、HILT SRW 客户端示范、HILT SRW 客户端方案的具体浏览演示和关键词检索演示[352]。

第四阶段(2007 年 4 月 29 日—2009 年 2 月 9 日),计划包括:提供登陆级别的服务以便最后形成高层次的映像需求;形成一个免费可得的包,包括 SRW 客户端、说明指导;分发程序,用来通知服务者和用户;如果允许,将估计安装和维护互操作服务的成本,继续研究超越登陆级别的服务。2007 到目前已经进行的研究和进展包括:①大部分的数据准备已经在进行,包括数据录入、格式转化和清洗;②术语匹配的工作已经开始,13 部词表中的等同术语已经匹配到 DDC 号的前十位,HASSET、IPSV 和 UNESCO 已经匹配到 DDC 号的前三位;③技术实现方面,已有 10 个系统实现[353]。

5.3.2.13　芬兰研究图书馆协会

2007 年 11 月 29—30 日,芬兰研究图书馆协会在赫尔辛基举办了第二次主题检索国际会议,会议主题是"电子资源环境对知识组织的威胁"。由于信息技术和电子交互环境的实现,该会议的目的是探索和揭示目前知识组织工具和方法的变化。本次会议有两个主题:①分类表和叙词表的变化及挑战部分,回顾总结了最近的知识结构和工具,介绍了将分类表和叙词表转化为数据模型、优化多个知识组织系统主题检索的互操作和将数据模型转化为本体的过程。②本体—本地应用—国际执行部分,讨论了通用叙词表向通用本体的转化,并以芬兰国家图书馆叙词表的本体化为实例进行了分析,该机构还研究了国家语义网构架中的元素和语义文化,构建了基于本体的提问式检索界面,研究基于知识组织系统的语义服务[354]。

5.4　总结与展望

综上所述,国内外近两年对知识组织与知识服务领域的研究呈迅速发展、不断深化和拓展的趋势,主要表现在知识组织与服务工具的多元化及可视化的研究方面,除分类法、叙词表等传统工具之外,还涉及本体、主题图、主题网关、分众分类法等新型工具。其研究主题大多仍然集中在知识组织系统的基础理论、构建方法与软件技术、应用方法等领域,但研究的具体内容开始细化,并与语义网、搜索引擎、数据挖掘等新技术更紧密地结合,知识组织系统在网络信息资源、数字图书馆等领域的应用研究得到重视。与国内相比,国外更侧重知识组织系统的网络化、分布式管理、互操作以及相关的描述语言和词表管理平台等的研究,用户行为、用户参与和用户体验在知识组织界面设计中的应用等拓展研究也得到更多关注。

网络知识组织系统是近年研究的热点和重点,它是为解决目前基于一般检索系统进行网络信息资源组织和检索的弊端而出现的,尤其分众分类法、术语注册、术语服务、词表间的互操作、以用户为中心的设计和网络化词表等,作为开展知识检索等知识服务项目的基础,在 2007—2008 年各相关机构组织的项目和会议中都占据了重要位置。其中知识组织系统的 XML、RDF、SKOS 及 OWL 描述在实现词表及类表网络化的同时,实现机器理解和 M2M 交换,欲为语义智能检索提供重要帮助。目前知识组织系统的 XML、RDF 表示已基本成熟,SKOS、OWL 表示的研究仍处于实验阶段。网络知识组织系统的发展、完善和实际应用,作为一个发展迅速的方向,将会成为知识组织系统产生重大突破的重要分支。

具体而言,2007—2008 年国内外有关知识组织的理论研究和实践进展主要包括以下两个方面:

5.4.1 知识组织系统及其应用研究

包括知识组织理论研究、知识描述研究、数字图书馆知识组织与网络知识组织方法的研究等。知识组织理论研究主要集中在知识的系统化组织、结构化组织、个性化组织、模块化组织、可视化组织等方面。XML、DC、MARC 等元数据作为结构化的知识描述语言,仍得到广泛关注,被用来描述各种知识资源。简单知识组织系统(SKOS)、RDF、OWL 是表达知识组织系统的新的通用数据模型,很多学者都尝试将主题词表、叙词表用 SKOS、OWL 等进行描述,并实现不同叙词表间以及叙词表到本体的转换。将分类法与 XML 结合实现面向网络信息分类法的开发,基于本体对知识进行组织以实现对数字图书馆信息资源的整合,这些都是该领域近两年的研究热点。还有学者对语义网格环境下数字图书馆知识组织的理论方法、过程以及语义互联策略等进行了系统的研究。网络信息的知识组织研究集中在传统信息组织方法的应用、本体的应用、Web2.0、博客、Wiki 等方面,还有学者对网络知识组织系统(NKOS)的类型和表示、互操作、相关标准与规范、构建和维护、应用等方面的问题进行了研究。

传统知识组织的理论侧重于从资源的角度构建知识组织系统,最近国外学者开始关注从用户心理和用户行为角度研究知识组织系统的构建和组织效果,重视知识组织的用户界面建设,改善了信息资源的组织和应用环境,把信息可视化技术和知识组织技术结合,这是知识组织工作注重用户体验的重要转变。近年研究的主要内容包括知识组织体系的可视化、网络空间结构的可视化、面向实际应用系统的可视化等。

叙词表、主题词表、分类法作为传统知识组织工具,一直是图情界关注的重点,近两年的研究主要集中在情报检索语言的电子化、网络化的发展及其在网络信息组织、信息检索、自动分类、自动标引中的广泛应用等方面,进一步说明了情报检索语言的强大生命力,它在网络环境下必将有广阔的发展前景。加强情报检索语言与自然语言的有机结合,科学地改造原有词表、类表,研发本体等语义工具,分类法与词表的自动构建、更新修订、可视化、互操作等技术方面的研究也成为近两年的热点。国外分类法的研究也开始出现面向特定应用领域、特定用户群的分类法构建及动态多维度的分类法构建,出现利用翻译词汇、大型网络词典、网络挖掘等方法来半自动和自动构建跨语言叙词表,利用从 WWW 搜集训练图像集构建图像叙词表,创建编辑和维护分类法、词表的软件工具等研究方向,成为传统知识组织工具构建的热点。

近年来, 随着人工智能、机器学习、模式识别和数据挖掘等领域的不断发展,自动分类和聚类技术得到了长足的发展:各种新型算法的出现,利用分类文献的各种特征对传统自动分类和聚类方法的改进、词加权技术、文本分类中文献特征语言预处理技术、训练文献(语料库)自学习方法、自动分类和聚类过程中引入人工干预等。目前主要的自动分类方法为基于统计学习的方法与基于语言分析的方法。基于受控词汇的文本自动分类也是分类法的另一重要应用。基于语形学分析(morphological analysis)和词权分配技术的自动标引的方法,根据用户定义的类目和一些高度相关的关键词从网页抽取高质量训练文献的自学习方法,利用等级学习策略解决语义关系抽取中的数据稀疏问题等,已成为自动标引中词加权的关键的进步技术。

本体是近年来的一大研究热点,2007—2008 年在本体理论、领域本体的构建实践、基于本体的智能检索和信息集成等方面的研究比较突出。本体理论的研究包括本体概念、语言、工具、标准化等方面,基本上没有新的突破,还是对以往概念的进一步阐述。关于本体构建,很多学者都在研究将自动化或者半自动化的方式参与到本体建设中,如自动聚类、自动抽词、相似度计算等技术,从而提高本体构建的效率。另外,利用已有知识组织工具(如《汉语主题词表》、《中国分类主题词表》、多语种农业叙词表(AGROVOC)、专业词表等)构建本体是研究者们关注较多的内容。

规范控制是与知识组织系统发展密切相关的一个研究方向,近两年比较活跃,国外出现了一些新的发展和服务理论,包括层面理论、FRAD 概念模式以及WorldCat Identities Project 的网上资源名称规范的整合项目和国际虚拟规范文档的建设等。国际虚拟规范文档是国际规范控制的设想,法国国家图书馆、德国国家图书馆和美国国会图书馆签署有关扩大和增强虚拟国际规范文档的项目,为整合多个名称规范文档形成一个单独的名称规范服务。它们是为避免重复建设、实现信息网络共享进行规范控制的必然产物,虽然目前只是一些设想和理念,由于其重要意义和作用,在未来将得到重视和迅速发展。国内学者也一直关注跟踪国际规范控制的新趋势新动向,并积极给予介绍。

5.4.2　知识检索与知识服务的研究

知识检索是一种基于知识组织系统,能够实现知识关联和概念语义检索的智能化的检索方式。目前学界所提出的"概念检索"、"语义检索"、"智能检索"都是基于知识的信息检索的表述形式。以各种类型知识组织系统(如本体、语义网、自组织地图、叙词表、分面目录等)作为概念语义空间,实现基于语义的查询扩展也是知识检索的重要研究领域,也是当前语义概念查询扩展的研究热点。一些学者还提出了通过关联规则结合本体和自然语言处理技术的新型的语义查询扩展技术[355]、基于本体的自适应语义检索方法[356]、用自组织地图(self-organizing map,SOM)进行用户兴趣建模[357]、使用网页目录进行人名消歧[358]、从信息中抽取上下文关系子集的语义镜(semantic lenses)[359]等。

为提高主题检索效果,2007—2008 年 IFLA 世界图书馆与信息大会举行了主题为"通过合作的主题检索使图书馆员和用户连接起来"的会议,提出构建主题规范条目、主题规范文档的合作,与用户联系的主题检索,包括通过用户参与来设计主题检索途径、通过用户参与制定标签来改进主题检索,通过主题图检索,提供友好的交互可视化工具来帮助用户迅速找到所需文献,其中主题规范文档的合作开始成为研究的热点。对不同情报检索系统资源共享的迫切需求,以及各词表之间的较大差异,对检索语言兼容互换的研究变得更为迫切,使得互操作研究仍继续成为研究热点。美国、意大利、德国、瑞典、法国等国家就各种类型词表的互操作开展了项目研究和兼容互换工作,OCLC、LC 已开始通过 LCSH、DDC 和 LCC 词表间映射提供文献检索服务,其中绝大部分是基于本国词表与 DDC 或 LCSH 进行映射,使用手工方法来进行匹配。词表互操作的方法和算法大多仍在研究探讨,如基于共现的方法、卫星和叶节点的链接、中间语言转换、直接语言的翻译转化、受控词表间的直接映射、通过临时统一表的链接、叙词表服务协议的链接和将要实现互操作的受控词表转化为 SKOS 或 RDF 格式,从而寻找词间的关系等。

自动语义繁殖作为完成图像检索过程的重要技术受到重视。

知识服务的研究热点仍集中在知识服务模式、策略、服务管理机制、服务技术等方面。

主题图、知识地图、主题网关等新型知识服务工具仍是研究的热点，包括理论研究和构建实践、应用等方面。一些学者尝试在特定领域构建主题图、知识地图、主题网关等实验模型，旨在更有效地组织、管理知识资源。我们希望将更多这种构造的实验模型推进到实际应用中，并通过用户的使用评价来不断改进和完善系统的建设。

术语注册和服务能快速简便地检索浏览多个叙词表，通过网络服务可以用于自动分类、术语扩展、消歧、翻译和语义推理，提供叙词表的简单描述、显示术语或标目的关系和支持现有编目订阅，并可以应用在多个服务中，如为社会标签提供资源、优化检索中的提问式、为检索词提供语境和规范元数据中的名称和主题等。该方向目前处于快速发展的阶段，2007—2008 年国外有多个关于术语注册和服务的项目，如 STAR 项目、TRSS 项目、HILT 项目和 OCLC 术语服务，各知识组织的会议中也对其进行了热烈的讨论。目前的研究包括术语注册的范围、协作、网络词汇表的编码和问题等。术语注册和服务要想取得发展需要各个词表的开放共享和互操作技术的成熟。

分众分类法由于具有标签不受限制、公开共享等优点，一直受到业界的关注，但其存在的问题也是显而易见的，很多学者提出了改进的意见，如对标签进行规范、形成标注规则和模式等，并提出将其应用到图书馆、学科导航建设中等，更好地发挥其组织知识资源的作用。国外绝大部分知识组织机构和组织在 2007—2008 年开展的项目、举行的会议中都对其进行了研究、讨论和实验，对标签存在的模糊、同义和歧义现象，及其与受控词表的结合使用等进行了探讨和研究，以消除社会标签的同义歧义问题，使其在信息环境和电子框架中发挥或起到资源发现的作用。

本体应用也是近两年的研究热点，包括基于本体的智能检索、信息集成、主题抽取、文本分类、语义挖掘、语义分析等方面。总的来说，关于本体的应用研究很多还是停留在理论研究方面，而在具体的实施和系统构建上还很少，一些学者在某些具体领域对构建小型系统做了一些尝试和实验，但是这些成果还没有得到推广应用。而传统的知识组织工具具有语料丰富、结构严谨、关系明确等优点，是转换、构建本体的基础平台,利用已有知识组织工具构建本体必将成为知识服务发展趋势之一。基于本体的知识管理是国外知识服务的重要研究方向。由于本体具有良好的概念层次结构、支持逻辑推理、采用一套共享通用的术语和知识表示结构,使得领域本体在企业知识管理、企业整合和 E-商务这些领域扮演着重要的角色。

附录:2007—2008 年国内外出版的知识组织相关图书

储节旺,郭春侠,吴昌合. 信息组织学. 清华大学出版社,2007

本书介绍了经典的信息组织研究成果及最新成果,如 Web2.0、语义网、本体论、信息构建、知识组织等,不仅介绍了信息组织的基本理论,还将理论与实践紧密结合,穿插了大量的信息组织案例。

周宁. 信息组织学教程. 科学出版社出版,2007

本书系统地论述了信息资源组织的理论方法和技术,主要讨论了网络环境下数字化信息资源的描述、加工、存储、传递与利用的基本理论方法与实现技术。

卢盛华,李明理,金建军. 信息组织与信息传播. 中国人事出版社,2007

本书分上下两篇,其中上篇信息组织部分介绍了信息资源组织分类法、信息资源组织主题法、数字图书馆信息资源组织、网络信息资源组织、数据库信息资源组织、信息资源重组与开发等内容。

阚华,高路克,周红雁. 信息组织. 安徽科学技术出版社,2007

本书全面介绍了信息组织的基本理论、信息分类标引与主题标引的简明理论与技术方法,同时还介绍了中西文信息资源编目的基本理论、基本知识、基本规则与方法。

马张华,黄智生. 网络信息资源组织. 北京大学出版社,2007

本书系统分析了网上分类法、关键词法这两类主流检索系统的特点,分别对元搜索引擎、专业搜索引擎、多媒体搜索引擎、引文检索系统等典型的组织类型进行了剖析,还论述和介绍网络环境下本体理论和相应的研究和编制实践。

《中图法》编委会. 分类法研究与修订调研报告. 北京图书馆出版社,2007

本书分为“分类法专题调研”和“《中图法》各类修订调研”两大部分,包括国外分类法修订和发展、网络版编制进展以及分类法在当前环境下编制的规范、技术和网络应用等专题内容。

交通部科学研究院. 交通汉语主题词表. 人民交通出版社,2007

本书是在《交通专业汉语主题词表》(1990年第4版)的基础上修订、编制而成,此次修订主要体现在5个方面。

廖先珍,黄钢编. 肿瘤专业文献分类主题一体化词表. 湖南科学技术出版社,2007

本书将《中国图书馆分类法》R73类目与MeSH词中C4主题词加以对应,为每个类号列出对应的主题词和主题词串,在每个主题词或主题词串下列出对应类号,从而实现了体系分类法和主题词法兼容,先组式语言和后组式语言兼容。

查先进. 情报学研究进展. 武汉大学出版社,2007

本专集包括12篇综述性文章,内容涉及情报学发展、信息服务、网络信息计量学、信息检索、竞争情报、信息分析、知识管理、信息构建、信息资源管理等领域。

司莉. 信息组织I实验教材. 武汉大学出版社,2008

本书系统介绍了文献分类法课程实习的主要内容,包括《中图法》类目复分仿分方法,《中图法》(第四版)电子版的使用,《杜威十进分类法》网络版的使用,《美国国会图书馆分类法》网络版的使用等。

谷琦. 网络信息资源组织管理与利用. 科学出版社,2008

本书阐述了我国网络信息资源的现状,描述了国外著名数据库的结构、资源及检索方法,全面介绍了网络信息资源评价、元数据及其互操作和网络信息资源整合的一些基本知识。

董慧. 本体与数字图书馆. 武汉大学出版社,2008

本书以基于本体数字图书馆检索模型为例,揭示了本体应用实现的五大关键技术细节和步骤。

徐国虎. 基于本体的领域知识推理研究. 湖北科学技术出版社,2008

本书探讨了本体知识推理的逻辑基础、本体知识库构建、语义关系分析、本体推理规则的定义与描述、本体推理引擎的功能等5个方面的问题,对基于本体的知识推理理论进行了深入分析,并结合国共合作领域本体的实例,进行了具体的推理实现。

黄建年. 图书馆学情报学新论. 江苏大学出版社,2008

本书以多年图书馆情报工作成果,分图情档理论、图书馆生态、文献资源建设、特色资源库建设、信息组织、搜索引擎、信息技术、开放存取等8个篇章。

Patrick L. Organising Knowledge：Taxonomies，Knowledge&Organisational Effectiveness. Chandos 出版有限公司,2007

该书讲述了分类法中组织效率的基础结构和活动,介绍了分类法的作用、怎样设计和使用分类法,并对其未来进行了展望。

Joan S. M,Diane V. G. Moving Beyond the Presentation Layer：Content and Context in the Dewey Decimal ClassificationSystem. 华利出版公司,2007

该书探讨了 DDC 的局限性、在国际中的使用情况和在其他国家的项目开展等。

Jérôme E. ,Pavel S. Ontology Matching. 施普林格出版社,2007

计算机系统目前面临语义异构问题,本体匹配是解决该问题的方法。该书介绍了目前有效的统一框架和本体匹配的最新研究成果,并从理论、实践和应用的角度详细介绍了匹配技术和匹配方法。

Satija M. P. The Theory and Practice of the Dewey Decimal Classification System. Chandos 出版有限公司,2007

这本书调查了 DDC 的历史、管理和技术,解释了 DDC 的结构和号码构建技术,该书集中讲述最新版 DDC 的主题分析和号码构建的所有方面。

Darin L. S. Building Enterprise Taxonomies. Mokita 出版社,2008

知识组织已经成为组织良好信息系统和在线世界的支柱,该书介绍了怎样初级的设计、构建、应用和维护结构词表,包括分类法、叙词表、本体和分众分类法。

Kwan Y. Hidden Markov Model for Text Classification using LC Classification：Framework,Design,and Application. VDM 出版社穆勒股份公司,2008

Jean A. ,David B. , Alan G. Thesaurus Construction and Use：A Practical Manual. 菲茨罗伊迪尔伯恩出版商,2008

叙词在 IT 中的应用正变得越来越广泛,如跨库检索、专家系统、自然语言处理、前段系统。为了满足这些需求,第四版修订考虑到了信息检索和软件功能的进展,书中还包含了 ANSI/NISO Z39. 19 叙词构建标准。

Myongho Y. Topic Maps-based Ontology and Semantic Web Ontology-Driven Information Retrieval System. VDM 出版社,2008

面对网络中检准率的问题,书中用本体驱动的检索系统做实验,研究本体是否能够提高检索的效果。

Jennifer R. , Richard H. Organizing Knowledge: An Introduction to Managing Access to Information. Ashgate 出版社,2008

该书作为学生教学的标准用书,增加了网络和数字信息环境对文献、信息、知识、用户和管理者的影响,提供了广阔的视角来介绍构建和发布知识的方法和工具。

Mohammad N. Common Sense and Folksonomy: Engineering a Model for an Intelligent Search System. VDM 出版社穆勒股份公司,2008

由于 Web2.0 的到来,分众分类法普遍用来组织数据,它有很多好处,同时也带来严重的问题,书中提出了使用常识来解决这一问题。

参考文献:

1 陈金萍,张秀兰. 基于系统论的图书馆知识组织系统研究[J]. 科技情报开发与经济,2007 (29):12-13.

2 王戈非. 系统论在图书馆知识组织中的应用[J]. 图书馆学刊,2007(5):120-122.

3 袁淑艳. 基于系统科学的知识组织研究[J]. 江西图书馆学刊,2007(2):12-14.

4 姜永常,杨宏岩,张丽波. 基于知识元的知识组织及其系统服务功能研究[J]. 情报理论与实践,2007(1):37-40.

5 李锐,王泰森. 基于知识元的知识组织与知识服务[J]. 图书馆学研究,2008(8):81-87.

6 张帆,明均仁. 基于数据结构的现代信息组织研究[J]. 情报理论与实践,2007(3): 314-316.

7 白华. 知识组织的空间问题[J]. 情报理论与实践,2007(2):161-163.

8 王曰芬,熊铭辉,吴鹏. 面向个性化服务的知识组织机制研究[J]. 情报理论与实践,2008 (1):7-11.

9 冯兰萍,朱礼军,张继国. 一种基于模块化本体的知识组织方法研究[J]. 现代图书情报技术,2007(12):30-33.

10 周宁,陈勇跃,金大卫等. 知识可视化框架研究[J]. 情报科学,2007(4):566-569.

11 张会平,周宁. 基于知识可视化的隐性知识转换模型研究[J]. 现代图书情报技术,2007 (2):60-63.

12 张会平,周宁,陈立孚. 跨语言信息检索可视化研究[J]. 情报科学,2007(1):134-137.

13 张琪玉. 我国情报检索语言在进步中——两部分类法的特点[J]. 图书馆杂志,2008(7): 2-4.

14 黄建年,侯汉清. 分类表编制技术标准发展态势研究[J]. 图书馆工作与研究,2008(2): 30-35.

15 司莉,陈红艳.网络叙词表用户界面设计策略[J].现代图书情报技术,2008(5):14-19.

16 司莉.叙词表在网络信息组织中应用的调查分析及其优化[J].图书馆论坛,2007(6):183-186.

17 司莉,陈红艳,徐丽晓等.基于国会图书馆分类法的等级浏览界面(HILCC)研究及其启示[J].图书馆杂志,2007(1):26-29

18 马毓,邓小昭.世纪之初UDC的新进展[J].现代情报,2007(1):29-31.

19 李军莲.MeSH词表的新变化及有关标引规则[J].医学信息学杂志,2008(2):285-288.

20 余波.情报检索语言的存续前景研究[J].情报杂志,2008(5):125-126.

21 王炳立.情报检索语言发展趋势分析[J].河南教育学院学报(哲学社会科学版),2008(2):140-141.

22 孙风梅.主题语言在网络信息组织中的应用[J].图书馆工作与研究,2008(2):28-29.

23 李祁平.信息组织的主题语言及其案例分析[J].当代图书馆,2007(2):75-76.

24 卜书庆.基于网络的中国传统知识组织工具的发展及对策[J].图书馆工作与研究,2008(2):3-7.

25 康艳,张虹,侯汉清.情报检索语言不是"明日黄花"[J].图书情报工作,2007(10):139-142.

26 杜慧平,何琳,侯汉清.基于聚类分析的自然语言叙词表的自动构建[J].国家图书馆学刊,2007(3):44-48.

27 仲云云,侯汉清,杜慧平.电子政务主题词表自动构建研究[J].中国图书馆学报,2008(3):97-101.

28 桂胜,李霖,成建国等.政务信息资源分类体系的研究与构建——以深圳市国土房管理信息资源为例[J].图书情报工作,2008(4):25-28.

29 白华.Web数据库技术、ontology与当代分类法的发展[J].图书情报工作,2007(1):39-41.

30 白华.人工智能与现代叙词表和分类法的革新[J].情报理论与实践,2007(1):84-87.

31 孔晨妍,侯汉清.《中国图书馆分类法》类目更新途径之探讨[J].图书馆工作与研究,2007(1):42-45.

32 黄如花.数字信息资源管理的重要工具——分类法在构建元数据框架体系中的应用调查及建议[J].情报科学,2007(11):1606-1607.

33 施振宏.关于精简《中图法》的探讨[J].图书情报工作,2007(9):109-112.

34 刘俊,李华,侯汉清等.叙词表词间关系可视化实验研究[J].大学图书馆学报,2008(1):61-65.

35 李华,刘竟,侯汉清. 用本体构建工具 Protégé 实现叙词表的可视化[J]. 图书馆杂志,2007(4):45-48.

36 欧阳宁,侯汉清. 网络环境下文献分类法的可视化[J]. 国家图书馆学刊,2007(4):34-40.

37 欧阳宁,包平. 基于本体《中国图书馆分类法》的可视化实现[J]. 图书馆杂志,2008(1):28-32.

38 刘华梅,侯汉清. 叙词表互操作技术研究——教育集成词库的试验[J]. 中国图书馆学报,2008(5):59-62.

39 王小平,刘波. 网络信息分类体系研究[J]. 现代情报,2008(1):64-66.

40 孙玉英,王世萍. 中文网络目录分类体系的优化[J]. 情报科学,2008(2):233-236.

41 鞠福琴,徐至明,胡仲谋. 从自由分类法看网络信息的分类组织[J]. 情报探索,2008(5):6-7.

42 邬锦雯,刘佳. 网络情报检索语言研究[J]. 图书馆理论与实践,2008(3):44-46.

43 夏崇镨,康丽. 基于叙词表的主题爬虫技术研究[J]. 现代图书情报技术,2007(5):41-44.

44 章成志. 自动标引研究的回顾与展望[J]. 现代图书情报技术,2007(11):33-37.

45 章成志,周冬敏,苏新宁. 自动标引通用评价模型研究[J]. 中国索引,2007(4):9-17.

46 蒲筱哥. 自动文本分类方法研究述评[J]. 情报科学,2008(3):469-473.

47 郭少友. 一种基于词上下文向量的文本自动分类方法[J]. 情报科学,2008(7):1030-1034.

48 郭少友. 基于词语上下文关系的文本自动分类方法研究[J]. 现代图书情报技术,2008(5):44-48.

49 刘新,刘任任. 一种基于主题词表的快速中文文本分类技术[J]. 情报学报,2008(3):323-327.

50 白振田,侯汉清. 基于词典约简及多分类算法的文本分类系统的设计与开发[J]. 情报学报,2008(3):337-343.

51 傅亮. 基于《军事信息资源分类法》标引经验的自动分类模式构想[J]. 现代图书情报技术,2007(11):76-79.

52 司莉. 近年来我国本体研究进展及其发展对策[C]//中国图书馆学会编. 中国图书馆学会年会论文集 2007 年卷. 北京:北京图书馆出版社,2007:149-154.

53 张秀兰,蒋玲. 本体概念研究综述[J]. 情报学报,2007(4):527-530.

54 刘春,黄定光. 本体初探[J]. 现代情报,2008(1):38-39.

55 李景. 本体技术标准化综述研究[J]. 现代图书情报技术,2007(5):12-16.

56 李弘伟,王惠临. 本体表示语言转换技术研究综述[J]. 图书情报工作,2007(5):82-85.

57 彭敏惠,司莉. Protégé 本体构建工具应用调查分析[J]. 图书情报工作,2008(1):28-30.

58 范轶,牟冬梅. 本体构建工具 Protégé 与 KAON 的比较研究[J]. 现代图书情报技术,2007 (5):18-21.

59 刘琳娜,薛建武,汪小梅. 领域本体构建方法的研究[J]. 情报杂志,2007(4):14-16.

60 孙玉娣,裴勇. 基于可视化文本挖掘的本体构建[J]. 情报杂志,2007(12):103-104.

61 张新,党延忠. 基于规则与统计的本体概念自动获取方法研究[J]. 情报学报,2007(6): 813-820.

62 王昊,苏新宁. 基于模式匹配的中文通用本体概念抽取模型[J]. 情报理论与实践,2008 (2):292-297.

63 丁晟春,李岳盟,甘利人. 基于顶层本体的领域本体综合构建方法研究[J]. 情报理论与实践,2007(2):236-240.

64 李景,孟宪学,苏晓路等. 领域本体中的概念及其领域属性研究[J]. 现代图书情报技术, 2007(2):5-7.

65 葛宁,王军. 领域 Ontology 的自动丰富——基于 ADL 地名表的实例研究[J]. 计算机科学,2007(9):156-162.

66 贾君枝.《汉语主题词表》转换为本体的思考[J]. 中国图书馆学报,2007(4):41-44.

67 薛云,叶东毅,张文德. 基于《中国分类主题词表》的领域本体构建研究[J]. 情报杂志, 2007(3):15-18.

68 任瑞娟. 基于《中国分类主题词表》构建分布式 Ontology[J]. 情报杂志,2008(8):23-25.

69 杜小勇. 学科领域本体的构建与进化——以经济学领域本体为例[J]. 现代图书情报技术,2007(3):7-11.

70 孙倩,万建成. 基于叙词表的领域本体构建方法研究[J]. 计算机工程与设计,2007(20): 5054-5056.

71 牟冬梅,范轶. 数字图书馆领域本体的构建与推理——以医学领域本体为例[J]. 图书情报工作,2007(8):26-30.

72 高洁,李佳培. 电子政务信息资源管理中的领域本体构建研究[J]. 图书情报工作,2008 (4):57-60.

73 曾新红,明仲,蒋颖等. 中文叙词表本体共建共享系统研究[J]. 情报学报,2008(3): 386-394.

74 贾君枝,陈幼华. 汉语框架网络知识本体构建研究[J]. 中国图书馆学报,2007(2):

56-58.

75 贾君枝,郭丹丹.法律框架网络知识本体构建与实现[J].情报学报,2007(5):733-740.

76 贾君枝,邰杨芳.基于法律框架网络本体的信息检索研究[J].情报学报,2007(4):562-566.

77 贾君枝,郭丹丹.法律框架本体与顶层本体SUMO的映射研究[J].图书情报工作,2008(4):74-77.

78 曾召.基于本体论构建中医药语言系统的思路和方法[J].广州中医药大学学报,2007(1):1-3.

79 曾召.本体论在中医药学语言系统中的应用研究[J].中华医学图书情报杂志,2007(1):4-6.

80 刘耀,穗志方,周扬等.中医药本体概念描述体系的自动构建研究[J].现代图书情报技术,2008(5):21-26.

81 何琳,杜慧平,侯汉清.领域本体的半自动构建方法研究[J].图书馆理论与实践,2008(5):26-28.

82 何琳,杜慧平,侯汉清.古农书本体的构建及其可视化[J].图书馆杂志,2007(10):4-9.

83 何琳.领域本体的关系抽取研究[J].现代图书情报技术,2008(4):35-38.

84 赵东霞,赵新力.基于政务主题词表的本体构建研究[J].现代图书情报技术,2008(3):73-77.

85 赵东霞,赵新力.电子政务领域本体的构建方法研究[J].情报杂志,2008(2):120-122.

86 何燕,穗志方,段慧明等.基于专业术语词典的自动领域本体构造[J].情报学报,2007(1):66-69.

87 徐国虎,许芳,董慧.基于语义关系的本体推理规则研究——以国共合作领域本体库为例[J].中国图书馆学报,2007(5):88-92.

88 徐国虎,许芳,董慧.基于描述逻辑的本体检错推理研究——以国共合作领域本体为例[J].中国图书馆学报,2008(1):79-84.

89 姜华.基于本体的语义检索技术研究与实现[J].现代图书情报技术,2008(4):39-43.

90 丁晟春,成晓.基于用户提问的领域本体知识库的知识检索[J].现代图书情报技术,2007(1):62-64.

91 张娜,张玉花,李宝敏.基于本体实现有效语义智能检索系统研究[J].情报杂志,2008(3):118-120.

92 李宝敏,张娜.基于领域本体的语义智能检索研究[J].情报杂志,2007(12):124-126.

93 钱智勇.基于本体的专题知识库智能检索系统研究——以张睿研究知识库检索系统实现

为例[J].图书情报工作,2008(4):78-80.

94　蔡炜,张艳花.基于本体的图书馆文献资源检索技术研究[J].图书馆工作与研究,2008 (8):36-38.

95　贾保先,谢圣献,解方文等.数字图书馆中基于本体的图像检索[J].情报杂志,2008(7): 22-24.

96　陈太洋,王发社.本体在数字图书馆信息检索中的应用研究[J].图书馆学研究,2007 (7):45-46.

97　李凌志,张玉婷.基于本体的信息集成研究[J].情报杂志,2008(1):68-71.

98　焦玉英,成全.基于本体的知识网格集成服务研究[J].现代图书情报技术,2007(5): 6-10.

99　李超,王兰成.应用领域本体的 Web 信息知识集成研究[J].情报科学,2007(3): 430-434.

100　曾琼,敖毅,王兰成.基于本体的学科数字信息群知识集成研究[J].情报理论与实践, 2008(3):453-456.

101　颜端武,岑咏华,毛平等.领域知识本体的可视化检索研究[J].中国图书馆学报,2007 (4):60-63.

102　丁晟春,甘利人,陈开浩.本体的图形化可视检索研究与应用[J].中国图书馆学报,2007 (3):64-68.

103　(美)盖尔·霍奇著;刘竟编译.数字图书馆的知识组织系统[J].图书馆理论与实践, 2007(5):100-102.

104　马文峰,杜小勇.关于知识组织体系的若干理论问题[J].中国图书馆学报,2007(2): 13-15.

105　王曰芬,吴鹏.国外几种典型的知识组织系统及应用[J].情报理论与实践,2008(2): 193-197.

106　傅亮.基于《军分法》和《军表》构建知识组织系统的设想[J].信息管理,2007(1): 49-53.

107　司莉.知识组织系统的互操作及其实现[J].现代图书情报技术,2007(3):29-34.

108　王一丁、王军.网络知识组织系统表示语言:SKOS[J].大学图书馆学报,2007(4): 30-34.

109　贾君枝.简单知识组织系统与汉语主题词表[J].中国图书馆学报,2008(1):75-78.

110　贾君枝.基于 SKOS 语言建立叙词表映射[C]//中国图书馆学会编.中国图书馆学会年会论文集:2007 年卷.北京:北京图书馆出版社,2007:170-175.

111 刘春艳,陈淑萍,伍玉成.基于 SKOS 的叙词表到本体的转换研究[J].现代图书情报技术,2007(5):32-35.

112 王茜,陶兰,王弼佐.语义 Web 中基于 SKOS 的知识组织模型[J].计算机工程与设计,2007(6):1441-1443.

113 来玲,杨宝森.基于 XML 的大学图书馆知识管理系统研究[J].图书情报工作,2007(2):92-95.

114 王军.基于 XML 本体描述语言的数字图书馆 Web 信息资源整合[J].现代情报,2007(11):84-86.

115 王兰成,李超,何志浩.数字图书馆都柏林核心集网页文本的知识集成与检索研究[J].中国图书馆学报,2007(2):52-55.

116 白海燕,胡铁军,梁芳等.利用 Multi-MARC 实现文献信息管理系统对知识组织系统的支持[J].现代图书情报技术,2007(1):26-28.

117 白海燕等.融入知识组织系统的图书馆自动化系统的新发展[J].情报学报,2007(1):107-110.

118 孔庆杰,宋丹辉.元数据互操作问题技术解决方案研究[J].情报科学,2007(5):755-758.

119 毕强,朱亚玲.元数据标准及其互操作研究[J].情报理论与实践,2007(5):666-670.

120 刘丹,包平.国外主题图研究综述[J].现代图书情报技术,2007(12):39-42.

121 吴江宁,田海燕.基于主题地图的文献组织方法研究[J].情报学报,2007(3):324-330.

122 吕元智,王心裁,谭必勇.基于主题地图的电子政务信息资源组织研究[J].中国图书馆学报,2007(4):73-76.

123 郭清蓉.德国环境学科信息门户(PortalU)中主题图技术的应用[J].新世纪图书馆,2008(2):90-91.

124 司莉,陈欢欢.国内外知识地图研究进展[J].图书馆杂志,2008(8):13-16.

125 杨曦宇.知识地图研究综述[J].图书馆学刊,2007(3):133-135.

126 潘有能,丁楠.图书馆学学科知识地图的构建[J].大学图书馆学报,2007(4):10-13.

127 杨扬.图书馆情报研究知识地图的构建[J].现代情报,2008(4):37-38.

128 蒋翠清,幸龙潮,丁胡送.基于层次分类体系的知识地图自动构建方法研究[J].情报学报,2008(4):499-505.

129 王兰敬.我国主题网关的发展状况及其存在的若干问题[J].现代情报,2008(6):70-71.

130 沈嵘.主题网关理论及其在信息组织中的关键技术剖析[J].图书馆学研究,2007(6):

34-38.

131 李育嫦. 分类法在主题网关信息资源组织中的应用探析[J]. 图书情报知识,2007(1): 58-61.

132 李育嫦. 主题网关互操作问题探析[J]. 情报理论与实践,2007(4):544-547.

133 王雅戈,费志勇,李华. 主题网关构建研究——以茶主题网关为例[J]. 常熟理工学院学报,2007(11):95-98.

134 李亚君,李治森. 新型网络信息分类法——Folksonomy[J]. 大学图书情报学刊,2008(3):54-56.

135 金燕. 新型网络分类法 Folksonomy 研究[J]. 江西图书馆学刊,2007(2):35-37.

136 余臻,李保珍. 网络信息资源的大众化分类[J]. 情报科学,2008(7):1065-1067.

137 苏瑞竹,欧阳剑. 论网络信息资源的自组织与再组织[J]. 情报科学,2008(1):60-63.

138 李丹. 论分众分类法在图书馆的应用[C]//中国图书馆学会编. 中国图书馆学会年会论文集 2007 年卷. 北京:北京图书馆出版社,2007:180-185.

139 张燕萍. 用分众分类模式优化学科导航库建设[J]. 情报理论与实践,2007(4): 552-556.

140 李桂贞,郑建明. 论数字图书馆的知识组织[J]. 图书馆理论与实践,2007(5):70-72.

141 张敏勤. 基于本体的数字图书馆信息资源构建[J]. 大学图书馆学报,2007(3):13-45.

142 廖君华,白如江. 基于 ontology 的数字图书馆门户网站模型[J]. 图书情报工作,2007(2):36-37.

143 孙雨生. 基于 ontology 的数字图书馆互操作机制研究[J]. 情报资料工作,2007(3): 79-81.

144 司莉,徐丽晓,陈红艳. 知识组织系统在我国数字图书馆中的应用及界面研究[J]. 情报科学,2007(3):445-450.

145 徐晓梅,牛振东. 数字图书馆的知识组织研究[J]. 现代图书情报技术,2007(10):1-5.

146 韩毅,黄微,崔春. 语义网格环境下数字图书馆知识组织模型构建研究[J]. 图书情报工作,2007(8):15-19.

147 毕强,沈涌. 数字图书馆网格信息资源组织模式研究[J]. 图书情报工作,2007(8): 10-14.

148 毕强,牟冬梅. 语义网格环境下数字图书馆知识组织理论、方法及其过程研究[J]. 图书情报工作,2007(8):6-9.

149 韩毅,毕强. 语义网格环境下数字图书馆知识组织的语义互联策略研究[J]. 图书情报工作,2007(8):21-25.

150 黄勇凯,詹萌,夏正伟等．网格技术在国内外信息领域中的应用分析[J]．图书情报知识,2008(1):93-97.

151 欧阳作为．网站知识组织方式的优化策略[J]．图书馆研究与工作,2007(3):24-26.

152 宋涯含,延清．基于本体的网络信息组织方法的理论研究[J]．图书馆论坛,2007(4):91-92.

153 陈志新．博客(Blog)资源的信息组织[J]．图书情报知识,2007(4):76-79.

154 冯向春．论国内图情博客资源的组织建设[J]．情报理论与实践,2008(2):237-240.

155 李瀚瀛．Wiki作为知识组织工具的应用初探[J]．国家图书馆学刊,2007(3):50-53.

156 都蓝．知识组织在Wiki中的应用探析[J]．图书馆学研究,2008(5):38-41.

157 向菁,黄如花,吴振新．Wiki在图书馆领域的应用[J]．图书馆杂志,2008(7):53-56.

158 冯雪梅,邓小昭．我国知识服务研究论文定量分析[J]．现代情报,2008(6):58-60.

159 黄淑敏．近八年来我国知识服务研究综述[J]．广州广播电视大学学报,2007(4):55-58.

160 毕强,韩毅,刘昆．知识服务——现状、进展及挑战[J]．中国图书馆学报,2007(6):41-45.

161 刘昆,毛秀梅,刁云梅．语义网环境下的知识服务系统模型研究[J]．现代情报,2008(2):142-145.

162 田红梅,王素青．构建图书馆学科知识服务的门户体系[J]．情报理论与实践,2008(1):87-89.

163 柯平,曾伟忠．21世纪国际图联(IFLA)文献信息编目创新的研究[J]．图书馆,2007(6):17-21.

164 杜芸．FRAR及其对我国规范控制工作的影响[J]．图书馆理论与实践,2008(3):66-68.

165 付蔚,王海兰．从FRBR到FRAR—兼述中文文献资源的规范控制工作[J]．探索与交流,2007(2):97-101.

166 刘小玲．关注国际编目进展　强化书目规范控制[J]．图书馆论坛,2008(2):86-89.

167 顾犇．中国国家图书馆中文名称规范工作的思考[J]．国家图书馆学刊,2007(3):39-44.

168 曹玉强．国家图书馆中文名称规范的探讨[J]．图书馆建设,2007(3):46-48.

169 贺燕．连续性资源书目规范控制初探[J]．国家图书馆学刊,2007(4):70-74.

170 林明．从国际编目原则看统一题名——统一题名的理论和实践问题[J]．国家图书馆学刊,2007(1):49-54.

171 Agnes Hajdu Barat. Human perception and knowledge organization: visual imagery[J]. *Library*

Hi Tech,2007(3):338-351.

172 Judit Bar-Ilan, Yifat Belous. Children as architects of Web directories: An exploratory study [J]. *Journal of the American Society for Information Science and Technology*, 2007 (6): 895-907.

173 Kasten J.. Thoughts on the Relationship of Knowledge Organization to Knowledge Management [J]. *Knowledge Organization*, 2007, 34(1):9-15.

174 Brad Eden. Information Organization Future for Libraries[R]. *Library Technology Report*, 2008, 43(6): 1-10.

175 Sacco GM. Research Results in Dynamic Taxonomy and Faceted Search Systems[C]. 18th International Conference Database and Expert Systems Applications. 2007:201-206.

176 Giovanni M, Sacco. Dynamic taxonomies and guided searches[J]. *Journal of the American Society for Information Science*, 2006, 57(6):792-796.

177 Claudio G.. Potential Of freely Faceted Classification for Knowledge Retrievaland Browsing. The 7th European Networked Knowledge Organization Systems (NKOS) Workshop. DanMark, 2008.

178 Mentzas, G.. A functional taxonomy of computer-based information systems[J]. *International Journal of Information Management*, 1994, 4(6):397-410.

179 Connelly J.. Functional taxonomies: Myth or magic? [R]. Records Management Society Bulletin, 2008(142):11-15.

180 Anat Vernitski. Developing an intertextuality-oriented fiction classification. Information Science, 2007(1):41-52

181 Stewart Darin. (WHY) TAXONOMIES NEED XML[J]. *Econtent*, 2007(2):46.

182 Agee V.. Controlling Our Own Vocabulary: A Primer for Indexers Working in the World of Taxonomy[J]. *Key Words*, 2008, 16 (1):30-31.

183 Heather H.. Taxonomies for Human vs. Auto-Indexing. Taxonomy Boot Camp 2008. USA, 2008.

184 Heather Hedden. Taxonomy Tool Roundup[J]. *Econtent*, 2008(3):40-44.

185 Tom R. Selecting Taxonomy Software Who, Why, How[C]. Taxonomy Boot Camp. USA, 2008.

186 Marti H.. How to be Efficient&Effective in Purchasing Taxonomy Software[C]. Taxonomy Boot Camp. USA, 2007.

187 Mazzocchi F., Tiberi M.. Relational Semantics in Thesauri: Some Remarks at Theoretical and Practical Levels[J]. *Knowledge Organization*, 2007, 34(4):197-214.

188 Li j, Zhang P, Huang CW, et al.. Automatic Thesaurus Generation and Its Weight Assignment for External Information Support in GSS[C]. International Conference on Management Science

and Engineering. 2007:16-20.

189 Kotaro, HARA T. , NISHIO SA. . Thesaurus Construction Method from Large Scale Web Dictionaries[C]. International Conference on Advanced Information Networking and Applications. 2007:932-939.

190 Wen-Hsiang Lu, etc. . Using Web resources to construct multilingual medical thesaurus for cross-language medical information retrieval[J]. *Decision Support Systems*,2008(6): 585-595.

191 Kornél Markó, etc. . Automatic lexeme acquisition for a multilingual medical subword thesaurus [J]. *International Journal of Medical Informatics*,2007(2-3):184-189.

192 Christopher C. Yang etc. . Cross-lingual thesaurus for multilingual knowledge management [J]. *Decision Support Systems*,2008(6): 596-605.

193 Park J. ,Nang J. . A Novel Approach to Collect Training Images from WWW for Image Thesaurus Building[C]. IEEE Symposium on . 2007:301-306.

194 Nurminen T. . Visual Taxonomy for Professional Image Retrieval and Automated Annotation of Images Content-Based Multimedia Indexing[C], International Workshop on CBMI'07,2007: 181-185.

195 Mohammad Nasir Uddin, Paul Janecek. The implementation of faceted classification in web site searching and browsing[J]. *Online Information Review*,2007(2): 218-233.

196 Mohammad Nasir Uddin, Paul Janecek. Faceted classification in web information architecture: A framework for using semantic web tools[J]. *The Electronic Library*,2007(2): 219-233.

197 Chia-Wei Wu, etc. . Web taxonomy integration with hierarchical shrinkage algorithm and fine-grained relations[J]. *Expert Systems with Applications*,2007(10): 2123-2131.

198 Louise F. Spiteri. The Structure and Form of Folksonomy Tags: The Road to the Public Library Catalog[J]. *Information Technology and Libraries*,2007(3): 13-25.

199 Lux M. ,Granitzer, M. . Aspects of Broad Folksonomies [C]. In Proceedings of the18ndDatabase and Expert Systems Applications,2007:283-287.

200 Snipes P. R. . Folksonomy vs. Minnie Earl and Melville[J]. *Library Media Connection*, 2007, 25(7): 54-56.

201 Neal, Diane. Introduction: Folksonomies and Image Tagging: Seeing the Future? [R]. Bulletin of the American Society for Information Science & Technology, 2007, 34(1):7-11.

202 Munk, Timme B, Mørk, et al. . Folksonomy, The Power Law & The Significance of the Least Effort[J]. *Knowledge Organization*, 2007, 34 (1):16-33.

203 Emanuele Quintarelli etc. . FaceTag: Integrating Bottom-up and Top-down Classification in a

Social Tagging System[J/OL]. Bulletin of the American Society for Information Science and Technology (Online),2007(5)[2008-11-19]. http://www. asis. org/Bulletin/Jun-07/quintarelli_et_al. html.

204　Marianne L. N.. Emerging Trends in Tagging － and its Relation to KOS[C]. The 7th European Networked Knowledge Organization Systems. Denmark,2008.

205　Lee S. S. , Yong H. S.. Component Based Approach to Handle Synonym and Polysemy in Folksonomy[C]. International Conference on 7th IEEE Computer and Information Technology. 2007:200-205.

206　Smith G. . Tagging: Emerging trends[R]. *ASIS&T Bulletin*, 2008.

207　Cheng A. Y. , Gibbins N. , Shadbolt N.. Tag Meaning Disambiguation through Analysis of Tripartite Structure of Folksonomies[C]. IEEE International Conferences on Web Intelligence and Intelligent Agent Technology Workshops, 2007:3-6.

208　Lee, Hwan SY,Sun S.. TagPlus: A Retrieval System using Synonym Tag in Folksonomy[C]. International Conference o Multimedia and Ubiquitous Engineering. 2007:294-298.

209　Munk,Timme B, Mφrk, K.. Folksonomies, Tagging Communities, and Tagging Strategies-An Empirical Study[J]. *Knowledge Organization*, 2007, 34(3):115-127.

210　Jian Q.. Folksonomies and Taxonomies: Where the Two Can Meet[C]. The 8th NKOS Workshop . USA,2008.

211　Zauder K. , Lazic J. ,Zorica M. B.. Collaborative Tagging Supported Knowledge Discovery Information Technology Interfaces[C]. 29th International Conference on ITI'2007,2007:437-442.

212　Arch X.. Creating the academic library folksonomy[J]. College & Research Libraries News, 2007, 68 (2):80-81.

213　Chang-Shing Lee, etc.. Automated ontology construction for unstructured text documents [J]. *Data & Knowledge Engineering*,2007(3):547-566.

214　Rung-Ching Chen, etc.. Using recursive ART network to construction domain ontology based on term frequency and inverse document frequency[J]. *Expert Systems with Applications: An International*,2008(1): 488-501.

215　Asanee K. ,Aurawan I.. Automatic Building of an Ontology on the Basis of Text Corpora in Thai[J]. *Language Resources and Evaluation*,2007(5).

216　Park J. M.. Product Ontology Construction from Engineering Documents:Smart Manufacturing Application[C]. International Conference on ICSMA,2008:305-310.

217　Zavitsanos E. , Paliouras G. , Vouros GA. Discovering Subsumption Hierarchies of Ontology

Concepts from Text Corpora[C]. IEEE Conference on Web Intelligence,2007:402-408.

218 Minghua P. , et al. Constructing a Global Ontology by Concept Mapping Using Wikipedia The-saurus[C]. International Conference on 22nd Advanced Information Networking and Applications Workshops,2008:1205-1210.

219 Yimin Wang, Peter Haase, Jie Bao. A Survey of Formalisms for Modular Ontologies[EB/OL]. [2007-09-04]. http://www. aifb. uni-karlsruhe. de/WBS/ywa/publications/wang07IJCAIWS. pdf.

220 Gwenaëlle Marqueta. A method exploiting syntactic patterns and the UMLS semantics for aligning biomedical ontologies: The case of OBO disease ontologies[J]. Journal of Biomedical Informatics. Journal of Biomedical Informatics,2008(2): 353-361.

221 Sumana S. ,Kweku MOB. Organization-ontology based framework for implementing the business understanding phase of data mining projects[C]. 41st Annual Hawaii International Conference on System Sciences,2008.

222 Siricharoen WV. E-commerce adaptation using ontologies for e-tourism[C]. International Symposium on Communications and Information Technologies. 2007:1274-1279.

223 Zetian F, Jun Y, Dong ML,et al. Ontology-Based Metadata Model for Agriculture E-Commerce Knowledge Management [C]. Third International Conference on Semantics Knowledge and Grid,2007,616-617.

224 Pisanelli DM, Gangemi A, Battaglia M, et al. Coping with medical polysemy in the semantic web: The role of ontologies[C]. 11th World Congress on Medical Informatics.

225 Hsin-Min Lu etc. Ontology-enhanced automatic chief complaint classification for syndromic surveillance[J]. Journal of Biomedical Informatics,2008(4): 340-356.

226 Erich Schweighofer, Doris Liebwald. Advanced lexical ontologies and hybrid knowledge based systems: First steps to a dynamic legal electronic commentary[J]. Artificial Intelligence and Law,2007(2): 103-115.

227 Robert Huber, Jens Klump. Charting taxonomic knowledge through ontologies and ranking algorithms. Computers & Geosciences,March 2008.

228 Sue E. Wright Typology for KRRs[C]. A Joint NKOS/CENDI Workshop. USA,2008.

229 Felix B, Jessica H. Towards a comprehensive international Knowledge Organization System[C]. The 7th European Networked Knowledge Organization Systems (NKOS) Workshop. DenMark,2008.

230 Joseph T Tennis, Stuart A Sutton. Extending the simple knowledge organization system for concept management in vocabulary development applications[J]. Journal of the American Society for Information Science and Technology,2008(1): 25-37.

231 Ellouze N, Ben A M. , Metais E. Overview of Topic Map Construction Approaches Advanced Information Networking and Applications [C]. 22nd International Conference on, 2008: 164 2-1647.

232 Mase M, Yamada S, Nitta, K. Semiautomatic Extraction of Topic Maps from Web Pages Using Clustering with Web Contents and Structure[C]. International Conferences on IEEE Web Intelligence and Intelligent Agent Technology Workshops, 2007: 208-211.

233 Wang YL, Wu B, Hu JZ. A Semantic Knowledge Fusion Method Based on Topic Maps[C]. Intelligent Information Technology Application Workshop. 2007: 74-76.

234 Jung-Mn Kim. Schema and constraints-based matching and merging of Topic Maps[J]. *Information Processing & Management*, 2007(4): 930-945.

235 Hyun SC, Jung MK. Conflict Detection and Resolution in Merging of Topic Maps[C]. International Conference on Convergence Information Technology, 2007: 907-912.

236 Ouziri M. Semantic integration of Web-based learning resources: A Topic Maps-based approach [C]. Proceedings of the sixth International Conference on Advanced Learning Technologies, 2007.

237 Kwan Y. Automated Text Classification Using Library Classification Schemes: Trends, Issues, and Challenges[J]. *International Cataloging & Bibliographic Control*, 2007, 36(4): 78-82.

238 Golub K, Hamon T, Ardo A. Automated Classification of Textual Documents Based on a Controlled Vocabulary in Engineering. *Knowledge Organization*, 2007, 34 (4): 247-263.

239 Joanna Yi-Hang Pong etc. A comparative study of two automatic document classification methods in a library setting[J]. *Journal of Information Science*, 2008(2): 213 - 230.

240 Pei-Yi Hao etc. Hierarchically SVM classification based on support vector clustering method and its application to document categorization[J]. *Expert Systems with Applications*, 2007(3): 627-635.

241 Zheng-Yu Niu etc. Using cluster validation criterion to identify optimal feature subset and cluster number for document clustering[J]. *Information Processing & Management*, 2007(3): 730-739.

242 Loïs Rigouste etc. Inference and evaluation of the multinomial mixture model for text clustering [J]. *Information Processing & Management*, 2007(5): 1260-1280.

243 Rebecca J Cathey etc. Exploiting parallelism to support scalable hierarchical clustering [J]. *Journal of the American Society for Information Science and Technology*, 2007 (8): 1207-1221.

244 Guobiao Hu etc. Towards effective document clustering: A constrained K-means based ap-

proach[J]. *Information Processing & Management*,2008(4): 1397-1409.

245　Hyoungdong Han etc. Using the revised EM algorithm to remove noisy data for improving the one-against-the-rest method in binary text classification[J]. *Information Processing & Management*,2007(5): 1281-1293.

246　Yang CH, Chen DW, Lee CH. Mining Multilingual Texts using Growing Hierarchical Self-Organizing Maps[C]. International Conference o n Machine Learning and Cybernetics,2007. 4: 2263-2268.

247　Hu XG, Xiang W, Wang DX,et al. A Parallel Algorithm to Construct Concept Lattice[C]. International Conference on 4th Fuzzy Systems and Knowledge Discovery,2007. 2:119-123.

248　Yongjing Lin etc. A Document Clustering and Ranking System for Exploring MEDLINE Citations[J]. *Journal of the American Medical Informatics Association*,2007(5): 651-661.

249　Jae-Ho Kim, Key-Sun Choi. Patent document categorization based on semantic structural information[J]. *Information Processing & Management*,2007(5): 1200-1215.

250　Su-Hsien Huang etc. Structure clustering for Chinese patent documents[J]. *Expert Systems with Applications*,2008(4): 2290-2297.

251　Yanbo Ru, Ellis Horowitz. Automated classification of HTML forms on e-commerce web sites [J]. *Online Information Review*,2007(4): 451-466.

252　Kristof Coussement, Dirk Van den Poel. Improving customer complaint management by automatic email classification using linguistic style features as predictors[J]. *Decision Support Systems*,2008(4): 870-882.

253　Shlomo Argamon etc. Stylistic text classification using functional lexical features[J]. *Journal of the American Society for Information Science and Technology*,2007(6): 802-822.

254　E. Fersini etc. Enhancing web page classification through image-block importance analysis [J]. *Information Processing & Management*,2008(4): 1431-1447.

255　Nashat Mansour etc. An auto-indexing method for Arabic text[J]. *Information Processing & Management*,2008(4): 1538-1545.

256　Wen Zhang etc. Text classification based on multi-word with support vector machine [J]. *Knowledge-Based Systems*,2008(8): 879-886.

257　Chen-Ming Hung,Lee-Feng Chien. Web-based text classification in the absence of manually labeled training documents[J]. *Journal of the American Society for Information Science and Technology*,2007(1): 88-96.

258　GuoDong Zhou etc. Hierarchical learning strategy in semantic relation extraction [J]. *Informa-*

tion Processing & Management,2008(3)：1008-1021.

259 Dou Shen etc. Noise reduction through summarization for Web-page classification [J]. *Information Processing & Management*,2007(6)：1735-1747

260 Rey-Long Liu. Interactive high-quality text classification[J]. *Information Processing & Management*,2008(3)：1062-1075.

261 马文峰,杜小勇. 知识检索研究[J]. 情报理论与实践,2006(2)：157-160.

262 Rasmus Knappe. Perspectives on ontology-based querying[J]. *International Journal of Intelligent Systems*,2007(7)：739-761.

263 Q. T. Tho etc. A scholarly semantic web system for advanced search functions[J]. *Online Information Review*,2007(3)：353-364.

264 黄名选等. 查询扩展技术进展与展望[J]. 计算机应用与软件,2007(11):1724-1730.

265 Min Song etc. Integration of association rules and ontologies for semantic query expansion [J]. *Data & Knowledge Engineering*,2007(1)：63-75.

266 J. Bhogal etc. A review of ontology based query expansion[J]. *Information Processing & Management*,2007(4)：866-886.

267 Chyan Yang etc. Improving the search process through ontology-based adaptive semantic search [J]. *The Electronic Library*. 2007(2)：234-248.

268 Cees G. M etc. Adding Semantics to Detectors for Video Retrieval[J]. *IEEE TRANSACTIONS ON MULTIMEDIA*,2007(5)：975-986.

269 Nigam H Shah. Annotation and query of tissue microarray data using the NCI Thesaurus [J]. *BMC Bioinformatics*,2007(8)：296-296.

270 Chen Ding etc. User modeling for personalized Web search with self-organizing map[J]. *Journal of the American Society for Information Science and Technology*,2007(4)：494-507.

271 Quang Minh Vu etc. Improving the performance of personal name disambiguation using web directories[J]. *Information Processing & Management*,2008(4)：1546-1561.

272 Saverio Perugini. Symbolic links in the Open Directory Project[J]. *Information Processing & Management*,2008(2)：910-930.

273 Tod A. Olson. Utility of a faceted catalog for scholarly research[J]. *Library Hi Tech*,2007(4)：550-561.

274 Cynthia Padilla. International Search Engines and Directories：Beyond Tourist Sights and Sites [J]. *Online. Medford*,2007(2)：42-45.

275 Jean-Philippe Accart. The SwissInfoDesk experiment：the building of a website subject gateway

as a contributive part of a virtual reference desk[J]. *Collection Building*,2006(4): 134-138.

276 Xiaomin Ning etc. RSS: A framework enabling ranked search on the semantic web [J]. *Information Processing & Management*,2008(2): 893-909.

277 Dennis Quan. Improving life sciences information retrieval using semantic web technology [J]. *Briefings in Bioinformatics*,2007(3): 172-182.

278 Keyvanpour M, Asbaghi S, Fathy M. A New Scheme of Automatic Semantic Propagation in the Image Data base Using a Hierarchical Structure of Semantics[C]. 18th International Conference on Database and Expert Systems Applications,2007:59-63.

279 Justin Meza etc. Mix, Match, Rediscovery: A Mashup Experiment of Knowledge Organization in an Enterprise Environment[J]. *International Journal of Knowledge Management*,2008(01): 65-76.

280 Hao Ding, Ingeborg Sølvberg. Rule-based metadata interoperation in heterogeneous digital libraries[J]. *The Electronic Library*,2007(2): 193-206.

281 Irene Lourdi etc. A multi-layer metadata schema for digital folklore collections[J]. *Journal of Information Science*,2007(2): 197-213.

282 Zeng M. Registeries-Synergies and Differences[C]. International Conference on Dublin Core and Metadata Applications. German,2008.

283 Emma McCulloch,George Macgregor. Analysis of equivalence mapping for terminology services [J]. *Journal of Information Science*,2008(1):70-92.

284 Libo S. Encoding Formats and Consideration of Requirements for Terminology Mapping[C]. The 6th European Networked Knowledge Organization Systems (NKOS) Workshop. Hungary, 2007.

285 Jung-ran Park. Cross-lingual Name and Subject Access: Mechanisms and Challenges [J]. *Library Resources & Technical Services*. 2007(3): 180-189.

286 Robert P Holley. Subject Access Tools in English for Canadian Topics: Canadian Extensions to U. S. Subject Access Tools[J]. *Library Resources & Technical Services*,2008(2): 29-43.

287 UDDI Standards[EB/OL]. http://www. uddi. org, 2007.

288 Simple Object Access Protocol (SOAP) 1. 1. W3C Note[EB/OL]. http://www. w3. org/TR/soap/, 2007.

289 IBM DW. SOA and Web Services[EB]. http://www-128. ibm. com. /developerworks/cn/webservices/newto/index. html#1, 2007.

290 李学静,谢蓉. 信息可视化与 Web 信息检索[J]. 图书馆理论与实践,2004(3): 97-99.

291   Ed H Chi etc. ScentIndex and ScentHighlights：productive reading techniques for conceptually reorganizing subject indexes and highlighting passages ＊［J］. *Information Visualization*, 2007 （1）：32−47.

292   James Sinclair, Michael Cardew-Hall. The folksonomy tag cloud：when is it useful?［J］. *Journal of Information Science*, 2008（1）：15−29.

293   Javier Lacasta etc. ThManager：An Open Source Tool for Creating and Visualizing SKOS［J］. *Information Technology and Libraries*, 2007（3）：39−51.

294   José Luis Ortega, Isidro F. Aguillo. Visualization of the Nordic academic web：Link analysis using social network tools［J］. *Information Processing & Management*, 2008（4）：1624−1633.

295   Xia L, Yen B, Zhang DM. Visualization of Knowledge Structures［C］. 11th International Conference information Visualization. 2007, 476−484.

296   Eden, Bradford L. 2D and 3D Information Visualization［N］. College & Research Libraries News, 2007, 68（4）：247−251.

297   Trentin. Graphic Tools for Knowledge Representation and Informal Problem-Based Learning in Professional Online Communities. *Knowledge Organization*, 2007, 34（4）：215−226.

298   Tian YS, Wang YX. A Knowledge Representation Tool Based on Concept Algebra［C］. 6th IEEE International Conference on Cognitive Informatics, 2007：294−301.

299   Nurminen, T. Visual Taxonomy for Professional Image Retrieval and Automated Annotation of Images［C］. International Workshop on Content-Based Multimedia Indexing, 2007：181−185.

300   Gelernter, J. Visual Classification with Information Visualization（Infoviz）for Digital Library Collections［J］. *Knowledge Organization*, 2007, 34（3）：128−143.

301   Houissa H, Boujemaa N. A New Angle-Based Spatial Modeling for Query by Visual Thesaurus Composition［C］. IEEE ICIP'07, 2007：553−556.

302   IFLA Working Group on Functional Requirements and Numbering of Authority Records（FRANAR）.（2007）. *Functional Requirements for authority data：A conceptual model Draft*.（2007. 4−01）. http：//www. ifla. org/Ⅵ/d4/wg-franar. htm.

303   CC：DA Task Force to review the Draft Functional Requirements for Authority Data（TRAD）. （2007）. Report on review of the draft Functional Requirements for Authority Data（TR AD）. Retrieved Dec. 10, 2007, http：//www. libraries. psu. edu/tas/jca/ccda/docs/tf-frad3. pdf.

304   Tillett B. B. Numbers to identify entities（ISADN's-International Standard Authority Data Numbers）. *Cataloging & Classification Quarterly*, 2007, 44（3）, 343−362.

305   中国图书馆学会. 中国图书馆学会年会论文集 2007 年卷［C］. 北京：北京图书馆出版

社,2007.

306 中国图书馆学会专业图书馆分会 2008 年学术年会[EB/OL]. [2008-10-10]. http://www. csla. org. cn/conference/.

307 《中国图书馆分类法》[EB/OL]. [2008-10-10]. http://clc. nlc. gov. cn/.

308 中国索引学会[EB/OL]. [2008-10-10]. http://www. cnindex. fudan. edu. cn/.

309 知识组织与知识工程[EB/OL]. [2008-10-10]. http://www. istic. ac. cn/tabid/341/default. aspx.

310 吕学强,董强. 第一届全国知网研讨会论文集[C]. 北京:北京信息科技大学,2008.

311 Classification and Indexing Section. Partners for Subject Access to Bring Libraries and Users Together [EB/OL]. [2008-06-26]. http://www. ifla. org/IV/ifla73/Programme2007. htm.

312 Classification and Indexing section. Classification and Indexing Without Language Borders[EB/OL]. [2008-06-27]. http://www. ifla. org/IV/ifla74/Programme2008. htm.

313 Classification and Indexing Seciton Newsletter[J/OL]. 2008(37):1-13. [2008-10-08]. http://www. ifla. org/VII/s29/pubs/IFLA-Newsletter-Classification-37. pdf.

314 Classification and Indexing Seciton. Newsletter[J/OL]. 2007(36):1-8. [2008-10-09]. http://www. ifla. org/VII/s29/pubs/IFLA-Newsletter-Classification-36pdf.

315 Classification and Indexing Seciton Newsletter[J/OL]. 2007(35):1-11. [2008-10-09]. http://www. ifla. org/VII/s29/pubs/IFLA-Newsletter-Classification-35pdf.

316 Classification and Indexing Seciton. Annual Report 2006—2007[R/OL]. [2008-10-13]. http://www. ifla. org/VII/s29/annual/s29annualreport07. pdf.

317 About the Classification Weekly Lists[EB/OL]. [2008-10-16]. http://www. loc. gov/catdir/cpso/wlcabt. html.

318 Classification and Shelflisting Manual[EB/OL]. [2008-10-15]. http://www. loc. gov/cds/classif. html#cmat.

319 Deanna B M. Response to on the Record Report of the Library of Congress Working Group on the Future of Bibliographic Control[R/OL]. [2008-07-19]. http://www. loc. gov/bibliographic-future/news/LCWGRptResponse_DM_053008. pdf.

320 Deanna B M. Response to on the Record Report of the Library of Congress Working Group on the Future of Bibliographic Control[R/OL]. [2008-07-19]. http://www. loc. gov/bibliographic-future/news/LCWGRptResponse_DM_053008. pdf.

321 Report of the Library of Congress Working Group on the Future of Bibliographic Control[R/OL]. [2008-09-13]. http://www. loc. gov/bibliographic-future/news/lcwg-report-draft-11-

30-07-final. pdf.

322 http://www. ala. org/ala/mgrps/divs/lita/litamembership/litaigs/authorityalcts/authoritycontrol. cfm

323 On-going projects of KOS Registries and Terminology Services［EB/OL］.［2008-08-25］. http://nkos. slis. kent. edu/.

324 New Dimensions in Knowledge Organization Systemes［EB/OL］.［2008-10-16］. http://cendievents. infointl. com/kos_workshop_091108/kos_wkshp_agenda. html.

325 Networked Knowledge Organization Systems and Services.［EB/OL］.［2008-10-27］. http://www. comp. glam. ac. uk/pages/research/hypermedia/nkos/nkos2008/programme. html.

326 Networked Knowledge Organization Systems and Services.［EB/OL］.［2008-10-27］. http://www. comp. glam. ac. uk/pages/research/hypermedia/nkos/nkos2007/programme. html.

327 International Conference on Dublin Core and Metadata Applications.［EB/OL］.［2008-10-28］. http://dc2008. de/programme/.

328 STAR Project［EB/OL］.［2008-10-17］. http://hypermedia. research. glam. ac. uk/kos/star/.

329 Enhanced Tagging for Discovery［EB/OL］.［2008-10-17］. http://www. ukoln. ac. uk/projects/enhanced-tagging/.

330 Terminology Registry Scoping Study［EB/OL］.［2008-10-17］. http://www. ukoln. ac. uk/projects/trss/.

331 XML/RDF KOS representations［EB/OL］.［2008-10-17］. http://hypermedia. research. glam. ac. uk/kos/.

332 http://tspilot. oclc. org/resources/index. html.

333 Terminology Services［EB/OL］.［2008-10-18］. http://www. oclc. org/research/projects/termservices/default. htm.

334 OCLC DeweyBrowser［EB/OL］.［2008-10-18］. http://deweybrowser. oclc. org/ddcbrowser2/.

335 WorldMap［EB/OL］.［2008-10-19］. http://www. oclc. org/research/projects/worldmap/default. htm.

336 Tag Cloud Builder［EB/OL］.［2008-10-19］. http://tagcloud. oclc. org/tagcloud/TagCloudDemo.

337 Classify［EB/OL］.［2008-10-19］. http://www. oclc. org/research/researchworks/classify/.

338 Final Report［R/OL］.［2008-10-23］USA：Taxonomy Boot Camp 2008：1-8. http://conferences. infotoday. com/documents/59/TBC_CompleteBinder_08. pdf.

339 Final Report[R/OL]. [2008-10-24]. USA:Taxonomy Boot Camp 2007:1-8. http://conferences. infotoday. com/documents/42/TBC2007_FinalProgram. pdf.

340 Terminology and Knowledge Engineering [EB/OL]. [2008-07-18]. http://www. infoterm. info/activities/events. php. DanMark. 2008.

341 Terminology and Information Interoperability. [EB/OL]. [2008-07-18]. http://www. infoterm. info/activities/news/2008/2008_06_25. php.

342 ISKO events. [EB/OL]. [2008-07-19]. http://www. isko. org/events. html.

343 18th Annual ASIS&T SIG/CR Classification Research Workshop [EB/OL]. [2008-07-20]. http://www. asis. org/Conferences/AM07/cr. html.

344 19th Annual ASIS&T SIG/CR Classification Research Workshop. [EB/OL]. [2008-07-21] http://www. asis. org/Conferences/AM08/SIGCR. html.

345 Hjørland, Birger. Semantics and knowledge organization[R]. ARIST,2007,41:367-405.

346 *Journal of Classification.* New York:Springer. 2008,l25:1-145.

347 *Journal of Classification.* New York: Springer: 2008,l24:(1,2)1-316.

348 *Advances in Data Analysis and Classification.* New York:Springer,2007,1(1,2,3):1-291.

349 *Advances in Data Analysis and Classification.* New York:Springer,2008,2(1,2):1-206.

350 HILT phase I[EB/OL]. [2008-10-26]. http://hilt. cdlr. strath. ac. uk/Reports/index. html.

351 HILT Phase II Final Report[EB/OL]. [2008-10-26]. http://hilt. cdlr. strath. ac. uk/hilt2web/finalreport. htm.

352 HILT Phase III: M2M Pilot Demonstrator Project [EB/OL]. [2008-10-26]. http://hilt. cdlr. strath. ac. uk/hilt3web/index. html.

353 About HILT phase IV [EB/OL]. [2008-10-26]. http://hilt. cdlr. strath. ac. uk/hilt4/index. html.

354 The Challenge of the Electronic Environment to the Organization of Knowledge[EB/OL]. [2008-10-27]. http://blogit. helsinki. fi/terkko/thechallengeoftheelectronicenvironmenttotheorganizationofknowledge. htm.

355 Min Song etc. Integration of association rules and ontologies for semantic query expansion [J]. *Data & Knowledge Engineering*,2007(1): 63-75.

356 Chyan Yang etc. Improving the search process through ontology-based adaptive semantic search [J]. *The Electronic Library*,2007(2): 234-248.

357 Chen Ding etc. User modeling for personalized Web search with self-organizing map[J]. *Journal of the American Society for Information Science and Technology*,2007(4): 494-507.

358 Quang Minh Vu etc. Improving the performance of personal name disambiguation using web directories[J]. *Information Processing & Management*,2008(4):1546-1561.

359 Dennis Quan. Improving life sciences information retrieval using semantic web technology [J]. *Briefings in Bioinformatics*,2007(3):172-182.

6　多角度探索与项目化合作

——近年来数字资源长期保存理论研究与实践进展

近年来，随着数字资源的不断发展，数字资源的长期保存问题越来越得到研究者的重视。长期保存关系到文化的传承、文明的延续，其作为一个亟待解决的问题，需要研究的领域日益增加，而国内外相关的理论研究和实践项目也日益增多，包括对长期保存系统模型、技术实现、标准规范、管理手段和法律策略等，学者们从多角度、多层面对数字资源长期保存进行了探索，在各领域都进行了合作，并多次召开国际研讨会讨论如何推进各国长期保存的发展。

6.1　国外数字资源长期保存的研究与发展

6.1.1　有关 OAIS 长期保存模型的研究

现今许多长期保存的项目和系统都部分地采用了 OAIS(Reference Model for an Open Archival Information System) 开放档案信息系统参考模型。该模型源自 1995 年国际标准化组织(ISO) 委托美国国家航空航天局(NASA) 空间数据系统咨询委员会(CCSDS) 开发的一个数字资源的存取和长期保存的概念参考框架。CCSDS 的工作成果就是 1999 年 5 月公布的 OAIS 参考模型，这一参考模型为构建数字信息的长期保存和维护的存档系统提供一个概念性的框架，描述了一个存档系统存在的环境、系统的功能组织以及支持存档信息管理的基础结构，适用于图书馆、档案馆及其他文化记忆机构、政府部门和商业机构。这一参考模型作为 ISO 的推荐草案得到了广泛评议，经过扩充修改后的 OAIS 参考模型于 2001 年 7 月正式发布，2003 年作为 ISO 标准(ISO14721:2003) 发布。

OAIS 参考模型提供一个通用的架构，为长期保存系统开发提供特定服务和内容的指导。模型不限于任何特定计算机平台、系统环境、系统设计范例、系统开发方法、数据库管理系统、数据库设计范例、数据定义语言、命令语言、系统界面、用户界面、技术、所需媒体,因此,具体的数字资源长期保存系统设计或实施可以根据实际情况进行功能组合或者分解。OAIS 系统的数据包括 3 个信息包,即提交信息包(Submission Information Package, SIP)、存档信息包(Archival Information Package, AIP)和发布信息包(Dissemination Information Package, DIP)。每个信息包都由以下 3 种信息组成:①内容信息(Content Information),记录了原始对象及其表征信息;②保存描述信息(Preservation Description Information),它描述内容信息的特征,包括参考信息、环境信息、起源信息和完整性信息;③包信息(Packaging Information),它将内容信息和保存描述信息关联、封装起来,使其成为一个完整信息包的信息,例如可以描述资源承载介质的一些技术参数等。

OAIS 由资源摄取(Ingest)、档案存储(Archival Storage)、数据管理(Data Management)、存取(Access)、行政管理(Administration)、保存规划(Preservation Planning)等 6 个功能模块构成,其整体架构见图6-1[1]。

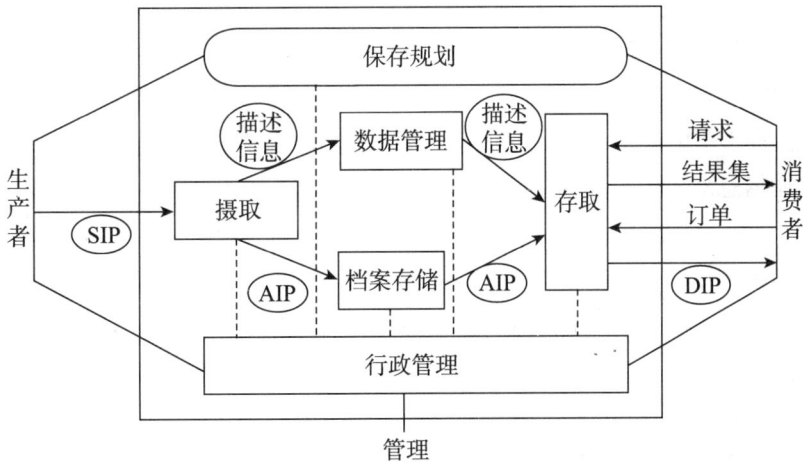

图6-1　OAIS 参考模型、功能模型

OAIS 参考模型规定了数字资源的一套采集、保存和发布流程,并用相应的管理机制保证长期保存的持续进行。

在实践介绍模块,将详细总结国外各类采用 OAIS 模型的实践项目。

6.1.2 有关数字资源长期保存标准规范的研究

标准规范是保证长期保存活动顺利进行的关键。在长期保存的保存对象格式、元数据元素、元数据存储格式方面,国际上进行了许多探讨。

(1)OAIS 模型的信息包标准

CCSDS 一直致力于 OAIS 模型相关标准的研究。其中 3 个信息包的标准增强了 OAIS 模型的适应性,对于 OAIS 模型的发展有着至关重要的作用。2005 年 6 月 30 日,CCSDS 公布了 OAIS 提交信息包(SIP)标准的一个草稿[2],该草稿定义了主要元数据元素和属性,定义了不同描述对象的数据字典,定义了不同对象实例互相转换的方法(从 SIP 转换到 AIP),引入 XFDU(XML Structure and Construction Rules)中的实例并将内容和数据字典等打包,并开发了 SIP 标准的两个应用。

(2)METS 元数据编码传输标准

METS(Metadata Encoding & Transmission Standard,元数据编码传输标准) 是一套完整的元数据编码传输标准,提供了定义数字对象灵活的元数据方式。它不仅可用于数据库内部数据对象的管理,也用于这些对象在数据库之间(或仓储与用户之间)的交换。METS 文档由 METS 头、描述型元数据、管理型元数据、文件节、结构图、结构链接、行为等 7 个主要节组成。正因为这种对对象数据的详细描述,因此,在 OAIS 模型中,METS 可以担当 SIP、AIP 和 DIP 的角色。METS 作为描述并传输信息对象的标准,对于长期保存数字资源的资源描述有着重要的参考意义。

美国图书馆的相关项目较多地使用或参考了 METS 标准,如美国国会图书馆的 Audio-Visual Prototype Project、加利福尼亚数字图书馆(CDL)以及 Fedora、DSpace 系统等。

(3)MODS 元数据对象描述框架

MODS(Metadata Object Description Schema)主要用于将 MARC 记录中的部分内容转换为以 XML 模式描述的新元数据对象。通过 MODS,可以将传统资源和数字资源的长期保存结合起来,传统资源的 MARC 数据通过转换可以纳入到数字资源长期保存系统中来,同时也便于馆际交流。严格说来,这并不属于长期保存标准,但对长期保存起到了重要作用,传统图书馆较多使用 MARC 元数据来描述传统资源对象,MODS 可以使长期保存兼容传统资源,扩大长期保存的范围。

（4）PREMIS 长期保存元数据

长期保存元数据用于保障系统对长期保存对象数据的解析和理解。而目前各类型长期保存系统各有各的保存元数据，没有一个统一标准。为了制定一套具有普遍适用性的保存元数据标准，OCLC 和 RLG 于 2003 年建立了保存元数据应用策略（PREservation Metadata：Implementation Strategies，PREMIS）工作组，目标是定义一个具有普遍适用性的保存元数据集[3]，提供可供数字对象保存系统选择的元数据编码、保存、管理和交换的策略。PREMIS 长期保存元数据分为对象实体、事件实体、代理实体和权利实体 4 个上位元素，24 个子元素。2009 年 2 月 5 日，LC 网站上发布了《understanding PREMIS》的最新版本，分为 5 个上位元素，增加了"信息实体"元素，用于管理和描述资源[4]。

6.1.3 国外有关数字资源长期保存的实践活动

长期保存是一个实践性很强的活动，需要在实践中形成理论。各类型图书馆以及文化、教育、科研机构在国外长期保存实践的发展过程中发挥着重要作用。

6.1.3.1 各国国家图书馆与长期保存

从调查情况看，长期保存的主要项目往往和国家图书馆有关系，并且有些国家的国家图书馆还是长期保存项目的主要领导机构。

（1）美国

在美国进行的数字资源长期保存活动中，国会图书馆发挥着重要的领导作用。它不仅是数字资源长期保存活动的领导者和促进者，也是保存行动计划的制定者和全国性保存网络的构建者。其保存活动主要有：

①NDIIPP 系列项目[5]

国家数字信息基础设计保存计划（National Digital Information Infrastructure and Preservation Program，NDIIPP）开始于 2000 年 12 月，由国会图书馆领衔。其目标是"发展一个国家战略以收集、存档当世及后代日益激增的数字资源，尤其是只以数字格式创建的资源"。NDIIPP 主要关注以下 3 个领域：追踪、保存并使重要数字内容可用；建立并强化国家合作网络（目前 NDIIPP 国家网络已有 130 余家合作者，包括联邦机构、国家和地方政府、科研机构、非营利性专业组织及商业实体）；合作开发工具和服务的技术基础设施（包括数字内容保存服务、合作者及国会图书保存及存取技术环境的数字内容传递机制等）。NDIIPP 的信息采集方式主要有 2 种:一种是全面自动采集模式,主要是利用一些自动搜索软件,如机器人软件、网络爬虫等对各种网络信息资源进行抓取;另一种是选择性采集模式,主要是通过一些专业人员的参与,制定出资源选择的总原则和选择标准,然后对符合该原则和标准的 Web 信息进行采集。NDIIPP 对网络信息的保存主要集中在电子图书、电子期刊、数字电影、数字音频、数字电视等 5 个方面。凡是涉及这几个方面内容的,不管其格式和类型如何,包括网站、主页等,一律加以采集保存。其所关注的有关数字保存的关键性问题主要包括知识产权、数字信息的采集与选择、数字信息保存计划的经济可持续性以及数字保存的技术结构等。

2009 年 3 月 26 日,数字存储组织进展会议在亚特兰大大学中心图书馆召开,会议最显著的成功是提出了 DCC 长期保存生命周期模型[6],对数字资源的生命周期进行了探索。

②NDIIPP 之下的其他项目

加利福尼亚大学加利福尼亚数字图书馆的"Web at Risk"[7]项目:保存国家政治文化遗产的分布式方案,旨在收集并保存网上政治文化资源。

马里兰大学 Robert H. Smith 商学院的"Birth of the Dot Com Era"[8]项目:保存美国因特网商业化期间濒临消失的商务文化数字资源,此项目已被授权创建特殊的"受限资源档案"。

教育广播公司的"保存数字公共电视(Preserving Digital Public Television)"[9]项目:旨在设计一个长期保存公共电视节目的存档系统——这些节目目前直接存储于数字介质而非胶片。

华盛顿州档案跨州保存联合体(Washington State Archives, Multi-state Preservation Consortium)[10]:旨在建立华盛顿高级数字档案框架以实施其他 8 个州的集中式仓储。

JHOVE 项目[11]:分为 JHOVE 一期和 JHOVE 二期,其成果是美国哈佛大学和 JSTOR 共同研制的数字对象管理工具,提供了对数字对象特定格式识别、确认和描述等功能。二期项目扩充了格式元素,包括标识符、纠正机制和获取政策等。

③其他项目

除了管理 NDIIPP,国会图书馆还参与了若干其他数字保存项目,如:

网络采集。国会图书馆与来自各个领域(如编目、法律、公共服务、技术服务等)的众多图书馆员以及全国甚至全世界的合作者进行网络内容采集相关活动,包括探讨政策问题、研究信息采集、编目、评估、保存等方法和建立试点项目以及开发相关工具等。目前国会图书馆网络采集工作组已完成 17 个专题存档并正在建立另 5 个专题的存档,涉及美国 2000、2002 和 2004 年大选、伊拉克战争和"9·11"事件,约 2000 个网络站点,国会图书馆网络存档主页提供这些内容的获取[12]。

同时,国会图书馆还是国际互联网保存中心(International Internet Preservation Consortium, IIPC)的创始成员[13]。2003 年 7 月,澳大利亚、加拿大、丹麦、芬兰、法国、冰岛、意大利、挪威、瑞典、英国等国国家图书馆以及美国国会图书馆、美国因特网档案馆共 12 家机构联合成立此中心以强调因特网内容长期保存中的国际合作问题。

国家音视频资源保存中心(National Audio-Visual Conservation Center, NAVCC)[14],此中心是美国为全国音视频资源的采集、编目、存储及长期保存而成立的首家集中机构,其建成源于美国帕卡德人文协会(Packard Humanities Institute)、美国国会、国会图书馆以及国会建筑师机构(the Architect of the Capitol)的合作。NAVCC 致力于运用新技术提升保存能力、扩展保存范围以促进音视频资源长期保存的发展。NAVCC 将国会图书馆的音视频资源进行格式转换、长期保存并利用数字音视频保存系统提供数字化存取。

(2)英国

英国是最早建立数字图书馆的国家之一,也是最早关注数字资源长期保存的国家之一。英国的长期保存机构主要是大英图书馆,该馆提出了大英图书馆长期保存框架,这是一个提供了数据获取、数据存取并实现长期保存的系统,该系统在电子期刊的保存方面进行了大量实验,显著成果是基于 OAIS 模型开发了一种电子期刊的存储信息包(AIP)的通用格式。

在电子期刊长期保存的实践过程中,大英图书馆总结了电子期刊长期保存的复杂性:一方面,电子期刊的结构十分复杂,其中包含了不同种类的文章;另一方面,电子期刊的形式很灵活,它没有标准的提交信息包、文件格式、元数据格式、词表等。用于处理电子期刊的系统必须适应这种复杂性[15]。为此,该馆做了大量研究,提出了一些解决方案,并定义了一种电子期刊的 AIP 存储格式。

(3)德国

德国长期保存活动中影响较大的当属 Nestor 项目[16]。Nestor(the Network of Expertise in Long-term Storage of Digital Resources)由德国教育和研究委员会资助,

耗资 80 万欧元,于 2003 年 6 月启动,2006 年结项。该项目由德国国家图书馆负责,与下萨克森州和大学图书馆、柏林洪堡大学计算机和多媒体服务中心及图书馆、慕尼黑巴伐利亚州立图书馆、柏林博物馆信息研究所和巴伐利亚州档案馆共同完成。项目宗旨是:确保德国数字资源的长期保存,并参与国际合作来保护德国的全球数字资源。

其项目的目的包括[17]:①增强人们对在博物馆、档案馆和图书馆之类机构进行数字长期保存的意识,明白其紧迫性,让政治家了解在这一领域开展活动的必要性。②创建信息网络,收集长期数字保存在技术、组织、法律和其他层面的信息和资料;对有关当前科研、项目和“最佳实践”结果的信息进行封装,并予以发布。③合作。在档案机构和产业研究机构建立国内和国际战略联盟,共同应对数字资源长期保存所带来的挑战。④协调。设立一个交叉学科论坛,以在国际大环境中实现德国文化对数字资源长期保存发展和战略的协调性的促进,并逐步建立数字资源长期保存的服务模式、技术和标准。⑤可持续发展的组织模式。Nestor 最终会形成有关优秀网络可持续发展组织模式的概念,即在假设图书馆、档案馆和博物馆之间没有任何界限的前提下,明确哪些是合作性任务,哪些需要独立完成,从而加大信息资源的利用率。

（4）荷兰[18]

荷兰国家图书馆（Koninklijke Bibliotheek）创立于 1798 年,于 1974 年开始了版本收藏工作,1996 年开始将本国出版的电子出版物纳入馆藏范围。主要以国内出版商缴送的电子资源和本馆数字化文献为主。根据该馆目前正在实施的《荷兰电子出版物保存计划》（Deposit of Dutch Electronic Publications, DDEP）,需要保存的电子出版物包括在线数据库、光盘数据库、电子期刊、电子图书等,主要通过图书馆与国内外数据生产商之间的缴存协议实现,其中包括与 Elsevier、牛津大学出版社、Springer 等机构合作,典藏其所拥有的杂志。

为了有利于数字出版物的保存和在线出版物的管理,荷兰国家图书馆先后与 AT&T 和 IBM 合作,制作了数字资源在线服务系统。1998 年荷兰国家图书馆参加了欧洲国家图书馆项目 NEDLIB,在其中负责项目的协调和管理。该项目于 1998 年 1 月启动,2001 年结项后开始建立电子出版物存储系统,最新系统于 2003 年 1 月启用。荷兰、法国、挪威、德国、葡萄牙、瑞士和意大利等 7 个国家的国家图书馆以及 1 个国家档案馆、3 个主要出版社参与了该项目的合作,共同对长期保存的基础结构及欧洲存储图书馆机制进行了研究,并希望通过这些研究寻求保障电子出版物长期获取的解决方案。该项目的主要成果包括:建立了一种电子出版物长期存储的系统模型;研究了实际应用的最佳实践、技术标准以及运作方法;研制了建立存储系统的小型工具包、元数据搜索程序等。

之后,这个计划又进行了多次的扩充和不断的后续研究,特别是加入了在电子资源保存研究领域技术领先的 IBM 公司,积累了很多在数字资源存储方面的经验,为荷兰国家图书馆的数字信息典藏系统的开发和实施提供了非常有价值的参考。数字信息典藏系统于 1999 年开始启动,于 2000 年 10 月签订了合同,IBM公司负责为其建立一个可运行的、全面的、符合 OAIS 的存储系统,其中包含保存数字资源的全面功能规划、管理和永久使用。其功能包括缴送和提取、收录、典藏存储、数据管理、保存、使用、打包和交付、监管和记录等。2002 年 10 月,IBM 公司正式将数字信息典藏系统移交给荷兰国家图书馆使用。

(5)澳大利亚

澳大利亚对数字信息长期保存问题的关注最早可以追溯至 1994 年[19],早期的研究集中在对不同机构长期保存意向的调查及确保对各类重要数字对象可持续获取的原则阐述方面。随后,政府和相关机构不仅先后制定了《澳大利亚电子出版物存取国家策略》(National Strategy for Australian Electronic Publications,1996)、《保存澳大利亚在线出版物的选择方针》(Guidelines for the Selection of On-line Australian Publication Intended for Preservation,1996)、《澳大利亚数字资源的保存及长久存取原则声明》(Statement of Principles for the Preservation of and Long-Term Access to Australian Digital Object,1997)、《数字文件创建、管理及保存指南》(Digital Recordkeeping: Guidelines for Creating,Managing and Preserving Digital Records,2004)等一系列政策及标准规范,而且相继实施了"Preserving and Accessing Networked Documentary Resources of Australia"(PANDORA)、"Victorian Electronic Records Strategy"(VERS)等多个实践项目。在这些项目中,基本所有的数字资源长期保存项目都由政府资助的图书馆、档案馆、博物馆以及一些大学主导[20]。在诸多机构中,又以澳大利亚国家图书馆(NLA)为数字存档的倡导者与领头羊。

①PANDORA

PANDORA(Preserving and Accessing Networked Documentary Resources of Australia)是澳大利亚国家图书馆(NLA)开展的网络信息资源保存项目,建立于 1996

年,目前与澳大利亚另外9个图书馆及其他一些文化组织合作建设,是澳大利亚诸多数字信息长期存取项目中最著名且最有特色的一项。PANDORA的目的是对有关澳大利亚的在线出版物及网站进行收集与长期提供[21]。

在资源的收集与建设方面,PANDORA采取了以国家图书馆为主导、多家相关机构合作建设的方式。澳大利亚国家图书馆认为,网络信息长久保存超越了任何一个单独机构的能力,因此在PANDORA项目的建设上,澳大利亚国家图书馆积极展开了与多家相关机构的分工协作,力求创建一个网络出版物合作保存系统。合作机构包括各州图书馆、文化收藏机构、大学、政府机构以及海外收藏机构等[22]。截至2008年7月,PANDORA存档了包括19 307个站点在内的53 112 080个文件,总数据量达2.2TB[23]。

澳大利亚国家图书馆作为PANDORA项目的主要负责机构,负责全部的存储管理工作,PANDORA存储系统存放在该馆内,其他成员则负责部分资料的选择及资源的初步加工。为了保障对持续增长的数据的获取和管理,并支持远程成员图书馆高效的存档建设,NLA发展了PANDAS(PANDORA Digital Archiving System)系统,通过多家合作单位共用的PANDAS软件,实现数字资源的分布存档与远程传输。软件的第一版发布于2001年7月,第二版发布于2002年8月,而经过完全重新设计与显著增强的PANDAS 3也已于2007年7月正式发布[24]。

PANDORA的处理模型可以分为5个部分[25]:用户接口模块;出版物选择模块;存档管理模块(包括版权管理);报告生成模块;归档模块。PANDORA的系统框架共有四层:保存层、应用层、商业层以及数据层。

PANDORA作为澳大利亚网络资源存档库,已经运作了十多年,是目前较为成熟但仍在不断发展的一个系统。近年来,随着技术的进步及网络存档能力的增加,网络供应量和存储量之间的差距正在逐步缩小,但PANDORA仍面临着许多新的挑战,如新的技术及Web 2.0的应用等。NLA在新的挑战面前,采取了积极的应对措施。

在PANDORA高达2.2TB的存储数据中,有一半来自各州政府及联邦政府的网站,另一半则全面反映澳大利亚研究与文化方面的多样性。近年来,随着Web 2.0的发展与应用,存档内容中也包含了博客(Blog)、播客(Podcasts)与视频等方面的内容[26]。

②NLA 与 Internet Archive 的合作

NLA 同时认识到,选择性存储策略只能保存相对有限比例的澳大利亚域名网站。从 2005 年开始,NLA 与 Internet Archive 签署合约,由其尽可能多地爬取并保存域名以 . au 结尾的网站。这种爬取每年进行一个月,所抓取的数据数量已经远远超过 PANDORA 的数据总量。以 2007 年为例,Internet Archive 爬取一个月所采集的数据量已达 18TB,而在过去十一年间,PANDORA 的总存储量也不过 2TB。预计 2008 年,Internet Archive 搜集的文件个数将达 10 亿之巨(历年网站存档数量见表6-1)。

表6-1　澳大利亚历年网站存档数量[27]

统计项 \ 时间	2005 年	2006 年	2007 年
爬取文档(文件)总量	189 824 119	621 664 876	523 510 945
爬取文档(文件)总量(去重)	185 549 662	596 238 990	516 064 820
主机数量	811 523	1 260 553	1 247 614
原始数据容量	6. 69TB	19. 04TB	18. 47TB
压缩 ARC 文件量	4. 52TB	10. 48TB	10. 18TB

Internet Archive 的收割通过 Heritrix 进行[28],虽然采取全域名自动收割方式采集的数据较为全面,但仍存在以下缺陷:①每年只集中采集一个月,由于时间及技术因素的限制,仍有一些网站无法爬取到;②缺乏质量控制与评估,无法像 PANDORA 项目一样对个别网站进行处理与质量保障;③由于澳大利亚版权法的限制,目前网站尚未纳入法定呈缴范围,因此大部分数据还无法向公众开放。

(6)日本

日本国立国会图书馆(以下简称"国会馆")作为日本唯一的缴存馆,担任着保存珍贵文化遗产的重任。

在 1998 年国会馆提出的电子图书馆发展计划[29]中,就强调了数字资源长期保存的重要性。2000 年,国会馆修订了《国立国会图书馆法》,将电子出版物纳入呈缴范围。2002 年,数字图书馆关西馆开馆,对数字资源服务的重视提高到了前所未有的高度。同年开始,针对数字资源长期保存的课题,国会馆采取了以下三项措施[30]:①2002 年到 2006 年,围绕数字资源的长期保存和利用进行深度调研。调查的主要内容包括国外长期保存的动向及现状、OAIS 参考模型、元数据、技术动向、成本、保存媒体与环境、数字资源生产者与图书馆合作的必要性、国会馆所藏电子出版物的保存现状等。②成立了专门的调查研究会，听取相关人士对国会馆数字资源长期保存的意见和建议。③开始着手构建国会馆电子资源库——NDL 数字资源系统，旨在长期保存网页、文本或图像化的图书资料以及 CD、DVD 等电子出版物。

在充分调研了国内外情况之后，国会馆制定了长期保存的战略规划："数字图书馆中期计划 2004"①，将数字资源的长期保存作为数字图书馆事业的重要组成部分。此计划意味着国会馆将数字资源提高到与传统出版物同等的高度。在此基础上，国会馆开始馆藏资源的选择性数字化以及原生数字资源的采集、保存、服务等工作，并且开始着手解决数字资源长期保存的技术课题。

目前，《数字图书馆中期计划 2004》中涉及长期保存的项目包括[31]：①近代数字图书馆。将国会馆所藏的全部明治时代以及部分大正时代的图书电子化，于 2002 年开始向读者提供免费访问服务。到 2009 年 4 月为止，该项目已经对约 14 万册图书进行了数字化，目前数量还在不断增加中。②WARP（网络信息资源采集）项目。该项目始于 2002 年，是国会馆的网络信息资源搜集收录项目。主要收录公共性高的机关网站，包括国家及地方政府、独立行政法人、大学和学术团体等的网页，尤其是保存在行政合并以后撤销的地方政府的网站域名为 go、lg、ac、ed、or 的网站[32]。截至 2008 年 12 月，收录了约 2 300 个网站、1 600 种电子期刊。③Dnavi（日本数据库导航服务）项目。该项目将网上各种数据库制作成元数据以提供数据库导航服务，从 2002 年开始试验，2006 年 7 月开始正式运行。

2004 年，国立国会图书馆针对传统电子资源和音频、视频资料进行了抽样调查，其目的是为数字信息长期保存提供依据。同年，发布了此次调研的结果，具体内容包括：在新的媒体环境下将传统电子资源重新数字化所需的技术条件、模/数采样率转换的条件、数字化之后长期保存数据的文件形式、电子资源的数字化方式、记录模/数采样率转换的元数据以及数字化作业的成本；此外还调研了今后难以利用的软盘的代表性规格、迁移所必需的机器设备、对老化或损伤的修复方法

---

① 数字图书馆中期计划 2004（国立国会図書館電子図書館中期計画 2004）：日本国立国会图书馆在 1998 年"数字图书馆规划"基础上制定的中期计划。此中期计划规定了国立国会图书馆在 2004 年后 5 年内数字图书馆服务的具体方向及实施框架。

以及迁移之后的文件形式等。此次调研对当时国立国会图书馆的传统电子资源的保存情况进行了比较全面的了解,提出了对其进行长期保存的初步战略计划,为今后电子资源的长期保存奠定了基础。

6.1.3.2　各国教育和科研机构与长期保存

凭借其较强的研究力量,各国教育和科研机构在数字资源的长期保存方面也做出了突出的贡献,引导或参与了不少有效的长期保存计划。

（1）美国

美国教育和科研机构以其资源、科研优势在主导或参与长期保存活动中发挥了较大作用。如:

网络信息联合体（The Coalition for Networked Information,CNI）的长期保存特别工作组,每年召开两次工作组会议,就相关主题进行讨论。此外,CNI还参与了NDIIPP等数字资源长期保存相关的项目活动,并在其中发挥协调作用。在其2007—2008年主要项目活动中,数字资源长期保存仍然是重要内容之一[33]。

北美大学及独立研究科研图书馆的联合体——研究图书馆中心（The Center for Research Libraries,CRL）收集、保存教学科研有关的各种传统及数字资源（如报纸、期刊和其他文献）,并提供给其会员使用。CRL与其他一些大学合作建立网络存档项目,以探索能够系统地持续保存拉丁美洲、东南亚、西欧个人及组织网络政治交流信息的有效方法。CRL还与OCLC/RLG和NARA合作,于2007年出版了《可信赖仓储的审计及认证:标准与列表》（Trustworthy Repositories Audit & Certification: Criteria and Checklist, TRAC）[34]。

除主导或直接参与数字资源长期保存活动以外,美国教育和科研机构还通过资助方式为数字保存工作提供支持。

美国国家科学基金会（National Science Foundation,NSF）是独立的政府机构,已经资助了数字保存领域的很多重大项目,如2004年与国会图书馆合作的数字存档及长期保存项目（Digital Archiving and Long-Term Preservation）[35],2008的“可持续数字资源保存及存取网络（Sustainable Digital Data Preservation and Access Network,DataNet）”项目[36]等。NSF还赞助了一个研究委员会,此委员会发布了题为《永久数字资源集合助力21世纪科研及教育》[37]的报告,指出了有效保存科研活动中产生的数据集的必要性。

安德鲁·梅隆基金会（Andrew W. Mellon Foundation）通过资助Portico、

JSTOR、ArtSTOR 及全球数字格式登记系统(GDFR)等相关活动为数字保存工作提供支持[38]。

博物馆及图书馆服务研究所(Institute of Museum and Library Services)是全国122 000 家图书馆及 17 500 家博物馆政府支持的主要来源,最近资助了康奈尔大学建立数字图像仓储,在 Alabama 建立 LOCKSS 系统[39]。

在教育和科研机构所开发的长期保存系统中,以麻省理工学院的 DSpace 和弗吉尼亚以及康奈尔大学共同开发的 Fedora 系统较为知名,这两个系统都部分参考了 OAIS 模型。

①DSpace 简介[40]

DSpace(数字空间)系统是由美国麻省理工学院图书馆(MIT Libraries)和美国惠普公司实验室(Hewlett-Packard Labs)合作开发的,经过两年多的努力,该系统于 2002 年 10 月开始投入使用,目前版本为 1.5.1 版。该系统以内容管理发布为设计目标,遵循 BSD 协议的开放源代码数字存储系统,遵循 OAIS 参考模型,可以收集、存储、索引、保存和重新发布任何数字格式、层次结构的永久标识符研究数据。

DSpace 是一个专门的数字资产管理系统,它管理和发布由数字文件或"位流"组成的数字条目,并且允许创建、索引和搜索相关的元数据以便定位和存取该条目。其特点可以归结为 3 个要点:基于存储的资产管理;以事件触发构建的工作流机制;以分级权限控制的管理体系。它能够对已有的独立资料库建立连接,实现资源的共享;接受包括文本、图片、视频以及声音资料等在内的所有格式的数字化资料,并对这些资料进行统一的标引,以方便用户检索。其用户包括高等院校的研究中心和科研院所、博物馆、图书馆、档案馆、政府部门、企业等。

②Fedora 简介[41]

Fedora(Flexible Extensible Digital Object and Repository Architecture)项目由美国国防部高级研究计划局(DARPA)和美国国家科学基金会(NSF)共同资助,康奈尔大学负责实施,始于 1997 年。该项目旨在解决数字资源的内容管理、资产管理和保存等多方面的问题。此后,康奈尔大学以该项目为基础,建立了以 COBBA为基础的实验性原型系统。1999 年,康奈尔大学联合弗吉尼亚大学利用 Fedora实现了弗吉尼亚大学数字图书馆系统。2002 年,Fedora 项目得到了 Andrew W. Mellon 基金会提供的 100 万美元资助,得以进一步完善,并于 2003 年发布了第一版。2004 年,Andrew W. Mellon 基金会追加了 140 万美元,以支持为期三年的第二期 Fedora 项目。目前,Fedora 的最新版本是 Fedora3.1,发布于 2008 年 12 月。Fedora 遵守 Mozilla 开放源代码协议,目标是推动免费和开源软件的发展,促进其更快地进步。作为开源软件,Fedora 为用户提供了优秀的操作系统和交流平台,包括公开论坛、开放过程、快速创新和透明管理等服务。Fedora 是一个通用的数字对象管理系统,可以用在很多地方,包括数字图书馆、内容管理、数字资产管理、资源保存等。

（2）英国

英国在数字资源长期保存研究和教育方面的项目主要由 JISC（英国联合信息系统委员会）主导实施,而 JISC 的基金则由英国高等教育基金委员会（HEFCE）提供支持。JISC 近些年资助了较多的长期保存项目。

①数字资源生命周期项目 LIFE[42]

此项目主要是由大英图书馆和伦敦大学合作开展的,旨在考察与数字资源保存、管理相关的生命周期方法。

生命周期项目研究的第一阶段于 2005 年 5 月开始,2006 年 4 月结束,主要是对已存的生命周期模型和数字资源长期保存项目进行了总结。

在第一阶段研究成果的基础上,生命周期项目研究的第二阶段于 2007 年 3 月开始,历时 18 个月后,于 2008 年 8 月结束,着重对数字资源的生命周期作了进一步的评估、研究。

LIFE 项目的成果在于提出了一套关于数字资源生命周期的分析方法,并在此基础上构建了一个基于生命周期的数字资源保存成本评估模型,有利于人们对数字资源的保存成本进行核算,从而有可能对未来的数字保存活动进行长远的规划和管理[43]。

②网页资源保存项目 PoWR[44]

PoWR（Preservation Of Web Resources）项目由 JISC 资助,于 2008 年 4 月启动,2008 年 11 月完成,其主要目标是保存英国教育科研机构的网络文献资源。该项目联合了全世界各长期保存团体共同关注并跟踪世界长期保存项目的进展,同时对网络资源的内容进行了研究,注重 Web2.0 应用在长期保存方面的影响,提出了 Web2.0 环境下数字资源的保存方法。项目组于 2008 年 6 月 27 日在伦敦大学召开了第一次 PoWR 会议,研究了 Web1.0 和 Web2.0 时代的保存方法,为

Web2.0时代的长期保存方法制定了策略。2009年4月2日,项目组又以"消失的链接:持续的网络"为主题,召开了第二次 PoWR 会议,主要讨论如何将"网络管理人"、"档案管理人"、"长期保存专家"、"国家图书馆"、"网络存档"、"内容提供商"等结合起来,以及相关合作方面存在的问题和解决方法等。

6.1.3.3 其他保存机构和团体的长期保存活动

除上述国家图书馆及教育科研机构以外,其他类型的图书馆、档案馆以及相关公司企业、政府机构等也在长期保存领域做了不少工作。

(1)美国

除国会图书馆以外,美国其他两家国家级图书馆在各自专业领域的数字资源长期保存活动中起着领衔作用:国家农业图书馆(The National Agricultural Library,NAL)提供模拟及数字化的农业信息存取,并作为各州及农业部图书馆网络的联系单位从事数字资源长期保存相关活动;国家医学图书馆(The National Library of Medicine,NLM)领衔健康及生物医学领域重要数字资源的长期存取,涉及电子期刊、数据库、网络文献及其他新型学术信息。NLM 保存项目以数字化替代缩微作为数字保存的手段。

各州政府机构也积极推动长期保存的发展。如:国家档案记录管理局(The National Archives and Records Administration,NARA)的"电子文件归档计划"(ERA)[45],即该机构对于电子文件长期保存的策略性回应,其目标就是要使NARA能对联邦政府创建的各类电子文件进行长期保存并提供长期存取;国会图书馆保存州立政府信息计划(The Library of Congress Preserving State Government Information initiative[46])希望能够在州立政府数字化信息保存方面起到促进作用,此计划支持4个项目,涉及23个州,收集并保存关于国会的数字资源,包括空间地理信息及各州立法记录等,各项目在工具、服务及实践方面实现共享。

除以上机构外,数字资源长期保存相关服务的第三方提供者在此领域也发挥着自己的作用,如致力于建立因特网图书馆的非营利性组织互联网档案馆(Internet Archive[47]),其复制、保存的互联网站点资源通过网站 http://www.archive.org提供获取,但是有1周到6个月不等的延迟。而 OCLC 最近进行的"数字存档"项目则旨在提供一个集中而安全的存储环境[48]。

此外,部分数字资源的创建者也以个人的名义与 NDIIPP 通过"保存美国创新性作品"项目(Preserving Creative America)[49]在动画、视频游戏及电子文献方面合作,但通常不被公众获取。

(2)澳大利亚

①Archive-It 服务[50]

Archive-It 是一项由 Internet Archive 提供的网页存档寄存服务(a hosted web archive service),属于第三方提供的网页代缴代存服务,该服务依据特定的社会和政治事件搜集海外网站的内容。由于并不是所有的区域组织都适合来履行该项任务,Archive-It 服务的出现也为很多国家和组织提供了便利。该服务在澳大利亚的第一个用户是 NLA 的亚洲文献部(the Asian Collections section)。

Archive-It 服务的优势在于用户无须关心具体的技术细节,同时也无须投入人力和时间,Archive-It 可以根据用户提供的一套 URL 源进行采集。但是,一旦采集开始进行或已经完成,就无法手工对损坏或丢失的内容进行修复,而用户对成果的揭示也缺乏真正的控制,同时,如果每年不续订其服务,原先采集的内容将填充至 Internet Archive 大的数据池中去,其数据不再作为一个独立的结果集存在。

②VERS[51]

对于澳大利亚政府的电子文件管理政策与规范,各地方政府部门多有响应,其中又以维多利亚州档案馆(Public Records Office of Victoria,PROV)的成果较为显著。1995 年起,PROV 即着手进行电子文件管理的研究,推出了"维多利亚州电子文件策略"计划(Victorian Electronic Records Strategy,VERS)。该计划是一套完善的电子文件管理方案,包含了标准、指导、培训、咨询和项目实施的整体框架,解决了电子文件的获取、管理和长期保存问题。

VERS 的核心目标是促进维多利亚政府机构文件的有效获取和利用,提供准确、可靠及权威的电子文档,支持政务公开及数字遗产的长期保存。VERS 采取面向数据(data-driven)的基本技术路线来获取和保存电子文件,采用这一路线主要是基于"经济、有效、长期"的原则。VERS 将电子文件内容及元数据装进 VEO(VERS Encapsulated Objects)。VEO 是一个代表一条记录的独立对象,由文件、档案元数据、XML 包装器、数字签名等 4 部分组成[52]。当文档实现格式转换、文件内容及元数据封装并加附数字签名之后,就形成了一个可以自我证明、自我描述的 VEO。VERS 标准 2.0 中定义了三类 VEO:文件 VEO(Record VEO)、案卷 VEO(File VEO)和修改 VEO(Modified VEO)。在 VEO 中,文件具有一定的层次结构,而相应的元数据就层层封装在每层结构的外部,类似于层层包裹的洋葱,故又称为"洋葱结构"[53]。封装完成之后,就可以将其移交给档案馆永久保存和存取利用了。由于 VERS 在电子文档管理方面的卓越进展,其 2000 年推出的维多利亚电子文件管理标准被列为 PROV 的标准"Management of Electronic Records(PROS 99/007)",2003 年,该标准的升级版本 2.0 发布。虽然 VERS 标准目前还只是一个州立标准,但其在电子文档长期保存方面的一些独到经验,已经得到多个国家相关专家的普遍认可,成为世界范围内领先的电子文件管理解决方案之一。

除上述两个项目之外,澳大利亚还开展了许多地方性质的长期保存项目。如塔斯马尼亚州的"Our Digital Island"项目,2000 年由塔斯马尼亚州立图书馆(State Library of Tasmania)建立,主要存档塔斯马尼亚州的网站,所有资源完全向公众开放[54];还有北领地图书馆(Northern Territory Library)建立的"Territory Stories"项目,搜集与地方历史文化有关的数字文档、图片及其他资料,用以存档北领地地区从古至今的历史发展历程,预计未来该网站将向公众开放上传权限,公众将可以向该知识库贡献图片、音频、视频等资料[55]。

(3)日本

①"数字资料馆"项目

为了实现"e-Japan 计划"中推进电子商务和开展电子政务的目标,日本国家级档案馆国立公文图书馆 2005 年开始就数字记录的管理、移管及保存进行调研,并于同年开始运行"数字资料馆"项目,即将所藏历史资料的电子图像发布到网络上以供公众访问。此外,国立公文馆还开始实施旨在解决数字记录的管理和长期保存的措施。2007 年,针对数字记录的元数据、格式等进行了实验,预计2009—2010 年间完成数字记录移管、保存及利用系统的设计工作,2011 年对电子公文正式开始进行移管和保存。

②民间和地方的长期保存

日本是民间"国际联合教育及科技文化组织"的最早发源地①,截至 2007 年 6月,日本全国共有接近 300 个地方"国际联合教育及科技文化组织"[56]。2003 年,国际联合教育科学及文化组织通过了"数字遗产保存宪章"(Charter on the Preser-

---

① 国际联合教育及科技文化组织:即 United Nations Educational, Scientific and Cultural Organization,在日本称为「日本ユネスコ」,相关机构为「日本ユネスコ国内委員会」即:"日本国际联合教育及科学文化组织国内委员会"。

vation of the Digital Heritage），日本的国际联合教育及科技文化组织国内委员会积极响应，为日本社会长期保存意识的增强起到了很大的作用[57]。

除了国家级图情文献机构以外，日本还有一些地方的数字化相关机构，如NPO地域资料数字化研究会①。该机构以收集、保存、整理、提供地方的信息、遗物以及文献情报为宗旨，进行地方资料的数字化研究、实践以及相关知识的普及。到现在为止，NPO地域资料数字化研究会一直在进行与资源数字化相关的一些实践，如：进行地方文学馆资料数字化的前期调查、研讨博物馆的数字化的相关课题以及构建地方资料数据库等。2007年，NPO地域资料数字化研究协助山梨县立博物馆举办了"昭和人与动物志"展览，并为展览提供了内容，赢得了大众的广泛好评。2008年12月，作为市民工程的组成部分之一，NPO地域资料数字化研究会公开了以下两个图像数据库：记录二战后山梨社会经济文化原貌的"大家的山梨"以及记录二战后日本农村状况"昭和农村照片集"。目前，NPO地域资料数字化研究会建成的地域资料数据库已经能公开访问[58]。这些举措对保存地方民俗文化起到了很大的作用。

6.2　国内数字资源长期保存的研究与发展

6.2.1　国内有关数字资源长期保存的理论研究

2008年12月31日，笔者使用"数字/网络/web＋信息/资源＋长期保存/保存/保护"作为题名或主题词分别在《维普中文科技期刊数据库》（1989—2008）和《中国期刊全文数据库》（1994—2008）、《中国优秀硕博士学位论文数据库》（1999—2008）内进行检索，经过去重及相关筛选，共得到1999—2008年数字资源长期保存领域相关有效文献229篇。

229篇数字资源长期保存相关研究文献总的时间分布如图6-2所示。

---

① NPO地域资料数字化研究会是1999年4月公共图书馆的相关人员和推进信息化的民营企业合作成立的研究会。最初是以学习日本山梨地区的信息化为目的，定期在互联网上交换信息、举行例会，之后通过"市民的为了市民而成立的知识库"等实践活动，发展成研究地方文化的NPO地域资料数字化研究会。

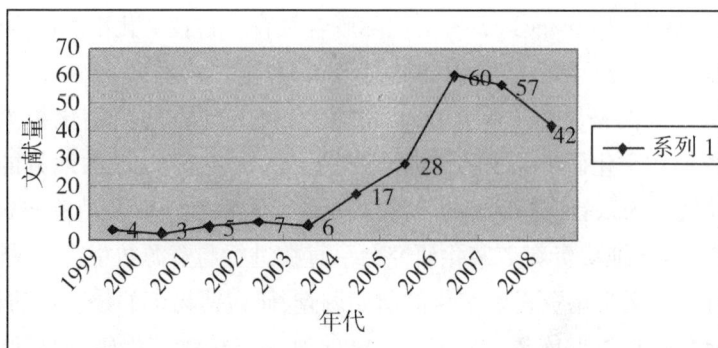

图6-2　研究文献时间分布图

我们可以看出,2003年以前,数字资源长期保存方面的文献数量较少但比较稳定,属于研究的萌芽期,从2004年开始,文献量上升较快,2006—2007年①,相关文献数量进一步达到高峰。这说明,近两三年来,数字资源长期保存研究已引起了我国图书情报领域越来越多的关注。

从内容分布来看,2003年以前的研究主要集中在国外研究项目介绍、保存策略和元数据等方面的理论研究,2004年的研究内容基本保留了2003年的趋势,但也出现了以网络资源保存为主题的实验性项目介绍[59,60],同时有多篇学位论文探讨了电子文件的长期保存问题[61,62]和数字档案存储[63]问题。2005年开始,每年都有相当数量的文献是在跟踪、推介国际上一些比较重要的项目和技术进展,尤其是两届数字资源长期保存国际会议分别于2004和2007年在北京召开,更使得许多国际上的新技术和新系统的引入与国外推出的时差越来越短。同时,研究的范围突破宏观的、理论层面的分析,出现了更多的应用研究、实例分析和具体问题探讨。下面,我们将详细介绍其主要内容。

6.2.1.1　针对不同数字对象的长期保存研究

研究数字资源长期保存,保存对象是首要的,只有对于保存的内容及其特征有了清楚的认识,才能有针对性地提出相应的保存策略。有关数字资源长期保存的对象,图书情报界一般集中于外购、自建资源及网络资源等方面,而档案机构则主要关注电子文件、档案资源等内容,这也跟两类机构长期以来在资源建设重点

---

①　2008年由于本文检索时两大系统收录不全的缘故,因此不作为比较依据。

及机构定位不同有关。具体来说有如下一些代表性研究：

外购资源。张晓林博士在 2004 年就提出了关于中国科学数字图书馆（Chinese Science Digital Library，CSDL）外购数字资源的长期保存框架[64]，并在此基础上提出了策略建议，包括长期保存内容、保存程度、保存方式、权益要求、技术策略要求和管理机制要求等，为国内图书馆开展相关建设提供了很好的借鉴。

连续出版物。有多篇文献[65,66,67]对美国斯坦福大学发起的数字资源长期保存计划——LOCKSS 项目系统架构进行介绍和分析，探讨了 LOCKSS 对网络传递的、权威性的、拥有稳定 URL 的连续出版物，如电子期刊、报纸、政府文件等数字资源保存所带来的影响，以及如何建立 LOCKSS 馆藏。

自建特色资源。中科院的马建霞等人构建了基于 Dspace 的甘青特有少数民族数字资源保存与服务系统[68]，针对甘青特有少数民族的特点，介绍了其系统的功能框架及其应用中在界面的本地化、功能的改进等方面的尝试。

共建共享资源。何朝晖等人研究了有关共建共享资源的可持续利用问题[69]，提出我国图书馆联盟应尽早重视共建共享数字信息的有效保存和可持续利用问题，发挥联盟的力量和优势，积极开展相关研究，制订标准和规范，建立共建共享数字信息保存的先导和示范项目。

网络资源。杨道玲在学位论文中针对 Web 资源的特点，重点论述了其采集策略、保存挑战与对策，并提出"中国 Web 资源保存计划"——建立中国 Web 档案馆的初步构想[70]。

电子文件。武汉大学的颜晓栋在其学位论文中就电子文件的长期保存问题进行了广泛的研究，该文在考察国内外研究成果的基础上，结合数字信息保存的共通性和电子文件长期保存的特殊性，对维护数字信息可读性的技术方案进行总结，提出选择与评价技术方案的原则和方法，并从管理角度论述了解决电子文件保存问题的选择策略与宏观管理策略及其他相关问题[62]。

数字档案馆资源的保存问题。苏州大学的毕建新在其学位论文中详细介绍了数字档案馆保存的各种类型资源的特点，以及这些信息长期保存涉及的问题和技术策略[63]。

6.2.1.2 数字资源长期保存相关技术问题研究

与长期保存相关的技术问题研究主要涉及技术需求、技术策略、技术体系、技术标准和保存元数据研究等方面的内容。

数字保存技术主要解决数字信息管理上面临的三大问题:一是存储载体的不耐久性,二是读写信息的计算机软硬件技术过时,三是数字信息的真实性。一种技术可能解决这些问题中的一个,但目前没有能解决所有问题的方法。比较常见的保存技术种类可参见杜砚如[71]、张晓林[72]、东野广升[73]等人的总结,主要包括如下几种:迁移、更新、转换、仿真、数字图形输入板等。郭家义分析了各国开展的数字资源长期保存实践项目,归纳了5种保存技术方法:多重备份与适时迁移、开放描述方式、模拟环境与环境封装、数据恢复与数据考古以及技术框架与整体解决方案[74]。张盛强等人还对目前比较常见的几种保存技术进行了比较,对各种技术的设计思路和优缺点作了简要的分析[75]。

技术策略作为数字信息资源长期保存中至关重要的组成部分,在很多项目中得到了广泛研究。吴振新等人在研究中简略地介绍了技术策略的发展概况,分析了技术策略分析框架中保存内容、保存能力和保存技术等关键因素,详细描述了按需迁移、基于 UVC、基于风干(Dessication,指从复杂数字对象格式中提取有价值的内容,保存简单的、低技术含量、机器易于还原和容易被人理解的数字对象格式的过程)和基于 UAF 等几种独特的保存技术策略的理论和实践方法,并对这几种保存技术策略进行了简略的总结对比[76]。

在技术体系研究方面,张智雄等人在参考 OAIS 参考模型、借鉴国外主要保存系统的技术框架和相关技术体系的基础上,提出了一个能够容纳当前主要数字保存技术的数字保存技术体系,将这一体系中的数字保存技术分为保存管理功能块、摄入功能块、仓储功能块、存储管理功能块和访问功能块等 5 个功能块,并对各个功能块之下的主要技术进行了阐述[77]。

标准在数字信息资源长期保存中的重要性得到了人们的广泛认可。标准体系的研究和建立是数字信息资源长期保存活动中不容忽视的问题,然而,正确认识标准规范在数字信息资源长期保存系统建设中的作用也至关重要。郭家义从系统实现角度对数字信息资源长期保存系统的标准体系进行了分析,认为重点在于正确认识标准的作用,积极研制主要标准并推动其项目应用,而非对系统建设过程中涉及的标准的穷尽[78]。

保存元数据是数字信息资源长期保存系统中对数字保存过程进行支持的信息,它支持和记录数字保存的处理过程。高嵩在对 PREMIS 的基础——OCLC/RLG 提出的保存元数据框架的基本理念和内容进行分析后,对 PREMIS 的数据模型进行深入分析,并对数据模型中各实体的保存元数据进行详细阐述,最后总结出 PREMIS 保存元数据的特点[79]。秦金聚对国内外保存元数据的研究方案进行了梳理,介绍了 NEDLIB、PANDORA、NLNZ、PREMIS、CEDARS、MDLS 等保存元数据的实施概况,并总结分析了它们带给我们的启示[80]。此外,还有一些研究者对数字资源长期保存元数据的技术进展[81,82]、相关标准[83]和合作管理[84]等进行了研究。其中清华大学多名研究人员针对清华大学图书馆在数字资源长期保存系统研制中的经验,提出了该馆数字资源长期保存的元数据方案[85,86]。

6.2.1.3　数字资源长期保存策略研究

有关数字资源长期保存的策略研究除了前述的技术策略以外,还包括选择或采集策略、安全策略和管理策略等方面的内容。而近年来最受关注的当属网络信息的选择或采集策略研究。

杨道玲将网络文献的选择原则归纳为针对性、信息来源的可靠性、是否具有较高的价值、资源的完整性与系统性以及时效性等[87],同时还介绍了目前国外 4 种主要的网络信息资源保存的收集方式,即选择性采集方式、全采集方式、联合采集方式、基于呈缴本制度的协商方法等[88]。

陈清文提出网络信息资源长期保存的策略有:保存"过时技术"法、迁移、建立网络信息长期保存归档系统。同时提出其管理策略有:努力提高全民网络文献保护意识、制定有关网络信息资源长期保存的法律、建立网络信息长期保存的责任制和建立网络信息呈缴制[89]。

张晓林、宛玲针对 CSDL 的外购数字资源特点提出了其保存策略,包括长期保存内容、保存程度、保存方式、权益要求、技术策略要求和管理机制要求等[64]。

刘家真[90]、胡燕菘[91]等人先后从管理角度提出多项管理策略,包括:建立数字资源保存的选择策略,建立数字资源呈缴制度,建立分布式保存机制,建立全国数字资源归档系统等。

彭迪对网络信息资源保存的责任者进行了分析,将其分为短期责任者、长期责任者和辅助责任者,并依据不同的责任者能力提出保存策略[92]。

6.2.1.4　数字资源长期保存的框架模型研究

数字资源的长期保存不仅需要依靠技术,更需要一种全面、系统的框架模型,高层次描述长期保存需求的概念框架,从而指导具体的实践。而国内关于框架模型的研究大致可以概括为几个方面:对 OAIS 参考模型的研究,对 LOCKSS 系统的研究、NEDLIB 和 NDIIPP 等国外其他大型保存系统的框架模型及实现、数字信息保存中的标准框架研究等。

作为 ISO 标准，OAIS 参考模型是目前国际数字资源长期保存遵循的框架和原则，是框架模型研究的热点问题。由于 OAIS 开放档案信息系统是对传统档案工作各个环节的描述和抽象，所以档案界对此的研究更趋于冷静[93,94,95]，而图情界由于急剧增加的数字资源逐渐成为馆藏主体，所以对其保存问题也日趋重视，对 OAIS 这一模型的研究热情明显高于档案界。研究者普遍认为 OAIS 参考模型为数字图书馆、元数据、数字资源管理系统建设等图情界迫切需要解决的问题提供了新视角和新方法。然而从现有的研究文献来看，图情界学者研究 OAIS 的落脚点都是"为我所用"，往往是对参考模型的内容、功能模块和信息包等内容进行介绍，然后从理论层面探讨了对国内建设的启示[96,97,98,99,100]。同时，也有一些研究人员结合此标准，进行了一些适合国内发展的实践性探索。比如祝忠明等人提出了一个基于 OAIS 模型的大学开放性数字档案馆建设框架，并对数字档案馆元数据体系设计、基于 Ontology 的档案信息资源实用分类体系以及用户界面的设计等核心问题进行初步分析和探讨[101]，非常有参考价值。

长期保存框架体系研究。郭家义等人对目前国外的几种长期保存系统框架做了分析：LOCKSS 采用分布式构建于低端设备的数字资源长期保存框架既是一个系统框架，也是一个战略框架，为基于合作的数字资源保存提供了概念框架；NEDLIB 作为欧洲网络化的保存图书馆，其目标是建立一个标准框架和基础工具，从而建立电子出版物存储系统（DSEP），基于 OAIS 的 DSEP 模型包括 6 个过程模块，即 5 个 OAIS 模块和 1 个保存模块；NDIIPP 的系统框架从数据流程上分析，可以分为数据输入、数据保存和数据输出三部分[78]。江雪娟等人则从宏观层面提出了框架体系构建的法定基础和现实基础，构建了我国数字保存完整的框架体系，描述了其保存原则、管理机构以及各组成部分的工作内容，为我国数字保存行动的全面发展提供了理论基础[102]。

质量标准框架研究。以郑州大学臧国全为代表的一批研究人员先后对数字保存系统中的技术支持，资源获取、保存和访问，以及用户服务等的质量标准框架进行了研究[103,104,105,106,107]，该系列研究属于国家自然科学基金资助项目"数字保存系统质量保证标准与认证研究"（项目编号：70673094）的研究成果，为我国图书馆界进行数字保存系统建设提供了借鉴标准。

6.2.1.5 数字资源长期保存相关法律问题研究

对数字资源进行可靠的长期保存,还必须解决相应的保存权利、知识产权等问题,必须妥善协调各相关方的责任和利益关系。有关网络呈缴制度等的研究为解决现有一些问题提供了有益的探索。

知识产权和隐私权是数字资源长期保存研究中比较突出的法律问题[108]。钟常青等从 Web 资源的采集、保存、利用、呈缴等角度分析了 Web 资源保存面临的法律困境,然后针对这些问题提出了相应的解决方案与建议[109]。宛玲等人分析了数字资源长期保存摄取环节、存储环节及服务过程中的知识产权问题,并提出要建立长期保存资源知识产权管理机制[110]。赵俊玲等人则从复制、检索、为未来长期保存 3 个环节分析了著作权法对网络信息保存的制约和影响,探讨了对应当前法律环境进行网络信息资源保存的对策[111]。谢倩虹从数字资源类型入手,研究了自建数字资源、外购数字资源、网络公开资源及缴送数字资源长期保存中的版权问题[112]。

相关权益研究。宛玲等人对数字资源长期保存权益管理政策进行了探索,力图通过定义和规范保存者、存储者、服务者、资源提供者和授权用户等各相关方的权利和责任来维护各方合法权益[113]。赵俊玲等人则从短期保存、长期保存、辅助保存体系等几个方面分析了网络信息保存的责任方,提出网络信息保存的责任体系[114]。陈清文则提出了在现有法律框架下确定网络信息资源长期保存责任的几点措施:图书馆是保存网络信息资源的重要责任者,国家和地方的信息保存机构共同承担网络信息的保存工作,建立分散保存责任的合作机制,建立全国网络信息储存中心[115]。

数字资源呈缴保存机制是保存数字资源的有效措施之一,数字资源呈缴保存机制建设的内容包括呈缴保存模式、保存管理措施、提交方式、审核体系和使用政策等。宛玲等人提出呈缴机制的建设原则是要体现个人、集体和国家的利益平衡,可以通过法律授权、严格的使用限制以及互利政策等来平衡数字资源长期保存各方的权益问题[116]。陈敏在参考国外数字信息呈缴制度的有关做法和经验的基础上,提出了我国建立呈缴制度的建议:选择性呈缴原则、合理确定数字信息的呈缴份数、规范数字信息的呈缴格式以及对呈缴数字信息的利用作出法律规定等[117]。

通过上述的研究分析,我们发现,国内在数字资源长期保存方面的研究有如下一些特点：

· 我国数字资源长期保存方面的研究论文呈逐年递增的趋势,低水平重复性研究仍然存在,与国外相比仍然存在一定的差距,但近些年来,国内对国外相关理论、项目等方面的研究从未停止,且随着两次比较大的国际会议在北京的召开,国内的研究与国际的差距在逐渐缩小。

· 数字资源保存研究的视野逐渐在扩大,内容也越来越广泛。初期研究侧重于译著、国外研究综述,这些研究对启发国内学界是非常有价值的。随着研究视野的逐渐扩宽,研究内容也有了变化,从单纯的技术方法探讨过渡到主张采取系统的、综合的管理策略等。

· 理论与实践研究逐渐结合,越来越多的研究侧重于实践领域。世界各国对数字资源保存的实践都进行了积极的探索,我国也有国家图书馆、中科院国家科学图书馆、清华大学、上海图书馆等多个机构和武汉大学的多位研究者开展了数字资源保存的试验和项目研究,而发表文献也从早期的宏观的理论探讨和国外系统、标准推荐,发展到近些年本地化建设的经验探讨,以及国际化合作研究等。

· 形成了中科院国家数字图书馆、国家图书馆、清华大学、武汉大学等多个研究和探索数字资源长期保存问题的核心机构,以及刘家真、宛玲、杨道玲、张晓林、臧国平、张智雄、吴振新等一批关注和研究数字资源长期保存的核心研究人员。

· 数字资源长期保存相关的法律问题也越来越多地引起了国内图书情报界的重视:比如如何正确看待和解决保存中各个环节、不同类型资源的知识产权问题,如何平衡保存系统相关各方权益,以及如何通过规范、合理的立法手段来保障数字资源长期保存的有效开展等。

整体来说,近年来国内在数字资源长期保存领域的研究取得了一些成绩,与国际上的研究进展也日趋接近,但是仍然有许多内容停留在概念和理论探讨以及对国外系统的介绍上,未来需要加大在实践探索和某些问题的纵深研究方面的力度,同时许多还没有较好解决方案的法律问题也将是未来研究的重点和难点之一。

6.2.2 国内数字资源长期保存相关实践项目

我国对数字资源长期保存的研究与实践起步相对较晚,关于这一领域的研究开始于20世纪90年代后期,但随着数字资源使用的日益普遍和可靠的长期使用问题的日益突出,数字资源长期保存问题亟待解决。由此国内的图书馆界和信息机构对数字信息资源长期保存给予了极大的关注,从政策、法律、技术、管理等多种角度对长期保存进行了跟踪和研究,做了大量的长期保存知识积累和理论储备。我国的研究机构积极参与了了国际交流,2004 年在北京召开了"中欧数字资源长期保存国际会议"(Chinese-European Workshop on Digital Preservation),2007 年又在中国召开数字资源长期保存国际会议 iPRES(International Conference on Preservation of Digital Objects)。与此同时,我国的图书馆界和相关机构也开始了数字资源长期保存的实践项目。如中国国家图书馆开展的网络信息资源保存试验项目、中国科学院国家科学图书馆学术期刊资源长期保存示范系统、CALIS 的学位论文的持久保存实践、清华大学图书馆参与的数字资源长期保存系统的研究与开发项目,以及"大学数字博物馆建设工程"等,都从不同方面对数字资源长期保存的理论成果进行了实践。

6.2.2.1 国家图书馆网络信息资源采集与保存试验项目[118]

网络信息采集与保存试验项目(Web Information Collection and Preservation,WICP)是国家图书馆 2003 年开始的一项重要的长期保存试验项目。2003 年 1 月,国家图书馆网络信息资源收集与保存科研课题组成立,开始网络信息资源整合的系统性研究工作;同年 7 月,国家图书馆网络文献收集与保存试验环境搭建完成;8 月,信息收集与加工工具软件的征集工作启动,正式开始网络信息资源的采集与保存;11 月,"网络信息资源保存试验项目"网站开通并提供服务。

该项目资金由国家图书馆馆内预算支出,至 2008 年已累计耗资 160 万元。项目采集对象包括政府网站,电子期刊网站,大学网站,企业网站,其他门户网站和报纸、电台、电视台等媒体网站等。项目业务流程如下[119]:

(1)收集对象的发现:工作人员上网浏览,利用搜索引擎收集;

(2)对象的调研:联系网站管理员,调查收集对象的各种特征,明确网站所有机构名、网站开通日期、网页更新频率等;

(3)信息版权处理:电子邮件发送版权声明,询问可否下载、下载深度,可否公开、何时公开、公开方式等;

(4)收集对象描述、分类:网站名、版权所有者、开通日期、分类、主题等;

(5)收集条件的设置:收集频率、启动时间等;

(6)实施收集:网络机器人开始启动;

(7)数据校验和整合:对收集到的数据进行检验,查找失败的原因进行二次收集;

(8)对象编目:MARC 书目数据录入到 Aleph500 系统中,DC 书目数据录入到试验系统中。

现在已经完成了 2005 年至 2008 年国内重大专题共 36 个,如建党 85 周年专题、航空航天专题等。该项目的子项目——"国际图书馆 PDF 报纸库"主要收录网上免费提供的 2002 年到现在的 PDF 原版报纸。项目初期的采集量为 277GB,2006 年新增数据 338GB,2007 年新增数据 374.6GB。该项目仍处于实验阶段,目前暂未对外公布,将来将通过网络提供给图书馆的读者浏览,同时还将提供字顺查询、查找浏览、全文检索等功能。

6.2.2.2　中国科学院国家科学图书馆数字科技期刊长期保存示范系统[120]

中国科学院国家科学图书馆近几年来在数字资源长期保存领域进行了多项研究活动,主要有数字资源持久保存国际合作试验项目(CSDL 项目)、网络信息资源保存的理论与方法研究(社会科学基金)、数字化科技信息资源长期保存体系与政策机制(NSDL 项目)等。国家科学图书馆承担了国家科技文献平台的数字科技资源长期保存的可行性研究与实施规划任务,积极构建数字资源长期保存技术示范体系,其核心系统及相关规范、流程已经初步完成,并选择了 Nature、Springer、维普三家数据库进行试运行[121]。而数字科技期刊长期保存示范系统是其有代表性的实践项目。该系统由 NSTL 和 NSL 联合资助。

(1)系统目标

该系统将选择一定规模的数字科技期刊资源构建一个规范化的、面向应用的数字科技资源长期保存系统,为数字科技资源提供 3 个保障,包括:保障被保存对象在数字保存的全生命周期中的任何时候都能够保持其完整性、真实性和可理解性;保障遭受破坏的数字科技资源能够在较短时间内得以快速恢复和部署,在原有的内容形式下,在原有服务范围内提供服务;保障被保存的数字科技资源能够在长期保存系统中方便、快捷、可靠地进行迁移,支持存储媒体的管理和翻新。

(2)系统特色

该系统在国内率先对长期保存的实践进行了探索,为 OAIS 模型在数字资源的利用方面提出了建议,并且遵循 OAIS 模型,具备该模型的基本功能。系统选择 Fedora 作为底层仓储,遵循开放的技术标准和规范。其功能复杂,技术体系框架包括保存管理功能块、存储管理功能块、仓储功能块、摄入功能块、访问存取功能块,采用FoxML(Fox Markup Language)对数字对象的摄入(SIP)、存储(AIP)、输出(DIP)信息包进行描述,对于期刊论文,其保存粒度达到每篇期刊论文、每本书的每一章。该系统还制定了各种类型数字对象的元数据方案。

（3）目前成果

该系统的保存对象主要是电子期刊,目前选取了英国物理学会全文期刊数据库(IOP,1998—　)中的40种,德国施普林格数据库(Springer,1997—　)中的1 250种和重庆维普中文科技期刊数据库(1989—　)中的7 916种期刊进行保存。其中,IOP已有超过15万篇文章,Springer已有超过20万篇文章,维普已有超过17万篇文章。

6.2.2.3　中国"WEB信息博物馆"项目[122]

中国"WEB信息博物馆"(Web InfoMall)项目是2002年1月在国家"973"和"985"项目支持下,由北京大学"计算机网络与分布系统实验室"主持开发的中国网页历史信息存贮与展示系统。系统提供如下几种功能:浏览过去存在的网页,典型历史网页展示,历史事件专题回放。该系统收集了从2001年以来约5亿个中文网页,并以每天数十万个网页的速度增长。

该项目全面收集中文网页,其收集策略和知识产权问题处理方法与美国Internet Archive都极为相似。北京大学网络实验室在相关文件中申明,该项目数据"主要是通过各种计算机程序自动收集所得,仅供研究中国Web信息所用,其中具体信息(例如网页等)的版权归作者和发布者所有",项目创建者"对信息内容的合法性、准确性、可靠性、完整性概不负责,也不因网页信息内容引起的纠纷承担任何法律责任"。

6.2.2.4　清华大学的数据备份系统[123]

为确保本校数字资源的安全性和完整性,清华大学构建了自己的数据备份系统。此备份系统采用基于网络的备份方式,以网络为基础进行备份数据的传输。其工作原理是:配置1台服务器作为备份服务器,由它负责整个系统的备份操作。在备份服务器上连接一台大容量存储设备(磁带机或磁带库)。在网络中其他需要进行数据备份管理的服务器上安装备份客户端软件,通过局域网将数据集中备份管理到与备份服务器连接的存储设备上。通过备份软件的计划功能,可以建立一个完善的备份计划及策略,集中对所有数据进行备份。备份软件也提供完善的灾难恢复手段,能够将备份硬件的优良特性完全发挥出来,使备份和灾难恢复时间大大缩短,实现网络数据备份的全自动智能化管理。基于网络的备份结构可以实现无人值守的集中备份管理,实现磁带库共享,从而节省总体拥有成本。

系统软件选用 Legato Networker 7.0。备份服务器采用联想万全 2300T,双 PIII 1.0GHzCPU,1GB 内存,73GB SCSI 硬盘,用于连接磁带库的 SCSI 卡、10/100Mb 自适应网卡。磁带库采用 STK_L40 磁带库,内有 2 个 LTO 磁带机(最大 12 MB/s),40 个 LTO 磁带槽位和 1 个清洗带槽位,附 40 盘容量为 100 GB 的磁带,总容量能达 8 TB(压缩)。

2003 年 3 月,清华大学网络备份系统进入正式运行状态,已经对多项服务进行有计划的备份。该系统为历史数据的查询、统计和分析以及重要信息的归档保存提供了可能。目前,数据备份已经成为数据存储领域的重要组成部分。

除了以上 4 个典型的项目外,国内还开展了其他的长期保存的一些实践活动。例如,清华大学图书馆利用一些主流的长期保存技术进行了一系列相关的系统建设,如利用 Fedora 建设的 MathDL(数学图书馆)和 MachDL(化学科学数字图书馆),利用 Dspace 建设的 IEEE 期刊数据库备份站点,利用 LOCKSS 建设的学位论文库等;中国国家图书馆建成了 DPS(数字资源长期保存)和 Diner(数字报纸存储系统)的实验系统;国家科学图书馆以科研项目形式开展了数字资源持久保存国际合作试验、数字化科技信息资源长期保存体系与政策机制、网络信息资源保存的理论与方法方面的研究;国家科学图书馆承担了国家科技文献平台的数字科技资源长期保存的可行性研究与实施规划任务,正在科技部和国家科技文献平台的支持下积极推进建立数字化国际科技期刊长期保存网络系统;中国科学院在以力学研究所为试点,开展了机构知识库的建设,以 Dspace 作为机构知识库的原型;CALIS 开展了学位论文的持久保存实践等。

总体而言,我国的长期保存的理论和实践活动开展得较晚,目前的实践虽然已有了较大的进展,但仍然停留在实验的阶段,其应用推广还不够广泛,其相关的技术和管理策略、管理机制等重要问题还没有统一可行的标准,国家层面的数字保存框架体系还没有构建。因此,还需要进一步推进和深入开展相关的研究和实践活动。

参考文献：

1 CCSDS, Reference Model for an Open Archival Information System (OAIS) BLUE BOOK[OL]. [2008-10-15]. http://public. ccsds. org/publications/archive/650x0b1. pdf.

2 SIP definition. [OL]. [2008-11-10]. http://public. ccsds. org/publications/archive/A01x2y4. pdf.

3 Premis Working Group. [OL]. [2008-10-16]. http://www. oclc. org/research/projects/pmwg/.

4 Understanding PREMIS guide[OL]. [2009-03-06]. http://www. digitalpreservation. gov/news/ 2009/20090204news_article_PREMIS. html.

5 Digital Preservation[OL]. [2009-05-27]. http://www. digitalpreservation. gov/.

6 DCC Curation Lifecycle Model[OL]. [2009-04-08]. http://www. digitalpreservation. gov/ news/2009/20090326news_article_metaarchive. html.

7 Inside CDL[OL]. [2009-05-27]. www. cdlib. org/inside/projects/preservation/webatrisk/.

8 Birth of the Dot-com Era Project[OL]. [2009-05-27]. http://www. digitalpreservation. gov/ partners/dot-com/dot-com. html.

9 PTV Digital Archive[OL]. [2009-05-27]. www. thirteen. org/sites/ptvdigitalarchive/.

10 Washington State Archives, Multi-state Preservation. Consortium[OL]. [2009-05-27]. http:// www. digitalpreservation. gov/partners/states_wa/states_wa. html.

11 JHOVE[OL]. [2009-05-27]. hul. harvard. edu/jhove/.

12 MINERVA[OL]. [2009-05-27]. http://lcweb2. loc. gov/diglib/lcwa/html/lcwa-home. html.

13 International Internet Preserveation Consortium. [OL]. [2008-12-20]. http://netpreserve. org/ about/index. php.

14 NAVCC[OL]. [2009-05-27]. http://mic. loc. gov/preservationists_portal/presv_navcc.

15 Using METS, PREMIS and MODS for Archiving eJournals[C]// Proceedings of The Fifth International Conference on Preservation of Digital Objects, 2008.

16 Nestor[OL]. [2008-12-20]. http://nestor. sub. uni-goettingen. de/nestor_on/index. php? lang = en.

17 德国数字出版物长期存储的现状和展望[OL]. [2008-12-21]. http://conference. las. ac. cn/Sino-German/2004/pdf/cn/26. pdf.

18 张静. 荷兰国家图书馆对数字资源保存的探索. [J] 国外社会科学,2008(6):89-95.

19 Deborah Woodyard. Digital Preservation: The Australian Experience[OL]. [2000-10-20]. http://www. nla. gov. au/nla/staffpaper/dw001004. html.

20 Brian Fitzgerald, Jessica Coates. Digital Preservation and Copyright in Australia[OL]. [2008-

07-15]. http://www. wipo. int/edocs/mdocs/copyright/en/wipo_cr_wk_ge_08/wipo_cr_wk_ge_08_www_105892. pdf.

21　Pandora Overview. [OL]. [2008-12-20]. http://pandora. nla. gov. au/overview. html.

22　Pandora:policy and practice statement. [OL]. [2009-01-05]. http://pandora. nla. gov. au/policy_practice. html.

23　Edgar Crook. Web Archiving in a Web 2. 0 World. [2008-09-06]. http://pandora. nla. gov. au/pan/13910/20080930-1156/conferences. alia. org. au/alia2008/pdfs/124. TT. pdf.

24　PANDORA Digital Archiving System (PANDAS). [OL]. [2008-12-25]. http://pandora. nla. gov. au/pandas. html.

25　PANDORA Business Process Model. [OL]. [2009-02-15]. http://pandora. nla. gov. au/bpm. html.

26　Edgar Crook. WEB ARCHIVING IN A WEB 2. 0 WORLD. [OL]. [2008-12-25]. http://pandora. nla. gov. au/pan/13910/20080930-1156/conferences. alia. org. au/alia2008/pdfs/124. TT. pdf.

27　Paul Koerbin. The Australian web domain harvests: a preliminary quantitative analysis of the archive data[OL]. [2008-04-15]. http://pandora. nla. gov. au/documents/auscrawls. pdf.

28　Heritrix. [OL]. [2008-12-20]. http://crawler. archive. org/.

29　国立国会図書館の電子図書館計画. [OL]. [2008-5-20]. http://www. ndl. go. jp/jp/aboutus/elib-project_02. html#2.

30　電子情報の長期的な保存と利用[OL]. [2009-02-20]. http://www. ndl. go. jp/jp/aboutus/preservation_02. html.

31　国立国会電子図書館中 2004[OL]. [2009-01-10]. http://www. ndl. go. jp/jp/aboutus/elib_plan2004. html.

32　国立国会図書館のWEB 情報保存は「対象限定」へ. [OL]. [2009-04-17]. http://slashdot. jp/comments. pl?sid=263515&threshold=-1&commentsort=3&mode=thread&pid=760554.

33　Metadata for Digital Preservation: A Status Report on PREMIS [OL]. [2009-03-20]. www. oclc. org/research/projects/pmwg/cni2004falltf. ppt.

34　The Center for Research Libraries,CRL. [2009-03-20]. www. crl. edu/.

35　Digital Archiving and Long Term Preservation: An Early Experience with Grid and Digital Library Technologies. [2009-03-20]. http://www. archives. gov/era/papers/thic-04. html.

36　DataNet. [2009-03-20]. http://www. datanet. co. uk/.

37　John H. Milam, Jr. Using National Datasets for Postsecondary Education. [OL]. [2009-05-20]. http://Researchhighered. org/docs/milam-datasets. PDF.

38 Portico：A Digital Preservation and Electronic Archiving Service.［OL］.［2009-03-20］. http://www. portico. org/.

39 Institute of Museum and Library Services［OL］.［2009-03-20］. http://www. imls. gov/.

40 蔡华利. 数字资产管理系统—DSpace 研究［J］. 情报科学,2006(9):1405-1408.

41 王雯,黄丽,王军. Fedora 数据仓储的介绍与应用［J］. 数字图书馆论坛, 2007(9)：28-32.

42 Paul Wheatley. Costing the Digital Preservation Lifecycle More Effectively［C］. Proceedings of The Fifth International Conference on Preservation of Digital Objects，2008.

43 数字保存领域主要项目实践［OL］.［2009-02-20］. http://www. nlc. gov. cn/service/fuwudaohang/tyck/2009/200901z_4. htm.

44 Powr［OL］.［2009-04-17］http://jiscpowr. jiscinvolve. org/.

45 ERA.［2009-03-20］. http://www. digitalpreservation. gov/partners/dot-com/dot-com. html.

46 The Library of Congress Preserving State Government Information initiative［OL］.［2009-03-20］. http://www. digitalpreservation. gov/partners/states. html.

47 Internet Archive［OL］.［2009-03-20］. http://www. archive. org/.

48 Digital Archive［OL］.［2009-03-20］. http://oclc. org/digitalarchive.

49 LoC. Library Holds Strategy Session on "Preserving Creative America"［OL］.［2009-05-27］. http://www. loc. gov/today/pr/2006/06-096. html.

50 Archive-it［OL］.［2009-05-27］. http://www. archive-it. org/.

51 VERS［OL］.［2008-10-16］. http://www. prov. vic. gov. au/vers/vers/default. htm.

52 VRES：Frequently Asked Questions.［OL］.［2009-01-10］. http://www. prov. vic. gov. au/vers/faq. htm.

53 王璟璇. 澳大利亚维多利亚州电子文件策略研究［J］. 北京档案,2008(2):44-45.

54 State Library of Tasmania［OL］.［2008-12-20］. http://odi. statelibrary. tas. gov. au/.

55 Territory Stories［OL］.［2008-12-10］. http://www. territorystories. nt. gov. au/.

56 文部科学省日本ユネスコ委員会［OL］.［2009-12-20］. http://www. mext. go. jp/unesco/007/001. htm.

57 国立国会電子図書館中 2004［OL］.［2009-01-10］. http://www. ndl. go. jp/jp/aboutus/elib_plan2004. html.

58 Digi-KEN 地域資料デジタル化研究会［OL］.［2008-12-20］. http://www. digi-ken. org/~archive/index. html.

59 王志庚,郝守真. 网络文献保存的实践和课题［J］. 国家图书馆学刊,2004(2):32-38.

60 李春明,吕伟.网络信息资源专题存档试验研究[J].国家图书馆学刊,2004(2):43-46.

61 王欢喜.电子政务环境下电子文件信息安全研究[D].武汉:武汉大学信息管理学院,2004.

62 颜晓栋.电子文件的长期保存研究[D].武汉:武汉大学信息管理学院,2004.

63 毕建新.数字档案馆存储研究[D].苏州:苏州大学,2004.

64 张晓林,宛玲.CSDL外购数字文献资源的长期保存策略[J].大学图书馆学报,2004(6):26-32.

65 黄田青,陈清文,陈心蓉.LOCKSS:图书馆数字资源长期保存的新机制[J].图书馆学研究,2007(5):29-31.

66 吴振新,李春旺,郭家义.LOCKSS数字资源长期保存策略[J].现代图书情报技术,2006(2):35-39.

67 吴晓骏.LOCKSS数字资源长期保存策略及其应用初探[J].图书馆学研究,2007(3):25-27,30.

68 马建霞,祝忠明,王渊命等.基于Dspace构建甘青特有少数民族数字资源保存与服务系统[J].现代图书情报技术,2007(1):53-57.

69 何朝晖,戴龙基,肖珑.共建共享数字资源的可持续利用研究[J].大学图书馆学报,2007(2):13-19.

70 杨道玲.Web资源采集与保存研究[D].武汉:武汉大学信息管理学院,2005.

71 杜砚如,赵炜霞.数字信息长期保存技术问题探讨[J].情报杂志,2002(6):37-38.

72 张晓林.数字信息的长期保护问题[J].图书馆,2001(5):7-12.

73 东野广升,东野广锋.数字信息长期保存策略探讨[J].情报科学,2001(7):446-447.

74 郭家义,吴振新.数字资源长期保存研究综述(1)[J].现代图书情报技术,2005(5):53-58.

75 张盛强,唐李杏.数字信息保存技术对比研究[J].四川图书馆学报,2002(3):42-47.

76 吴振新,张智雄,郭家义.数字信息资源长期保存技术策略分析[J].现代图书情报技术,2006(4):8-13.

77 张智雄,林颖,吴振新,张晓林.数字信息资源长期保存技术体系研究[J].现代图书情报技术,2006(4):3-7,13.

78 郭家义.数字信息资源长期保存系统的标准体系研究[J].现代图书情报技术,2006(4):14-18.

79 高嵩,张智雄.PREMIS保存元数据体系分析[J].现代图书情报技术,2006(4):19-23,52.

80　秦金聚. 数字信息保存元数据研究进展及启示[J]. 情报理论与实践,2007(2):284-288.

81　盛小平. 数字信息长期保存的元数据研究[J]. 情报学报,2002(8):450-457.

82　胡文娟,娄碧芬. 国际元数据数字保存方法技术发展综述[J]. 浙江高校图书情报工作,2007(1):30-35.

83　刘志辉. 数字资源长期保存元数据相关标准[J]. 数字图书馆论坛,2006(4):17-20.

84　宛玲,张晓林. 数字资源长期保存中的合作管理元数据设计探讨[J]. 图书情报知识,2004(1):55-57.

85　牛金芳,郑小惠,曾婷,姜爱蓉. 清华大学图书馆保存元数据方案[J]. 大学图书馆学报,2003(2):22-25.

86　董丽,吴开华,姜爱蓉,张蓓. METS 元数据编码规范及其应用研究[J]. 现代图书情报技术,2004(5):8-12,7.

87　杨道玲. 归档网络文献的选择策略[J]. 图书馆杂志,2006(3):26-30.

88　陈清文. 网络信息资源长期保存的采集策略与方法[J]. 情报探索,2006(12):47-48.

89　陈清文. 网络信息资源长期保存策略研究[J]. 情报杂志,2006(9):114-115.

90　刘家真. 维护数字信息长期存取的管理策略[J]. 中国图书馆学报,1999(5):56-58.

91　胡燕菘. 数字资源保存:相关项目与管理策略[J]. 图书馆工作与研究,2005(4):48-51.

92　彭迪. 基于责任者能力的网络信息资源保存策略研究[J]. 图书馆工作与研究,2008(8):28-29.

93　章燕华,徐海静. OAIS 的"冷"与"热":我国档案界研究之理性反思[J]. 档案学研究,2007(2):43-45.

94　金更达. 基于 OAIS 的数字档案馆系统框架研究[J]. 浙江档案,2007(4):38-41,45.

95　章燕华,刘霞. OAIS 参考模型:数字资源长期保存的概念框架[J]. 浙江档案,2007(3):38-42.

96　吴江华. OAIS——开放档案信息系统参考模型[J]. 中国信息导报,2007(3):18-20,29.

97　吴月新. OA IS 参考模型在 NEDLIB 项目中的应用及对我们的启示[J]. 图书馆学研究,2007(1):92-94,91.

98　李明娟. OAIS 参考模型与数字信息长期保存[J]. 图书情报知识,2007(9):65-69.

99　方力,吴月新. OAIS 参考模型的应用及启示[J]. 情报探索,2008(7):30-32.

100　何欢欢. OAIS 参考模型及其在我国的应用[J]. 图书馆杂志,2008(9):56-61.

101　祝忠明等. 大学开放性数字档案馆建设框架的设计[J]. 现代图书情报技术,2006(11):32-35,45.

102　江雪娟,宋显彪. 构建我国数字保存的框架体系[J]. 图书馆建设,2007(5):37-40.

103　臧国全,徐爱琴,孟玺. 数字保存系统的用户服务质量标准框架[J]. 图书情报知识,2007
　　　(9):88-91.

104　臧国全,焦克非,丁丽鸽. 数字保存系统中数字资源保存质量标准框架[J]. 情报技术,
　　　2007(11):49-51.

105　臧国全,王艺园. 数字保存系统中数字资源访问质量标准框架[J]. 图书馆理论与实践,
　　　2008(1):32-34.

106　臧国全,陈志鹏. 数字保存系统中数字资源获取质量标准框架[J]. 现代情报,2007(9):
　　　85-87.

107　许瑞平. 数字保存系统技术支持质量标准框架解析[J]. 图书情报工作,2007(8):69-
　　　71,34.

108　朱烨. 数字保存中的技术、组织及法律因素分析[J]. 图书馆学研究,2005(4):36-38.

109　钟常青,杨道玲. Web 资源保存中的法律问题探讨[J]. 情报理论与实践,2006(3):
　　　281-284.

110　宛玲,张晓林. 数字资源长期保存过程中的知识产权问题分析[J]. 中国图书馆学报,
　　　2005(3):65-69.

111　赵俊玲,杜国芳. 著作权法对网络信息资源保存的影响分析[J]. 现代情报,2005(5):
　　　72-74.

112　谢倩虹. 从资源类型谈数字资源长期保存的版权问题[J]. 现代情报,2008(7):35-
　　　36,39.

113　宛玲,张晓林. 数字资源长期保存权益管理政策研究[J]. 图书情报知识,2006(3):
　　　24-27.

114　赵俊玲,卢振波. 网络信息保存的责任体系分析[J]. 大学图书馆学报,2006(2):94-97.

115　陈清文. 网络信息资源长期保存责任的研究[J]. 中华医学图书情报杂志,2006(11):
　　　49-51.

116　宛玲,杜晓静. 数字资源呈缴保存机制研究[J]. 图书馆工作与研究,2006(6):34-36.

117　陈敏. 呈缴制度与数字信息长期保存[J]. 档案,2008(1):20-22.

118　国家图书馆网络信息资源保存试验项目[OL]. [2009-02-20]. http://webar-
　　　chive. nlc. gov. cn.

119　陈力,郝守真,王志庚. 网络信息资源的采集与保存——国家图书馆的 WICP 和 ODBN 项
　　　目介绍[J]. 国家图书馆学刊,2004(1):2-6.

120　张智雄,吴振新. 基于 Fedora 的数字资源长期保存试验系统[C]//2007 年数字图书馆前
　　　沿问题高级研讨班会议论文,2007-08-15.

121 数字资源长期保存国际会议在国家科学图书馆举行［OL］.［2009-05-27］. http://
www. cas. ac. cn/html/Dir/2007/10/16/15/34/10. htm.

122 中国"WEB 信息博物馆"项目［OL］.［2009-01-05］. http://www. infomall. cn.

123 窦天芳,陈武. 数字图书馆数据备份的解决方案与技术—清华大学图书馆备份系统简介
［J］. 图书馆建设,2005(1):91-92.

7 面向数字环境的实用框架体系与综合评估方法

——近年来图书馆评估理论研究与实践进展

2007—2008 年间,图书馆评价与评估研究已经深入到图书馆活动的各个领域。研究者针对图书馆评估的相关概念、指标体系、技术方法和评估实践等进行了多维度、多视角的研究,评估对象涉及图书馆活动的各个方面。同时,研究者们越来越多地关注数字图书馆的发展,并致力于为数字图书馆的发展和完善建立一套完整的评估指标体系和框架,以利于及时发现和纠正其中的问题和偏差。有关数字图书馆评估的研究主要表现为研究者对数字图书馆评估的认识、数字馆藏评估指标体系研究、数字图书馆管理评价指标体系研究、数字图书馆服务评估指标体系、数字图书馆评价方法等方面。

7.1 图书馆评估相关概念的辨正

在业界,"评估"与"评价"经常被作为同一个概念使用。实际上,图书馆评估不但包含图书馆评价,还有着其他更为丰富的内涵:对于图书馆评估而言,图书馆目标是评估的根本依据,科学发现是评估的基本前提,客观描述是评估的基础环节,价值判断是评估的核心内容,发展探索是评估的灵魂,审美观照是评估的最高境界[1]。

随着图书馆由资源范式向服务范式的转变,服务评价越来越受到关注,而将服务评价、绩效评价、质量评价、用户满意度评价等概念混同、交替使用的现象十分常见。杨广锋等人对此进行了辨析[2],认为服务评价是服务相关评价中外延最大的概念,内容包括服务的基础条件、资源建设、服务方式和服务效果 4 个方面;绩效评价是建立在服务行为基础之上的一种定量测评,属于对服务的总结性、鉴定性评价;用户满意度评价是测度服务效果和成本效益的有效工具,用户与图书馆服务中的一些特定接触是实现用户满意的关键;而服务质量属于一个主观范畴,取决于用户对服务质量的期望与实际感知的服务水平的对比。

相关概念的界定和辨正直接关系到评估目标、指标和方法的设计,是开展评估理论和实践活动的基础。图书馆评估相关的各种概念基于不同的认识论,每一种评估或评价都有其侧重的评价内容和方法,并不存在直接的优劣之分,科学的服务评价需要综合使用多种评价理论和方法。

7.2   图书馆评估指标体系研究

7.2.1   当前有关图书馆评估指标体系构建研究的基本特点

(1)有关文献资源建设、馆藏和数字资源(电子资源)的评估的认识已经逐渐达成共识。

索传军是国内开展数字馆藏评价研究的代表人物,他提出了一套完整的数字馆藏质量评价指标体系[3],由数字资源内容、检索系统性能、服务的经济性、存储系统的性能评价构成主要评估模块,包括 11 个二级指标和 29 个三级指标,各指标按重要性(权重)排序依次为数字馆藏的覆盖范围、下载次数、同行评议、更新频率和购置成本等。

除了数字资源引进前的预评估,对数字资源后评估的认识也渐趋一致,评价指标主要集中在数字资源利用评价、成本核算和售后服务评价 3 个方面[4]。

(2)图书馆评价指标体系的发展表现出明显的协变性,即随图书馆发展环境变化而变化。

以 CALIS 的数字资源评估指标体系为例,2008 年,CALIS 对其在 2002 年提出的数字资源指标体系进行了扩展和完善,包括 12 个一级指标及若干可根据实际需要选择使用的二级指标[5],除了对数字资源数量、结构、内容质量和使用效益等基本要素进行评价外,这套指标体系还明确提出了将数字资源的可持续发展能力和共享能力作为一级评价指标,体现了一定的前瞻性和扩展性。不但如此,基于这套指标体系,CALIS 还为不同的评价环境设计了不同的评价模型。

图书馆信息服务与活动是开展图书馆评估的基础,尤其对于数字图书馆质量评价研究而言,新的信息环境推动产生了新的研究内容,评价指标的设计必须考虑造成数字图书馆服务复杂性的各种因素,此外,还要考虑知识产品的升级和发展给评估带来的影响[6]。

7.2.2 数字图书馆实用性评估框架体系

经历了早期发展阶段的理论探索研究,目前的图书馆评估理论研究更注重其可操作性和实用性,不但重视发展和完善普适性评估标准和评估指标体系,而且开始重视研究微观层面的适用于某些特定数字图书馆的评估指标体系。

目前,国内外纯粹意义上的数字图书馆还是少数,因此,建立一套适用于复合型图书馆进行数字图书馆建设和服务评估的模型和指标体系更加切实可行,以图书馆的目标和职能为背景,从"数字资源"、"服务"、"技术"、"管理"和"用户感知"5个方面进行数字图书馆的质量测度[7]。指标测度完成后可以将评估中所取得的绝对数值转化成相对值或者分值,以便进行比较,而各指标的加权方案可以由不同的评估主体在实施评估前采用专家调查法等方法进行确定。这些措施的实施促进了评价指标体系的灵活性,在一定程度上提高了其实用性。

从实用的角度出发,DELOS(Network of Excellence on Digital Libraries,数字图书馆杰出网络)定义了数字图书馆概念模型[8]。该模型以数字图书馆的通用定义为出发点,将用户、数据/馆藏、技术作为数字图书馆领域的重要要素,三者呈非直角正交关系。用户群的定义决定馆藏的范围及内容,馆藏的性质决定图书馆使用的相应技术,而馆藏对用户的吸引力及其使用的便易性决定数字图书馆的使用范围,即用户、馆藏和技术影响整体使用量。以中心圆"数字图书馆领域"作为出发点,可向外扩展到数字图书馆研究领域(外环),并利用主要研究领域(用户、使用、馆藏和技术)之间的非直角正交关系为数字图书馆试验基地创造一系列研究需求。在"内容至上"的观念影响下,馆藏的性质、范围及形式能够决定潜在用户群的范围及其所要求使用的技术。对每个要素都需要制定相应的评价标准,而这些标准也应具备相应的测度指标。对于用户与馆藏、馆藏与系统、用户与系统之间的关系,DELOS也提出了一个三维交互模型(Interaction Triptych Framework, ITF)。用户与馆藏的关系表现在有用性方面,评价指标包括信息相关度、可靠性、查全率等;用户与系统之间的关系表现在可用性方面,评价指标包括利用的便易性、导航、可学习性等;而系统与馆藏之间的关系表现在运行状况方面,评价指标包括反映时间、查准率、系统召回(recall)等。该框架模型为当前数字图书馆评价提供了一套灵活的、高适应性的指导方针。

Giannis Tsakonas 和 Christos Papatheodorou 利用这个三维交互模型开展了开放存取数字图书馆的评估实践,进一步证明了该概念模型的实用性及可用性。此前,人们更多的是从出版的、经济的、科学计量的角度来看待数字图书馆开放存取系统,而使用这一三维交互模型,可将信息行为及人机交互领域的知识与经验整合到一起。实践证明,该框架模型不仅能满足图书馆全面评价的要求,还能为建设者提供快速而便利的途径,以展示用户对评价系统的看法,另外,它还可以考虑到用户概况及态度问题[9]。此次评价活动的结果显示,电子出版物存档的有用性及可用性会影响用户的互动性和满意度,而对于开放存取资源来说,面临的最大挑战就是能否与用户的需求紧密联系起来,这决定了它们能否从"入不敷出"逐渐实现"自给自足",进而不断发展壮大。

7.2.3 图书馆可持续发展与数字图书馆发展全流程评估体系

可持续发展是一种总体性的社会发展理论,对图书馆的可持续发展进行评价,目的是通过对特定时期内图书馆的行为、活动进行定性和定量的分析,确定图书馆当前发展水平和未来发展态势及发展的战略战术。图书馆可持续发展评价指标体系由社会支持力指标和图书馆发展力指标构成[10]。其中,社会支持力指标是指影响图书馆可持续发展的外部环境因素,一般包括政策法规的支持率、执行度、区域内图书馆的分布数等;图书馆发展力指标指的是图书馆内部整体素质的应变能力、竞争能力和可持续发展能力,一般包括资源能力指标、技术能力指标、人力资源指标和管理能力指标。

数字时代的图书馆发展环境蕴含着极大挑战,如何评价这些发展环境是有效应对挑战的前提,同时也是建立数字图书馆全流程评价的起点[11]。业务工作环境、信息资源建设环境和数字图书馆运行环境的稳定性评估和成本评估,已经引起了一部分学者的关注,或将成为未来研究的主流话题。

Fox 等学者基于数字图书馆 5S(信息流、结构、空间、使用情景、社会)框架构建了一个数字图书馆质量评估模型[12]。该模型从数字图书馆建设和服务的全流程出发,定义了一系列质量维度,如数字资源目录、数字资源集、数字对象、元数据标准、存储库以及各种信息服务等。针对每一个维度都有不同的评估指标,如数字对象的可访问性、信息准确性、完整性、可融合性、一致性、可持续性、高效性、可扩展性、相关性、保存性、适当性、可靠性、可重用性、时效性等。每一个维度又根据不同的特性来进行测度、评估,例如反馈时间代表效率,迁移成本对应长期保存,失败服务的数量对应可靠性等。该模型使用定量的方法进行定性的评价,最终计算出的都是一些具体数值,为数字图书馆的科学评估提供了帮助。

7.3 图书馆评估的技术方法研究

7.3.1 基于用户满意理论的 LibQUAL⁺TM 方法研究

近年来,图书馆越来越重视"以用户服务为中心"的发展战略,在这种背景下,服务质量评估和绩效评估一直是研究热点。其中,用户满意理论和 LibQUAL⁺™方法是热点中的热点。不同于以往的简单移植应用,到 2007—2008 年,对用户满意理论和 LibQUAL⁺™方法的研究已经进入实证和修正研究阶段。

在 2008 年北美研究图书馆协会(ARL)第二届图书馆评价会议上,LibQUAL⁺™的相关问题成为与会者热议的话题,包括 LibQUAL⁺™是否能够代表用户满意度指数、利用 LibQUAL⁺™服务项目的影响来发展图书馆参考服务的核心能力与价值框架等问题[13]。国内学者曹培培认为,LibQUAL⁺™方法使用的评价模型存在以下缺陷:①测评层面和测评问题设置不尽科学;②样本的选择没有考虑用户层面"图书馆阅历"的差异,绝对平均化;③没有看到感知服务水平和期望服务水平之间的相关性。因此,必须进行相应的改进才能够更准确地进行评价实践,改进措施包括:①测评问题及其权重的确定要以用户为中心;②变随机抽取样本为有意识抽取样本,充分考虑被调查者的"图书馆阅历";③图书馆之间进行横向比较时,应注意到各馆调查样本结构的不同,在比较之前应进行相应的转换[14]。陈晓菊等人结合我国高校图书馆的实际,对 LibQUAL⁺™评价的指标和权重进行了进一步的研究和探索,在设计权重时提出了用 0.618 作为标度的层次分析法,并引用一些实例数据对此进行论证,提出了一种可操作的图书馆服务质量评价体系[15]。

另一位学者 Hong Iris Xie 从用户角度对数字图书馆的评估进行了探讨,通过调查用户利用数字图书馆的情况及其评价数字图书馆的标准,对用户满意度理论进行了一定的实践改进。她选取两个数字图书馆作为评价对象,共有 19 名实验者参与这项研究。实验者在使用这两个数字图书馆时做记录,对数字图书馆评价标准的重要性进行等级评定,并通过应用他们自认为重要的标准来评价这两个数字图书馆。结果显示,在用户对数字图书馆的评价中,用户的利用模式、认知的重要评价标准、使用偏好和经验以及知识结构共同决定了其对数字图书馆的评价结果。用户建议的数字图书馆评价标准代表了他们所渴望的数字图书馆形象,而他们的实际评估则反映了他们对数字图书馆的期待。用户更偏重于从自己的角度去考虑数字图书馆的有用性,而且他们几乎不关心经费、长期保存或数字图书馆的社会影响等[16]。因此,数字图书馆评价需要用户参与,但更重要的是,需要将能够影响用户对数字图书馆评价的各种因素都考虑周全,这样才能在评价中得到准确的结果。

7.3.2   以层次分析法和模糊评价法为主的图书馆综合评估方法研究

随着对评估指标体系的认识逐渐达成共识,关于这个领域的研究思路和研究方法也相对成熟。传统的图书馆评价方法依然发挥着重要的作用,例如,Yoko Hirose 和 Natsuko Nakazawa 通过实证分析证明,引文分析方法对于提高研究型图书馆为终端用户提供信息资源的能力是至关重要的[17]。另一方面,一些研究者也致力于引进和改造其他学科的研究思路和研究方法,用于图书馆评价研究,如层次分析法(AHP 法)、模糊论法、多元统计法、熵权法、条件价值评估法、数据包络分析法(DEA 法)、BP 神经网络分析法等都有进一步的应用和发展[18]。尽管这些方法的应用都具有一定程度的局限性,但研究者仍然坚持探索,并趋向于采用一种方法为主、其他方法为辅的综合方法路线进行图书馆评估。在众多方法中,层次分析法(AHP 法)和模糊评价法是最常用的两种,近一两年来,随着实践的深入,这方面的实证研究开始增多,这两种基本方法的应用也有所发展和改进。

图书馆服务质量是用户在接受图书馆服务过程中所感知的效果与在接受图书馆服务前的效果预期之间的匹配程度。基于当前图书馆服务质量研究的成果,使用 AHP 法分析影响图书馆服务质量各因素的相对权重,是一种可行的方法。韩毅等人对某图书馆的实际情况进行 AHP 测试,结果表明影响图书馆服务质量的最重要因素是:图书馆所拥有或控制的信息资源、图书馆的人力资源和基础设施。在此基础上,他们运用模糊评价法,构造影响因素的模糊评价矩阵,测定了该图书馆的服务质量，从定量角度提供了服务质量的测定方法[19]。这是典型的 AHP 评价法与模糊评价法相结合的实践应用。

实际上，根据图书馆服务质量模糊综合评价矩阵，求出图书馆服务质量隶属度要经过一系列隶属度的转换。但是，一般的隶属度转换方法都不具有揭示指标隶属度有用性的机制，使指标隶属度中原本对目标分类不起作用的冗余数值也被用于计算目标隶属度。为此，从对目标分类角度设计一种滤波器，识别指标隶属度中不起作用的冗余数值，提取对目标分类起作用的有效值计算目标隶属度，是一种有效的模糊评价方法的改进算法[20]。

Evandrino Barros 和 Alberto Laender 等人负责的项目在考虑数字图书馆的解决方案和评价时，通过元数据收割协议处理未经组织的、不同来源的数据，并为其设计了简单但却有效的不同输入界面，而其评估也是真正地以用户为中心，用户根据数字图书馆的可用性及数据质量对推荐的数据输入界面进行评价[21]。在这种评价中，不但借鉴了模糊评价的思路，而且融合了多种技术评价方法，使数字图书馆的评价更为精确，同时，也变得更加复杂了。

应用不同的评价标准和评价指标体系，可以确定数字图书馆的评价因素集及其构成因素的层次关系。开发数字图书馆评估系统时，应从系统工程的角度出发，对数字图书馆每个层次的评价因素及其之间的层次关系都进行合理的安排。系统执行评估任务时宜参照差分多级模糊综合评价方法，在建立评价矩阵时，考虑到评价组成员权重不同，引入加权计算；在确定评价结果时，引入差分函数计算，在排名时引入隶属度离散性系数，用来解决得分相同、名次不好确定的情况[22]。

此外，在"数字图书馆技术化和人文化融合研究"项目研究过程中，李善杰等人提出设计和实现数字图书馆服务评价系统所采取的主要技术方案和实现方法[23]。该系统以三层 B/S（Brower/Server）模式组织搭建，他们设计的服务评价系统结构主要由 8 个数据库表构成：读者信息表、评价信息表、历史数据表、存储评价结果的评价结果表、存储系统配置信息的系统设置表、用于用户 IP 地址识别的 IP 地址表、用户权限管理的权限账户表和记录系统访问情况的系统日志表。

7.3.3　数字图书馆评估从一般性研究向特殊性研究发展

目前开展的实践项目摒弃了"大而全"的思想，越来越关注对数字图书馆特殊的单项要素的评估，如数字图书馆信息系统安全评估、数字图书馆著作权评估、图书馆网站评估等。另外,在2008年举行的第十七届希腊学术研究图书馆会议上,研究者还提出了图书馆电子资源服务评价和教育研究新模型的关系问题[24]。

有学者提出,可以应用灰类综合评判方法建立数字图书馆的信息系统安全评估模型,并且实验证明,该模型在一定范围内是可行的,其评估效果也是可以信赖的[25]。

对数字图书馆著作权进行评估,首先必须研究其新特点,在此基础上,根据需要对传统著作权评估理论和模型进行修改,可以采用修正的收益现值法,构建一个实用的评估指标体系及模型,以合理评估数字图书馆环境下的著作权的真实价值[26]。该指标体系至少应包括社会效益、经济效益和数字化效益三大方面。

林芳认为,数字图书馆门户可用性评估指标可从有效性、效率、满意度这3个方面分解,从而形成完整的评估指标体系[27]。而另一项调查表明,人们对图书馆网站美观方面的关注程度正在日益增加,图书馆网站作为其对外服务的一个非常重要的窗口,它的建设水平在一定程度上映射出这所图书馆的办馆思路、服务理念与发展方向。因此,能否合理地组织发布图书馆馆藏、电子资源、服务项目等信息内容,以便读者能够快速、准确地检索到要找的信息,是评价图书馆网站成功与否的关键[28]。Alijani与Nikkar网站评价的研究首先选取了4个网上数字图书馆:古登堡、24*7、Netlibrary和Ebrary,并将他们的检索特点、显示选项、特性等作为评价和比较的标准。评价结果表明,在设计数字图书馆界面时,应考虑到其易用性、可用性以及可扩展性等更多的因素,将更有助于获得用户的认可。

关于数字图书馆中教育资源的评价研究也是数字图书馆具体问题评估方面比较有代表性的内容。数字图书馆教育资源被认为是由知识仓储和服务所构成的复杂信息系统的集合体,其评价系统架构必须能够重点考察实现该资源的重复性利用和读者自助定制的可能性的能力。考虑到教育资源的主要要素是学习对象、知识仓储和适当的服务(如虚拟学习环境),评价的主要标准应包括学习对象的重复性利用能力、资源质量、展现形式及可用性、经济高效性、教育环境。而对虚拟学习环境的评价应结合教育学、组织学和技术评价标准进行综合的复杂评价。并且,所有主要的数字图书馆教育资源服务要素评价都应使用同一的、简单的、清晰的标准等级系统[29]。

7.4 图书馆评估实践活动的发展

评估系统及相关应用软件的出现,使图书馆评估实践获得了强大的发展动力,代表了未来评估发展的一种趋势,但是目前,这些系统才仅仅形成探索阶段的雏形,距离完善、可靠的应用系统还有很长的路要走。

近两年图书馆评估实践活动的针对性越来越强,除高等院校图书馆和公共图书馆以外,儿童图书馆、音乐图书馆等专门图书馆的评估活动也十分活跃。

穆青、刘毅等人认为,对于高校的数字图书馆而言,较为完整的评价体系应由办馆条件、馆藏资源、网站建设、服务水平、技术水平、法律规范、经济效益这七部分构成[30]。其中,法律规范问题是在近两年开始进入研究者的视野,主要包括对资源和图书馆服务的知识产权保护能力的评价以及图书馆信息传播和网上论坛管理能力的评价。

儿童使用图书馆的行为具备很强的特殊性,然而,许多儿童专用界面在设计时并未考虑到儿童的能力和偏好。Hilary Browne Hutchinson 的项目组进行了一项研究,目的是根据儿童的图书馆使用行为设计和评价适合小学适龄儿童检索和浏览的数字图书馆网站[31]。他们认为小学适龄儿童(6—11 岁)是计算机和网络最大的用户群体之一,因此,为他们设计检索和浏览工具是非常重要的。研究发现,儿童能够使用目录浏览器进行布尔检索,但多数目录浏览界面会有多个种类,并且每个种类都采用层级展开的方式提供浏览,由于上一级的目录往往较为抽象,而学龄儿童很难理解这样的目录。基于上述研究,Hutchinson 等人认为使用平面分类结构,即只有叶级分类(leaf-level categories)并且同时展现,可能会更好地支持儿童使用。然而,这种设计会在屏幕引入非常多的项目,会产生分页和下拉等潜在使用问题。为权衡利弊,项目组在国际儿童数字图书馆做了两项研究,即观察儿童使用两种类型的分类浏览器检索和浏览的情况。结果表明,对于儿童来说,平面的、同时显示的界面优于等级的、连续的界面。对儿童检索和浏览技巧偏好的调查和评价成为设计儿童数字图书馆的依据,同时也是进行数字图书馆评价的主要依据。

在 2007 年举行的第七届诺森比亚图书馆与信息服务绩效测评国际会议(7th

Northumbria International Conference on Performance Measurement in Libraries and Information Services)上,英国拉夫堡大学(Loughborough University)的 Claire Creaser 教授介绍了他们所进行的 VAMP 项目(SCONUL Value and Impact Measurement Program)的情况,认为绩效评估中并不缺乏评估工具,如 SCONUL 数据、LibQUAL$^{+™}$以及 Evalued 等,但缺乏的是对评估及其作用的理解。因此他建议建立实践社团,支持已存在的评估工具,强调目的性与针对性,并能将评估结果与机构目标相结合,这样才能发挥评估的价值[32]。

参考文献:

1 成东娥. 图书馆评估概念辩证[J]. 情报杂志, 2007(7): 99-104.

2 杨广锋, 陈朝晖. 图书馆服务相关评价辨析[J]. 图书情报知识, 2007(5): 56-59.

3 索传军. 数字馆藏评价与绩效分析[M]. 北京: 北京图书馆出版社, 2007: 155-156.

4 周婕. 图书馆电子资源后评估: 内容与应用[J]. 图书馆杂志, 2007(4): 21-24

5 肖珑, 李浩凌, 徐成. CALLS 数字资源评估指标体系及其应用指南[J]. 大学图书馆学报, 2008(3): 2-8.

6 Uda N. Special feature: Evaluation methods in library and information activities. Quality evaluation of digital libraries[J]. *Journal of Information Science & Technology Association*, 2007, 57 (8): 390.

7 刘炜, 楼向英, 张春景. 数字图书馆评估研究[J]. 图书情报工作, 2007(5): 21-24, 69.

8 Fuhr N, Tsakonas G, Aalberg T, etal. Evaluation of digital libraries[J]. *International Journal on Digital Libraries*, 2007, 8(1): 21.

9 Tsakonas G, Papatheodorou C. Exploring usefulness and usability in the evaluation of open access digital libraries[J]. *Information Processing & Management*, 2008, 44(3): 12-34.

10 郭普安. 图书馆可持续发展评价指标体系构建研究[J]. 图书馆工作与研究, 2007(4): 52-54.

11 刘军华. 数字时代图书馆发展环境分析与评估[J]. 情报探索, 2007(9): 14-16.

12 Goncalves M A, Moreira B L, Fox E A, etal. "What is a good digital library?" – A quality model for digital libraries[J]. *Information Processing and Management*, 2007, 43(5): 1416-1437.

13 Eric Ackermann. LibQUAL + Ⓡ and the Evolution of "Library as Place" at Radford University, 2001-2007 [OL]. [2009-02-01]. http://libraryassessment.org/bm ~ doc/ackermann.pps.

14 曹培培. LibQUAL +$^{™}$服务质量评价方法的思考与改进——以高校图书馆为例[J]. 图书

情报工作, 2008(4): 100-103.

15 陈晓菊, 钱树云. 图书馆服务质量评价体系的探索[J]. 情报杂志, 2008(6): 123-125.

16 Xie H I. Users'evaluation of digital libraries (DLs): Their uses, their criteria, and their assessment[J]. *Information Processing & Management*, 2008, 44(3): 13-46.

17 Hirose Y, Nakazawa N.. Special feature: Evaluation methods in library and information activities. Methods of journal collection assessment using journal citation data[J]. *Journal of Information Science & Technology Association*, 2007, 57(8): 396.

18 Mary A. L., Sankar A.. Collection Evaluation Of PSN College Of Engineering And Technology Library And PET Engineering College Library In Tirunelveli District[J]. SRELS Journal of Information Management, 2008, 45(1): 63.

19 韩毅, 杨晓琼, 李健. 图书馆服务质量影响因素的权重测定及模糊评价分析[J]. 中国图书馆学报, 2007(5): 79-82.

20 刘开第, 庞彦军, 郝继梅. 图书馆服务质量综合评价的一种新方法[J]. 情报杂志, 2008(8): 133-135.

21 Barros E, Laender A, etal. Transitioning from the ecological fieldwork to an online repository: a digital library solution and evaluation[J]. *International Journal on Digital Libraries*, 2007, 7(1): 109.

22 樊彩霞, 马礼. 数字图书馆评价系统的研究与实现[J]. 软件导刊, 2008(6): 112-114.

23 李善杰, 周凤飞. 数字图书馆服务评价系统的设计与实现[J]. 情报科学, 2008(5): 718-720, 739.

24 Topics: The evaluation of electronic services of Library and their relation with the new models of education and research[OL]. [2009-02-01]. http://17conf. lib. uoi. gr/index. php/en/.

25 陈錬. 数字图书馆信息系统安全评估[J]. 图书情报工作, 2008(2): 141-144, 99.

26 曾丽霞, 张文德. 数字图书馆环境下的著作权评估方法新探[J]. 图书情报工作, 2007(3): 80-83.

27 林芳. 数字图书馆门户可用性评估指标体系[J]. 图书情报工作, 2008(4): 35-38.

28 Alijani R E A, Nikkar M E A. Evaluation And Comparison Of Free And Commercial User Interfaces Of Digital Libraries[J]. *International Journal of Information Science & Technology*, 2008, 6(1): 3

29 Kurilovas E A. Digital library of educational resources and services: evaluation of components[J]. *Informacijos Mokslai / Information Sciences*, 2007, 42: 69.

30 穆靖, 刘毅. 高校数字化图书馆评价研究[J]. 图书馆工作与研究, 2008(9): 47-49.

31 Hutchinson H B, Druin A, Bederson B B. Supporting elementary-age children's searching and browsing：Design and evaluation using the international children's digital library[J]. *Journal of the American Society for Information Science & Technology*, 2007, 58(11)：1618.

32 Creaser C. VAMP-laying the foundations. ［OL］［2009-02-01］. http：//www. lib. sun. ac. za/ Northumbria7/Northumbria％202007％2003/Creaser％2013-8-07％2015-45. ppt.

8 政府主导、全面合作的各国文化遗产保护运动

——近年来古籍与非物质文化遗产的整理、保护及相关理论研究进展

近年来,特别是2007—2008年,世界各国政府以及社会公众对文化遗产的整理与保护都给予了较以往更多的关注。很多国家都制定了明确的文化遗产保护总体发展战略和科学技术发展规划,如:中国政府以保护和弘扬为主题的"中华古籍保护计划"自2007年起全面实施;美国政府提出的"挽救美国的财富计划"、"维护美国行动计划"[1],旨在激发公众对文化遗产的关注,加强各地域人民的地域认同感、自豪感和参与感,从而达到挽救过去、保护未来的目的;法国推出的"国家文化遗产(科技)研究计划"[2],由政府投入,集中了53个研究团体,进行科研项目攻关,涉及理论、技术和具体保护工程;意大利则有国家大学科研部遗产保护研究三年计划(2003年—2005年)[3],参加项目单位多达350个,其中有64个分布在国家研究委员会、大学和文化遗产部的主要研究机构中,预算总额达3亿欧元;日本和韩国先后推出了"文化立国"计划[4],主要内容都是如何更好地保护和利用文化遗产;欧盟科技发展第六框架计划[5]确定文化遗产保护和相关研究作为增强经济潜力和凝聚力的战略重点;国际政府间组织ICCROM(国际文化遗产保护与修复研究中心)的首要战略[6],就是提高社会对文化遗产保护价值的认知,使人们认识到文化遗产保护的价值与自然或环境保护的价值具有同等的重要性,并与自然或环境保护挂钩,同时强调将可移动遗产与不可移动遗产保护相结合,大力推广风险评估和预防性保护措施等。

8.1 国内古籍整理与保护工作及其进展

8.1.1 各级各类古籍保护工作组织机构的建立

我国古籍保护工作正在有计划、有步骤地逐步展开。2007 年 4 月,经国务院批准,全国古籍保护工作部际联席会议成立。联席会议在国务院领导下,研究拟订全国古籍保护的重大政策措施,向国务院提出建议;协调解决全国古籍保护工作中的重大问题;讨论确定年度工作重点并协调落实;指导、督促、检查古籍保护各项工作的落实。成员单位为:国家发改委、财政部、教育部、科技部、国家民族事务委员会、宗教局、新闻出版署、文化部、文物局、国家中医药管理局,联席会议办公室设在文化部。2007 年 5 月,经中编办批准,中国国家古籍保护中心在国家图书馆成立,负责普查登记、业务培训、实验研究等工作。此后,各省图书馆作为省级古籍保护中心也纷纷挂牌,行使本省古籍工作的组织协调职责。为了确保古籍保护工作科学化、规范化,2007 年 8 月,经全国古籍保护工作部际联席会议通过,文化部决定成立全国古籍保护工作专家委员会,该委员会主要应答下列事项的相关咨询:(一)古籍保护规划的制定;(二)普查工作方案的制订和实施;(三)珍贵古籍定级及破损定级;(四)国家珍贵古籍名录的评审;(五)全国古籍重点保护单位的评审;(六)古籍保护相关标准规范的评审;(七)中华再造善本、珍贵古籍的整理、出版和数字化工作;(八)其他重要事项。

同时,一些单位下大力气改善古籍收藏环境,文化部组织申报国家级修复中心,以期实现古籍的分层管理,分级保护。同时国家古籍保护中心正在积极筹建国家级古籍保护实验室,调研国外先进设备和经验。

8.1.2 古籍保护相关标准规范的制定

此前,受文化部委托,国家图书馆组织国内部分收藏单位先后制订了《古籍定级标准》、《图书馆古籍特藏书库基本要求》、《古籍破损定级标准》、《古籍修复技术规范与质量要求》、《古籍普查规范》,这些标准和规范已经作为文化部行业标准颁布实施,其中《古籍修复技术规范与质量要求》于 2008 年升级为国家标准 GB/T 21712-2008。

8.1.3 对全国古籍收藏和保护状况的全面普查

针对长期以来由于种种原因造成的中国古籍数量不清、生存状况不理想,古籍工作人才匮乏,古籍保护手段陈旧,科学试验研究条件、人员素质与世界先进水平差距较大等问题,2007 年 1 月,国务院办公厅颁发了《关于进一步加强古籍保护工作的意见》(国办发〔2007〕6 号),中华古籍保护计划拉开帷幕,其主要任务和基本目标是,在"十一五"期间大力实施"中华古籍保护计划",全面、科学、规范地开展保护工作:对全国各系统的古籍收藏和保护状况进行全面普查,建立中华古籍联合目录和古籍数字资源库;实现古籍分级保护,建立《国家珍贵古籍名录》;完成一批古籍书库的标准化建设,命名"全国古籍重点保护单位";加强古籍修复工作,培养一批具有较高水平的古籍保护专业人员;通过努力,逐步形成完善的古籍保护工作体系,使我国古籍得到全面保护。这是中国政府首次颁发的关于古籍保护的文件,具有重要的历史意义[7]。

在全面普查的同时,第一批《国家珍贵古籍名录》及"全国古籍重点保护单位"由文化部主管副部长担任主任的全国古籍评审工作委员会组织专家评审和社会公示后,于 2007 年上报国务院,2008 年 3 月 1 日经国务院正式批准公布。2008 年 7 月 28 日,中央政治局委员刘延东出席全国古籍保护工作会议,并为第一批全国古籍重点保护单位、第一批《国家珍贵古籍名录》收藏单位代表授牌颁证。进入首批《国家珍贵古籍名录》的共有 2392 种古籍,其中汉文古籍 2282 部,包括简帛 117 种、敦煌文书 72 件、古籍 2020 部、碑帖 73 部;少数民族文字古籍 110 部,包括焉耆–龟兹文、于阗文、藏文、回鹘文、西夏文、白文、蒙古文、察合台文、彝文、满文、东巴文、傣文、水文、古壮字等 14 种文字。列入首批全国古籍重点保护单位的 51 家,包括国家图书馆、26 家省市公共图书馆、12 家高校图书馆、5 家专业图书馆、5 家博物馆及 2 家档案馆[8]。

开展普查工作的同时,国家古籍保护中心积极向社会展开古籍保护宣传工作,于 2008 年 6 月 14 日—7 月 20 日在国家图书馆古籍馆举办"国家珍贵古籍特展",展出入选第一批国家珍贵古籍名录的近 400 种古籍,此次展览成为共和国历史上参展单位最多、展品最为丰富的古籍展。

8.1.4 古籍的整理与出版

我国所藏的完整、复本、残本宋元版书籍数量规模并不大。为使这些珍稀善本永远保存下去并发挥应有的作用,2002 年 7 月,文化部、财政部联合启动"中华再造善本"工程[9],采用现代印刷技术复制出版,再造善本,对古籍善本进行再生性保护。工程计划再造善本 1300 种,首期再造唐宋善本 700 种。经过 5 年的努力,到 2008 年,中华再造善本工程一期全部完成,现已再造 758 种、8990 册唐宋金元时期的珍稀古籍善本,实现了传承与传播利用的完美结合,得到学界的一致好评,同时减少对珍贵古籍原件的直接使用成为对古籍再生性保护的典范。中华再造善本工程二期也在社会的期待中,于 2008 年 9 月 9 日由文化部宣布启动,二期主要针对明清两代珍稀古籍以及部分少数民族文字古籍。

古籍的点校整理出版,以中华书局点校本"二十四史"和《清史稿》的全部重新修订出版为代表,已开展多年。

彰显地方文化特色的地方文献也成为近年来出版选题的热点。如绍兴县委、县政府,与中国国家图书馆等收藏单位及中华书局合作,共同编纂出版的《绍兴丛书》,被正式列入国家"十一五"重点古籍整理出版规划项目,已于 2007 年底出版第一辑,其他各辑将陆续出版。2005 年,由广州地方政府斥资、广州地方文化部门主持编纂的大型文献丛书《广州大典》也已启动并陆续出版。

少数民族文字古籍也在积极组织出版,如西双版纳州政府与云南大学贝叶文化研究中心等共同合作,启动了"抢救树叶上的傣族文化"行动,从 2006 年 1 月至 2008 年 12 月,分批出版《中国贝叶经全集》。这成为上千年来对中国南传上座部佛教典籍的第一次、也是最全面的一次搜集和整理,同时,这也是一次抢救性的整理。

古籍目录的整理出版也在进行中,新闻出版总署组织的《中国古籍总目》的编辑也已进入尾声。2007 年 12 月出版的《中国中医古籍总目》收录 1949 年以前出版的中医图书达 13 455 种,成为迄今为止收录最全的中医古籍总目。其他如《北京地区满文总目》等分地区目录也将陆续出版。

8.1.5 古籍数字化建设的推进

2008 年 9 月 9 日,国家数字图书馆开馆,古籍图书数字化产品成为主要内容之一,受到学界和大众读者的普遍关注,古籍数字化是伴随信息技术的进步而发展起来的一个新领域,也是将古籍利用和保护完美结合的未来发展趋势,对古籍数字化的研究也成为业内人士研究的重点之一。

2008 年 8 月 14 日,在北京召开了第一届中国古籍数字化国际学术研讨会,来自海内外 60 余家学术机构的 80 余名专家学者就中国大陆以及港澳台古籍数字化现状进行盘点,同时围绕中文古籍数字化的未来展开交流,以求进一步探索中华文明的传承与创新之路。

目前,我国重要的古籍大都已有了电子文本,包括传世典籍和出土文献,这给人们利用古代典籍提供了极大的方便,对中国传统文化的学术研究起到了有力的促进作用。但现今的电子古籍还存在诸如缺少统一规划,底本选择和僻字录入等工作不规范,以及版权混乱等方面的难题。

8.2 国内非物质文化遗产保护活动及其进展

8.2.1 非物质文化遗产保护的制度保障

2005 年 12 月 22 日,国务院下发《关于加强文化遗产保护的通知》[10](国发〔2005〕42 号),明确了加强文化遗产保护的指导思想、基本方针和总体目标,要求积极推进非物质文化遗产保护。其总体目标是:到 2010 年,初步建立起比较完备的文化遗产保护制度,文化遗产保护状况得到明显改善;2015 年,基本形成较为完善的文化遗产保护体系,具有历史、文化和科学价值的文化遗产得到全面有效保护,保护文化遗产深入人心,成为全社会的自觉行动。《通知》确定每年六月第二个星期六为"文化遗产日"。

2003 年 10 月,第 32 届联合国教科文组织大会上通过了《保护非物质文化遗产公约》[11]。我国自始至终积极参与了《公约》制订工作的全部过程。2004 年 8 月,经全国人大常委会批准,我国正式加入了《保护非物质文化遗产公约》。公约首次明确定义了"非物质文化遗产",即指被各社区、群体,有时是个人,视为其文化遗产组成部分的各种社会实践、观念表述、表现形式、知识、技能以及相关的工具、实物、手工艺品和文化场所。这种非物质文化遗产世代相传,在各社区和群体适应周围环境以及与自然和历史的互动中,被不断地再创造,为这些社区和群体提供持续的认同感,从而增强对文化多样性和人类创造力的尊重。在该公约中,只考虑符合现有的国际人权文件,各社区、群体和个人之间相互尊重的需要和顺应可持续发展的非物质文化遗产。该公约的宗旨是:保护非物质文化遗产;尊重有关社区、群体和个人的非物质文化遗产;在地方、国家和国际一级提高对非物质文化遗产及其相互欣赏的重要性的意识;开展国际合作及提供国际援助[12]。

自1998年以来,文化部与全国人大教科文卫委员会在国内外立法调研的基础上,组织起草了《中华人民共和国民族民间传统文化保护法》(草案)。为借鉴《保护非物质文化遗产公约》的基本精神,法律草案名称已改为《中华人民共和国非物质文化遗产保护法》。目前,成立了全国人大、中宣部、文化部等多部门组成的立法工作领导小组,正在对法律草案进行进一步的修改完善。

8.2.2　非物质文化遗产保护的组织机构

2005年12月,为了贯彻落实党的十六大关于"扶持对重要文化遗产和优秀民间艺术的保护"的精神,履行我国加入联合国教科文组织《保护非物质文化遗产公约》的义务,国务院办公厅印发了《关于加强我国非物质文化遗产保护工作的意见》,要求建立中国非物质文化遗产代表作国家名录,确定"保护为主、抢救第一、合理利用、传承发展"的指导方针及"政府主导、社会参与、明确职责、形成合力、长远规划、分步实施、点面结合、讲求实效"的工作原则。《意见》指出,国家将通过开展非物质文化遗产普查摸底工作,通过建立代表作名录体系,加强非物质文化遗产的研究、认定、保存和传播,建立科学有效的传承机制,逐步形成有中国特色的非物质文化遗产保护制度。《意见》要求加强领导,落实责任,发挥政府的主导作用。由文化部牵头建立中国非物质文化遗产保护工作部际联席会议制度,统一协调非物质文化遗产保护工作。同时,广泛吸纳有关学术研究机构、大专院校、企事业单位、社会团体等各方面力量,共同推进我国非物质文化遗产的保护工作。《意见》的印发对我国的非物质文化遗产保护工作起到了重要的推进作用。根据《意见》精神,我国于2005年建立了非物质文化遗产保护工作部际联席会议制度,统一协调解决非物质文化遗产保护工作中的重大问题。部际联席会议的职能包括:(1)拟订我国非物质文化遗产保护工作的方针政策,审定我国非物质文化遗产保护规划;(2)协调处理我国非物质文化遗产保护中涉及的重大事项;(3)审核"国家级非物质文化遗产代表作国家名录"名单,上报国务院批准公布;(4)承办国务院交办的有关非物质文化遗产保护方面的其他工作,重大问题向国务院请示、报告。部际联席会议成员单位包括文化部、发展改革委、教育部、国家民委、财政部、建设部、旅游局、宗教局、文物局组成。其中文化部为部际联席会议牵头单位，文化部部长任部际联席会议召集人，文化部副部长任部际联席会议成员兼秘书长。各成员单位有关负责同志任部际联席会议成员。各有关部门根据有关法律法规和国务院赋予的职能开展工作。部际联席会议办公室设在文化部，负责日常工作。

2006 年 9 月 14 日，"中国非物质文化遗产保护中心"成立，其后，文化部社会文化图书馆司加挂非物质文化遗产司的牌子，成立了非物质文化遗产处。经各省（自治区、直辖市）机构编制委员会办公室批准的省级非物质文化遗产保护中心也相继成立。2006 年 7 月 13 日，非物质文化遗产保护中心专家委员会成立并行使职责。专家委员会的成立是为了要进一步发挥专家学者的咨询、指导作用，以科学求实的精神对非物质文化遗产进行有效保护。专家委员会的主要任务有[13]：制定保护规划，制定和实施普查方案，对国家级非物质文化遗产名录进行评审、保护和管理，以及认定非物质文化遗产项目代表性传承人等。专家委员会的工作机制充分有效地运行，一方面要依靠委员会内外专家的互相配合，另一方面要充分发挥专家委员会的桥梁和纽带作用，通过各方面专家吸纳社会各界的意见和建议，实现各项决策的民主化、科学化。要加强人才培养，与教育、科技等各个部门紧密合作，整合社会各方力量，共同推进非物质文化遗产保护工作的深入开展。

8.2.3 非物质文化遗产名录体系

2006 年 5 月 20 日，国务院批准了文化部确定的第一批国家级非物质文化遗产名录（共计 518 项）（国发〔2006〕18 号）。2008 年 6 月 7 日，国务院又批准了第二批国家级非物质文化遗产名录（共计 510 项）和第一批国家级非物质文化遗产扩展项目名录（共计 147 项）（国发〔2008〕19 号），普查工作初见成效。除此之外，全国各省、自治区、直辖市也都已经建立了省级非物质文化遗产名录。国家、省、市、县四级非物质文化遗产名录体系正在逐步形成，非物质文化遗产保护取得了显著成效。

8.2.4 非物质文化遗产项目代表性继承人

2007 年 6 月 9 日和 2008 年 2 月 28 日，文化部分别为国务院公布的第一批

226 名和第二批 551 名民间文学、杂技与竞技、民间美术、传统手工技艺、传统医药五大类的国家级非物质文化遗产项目代表性传承人颁发证书。2008 年 5 月 14 日,文化部令第 45 号《国家级非物质文化遗产项目代表性传承人认定与管理暂行办法》[14]出台,自 2008 年 6 月 14 日起施行。《办法》对代表性传承人的认定标准、权利、义务以及资助等作出了规定。《办法》从政策法规的实施执行上有效地加大了保护传承人的力度。有些省(自治区)也较早地出台了地方对代表性传承人认定与管理的暂行办法。目前,全国许多省、市、区直到基层暂行办法的推行和实施已经在 3 个方面产生了明显的效果:一批代表性传承人得到了生活补助或津贴等资助,特别是老艺人、老工匠的生存条件、生活条件得到了某些改善;一批代表性传承人或传承单位得到了传习活动的资助,使他们得以继续有效地开展传艺授徒活动;一批代表性传承人得到了大力资助,由保护单位抓住有利时机对代表性传承人的技艺做抢救性的录音和摄像,为代表性传承人精湛技艺的活态保存或数据库建立准备了素材。

8.2.5　国家级文化生态保护区建设

　　文化生态环境是文化遗产赖以生长和传承的丰厚土壤,文化生态保护区建设是非物质文化遗产保护工作的重要内容。文化部分别于 2007 年 6 月 9 日和 2008 年 1 月 8 日命名了我国第一个国家级文化生态保护实验区——福建省闽南文化生态保护实验区和第二个国家级文化生态保护实验区——徽州文化生态保护实验区。全国很多地区也正在根据当地的民族和地域特点,积极探索开展文化生态保护区的方式方法。如,云南省在文化遗产丰富、自然生态良好、拥有一定规模传统民居建筑、有一批非物质文化遗产传承人的 27 个村镇,设立了云南省民族传统文化保护区;广西设立了刘三姐歌谣文化生态保护区、京族文化生态保护区、三江侗族文化生态保护区、贺州瑶族服饰文化生态保护区。湖南的湘西苗族土家族自治州文化生态保护区、青海的黄南藏族自治州热贡艺术文化生态保护区等正在规划中。这些工作都对我国开展文化生态保护区建设提供了宝贵的经验。为加强对文化生态的保护,政府在 2008 年闽南文化生态保护实验区的基础上,总结经验,继续推动文化生态保护区建设工作,加强对非物质文化遗产的整体性保护。政府预计在"十一五"期间,确定 10 个国家级民族民间文化生态保护区,对非物质文化遗产内容丰富、较为集中的区域,实施整体性保护,包括古建筑、历史街区、传统民居、当地居民及其民族传统生产生活方式、风俗习惯、艺术文化、传统手工艺等重要文化形式,充分突显出文化生态保护区的民族特色、地域特色和历史文化内涵。文化生态保护区建设将纳入当地经济社会发展规划以及城乡建设规划。同时,将尊重历史沿袭下来的群众的生产生活方式和风俗习惯,也关注经济和社会发展给群众生产生活带来的新变化。各地可以结合自己的实际情况,积极探索,大胆实践,走出适合本地情况的文化生态保护区建设的路子。文化部在多方调研的基础上,目前已经起草了《国家级文化生态保护区命名与管理暂行办法》(征求意见稿),正交由各界相关人士广泛讨论,待修改完善后出台。

8.2.6　非物质文化遗产保护的宣传推广

2006 年 2 月 12 日至 3 月 16 日,中国非物质文化遗产保护成果展在国家博物馆举办,李长春等国家领导人参观了展览。

2006 年 6 月 10 日,我国迎来了第一个"文化遗产日"。在此期间,"文明的守望——中华古籍特藏珍品暨保护成果展"在国家图书馆举办,李长春、许嘉璐、陈至立、刘延东、李蒙等观看了展览。

2007 年 6 月 9 日,我国第二个"文化遗产日"期间,各地围绕"保护文化遗产,构建和谐社会"这一主题,举办了一系列内容丰富、形式多样的展览、演出、论坛、表彰等活动。

2007 年 6 月 8—18 日,由文化部主办、中国艺术研究院中国非物质文化遗产保护中心承办的"中国非物质文化遗产专题展"——"中国木版年画展"、"中国民间剪纸艺术展"、"中国皮影艺术展"、"中国木偶艺术展"、"中国传统染织技艺展"在北京中华世纪坛举行。文化部还组织了"中国非物质文化遗产珍稀剧种展演"和"中国非物质文化遗产专题展"等展览演出活动,并与四川省人民政府共同在成都举办了中国成都国际非物质文化遗产节。

8.2.7　非物质文化遗产保护的国际交流与合作

2006 年 6 月 27 日,联合国教科文组织《非物质文化遗产保护公约》缔约国大会第一次会议在巴黎举行,45 个缔约国代表团出席了大会,中国作为 30 个有意竞选政府间委员会成员国的缔约国中的一个,派代表在会上作了发言。2008 年 6 月 16—19 日,缔约国大会第二次会议再次在巴黎总部召开。

2006 年 6 月 30 日,中国当选为首届保护非物质文化遗产政府间委员会成员,将有权参与审议联合国教科文组织"人类非物质文化遗产代表作名录"和"急需保护的非物质文化遗产名录"的提名,制定代表作名录和亟须保护名录的遴选标准,并对国际援助进行审议。

2007 年 4 月 16—20 日,由文化部主办、中国艺术研究院承办的"中国非物质文化遗产艺术节"首次在巴黎联合国教科文组织总部举行。这是中国政府第一次在联合国举办非物质文化遗产保护的宣传活动,也是世界范围内第一次在联合国教科文组织总部举办的非物质文化遗产保护的展览演出活动。活动中展示了我国非物质文化遗产保护成果,受到教科文组织和各国代表的高度赞赏。

2007 年 4 月,温家宝总理访日期间,文化部在日本举办了"守望家园——中国非物质文化遗产专场晚会"。中国国务院总理温家宝和日本首相安倍晋三共同出席了中日文化体育交流年中方开幕式。温家宝总理在致辞中指出,在中日两国两千多年的友好交往史中,有两条纽带把我们紧密连在一起:一条是经济纽带,一条是文化纽带。文化是心灵的语言,艺术是情感的载体,文化艺术为两国人民架起了沟通心灵和情感的桥梁。中日文化体育交流年是两国政府确定的重要文化交流活动。它将进一步加深两国人民相互了解,播撒友谊的种子。晚会演出汇集了来自中国入选联合国教科文组织"人类口头和非物质文化遗产代表作"名录的项目,如昆曲、古琴艺术、新疆维吾尔木卡姆艺术和蒙古族长调民歌,以及入选中国首批国家级非物质文化遗产名录的项目,如贵州侗族大歌、云南彝族海菜腔、福建泉州提线木偶等。这些带有中华民族传统文化特性的节目,集天才的创造性、独特的艺术性和极高的艺术欣赏价值于一身,展示了中国政府重视和保护非物质文化遗产的成果以及为守望民族精神家园所作的不懈努力,博得了现场日本观众的喜爱。日本有关媒体如《朝日新闻》对此给予了高度评价:"文化交流传达的意思非常周到,演出多彩多姿,观众非常享受。"

2007 年 5 月 23—24 日,在中国成都国际非物质文化遗产节和联合国教科文组织保护非物质文化遗产政府间委员会第一届特别会议期间,来自世界各国的 40 余位专家学者出席了保护非物质文化遗产成都国际论坛,并发表宣言。

2007 年 5 月 23—27 日,我国承办的联合国教科文组织保护非物质文化遗产政府间委员会特别会议在成都成功举行。会议提出要加强与蒙古国的合作,并就蒙古族长调民歌工作落实了相关保护措施。

2008 年 9 月,中国书法向联合国教科文组织申报"人类非物质文化遗产"的工作正式启动。正式文本和申遗片于 9 月底以中华人民共和国的名义正式向联合国教科文组织提交。

2008 年 11 月 4 日,联合国教科文组织宣布正式设立《人类非物质文化遗产代表作名录》,名录中收录了教科文组织于 2001、2003 和 2005 年宣布的 90 项"人类口头与非物质文化遗产代表作",其中包括中国的昆曲、古琴及新疆维吾尔木卡姆艺术,以及中国和蒙古共同申报的蒙古族长调民歌。

8.2.8　非物质文化遗产保护的理论研究

2006 年 4 月 20—21 日,联合国教科文组织非物质遗产处召开专家会议,会上 22 家执行机构就 2001 年和 2003 年保护行动计划的实施,以及宣布"人类口头和非物质遗产代表作"对各国非物质遗产保护工作所带来的影响展开讨论。与会专家以《非物质文化遗产保护公约》的生效为视角,介绍在实施非物质文化遗产保护方面的经验。工作会议的主要议题如下:加强对非物质遗产保护方面的立法工作,包括将传承人和团体纳入保护工程;保护非物质文化遗产之传承的经验;致力于形成非物质文化遗产方面的制度和创建详细目录。会议最后草拟出对未来实施工作的建议,讨论结果将作为未来国际委员会所承担工作的基础,该委员会于 2006 年夏在《非物质文化遗产保护公约》框架内选出[15]。

2006 年 5 月 30 日—6 月 2 日,在第一个"文化遗产日"到来之际,"中国非物质文化遗产保护·余杭论坛"在浙江省杭州市余杭区成功举办。论坛围绕"国家文化安全与保护非物质文化遗产"及"新农村建设和非物质文化遗产保护"等论题进行了深入讨论,对非物质文化遗产保护与国家文化、非物质文化遗产保护政府主导与社会参与、非物质文化遗产的传承与保护、新农村建设与保护非物质文化遗产等问题进行了广泛研讨,并发表了《中国非物质文化遗产保护余杭倡议》[16]。《倡议》认为,非物质文化遗产是确立民族个性的重要标志,其所承载的民族民间文化是民族的根,是维护一个国家文化身份和文化主权的基本依据,是维系民族团结、国家稳定和社会和谐的重要基础。民族的文化安全是国家主权安全的重要组成部分。在经济全球化和现代化、城市化日益加快的进程中,我国的非物质文化遗产受到了越来越大的冲击。为此,呼吁全社会行动起来,保护我们民族的根,守护中华民族精神家园,维护国家文化安全。《倡议》认为,新农村建设是我国社会整体发展的重要战略举措,一定要十分重视文化遗产的保护,让村落留下历史记忆,让人们记住"回家的路"。要通过授予秉承传统、技艺精湛的传承人"民间艺术大师"、"民间工艺大师"称号等措施,确立传承人的社会地位,激励他们的社会责任,推动农村优秀非物质文化遗产的传承。倡议呼吁,保护非物质文化遗产必须坚持科学的精神和务实的态度,脚踏实地,立足长远,既要防止急功近利,又要克服无所作为。倡导团结协作,加强各地间保护非物质文化遗产工作的交流与合作,实现保护工作的共同推进。

2006 年 6 月 10 日,由文化部主办、中国艺术研究院承办的"中国非物质文化遗产保护论坛"[17]在北京隆重召开。"中国非物质文化遗产保护论坛"作为"文化遗产日"系列活动的重要内容,受到了各界的广泛关注和参与。论坛主要围绕"非物质文化遗产的基本理论建设"、"非物质文化遗产保护中的价值评判"、"非物质文化遗产保护实践中的经验和问题"、"非物质文化遗产与当代社会发展"、"非物质文化遗产保护中的法制建设"这 5 个议题展开。与会专家学者围绕论坛主题展开热烈的交流和深入的探讨,为我国非物质文化遗产的保护建言献策,进一步加强和推动我国非物质文化遗产的抢救和保护工作。此外,论坛举行期间,还陆续开展"中国文化遗产日专场晚会"、"中国戏曲保护展"、"古琴艺术进大学"等一系列活动。

2006 年 6 月,我国第一份非物质文化遗产的专业期刊——《中国非物质文化遗产》丛刊创刊发行。这份由中国艺术研究院主办的双月刊主要面向从事非物质文化遗产抢救、保护、传承、研究的专业工作者,以及关注我国非物质文化遗产抢救、保护工作的广大读者,设有特别报道、聚焦、专题研究、传承人、异彩纷呈等栏目,以图文并茂的形式,从不同的角度,报道、介绍我国丰富多彩的非物质文化遗产资源,反映国家、各省、市、自治区非物质文化遗产保护、传承现状及工作成就,宣传国家有关非物质文化遗产的政策法规,同时组织专家学者研究、探讨非物质文化遗产保护、传承中的问题,为基层非物质文化遗产保护工作提供可行的建议和方案。

2006 年 12 月 11 日,《非物质文化遗产概论》[18]在京首发。该书对非物质文化遗产的概念、特点、价值、分类、保护的意义和理念都进行了明确的论述。该书是从基础理论方面系统研究非物质文化遗产及其保护的拓荒之作,同时也是对"非物质文化遗产学"这一新兴学科的建立所做的基础性研究工作和初步尝试。该书对非物质文化遗产及其保护这一重大课题进行了探讨。

为了进一步提高全社会对于非物质文化遗产的认识，充分展示我国各民族、各地区非物质文化遗产的丰富多样、异彩纷呈的面貌，全面反映我国各民族、各地区非物质文化遗产保护工作的丰硕成果，进一步推动我国非物质文化遗产保护工作，在文化部的领导下，中国艺术研究院和中国非物质文化遗产保护中心组织近30名专家学者，历时7个月，编纂了《第一批国家级非物质文化遗产名录图典》[19]，这是我国非物质文化遗产保护工作，特别是四级名录体系（国家、省、市、县）建立工作阶段性成果的全面呈现。该书以60余万文字、3 000余幅图片客观、系统地介绍了我国第一批国家级非物质文化遗产代表作518个项目的传承区域、历史渊源、表现形态、文化价值以及濒危状况，是迄今为止国内第一本完整系统地介绍第一批国家级非物质文化遗产名录的典籍，兼具学术性、知识性与文献性。

2008年2月18日，中国文化遗产研究院成立揭牌仪式在京举行，从此有了从事文化遗产研究的新的学术研究机构。中国文化遗产研究院是国家级文化遗产保护科学技术研究机构，受国家文物局直接领导，主要职责是[20]：开展国家文化遗产资源的调查、登录工作；承担文化遗产科学的基础研究、专项研究，开展文化遗产保护应用技术研究，推广科学技术研究成果；承担国家重要文化遗产保护项目的有关具体工作；开展文化遗产保护科学技术的国际合作、学术交流和教育培训工作；承担国家文物局交办的其他事项[21]。受国家文物行政主管部门委托，该院设有国家文化遗产调查登录中心，负责组织开展全国文化遗产资源的调查、登记、建档及指导工作，文化遗产资源档案的保存与管理，现代科学技术在文化遗产资源调查中的应用与推广，全国重点文物保护单位申报材料的审核工作，开展出土文献与考古研究。另外该院还有发展研究所和保护科学技术研究所等机构，组织开展文化遗产保护理论、政策法规、战略发展规划研究，国际文化遗产保护理论、方法与实践研究，博物馆（含遗址博物馆）研究，世界遗产保护、管理和利用研究，世界遗产申报材料的咨询、评估，长城保护研究，大遗址保护研究，文物保护科学基础研究和应用技术研究，文物材料、文物保护材料研究，修复技术和传统工艺技术研究，文物保护技术效果评价，文物保存环境研究，文物测试分析方法与相关技术研究等工作。

8.3 国内外古籍藏品安全管理与修复保护研究及实践进展

8.3.1 古籍藏品的防火、防盗管理

藏品安全是图书馆、博物馆工作不可忽视的一个重要方面。藏品管理工作要求妥善地保管各种不同类型的资料,做好防火、防盗等工作。由于古籍和文物的市场价值越来越高,藏品安全问题近期又引起了业内的广泛关注与重视。博物馆和图书馆的藏品偷窃和丢失不是新问题,但是采取有效的保护和防范越来越重要。

2008 年 5 月 20 日,英国国家图书馆组织了一次关于图书馆和档案馆藏品安全的研讨会[22]。会议声明保护馆藏文件免遭盗窃非常必要。会议讨论了当今图书馆应采取什么策略避免藏品的丢失。认为全球市场和因特网的发展能很快地显示出文物的买卖,破解以前长时间无法知晓的盗窃。

在藏品安全问题日益受到关注的形势下,保护藏品安全的新技术也开始有了新的发展和突破。比如利用在低浓度就能够被检测的物质作为安全标记,这种物质能够与荧光标记化合物和一种永久性的黏合剂结合,给藏品提供一个唯一的身份代码,当它应用于粗糙或多孔表面时,罪犯难以消除所有痕迹,我们在紫外线灯下可以很容易地识别这些痕迹。利用在紫外灯下能产生荧光的不可见安全标记并不是新方法,但是使用多种化合物的标记系统的概念是新颖的。所有的使用者通过多种物质的结合都能产生独特的标志,可以明确鉴定他们的财产。这项技术应用于图书馆藏品时会带来一些问题,而且他们在有效减低失窃率和追回被盗财产方面的作用还未得到明确的证实。

除防火、防盗以外,当前的藏品安全管理还关系到网络安全、黑客入侵及计算机病毒等问题,这些问题在相关的计算机藏品管理系统设计时应当予以充分考虑。

8.3.2 古籍藏品保存环境的改善

改善图书馆的保存环境作为预防性保护的主要方式日益受到各国图书馆的重视。很多藏品的损毁主要是由于藏品保存环境未能得到有效的监控,而监控图

书馆藏品保存环境是实现藏品安全和长久保存的主要途径。

在《图书馆古籍特藏书库基本要求》(WH/T 24-2006)公布以后,我国古籍保护环境有了很大的改善,采取了包括温湿度控制、收藏环境安防技防的建立,藏品的修复等原生性保护以及影印、缩微、数字化等再生性保护措施,有效地加强了对藏品安全的保障。

为了更好地保护珍贵古籍,政府提倡收藏条件不理想的单位可以在保持所有权不变的前提下,将藏品以寄存方式委托收藏条件好的单位保管。这种保管方案已在理念上得到认同,这对于部分保护条件不够的珍贵古籍来说,将起到积极作用。

2007 年 5 月 17 日,耗资 1325 万英镑的英国国家图书馆保管中心(BLCC)向公众开放。该中心的目标是成为世界上首屈一指的集东西方文献于一体的保存场所。保管中心首次将之前分散在伦敦多个地方的各类图书保存人员和设施集中于一处,并指定专人分别专责保管特定类型的收藏品。它拥有完备的世界级图书保存设施,同时也是国家音像档案馆的技术保存基地,为英国国家图书馆提供了良好的保存环境。它为保存人员提供大量的培训机会,同时应用科学研究为馆藏保存保护提供帮助。其下属的保存技术研究部门负责对文献保存技术的应用进行研究与评估,并致力于文献的生命周期及其寿命的预测、物质的自然老化和保护策略的评估、保藏环境的影响、不同文献材料保藏的最佳环境选择以及应用非破坏性方法对材料的耐久性进行评估等工作。此外,该部门还允许公众参观其工作室,并为他们提供演示和讲座等教育机会,以帮助公众了解保护技术对文献保存的重要意义。该中心的建立标志着一个文献保存新时代的开始[23,24]。

在改善库房保存环境、严格控制温湿度的同时,一些图书馆为了避免未来能源短缺所造成的危机,正在采取主动,以物理方法制造新的能源。挪威 Almedalen 图书馆在节能方面做了大量的努力,包括在图书馆外墙采用高隔热材料,利用树木等自然条件、高顶以及光电池遮光栅格来遮蔽太阳光,低压机械通风系统以及利用海水为图书馆降温的电能热泵系统等。

8.3.3 古籍脱酸、防酸技术的研究与创新

1957 年,美国的威廉·詹姆斯·巴洛对 20 世纪上半叶每十年出版的文献的纸张老化程度进行了检验,并指出造成纸张老化的主要因素是纸张中所含的

酸[25]。酸化是威胁图书资料生存寿命的重要原因，脱酸即所谓的"火退化"，通过大规模提高酸性纸张的 pH 值可防止文献的酸化，是长期保存图书和档案资料的一个科学的方法。

1850 年以后，酸性纸生产更简单，价格更便宜，因此应用广泛。当酸性纸暴露于光、污染的空气和高相对湿度条件下，随着时间的推移会逐渐变黄、变脆。明清古籍，特别是以竹为原料制造的纸张酸化比较严重。近二十年来，工业化生产所造成的环境污染也加速了古籍酸化的速度。近年来的检测结果显示，中国国家图书馆馆藏古籍纸张 pH 值平均只有 6.1，大于或等于 7 的比例仅占 8%[26]，而一旦古籍的 pH 值下降到 5，将面临严重的酸化情况，后果严重，因此，必须尽快对古籍进行脱酸、去酸和防酸化工作。

缩微胶片的老化问题也是目前最为紧迫的保存难题之一，受到广泛关注。2002 年大量缩微胶片由日本东京主馆转移至关西分馆时，一些胶片有像醋一样的气味，这是醋酸纤维素胶片老化的第一个征兆。对馆藏缩微胶片进行全面调查后，国会馆决定将酸性纸包装更换为无酸纸包装。但是虽更换了包装材料，胶片材料老化而释放的气体仍然使更换后的包装很快酸化。

对古籍进行脱酸处理，各国比较通行的方式是善本部分使用手工操作，逐件解决，而一般文献进行批量脱酸，规模保养。

脱酸是延缓纸张纤维降解的有效方法，一般选用氢氧化钙脱酸，但必须使用饱和或接近饱和的氢氧化钙溶液以形成有效的碱保留量。为了克服纤维素碱性水解问题，人们采用了将氢氧化钙末与有机溶液充分混合形成分散相系统后进行脱酸的方法。氢氧化钙超微粒子直径在 1—10 微米之间，可避免脱酸后附着于纸上的可见白色粉末残留；氢氧化钙和氢氧化镁微末更容易迅速转化为碳酸钙和碳酸镁，避免了在水溶液中形成强碱性对纤维素链的降解作用，但目前还没有可行的批量脱酸的方法能恢复文献的机械强度。

日本国会图书馆（NDL）1983 年对其馆藏文献的老化状况进行调查，发现要处理由酸化引起的图书馆馆藏的大量老化，需要采取新的方法[27]。1986 年，NDL 建立保存计划办公室[28]，着手研究已在一些具有先进保存技术的国家应用的最新技术，并对日本的研发状况进行调查，以将成果推广至更宽广的社会。1997 年，国会图书馆委托日本专家调查旧书脱酸技术的有效性。专家报告了一种名为"DAE process"（干式氨气环氧乙烷法）的大批量脱酸新技术[29]。经过该技术处理的纸张,其平均 pH 值由 4.56 提高至 9.76,强度提高了 3 到 5 倍,虽然文献处理残留的异常气味会令人不适,但这一技术被证明是解决大批量脱酸问题的实用方案。

目前市场上几家从事批量脱酸的公司一般采取以下几种脱酸方法:(1)Book-Keeper 的无水、液相方法,使用氧化镁作脱酸剂,处理后的文献 pH 值为 9—10,目前主要在美国、加拿大、日本和荷兰等国家使用;(2)CSC 书籍抢救法,使用碳酸镁作脱酸剂,处理后的文献 pH 值为 8.78—10.5,目前主要在西班牙的巴塞罗应用;(3)贝特勒脱酸工艺,使用钛代醇镁作脱酸剂,处理后的文献 pH 值为 7.5—9,主要应用于瑞典伯尔尼州的维米斯以及德国的莱比锡。(4)韦托法,使用甲基碳酸镁或异丙基碳酸镁作脱酸剂,2008 年有新的脱酸剂问世,经其处理的文献 pH值为 7.5—10.4。

研究发现,这些方式也有一些负面影响。如 BookKeeper 工艺剩余明显残渣,书皮有明显夹过的痕迹,引起彩色油墨脱落;CSC 抢救工艺在书上残留白色粉末;贝特勒工艺引起褪色、白色沉淀、卷曲、油墨和染料扩散;韦托法有气味,有白色残留,卷曲、变黄、黏结剂扩散;等等。但无论是否有负面影响,批量脱酸对于图书馆都是必不可少的。美国国会图书馆建议图书馆使用批量脱酸来确保藏品能够长期保存下去。

自 1957 年美国人威廉·詹姆斯·巴洛对纸张酸化问题的指认以后,纸张酸化的问题引起了广泛的重视与关注,一项鼓励使用无酸纸的运动在美国成功展开。由美国国会图书馆的合作者——凯利和威廉姆斯创造的二乙基锌脱酸法(DEZ)[30] 在美国国会图书馆及一些大学的图书馆有较广泛的应用。不论纸张种类、装订材料种类、受酸侵蚀种类,其脱酸效果都很可观,90% 的图书去酸完全,碱残留量(ZnO)仅达 1.5—2.0%,脱酸后纸张呈中性,纸张耐折度有所提高,纸张的老化得到了延缓。

1984 年,美国国家标准化组织纸张耐久性标准(ANSI Z39.48-1984)制定颁行[31]。在此项标准中除对纸张的机械性能如撕裂度等有明确的规定外,关于纸张的酸性控制也有明确的标准,规定文献用纸水抽提液的 pH 值在 7.5—10.0 范围内,且纸张应当至少具有相当于每千克纸 0.4 mol 酸的保留碱量(在纸张中保留碱是为了中和由自然老化或大气污染中产生的酸性物质的化合物,如碳酸钙)。此项标准的制定,不仅对于提高文献用纸的耐久性、延长具有重要历史价值的各类文献的保存寿命具有重要意义,也是发达国家无酸纸的生产和应用得以迅速发展的根本所在。

1983 年,日本国会图书馆(NDL)建立耐酸纸部门,以检验防止纸张老化的措施,并开始推广无酸纸张文献[32]。目前,日本商业与政府出版物中无酸纸的使用率都达到了 90% 以上。无酸纸在新出版物中普遍使用后,需要国会图书馆采取处理措施的酸性纸文献的数量已不再增加。

8.3.4 近红外线光谱技术在纸张及墨水鉴定中的应用

对于古纸性质的鉴定,一般不采用取样分析的方法,因为纤维取样必定会对珍贵文献造成一定损毁。通常情况下,此类鉴定往往依靠专业人员肉眼及经验识别。而对于鞣酸铁墨水的鉴别及其影响纸张老化情况的分析,过去曾采用多光谱成像的方法,这是一种无损测定方法,分析过程中使用人工红外线。

傅里叶变化 – 近红外光谱技术(FT-NIR)可以快速研究化学物质和材料,具有非侵入性、非破坏性和高效性等特点。现在这一技术已被广泛用于工业生产中,以经济地对工业原料进行定性和定量的鉴定,监控生产过程中的状态和成品的质量。其工作原理是:近红外线照射检测物体后可以以 3 种方式被测量到,分别是漫反射、斜反射、透射。其光谱表现为振动重合,类似物质间的光谱差异通常只有微小的移位。因此,在测定中采用化学计量软件对 NIR 光谱进行评估和分析光谱数据。研究选取木材原料与作为结果的纸浆性质之间的关系;研究纸张的抗碱降解性;分析木材的成分;预测纸浆制纸后的强度系数,制作老化模型,测定墨水腐蚀的老化参数等。近红外线光谱是保护性研究中作材料分析的理想方法。

8.4 国内外古籍修复保护队伍的建设与发展

根据国家图书馆在中华古籍保护计划开始前曾开展过的抽样调研,当时在公共图书馆系统,古籍修复人员不足百人,而待修古籍约 1 000 万册。古籍保护人员更是严重短缺,多数单位没有专门从事古籍保护的人员,即便是国家图书馆,也仅有两三位文献保护的专职工作人员,实验室设备基本空缺。在全国古籍保护工作全面铺开后，这种情况有了较大改善，一些有志于古籍保护工作的专业人员进入保护修复队伍。为规范古籍修复等工作，2008年，国家古籍保护中心组织了古籍修复、古籍编目、古籍鉴定、古籍普查、民族文字古籍鉴定等7个系列的在职培训，从不同侧面提高从业人员素质和工作水平，扩大分属不同系统的同行间交流。自2007年5月以来，参加国家古籍保护中心培训的人数近1 000人次，还有部分学员参加了各省级中心培训。通过培训，学员的理论和实际操作水平得到提高，保护工作的意义和前景也使保护人员队伍得到扩展，从业人员的学历层次得到提高，在修复队伍中已经有了博士、硕士和大量本科毕业的人员，但是与正规学历教育产生的专业对口人员相比，其知识结构还需要创造条件去调整。中华古籍保护计划开展前后，一些学校已经开展正规的学历教育，以弥补人才的不足。北京大学中文系古典文献专业在2008年初与国家古籍保护中心办公室、国家图书馆古籍馆联合，开办古籍鉴定与保护本科生选修课，受到学生的欢迎，2009年研究生课程也将启动；金陵科技学院在开设古籍修复保护大专教育后，2008年与南京图书馆联办修复本科专业，哈尔滨师范大学的修复专业也已着手专科升本科；南京莫愁职业学校的古籍修复专业学历教育，已由2001年创办之初的中专升至大专，近年不断向各收藏单位输送毕业生。从中专到研究生的人才培养序列已经初现，武汉大学已经设立了古籍保护的博士方向。但相对国外先进国家的古籍修复保护人才培养而言，我们只是迈出了第一步。

在法国、英国、波兰、日本等古籍保护比较发达的国家，一般都会有2到3个大学设置相关的修复专业，其招生审查非常严格，课程设置重视理论与实践的结合，学生毕业时多为硕士或博士研究生。这些国家对从业人员的各种要求也非常严格。在欧洲保护师－修复师联盟（E. C. C. O.）的职业准则[33]中，对从业人员的知识结构和专业背景作了具体的规定，其中指出：科学和人文的平衡对于理论教学来说是不可或缺的。理论主题应由保护/修复领域的专业分化所决定，它应包括：保护－修复的伦理原则，科学（如化学、物理学、生物学、矿物学、颜色理论）；人文学科（如历史学、古文字学、艺术史、考古学、民族学、哲学）；材质和工艺史、技术和制造工序；衰退过程的鉴定和研究；文化财产的陈列和运输；保护的理论、方法和技术，预防性保护和修复；制作物件复制品的过程；档案学的方法；科学研究的方法；保护－修复史；法律议题（如职业法规，文化遗产法律，保险、商业和税收法律）；管理（收藏、职员和资源）；健康和安全（包括环境议题）；沟通技巧（包括信息技术)等。

在课程安排方面,巴黎第一大学保护与修复专业的做法可资借鉴。该校古籍保护与修复专业主要有本科和硕士两个阶段。本科四年中,又分两个阶段。前两年的专业学习为第一阶段,其间,学生接受保护与修复的一般原则、预防、材料技术和修复技术(分为陶瓷、绘画、刻印、要金等不同的领域)等的一般培训,并在第一年进入实验室实习。两年学习结束,学生拥有预备证书和一般大学文凭或欧洲大学文凭后,可以进入第二阶段的学习。第二阶段要求学生选择1—2个不同的专业精修,此时教师为学生提供相关建议。学生可选的专业方向有考古－书画刻印技术、照片、支架画、墙画、雕塑等。有些专业,学生既参加校内实验室的修复,还参加校外实验室或作坊的工作。完成分科前的基础科目后,第三年的实习允许学生参加不同形式的个人培训项目。最后的一年用于实习和论文,实习期长达6—12个月,可以到校外甚至国外的修复实验室或工作间进行,实习后,学生按要求提交毕业论文,并且接受综合考试取得学位。进入硕士阶段,学生可注册深入学习文凭。一年后,可以申请做博士论文。目前,只能在艺术史和考古两个学科领域内注册有关文化遗产的保护与修复博士,尔后到大学、实验室从事博士论文课题的研究,一般通过3—5年的学习和研究,可以获博士学位。大学入学考试包括理论考试、口试和实践考试。理论考试包括艺术史、材料史及技术、物理、化学、语言;口试是面对考官进行作品评价;实践考试则包括绘画、颜色的复制、拷贝、手工的熟练性等。

此外,法国档案学院、法国遗产院、全国公务员中心和几乎所有的部级单位都能组织修复工作者的培训。有永久性的培训,有进修学习以及为期1—3天的小型研讨会。各个部级单位常主办"研究日"活动,以解决那些急需解决的问题。

修复行业顶尖人才在发达国家是被作为艺术家对待的,地位非常高。欧洲保护师－修复师联盟的职业准则规定,保护修复师的职能包括:在保护－修复领域开展项目开发、规划设计与调查研究;为文化遗产的保护提供建议与技术支持;为文化遗产准备技术性报告(不包括对其市场价值的判断);进行研究讨论;发展教育项目并教学;传播调查、培训与研究中获得的信息;推进对保护－修复领域的更深入理解。为维护职业的严肃与崇高,准则还要求,进入保护师－修复师行业的从业者,其最低学历应为硕士或被认可的同等水平,即应在大学完成不少于五年全日制的保护－修复领域学习(或同等学力),并且包括全面的实践实习期。学习结束之后学生应该有继续攻读博士的可能性。现在这个联盟有欧洲 16 个国家的超过 5 000 名会员。

而在我国,由于历史原因,许多从业人员学历水平不高,在社会上常被视为匠人,职称很难上升,待遇相对也很难提高,直到 2007 年,图书馆行业在保护计划启动的促进下才有了第一个取得研究员职称的修复人员。这方面的确有待政策的调整和整个社会环境的改善。

在修复保护人员的培养方面,除学历教育和在职培训外,同行间的交流研讨也很重要。波兰国家图书馆在这方面做了很多工作,如每两周组织一次讨论、每年组织国际或国内研讨会等。2007 年 3 月 29 日,波兰国家图书馆以"为未来留住过去"为主题召开修复保护的国际研讨会[34],来自国内外,主要是波兰本国的修护保护工作者们在会上对共同关心的保护、数字化等问题进行了探讨。同时,波兰国家图书馆还对海外波兰侨民收藏品的编纂保护提供指导。

日本等国也经常举办不同主题的学术或技术研讨,如国宝装潢师联盟定期举办研讨会,出版会议论文集,促进行业发展、专业人员水平的提升[35]。

8.5 国内外古籍与文化遗产保存保护模式及相关法律法规建设

8.5.1 各国文化遗产的保存保护模式及相关法律法规建设情况

世界上一些发达国家在文化遗产的保存保护政策、法规,以及人员和资金配置等方面所采取的措施,多有可资借鉴之处。

8.5.1.1 联合国教科文组织:缔结国际公约

国外通过细化完备相关法律法规、缔结国际公约等方式,使文化遗产的保护有章可循。其中最重要的公约有《保护世界文化和自然遗产公约》、《保护非物质文化遗产公约》及《保护水下文化遗产公约》等。

联合国教科文组织大会于 1972 年 11 月 16 日在巴黎通过的《保护世界文化和自然遗产公约》[36]中界定了文化遗产和自然遗产,该公约认为人类遗产正在遭受破坏,亟须世界各国人民一起维护。公约规定:设立一个执行公约的世界遗产委员会;筹备世界遗产基金,基金部分应用于野外项目、培训和前期援助;设立《世界遗产名录》,名录是委员会批准的世界遗产遗址的官方记录,这些遗址依据文化和自然属性的各项标准,被认为具有显著的世界价值;设立《世界遗产濒危名录》,该名录是一个次级名录,这些遗产地被认为受到严重的威胁并应受到特别关注;设立秘书处,即世界遗产中心,隶属于总部设在巴黎的联合国教科文组织(UNESCO)并由其提供资金,负责公约的日常工作。根据该公约,教科文组织每年会对所有新提名的世界遗产地进行技术评估(平均每年14处)。

联合国教科文组织大会于2003年10月17日在巴黎通过的《保护非物质文化遗产公约》[37]界定了非物质文化遗产的内容、范围、保护措施等。该公约强调非物质文化遗产的重要性。公约明确保护非物质文化遗产的各项措施,包括:设立政府间保护非物质文化遗产委员会,规定各缔约国的义务、非物质文化遗产名录,建立"保护非物质文化遗产基金"等。

2008年10月13日,联合国教科文组织宣布,《保护水下文化遗产公约》[38]将于2009年1月初正式生效。公约主要包括4个要点:第一,签约国有义务保护海底遗产;第二,这些文化遗产应保留在原来的位置,即海底深处;第三,禁止以商业为目的进行开发活动;第四,各国之间加强合作,增强人们对海底考古的了解,向民众强调海底遗产的重要性。这项公约对联合国教科文组织制定的相关规范措施起到了必要的补充作用,它能够制止日益猖獗的海底文物走私,为保护这些珍贵的文化遗产提供法律依据,将有助于人们加强对古老海底沉船等文化遗产的保护。

8.5.1.2 意大利:让文物古迹与历史衔接

罗马素有永恒之城的美称。在其"历史中心区",不仅有古罗马时代的城墙、驿道、神殿、输水道、凯旋门、角斗场等宏伟建筑,以及大片的古罗马广场废墟和随处可见的残墙断垣,更有自文艺复兴以来不同时期、不同风格的房屋和铺以石块路面的狭窄街道。置身其间,人们会感受到历史的延续和时代的变迁,慨叹意大利人民对文物古迹的高度尊重和精心呵护。在意大利8 000多个市镇中,类似罗马这样的"法定历史中心区"共有900个。其中罗马、佛罗伦萨、那不勒斯等城市的"历史中心区"已被列入世界文化遗产名录。"历史中心区"的设立和保护,体现了意大利人对文物古迹保护和管理的基本原则和理念。

意大利人推崇"整体保护原则",该原则于1964年被纳入著名的《威尼斯宪章》[40]。在实践中,"整体保护原则"又分为两个层次:一是对"历史中心区"的宏观保护,二是对"大遗址"的整体保护。根据这一原则,"历史中心区"内一切具有考古价值的历史遗存物——房基、残墙、断柱、洞穴、树木等,必须原地保存,未经政府文物保护部门的批准,禁止任何形式的拆除、移动、修改或修复。而"大遗址"的整体保护,则要求对发掘出土的大片古代遗址以遗址公园或博物馆等形式将出土时的现状全面完整地保护起来。

意大利政府和社会各界每年都投入巨大人力和财力,维修遍布全国各地的濒危古代建筑、壁画和雕塑。在维修过程中始终遵循"真实性"(即对原物尽可能不做"干预")、"可识别"(即不得已的维修添加物应与历史原物相区别)以及"可逆性"(即保证修复添加物不损坏原物)。

意大利人这种强烈的保护意识和在实践中确立的种种理念和原则,使这个古老国度的丰富文化遗产虽历千年风雨而永葆昔日风采。

8.5.1.3　法国:遗产保护打造文化品牌

法国是最早提出、制定文化遗产保护法律和设立"文化遗产日"的国家。1913 年,世界上第一部遗产保护法——《保护历史古迹法》[41] 在这里颁布。1977年,法国总统德斯坦邀请 1.3 万民众参观爱丽舍宫。1984 年,法国正式将每年 9月的第三个周日定为"文化遗产日"。从 1992 年开始,"文化遗产日"活动时间延长为周六和周日两天。

"文化遗产日"期间,法国所有公立博物馆免票,私立博物馆门票减价并给予税收优惠。二十多年来,活动把国民的求知热情引向对文化遗产的认知,群众性文化遗产保护活动此起彼伏,文化遗产学校、文化遗产基金会、文化遗产保护协会等纷纷建立。部分学生还利用假期参加古迹修复工程,成为保护文化遗产的志愿者。一些民间组织积极讨论国家文化遗产政策,向议员提出建议。法国文化遗产基金会专门维护未列入保护单位的 40 余万处地方文化遗迹[42]。很多民间组织还颁发奖金鼓励文化遗产保护活动,奖励在此领域作出贡献的人士。

"文化遗产日"活动彰显了法国民众的文化品位,提升了国家文化的品牌效应,特别是对促进法国旅游经济的发展起到了积极作用。拥有 6 000 多万人口的法国,2007 年接待了 7 800 万外国游客,当年的旅游收入达 350 亿欧元,继续蝉联世界第一旅游目的地国称号[43]。文化遗产给法国带来了巨大的社会效益和经济效益。

法国第五共和国以来,每位总统都有一项或多项"文化工程",如蓬皮杜国家文化艺术中心、密特朗国家图书馆等。刚卸任的法国前总统希拉克曾关心和推动法国原始艺术博物馆的成立和建设,媒体誉称该馆为"希拉克博物馆",认为该馆将可能被冠以"希拉克"名字。上述"总统工程"设计新颖,工程质量上乘,为国民提供了高质量的文化设施。

多年来,法国政府文化遗产保护经费每年约保持在 2.5 亿欧元左右[44],该项支出由国家遗产中心统一支配,以保证文化遗产能够得到必要的保护与维修。针对法国文化遗产历史跨度广、量大多样的特点,法国注重发展和培养遗产保护领域的研究和人才。介于人文科学和传统自然科学之间的新兴应用科学——遗产保护学科应运而生,在政府和其他非政府组织的支持下,得到长足发展,使法国的这一学科在世界上享有声誉。

8.5.1.4 土耳其:坚持可持续的遗产保护政策

土耳其所在的小亚细亚半岛,有着数千年的文明史,巴比伦、古埃及、赫梯、拜占庭、古希腊、基督教、东正教、阿拉伯、波斯、塞尔柱和奥斯曼等文明都在这片土地上留下深深的印迹,不同时期文明的古迹遍布土耳其。

土耳其文化和自然遗产通过立法得到保护。土耳其 1973 年和 1983 年先后出台了《文物法》和《保护文化和自然遗产法》,1983 年批准了《保护世界文化和自然遗产公约》,1985 年同欧洲委员会成员国签署了《保护欧洲建筑遗产公约》[45]。通过上述法律公约的出台和实施,文化和自然遗产的保护越来越受到人们的重视。

土耳其在保护文化和自然遗产方面主要存在两大问题:①建筑业和旅游业兴起,使许多古城和沿海古迹遭到破坏;②对许多古迹没有制定保护计划,或计划不周。针对这些问题,土耳其中央和地方政府根据《保护文化和自然遗产法》进行了协调,在全国范围内确定了重点保护对象并决定尽快制定相应的保护计划。

在"可持续保护政策"上,土耳其有关部门正在采取以下措施[46]:①充分利用电脑和传媒技术,制定和完善可持续发展的遗产保护计划以及相应的修缮方案,控制城市移民,限制城市人口的增加;②防止政出多头,明确权力和责任,出台统一的《城市和环境保护法》;③加大对地方政府的技术支持,增加资金投入;④遗产保护委员会由城市规划专家、设计师、建筑工程师、考古学家、艺术家等专家组成;⑤加强教育,让公民尤其是青少年了解国家的文化多样性和文化遗产,热爱文化遗产并积极参加遗产保护活动。

8.5.1.5 俄罗斯:不遗余力保护文化遗产[47]

2002 年,俄罗斯出台了《俄联邦文化遗产法》,该法开宗明义地指出:文化遗产是俄各族人民的精神财富,保护本国文物是联邦和联邦主体的责任,是俄联邦权力机构的首要工作之一。制定该文化遗产法是为了落实俄宪法赋予公民亲近和保护本国文化遗产的权利与义务,其中规定,俄境内任何土地开发行为都不能以损害文物为代价:如果在待开发或已开工的土地区域内发现有文化遗产设施存在,工程必须被取消或立即停止。

除此之外,俄很多城市还开辟了专门的文物保护区,"城市立法对这些区域周围的楼房高度严格限制,而且规定对文物进行任何改建都属于违法行为"[11]。

在文物维修方面,俄罗斯人认同"修旧如旧"的原则。为鼓励大众积极参与文化遗产保护,俄文化与大众传媒部和"恢复俄罗斯庄园"国家基金会还设立了"国家文化遗产奖",奖励在这方面作出贡献的人士。

俄罗斯重视培养青少年的文化遗产保护意识。2001 年,莫斯科市政府将 4 月 18 日和 5 月 18 日分别定为历史和文化遗产日。此后每年这两天,该市所有著名博物馆、剧院和文化公园免费开放,200 多个受保护的文物点也对外开放。

俄联邦每年文化事业拨款的 70% 用于文化遗产保护,但俄境内文物无处不在,官方拨款杯水车薪,须寻求资助。俄罗斯前总统普京曾说,文化资源的重要性不亚于石油与天然气,保护好文化遗产是俄罗斯全体人民的共同使命。鉴于政府文物保护预算不足,应利用私人投资来加强文物保护工作,也可以考虑将文化遗产登记为私人财产。

8.5.1.6　印度:保护优先,民众参与[48]

作为世界四大文明古国之一,印度的世界遗产到今天依然魅力四射。到目前,印度入选《世界遗产名录》的自然遗产或文化遗产有很多处,是亚洲国家中世界遗产分布比较集中的国家之一。多年来,印度文物保护部门秉承"保护为先"的原则,鼓励民众参与,采取科学方法,在尽可能保护文化遗产原物的基础上,积累了一些有益经验。印度文化遗产保护部门根据 1932 年"对古迹的修复,不论多么简单,第一责任不是修旧如新,而是保护残迹"的原则,号召民众加入到保护文物古迹的行列。"人民的参与是最好的保障"是印度文物保护界的口号。为了让民众直接参加到保护印度丰富的遗产资源行动中来,印度政府规定,每年的 4 月 18 日为"世界遗产日",5 月 18 日为"博物馆日",11 月 19 日至 25 日为"世界遗产周"。每当这些特殊日子到来时,印度文物部门就大力宣传,激发民众对本国文化遗产的兴趣。同时,博物馆也会举办专门的活动,比如免费参观,文化遗产知识问答,不定期组织的展览和其他相关活动等,提高民众保护民族文化遗产的意识。

此外,印度还在大学开设专门的文化遗产教育课程,印度历史文化教育课程等,培养年青一代对本国历史文化遗产的兴趣。

印度在 1996 年成立"国家文化基金会"。国内外团体和公众在免税的情况下,可以通过这个基金会向特定或普通的遗产项目提供资金或捐赠。为避免官僚主义和贪污挪用,所有通过基金会提供的款项都专款专用,或者由非官方途径使用。除了通过基金会筹集资金外,印度还鼓励本国私人企业参与遗产资源的保护和修复工作。2002 年,印度考古研究所、北方邦政府与印度最大的私人企业"塔塔集团"和"泰姬旅店集团"签订了维修和发展泰姬陵的谅解备忘录。这是印度文物界第一次利用私人企业资金。此外,印度还在保护本国世界遗产的工作中争取国际合作。自 1997 年成为联合国世界遗产委员会成员以来,印度一直是联合国教科文组织世界遗产保护工作的积极支持者,并与"国际古迹遗址理事会"、"国际保护自然和自然资源联合会"、"国际文化遗产保护和修复研究中心"等国际机构紧密合作。

谈到保护遗产资源,不得不提印度考古研究所。该研究所成立于 1861 年,至今已有 150 余年的历史,是印度旅游和文化部下属的专门机构,致力于考察、挖掘、保存和保护印度的文物古迹。从成立至今,研究所已发展成一个大型组织,拥有从基层到管理层的组织有序的工作团队。目前,研究所已有 5 个分支机构,分别是主管部门、项目部门、挖掘部门、科学部门和碑文部门,照看着印度 5 000 多处从史前到 19 世纪的历史古迹和建筑。研究所曾在 1920 年重组,本着展现印度古代文明的宗旨,积极投入到探索和发掘新遗址的工作中。随着时间的推移,研究所的工作量大增,工作人员越来越感到应该把保护古代遗址、古董和博物馆展品的工作建立在坚实的科学基础之上。为此,研究所于 1917 年设立了一个化学处理处,任命专门的化学家负责博物馆展品和其他文物的化学处理和保存工作。1937 年,化学处理处开始了对古建筑的大型化学处理保护工作。由于年代久远,著名的埃勒凡塔石窟内的雕塑发生腐烂。在化学专家的精心处理下,取得了惊人的保护修复效果。经他们的努力,印度考古界成功地应对了不同情况下不同原因造成的问题。

8.5.1.7 西班牙:历史文化遗产开发与保护并举[49]

西班牙是全球第二大旅游目的地国,在充分利用历史文化遗产作为旅游资源的同时,西班牙政府十分注意做好遗产的保护工作。1985 年 6 月颁布的《历史遗产法》对文化遗产保护作了详细规定,该法于1986年和2002年进行过两次修订。

《历史遗产法》中最突出的一条就是,任何预算超过60.1万欧元的公共投资工程,都要将其预算的至少1%划拨出来用于历史文化遗产的保护;与私人共同投资的,要拿出国家投资部分的1%。国家安全和国防部门工程除外。这些钱主要用于历史文化遗产的保养、修复和加固等,也可以用于进行宣传工作,或为博物馆、档案馆和公共图书馆添置设备,还可以用于营造或改善工程所在地周边地区的文化环境,如搞艺术创作、购置艺术品等。

为鼓励人们资助历史文化遗产保护工作,西班牙于2002年颁布了与私人捐助相关的法律。根据该法,国家允许企业和个人上交有历史和艺术价值的财产以抵消欠税,对保护和宣传历史文化遗产的活动减免所得税。

2006年2月,首都马德里市政府宣布,自2008年起,在规定年限之前生产的、不能达到排放标准的汽车,一律不准进入市中心老城区。做出这一决定的目的是为了减少尾气危害,保护那里众多的历史遗迹[13]。

8.5.1.8 日本:强调保护传统文化"持有者"的重要性[50]

日本《文化财产保护法》首次以法律的形式规定了无形文化遗产的范畴,强调保护传统文化"持有者"的重要性,注重对"人"的关注。其中最有特色的是对"人间国宝"的认定。

"人间国宝"是指被个别认定的重要无形文化财产的保持者,他们都是在工艺技术上或表演艺术上有"绝技"、"绝艺"、"绝活儿"的老艺人,其精湛技艺受到日本政府的正式肯定,列为传承保护的对象。获得认定后,由国家拨出可观的专项资金,录制"人间国宝"的艺术资料,保存其作品,资助其传习技艺、培养传人,改善其生活和从艺条件。迄今认定的"人间国宝"已有114名。日本文化厅每年超过1 000亿日元的年度预算中,10%被用来保护国内重要的有形文化财产和无形文化财产,其中每年为每位"人间国宝"提供的经济补助就达200万日元,同时,国家还在税收等制度上给予"人间国宝"很多优惠,并给予他们相当高的社会地位。

日本《文化财产保护法》同时也明确规定,文化财产持有者同时也应该是文化财产的传承人。如果文化财产的持有者将自己的技艺密不传人,则不会被政府指定为"人间国宝"或"重要无形文化财产的持有人"。这一规定使法律措施的操作性更强,对日本无形文化财产的保护起到了良好的促进作用。

8.5.2 各国古籍保存保护模式及相关法律法规建设情况

8.5.2.1 法国的古籍保存与保护

（1）法语古籍及其来源

法国长期以来就有系统保存档案资料和印刷文献的传统,其古籍保护工作独具特色。

古籍的保护和传播是法国政府公共文化政策的重要内容之一,由法国的中央政府直接领导和资助[51]。

法语中古籍(les livres anciens)概念与中文通常说的古籍有一定区别。其中Incunables(中文译为摇篮本或古版书[52,53,54])专指 15 世纪 50 年代到 1501 年间用凸版活字印刷的书籍;与摇篮本相对应,狭义的古籍专指出版于 15 到 17 世纪之间的书籍,也就是从古腾堡圣经出版到 1701 年法国书籍出版制度改革这一段时期的印刷书籍①;广义的古籍指出现在 1801 以前的书籍,从公元前的纸莎草卷到印刷术出现之前的羊皮卷手抄本(Codex),直到活字印刷时代的各类书籍;而法国人日常口语中所说的古书(les livres anciens)甚至包括了许多 19 世纪和 20 世纪初的文献和各种各样的图像制品,如版画、地图、招贴画等。

法国国家图书馆与所有的市政图书馆现存约有 4 000 万册件 20 世纪以前的古书。除了国家图书馆系统与国家档案馆系统之外,还有一大批机构藏书丰富:如法兰西学院图书馆(bibliothèque de l'Institut)、国会图书馆(bibliothèque de l'Assemblée nationale)、马扎然图书馆(bibliothèque Mazarine)等。

法国国家图书馆的大部分藏书和文献是通过书籍征集制度或者缴送制度得到的[55]。这一制度由法国国王弗朗索瓦一世(François Ier)于 1537 年创建,并由法国 1943 年 6 月 21 日法令正式确认[56]。个人捐赠也是藏书的重要来源。从1968 年开始,法国实行"以捐代税"(dation en paiement)制度,即财产继承人在由专门的政府部门批准的情况下,可以通过向国家捐赠珍贵历史文献或艺术作品的

---

① 1701 年法国政府对书籍出版制度进行了改革,国家对所有出版物进行审查,书籍的翻印需要国家特许,参见:Pascal Fouché et al. dir, Dictionnaire encyclopédique du livre, Paris：Editions du Cercle de la Librairie, tome I：A-D, 2002, France, histoire du livre et de l'édition, p. 295-314.［2009-03-18］. http://fr. wikipedia. org/wiki/D% C3% A9p% C3% B4t_l% C3% A9gal

方式来抵消遗产税。从 1988 年开始,在法国文化部的支持下,当代出版物备查中心（Institut mémoires de l'édition contemporaine, l'IMEC）在各地成立[57]。这些中心采用流行的"寄存原则"（le principe du dépôt）,即在财产权不变的前提下,私人或者企业可以将自己的藏书寄存在一些图书馆中,这样既可以享受专业的保护又可以向书籍研究者提供方便[58]。

法国的市场上也有古籍的流通,国家会通过出资购买的形式来充实图书馆、档案馆的库存。如法国国家图书馆每年花费 1 500 万到 2 000 万法郎（相当于 228 万到 305 万欧元,约合 2 500 万到 3 400 万人民币）用于购买珍贵书籍[59]。但是在拍卖中,国家的补助与私人收藏家的雄厚财力相比是微不足道的。为了弥补这一不足,法国 1921 年的法律赋予了国家"先购权"（le droit de préemption）[60]:国家在不参与文物竞标的情况下,可以享受中标者的待遇,以最后一次成交的价格将文物收入囊中。

另外,法国在殖民时期,通过对世界其他国家的掠夺也获得了相当数量的其他民族古籍,比如在法国国家图书馆内收藏的敦煌文献主要包括了伯希和于 1908 年从莫高窟获取的汉文文献 4 000 多件,藏文文献 4 000 多件,还有其他粟特、龟兹、回鹘、西夏文文献等[61]。

(2)法国古籍的保护修复及其职业化发展

法国的文化遗产保护师 - 修复师正在发展为一个独立的、界定清楚的职业。从业者需要有国家颁发的大学文凭,遵守严格的职业伦理规范[62]:尊重作品的历史感与美学特征,信守作品的完整性、原件的可读性、修复的可逆性与修复程序的精简性原则。今天的法国遗产保护师与修复师协会拥有 250 多名在职会员,全法国有将近 1 000 名在职的遗产保护师 - 修复师,其中部分人具有古籍修复资格[63]。

法国的古籍保护和修复工作及古籍的大众传播都在本国及国际的法律框架约束下进行,同时也得到了各级政府和各种私人机构的大力支持。从 20 世纪 70 年代开始,法国政府最关注的是工业化时代出版书籍的酸化问题。法国在书籍的去酸化上投入了大量人力物力,希望能够与时间赛跑,赶在书籍损毁之前完成去酸化处理。目前的法国国家图书馆的去酸能力处于世界一流水平。

法国古籍的修复工作主要通过手工操作完成,由法国文化部及其下属的书籍与阅读处（Direction du livre et de la lecture）统筹领导,并与许多其他部门合作。从 1988 年开始,法国政府加强了对书面遗产的修复的技术指导。目前法国境内的任何一项修复计划都要经过国家公共图书馆文物保护科学会议（Conseil National Scientifique du Patrimoine des Bibliothèques Publiques，CNSPBP）下属的修复技术委员会（comité technique de restauration）批准[64]。该委员会每月召开一次工作会议。如果需要修复的古籍属于国家库存，则由国家负担所有费用；如果属于市镇图书馆库存，则国家负担30%到50%的费用。

（3）古籍保护与传播的平衡

如何兼顾古籍的保护与大众传播是世界各国图书馆的难题。近年来，法国广泛运用数字化技术，一方面更好地保护书面文化遗产，一方面也方便了公众接近并使用这些遗产。法国国家图书馆的网上阅读系统"加利卡一期"（Gallica1）[65]以古籍与法语书籍为收录的重点，共录入90 000多卷书籍的全文，80 000多幅图像。这些资料全部免费向全世界网民开放。一项名为"数字化遗产"（Patrimoine numérique）[66]的计划以法国的地方文化遗产为主体，也已经与读者见面。2007年7月启动的"欧罗巴娜数字化图书馆、博物馆、档案馆计划"（Europeana）[67]规模最为宏大。到2008年底，200多万份数字文件可供网上查询。预计2010年，全世界网民可以通过一个多语言的网上平台自由查阅600多万份文字、音频或者视频书籍文件，其中也包括大量的古籍资料[68]。

8.5.2.2　加拿大的古籍保存与保护

（1）加拿大古籍及其来源

加拿大的古籍主要指1868年前加拿大本土的文字和印刷物品，或海外与加拿大有重要关系的文字文献（Canadiana）[69]。这些古籍和1868年后的珍贵文献被统称为"珍稀本"（Rare Book Collection）。

2004年，加拿大的国家图书馆（1953年成立）和国家档案馆（1872年成立）合并，成立了国家图书档案馆（Library and Archives Canada）。其大部分的古籍由珍稀本收藏部（Rare Book Collection）负责保管，存放在位于魁北克加丁诺市的加拿大文献保存中心（Canada Preservation Center）。此外，在文明博物馆、国家美术馆、议会图书馆和其他各个省图书馆及博物馆内亦有部分古籍保存。

（2）加拿大古籍保护的相关法律、政策及机构

加拿大对于古籍收集有着一套完整的制度[70]，对于散落在民间的古籍，国家图书档案馆接受私人赠予和出售。愿意出售或捐赠古籍的个人在提出要求后，由国家图书档案馆专业人员鉴定分析，做出评估，决定是否购买或收藏。如馆长最

终决定购买,将会由独立于国家图书档案馆外的专家委员估价。这使得政府避免在市场上购买花销过大,也使得出售古籍的私人能够得到合理的回报。对于捐赠古籍的个人,加拿大政府还会对赠予人提供税收奖励(Tax Credit)。根据《个人所得税法案》(Income Tax Act)和《文化财产进出口法案》(Cultural Property Export and Import Act),政府将会对个人发放正式税单(Official Tax Receipt)[71],捐赠人上缴的税收可以得到相应的减免。

2001年12月,合并前的国家档案馆以新的《文物保护政策》(Preservation Policy)[72]取代了1987年的文物保存保护政策(Conservation Policy),这一政策是加拿大文物保护的法律基础,是文化单位和相关从业人员进行文物古籍修复的依据。

该政策同时还规定了相关政策的制定机制。新政策首先由国家档案馆文物保护部(Preservation Branch)主任在综合馆内各部门意见后进行起草,交由国家档案馆馆长审定。馆长须在高层管理委员会(Senior Management Committee)的建议下决定是否采纳。在政策执行过程中,国家档案馆其他各部门的负责人,如加拿大人物长廊(Portrait Gallery of Canada,1880年后国家档案馆设置下属机构,专门展出加拿大杰出人物)和战略管理部门负责人,须跟踪政策执行状况,并向文物保护部主任和高层管理委员会提出建议和意见,以便未来改进政策。这一决策机制不断让新的政策反映文保行业中最新的发展动态,解决当前问题,跟上时代步伐。

目前在国家层面主管加拿大古籍保护的机构主要是国家图书档案馆,相关政策的制定和加拿大文物保护中心(Canada Preservation Centre)的管理均由其负责。另外,国家级别的古籍保护机构还有下属加拿大遗产部的加拿大文物保护学会(Canadian Conservation Institute),负责向各个文化机构、政府和个人提供文物保护的服务。由于加拿大公民社会的特性,两个国家机构都有帮助民间文保社团的责任和义务。

而民间层面的相关机构主要包括加拿大文化财产保护协会(Canadian Association for Conservation of Cultural Property)和加拿大职业保护师协会(Canadian Association of Professional Conservators)。这两个组织共同对从业者进行指导、帮助和监督,并要求文保机构和人员遵守它们共同制定的《道德守则和操作指导》(Code of Ethics and Guidance for Practice)[73],进行行业自律。道德守则明确指出,保护师修复师要维系文化遗产的社会使用与保存保护之平衡;在对文化财产的保护过程中,各种专业化的保护行动须尊重文化遗产之物理的、概念的、历史的和美学的独特性;专业保护师要在预防式保护、诊断、档案化、研究、保护处理和职业教育等方面力求达到最好;保护师要对文化财产负责,并认识到自己的限制,不断向他人或其他职业学习以提升职业素质和水平。作为民间社团,两个协会对保障从业人员的权利和利益、有效地进行资源沟通和共享、组织从业人员培训交流,也起到重要作用。

此外,私人文保和古籍修复公司也在修复市场上占有一定份额。仅在渥太华城区就有将近 12 家文物古籍修复公司,为私人和公司提供文物、文件和古董等方面的修复服务。在人口众多的多伦多和温哥华等地,更有不少修复公司和工作室存在。

在人员培训方面,加拿大国家图书档案馆、加拿大文物保护学会以及行业协会等机构,根据自身需要,经常提供各种交流学习机会,组织短期的研习(workshop 或 event)和讨论。充分利用国际国内资源,专门就保护师修复师们在工作中遇到的具体问题进行研究和探讨。如 2002 年 8 月 27 日,国家图书档案馆还专门从日本请来专家,讲解如何保护日本纸张的技术;2007 年 10 月 15—17 日,在美国盖蒂基金会的支持下,加拿大国家图书档案馆、加拿大文物保护院和皇后大学共同在加拿大图书和文档保存中心举办了一次研习活动,专门就微型画(Portrait Miniature)的保护和处理进行了交流,等等。

8.5.2.3 波兰的古籍保存与保护

历史上颇为动荡的波兰,古籍收藏并不少,而且对古籍及其收藏的研究,一般会超越书籍本身。这些研究联系古籍产生和传承的历史背景,把研究、宣教等工作放在历史的大环境下,起到非常好的作用。

波兰的文献保护在国际上具有比较大的影响。或许因为这里过去战争频仍,政府对古籍及其承载的历史非常重视。在古籍的保护上,国家投入给予了充分保障。其重要特色之一是,波兰国家图书馆承担了古籍保护的整体规划和协调工作,避免了各个收藏单位的重复劳动和资金的浪费。而其修复保护人员细致的分工则是波兰古籍保护工作的另一值得借鉴的特色,这种分工方式便于相关研究的深入开展。科研工作者的主要任务是制定本国的联合书目,对国外的波兰书籍进行登记,对图书馆领域进行分析研究。

波兰对古籍的再生性保护持久而有条理。其对藏品进行缩微拍摄从上世纪50 年代就开始了,迄今完成的数量达到 25 万件之多。而相关的数字化工作则是从 2002 年开始的,其主要任务是创建一个能涵盖全波兰图书馆的数字化平台。该项工作首先制定了涵盖全波兰图书馆和档案馆的数字化计划,尔后又制定出符合国际标准的标准,到 2006 年,已经取得了相当的成效。

波兰国家图书馆的藏品脱酸也很有成效。1999 年开始,波兰政府大量投资,波兰国家图书馆总协调本国文献的纸张去酸工作。现在工作已经取得相应的成果,成立了基金会,长期支持去酸的工作。波兰国家图书馆还获得欧盟资助的一台规模脱酸的设备,对酸化图书进行大规模去酸处理,这台 6 个脱酸罐的大型设备,每天可以完成 300—400 册图书脱酸。不过,习惯上,以 1800 年为限,之前的西文古籍属于善本,之后的则属于普通古籍。在波兰,善本古籍仍然使用传统的手工方式脱酸,而善本之外的古籍通常使用大规模的机器脱酸,又称规模保养。

8.6 国内外相关会议研讨

近年来,随着对古籍保护认识的普及,各国针对古籍的原生性和再生性保护展开了各种类型的专题研讨。

2004 年 8 月 28 日,第 15 届国际档案理事会全体会在维也纳举行,此次会议分析了武装冲突对档案和文献遗产(包括公共的和私人的)造成的巨大损害,建议那些还没有签署和批准 1954 年《关于在武装冲突之际保护文化遗产的海牙公约》及其分别于 1954 年和 1999 年颁布(2004 年 3 月 9 日生效)的两个《协议》的国家尽快加入这个公约;建议联合国、其他国际组织以及各国政府把保护可移动的和不可移动的文化遗产以及重要文件的工作列入其维护和平和人道主义行动的使命之中,行动起来,采取措施,制止违法的档案文件交易,防止文件和档案遭到掠夺和损毁;建议本地还未成立蓝盾组织的国际档案理事会(ICA)会员与国际博物馆理事会(ICOM)、国际纪念物和遗址理事会(ICOMOS)以及国际图书馆协会联合会(IFLA)等组织合作,共同成立国家蓝盾委员会,在冲突和自然灾害发生之际保护文化遗产,敦促本国政府支持委员会的工作。会议再次强调了各国保护本国文化遗产的权利和责任,并就联合国教科文组织第 32 次全体大会上提出的关于制订《国际文化多元性公约》广泛征求了意见。会议呼吁负责公约起草工作的政府间专家会议要考虑档案在维护文化多元性方面的重要性,并采取措施提高档案部门在公众心目中的形象。最后,会议还呼吁联合国的有关部门设立"国际档案日"并组织举办相关活动。

2007 年 4 月 25—27 日,国际图联保存与保护(Preservation and Conservation,PAC)核心活动国际座谈会在法国国家图书馆举行,会议的主题是"从数字对象的生产到长期保存:国际经验"。

2008 年 3 月 26—27 日,国际图联(IFLA)保存与保护中心年中会议在瑞士举行,会议对如何实施图书档案馆灾后救助,如何使用 RFID 技术以及相关的常规培训费用等问题进行了讨论。

2008 年 5 月 15—16 日,一次针对 21 世纪图书保护教育的研讨会在美国国会图书馆召开,约 70 位全国各保护、修复单位的领导者出席会议。参会者均于北美五大图书保护教育培训项目结业或拥有同等学力,其专业有书籍、纸张、相片、特殊媒介保护、预防性保护、图书保护管理或者图书保护科学等。会议明确图书保护教育在 21 世纪中的优先地位,并对决定图书保护未来发展的主题进行探讨,主要包括:如何应用教育、技术的革新来改进图书保护培训? 如何教育新的修复师和保护专家使用新的设备,以满足当今藏品,尤其是本国面临破损威胁的现代藏品的需要? 哪些人应该被培养为修复师和图书保护专家? 我们如何更好地与大众保持联系,特别是在服务不周到的社区? 如何更好地确保资源的可及性使其满足未来图书保护的需求?"通过这次研讨会,我们明确了需要面临的挑战,并开始在更加多元化的思想和资源中进行探索,这些将成为一个未来所需的新技术、新知识发展的前奏"。[74]

2008 年 7 月 24—25 日,美国国会图书馆修复董事会召开了国际资深科学家会议,就有效的长期保护修复问题进行讨论,科学家报告了最近的研究焦点以及实验室之间相互协作的进展情况。国会馆修复检测中心主席 Eric Hansen 在会上指出,书籍保护水平的提高需要一个全国统一的研究方案以促进合作效果,由此我们可以在最需要合作研究的领域采取最有力的措施,减少重复劳动,鼓励财政责任,并从财政拨款及其他基金组织中获取资金支持[75]。

附录1　国内外文化遗产保护科研机构

● 国际文化财产保护与修复研究中心(ICCROM):1959年建于罗马的政府间机构。该机构被授权对世界范围内的文化遗产保护提供条件,它是一个既涉及可移动文化遗产又涉及不可移动文化遗产的保护机构。

● 美国艺术与历史工艺品保护中心(CCAHA):建立于1977年,坐落于宾夕法尼亚州的费城,主要任务是提供艺术品保存的专业知识服务并领导世界文化遗产的保护工作。中心致力于处理纸张艺术品和工艺品。作为一个非营利性组织,中心的组织结构包括一个执行委员会(成员主要由各大文化机构的代表和工商企业及社区的领导组成)、一名执行理事和一名资深专家。

● 国际博物馆协会(ICOM):1946年11月在法国巴黎成立,是为增进博物馆学以及与博物馆管理和运转有关的其他学科的利益而建立的博物馆及博物馆专业工作人员的国际性的非政府组织。

● 美国盖蒂保护研究所(GCI):该研究所成立于1985年,是从事文物保护的国际性研究机构,利用盖蒂基金对世界范围的文物保护和修复进行研究。

● 法国国家记录文献保护研究中心(CRCDG):该中心成立于1963年,其目标是开展、促进和协调所有与记录文献有关的保护与研究。现在中心的研究对象已经扩展到皮革制品、照片、电影,包括数字资源和历史文物等。

● 国际图联核心计划(IFLA/PAC):IFLA/PAC是国际图书馆联合会馆藏保护与保存的专业核心计划。其主要目标是:以尽可能的方式保护图书与档案,保护公开与不公开的文件。核心计划既制定将来的保护方案,也对现有的保护活动进行评价。

● 欧洲保护机构同盟会(E.C.C.O):是一个由近4 000多个从事保护工作的专业人员与修复技术人员组成的专业同盟会,会员全是欧洲人。其目的是提高文化遗产的保护与修复的专业水平与技能。

● 欧洲保护技术研究院:是研究保护与修复的第一个欧洲人学院,该学院建在罗马,专门研究书与纸质文件的保存。该学校的目标是:促进与保护欧盟图书与档案的收藏与保护;用最直接的方法进行教学,提高学生动手能力;矫正由不正确的保护手段而造成的保护问题;进行保护技术的学术性与实践性研究;进行书与纸质文件的保护科学研究,提供一些综合性的课程,包括中古及文艺复兴时期历史与书籍装订技术史,手稿艺术品、印刷书刊等的编目纸的制造与保护等。该学校对欧盟的所有成员国开放。

● 日本文化财产虫害研究所:是由文部科学省文化厅管辖,以日本文化财产保护为目的,主要从事的工作包括对文化财产的虫菌害进行相关的调查研究,判定熏蒸效果,以及开发、普及防除技术等,有虫菌害鉴定的职能。

注:这些机构都有定期的研究论文集,以推动文献遗产保护的研究工作。

附录2 国内外文化遗产保护相关专业期刊及电子出版物

● 《纸张保护师》(The Paper Conservator)、《保护师》(The Conservator)

两者均为年刊,是英国纸张保护研究所创办的专业刊物,创刊于三十多年前,具有很高的知名度和关注度,刊登与纸张保护有关的各类学术论文。该研究所的成员可获取刊物。

网址:http://www.icon.org.uk/index.php? option = com_content&task = view&id = 4&Itemid = 5。

● 《国家美术馆技术期刊》(The National Gallery Technical Bulletin)

年刊。这是国家美术馆所开展研究的唯一记录,覆盖了保护、技术研究和画作看护的各个方面。它融合了实习保护师、保护教员和科学家们的专门技术,提供了大量有关艺术家所用材料、工作实践和技术的信息。

期刊中所有的个人文章均可购买后使用,或从 IngentaConnect Publishing 网站下载。

网址:http://www.nationalgallery.co.uk/shop/default.asp。

● 《国际历史和艺术作品保护及研究学会》(International Institute for Conservation of Historic and Artistic Works & Studies in Conservation)

年刊,由 JSTOR(中文译名不详)创办,旨在办成第一份国际性历史和艺术作品保护期刊。其意向性读者包括与各类文物相关的实习保护师、保护教员、藏品或保护经理以及保护或博物馆科学家等。

●《书籍和纸页集团年鉴》(Book and Paper Group Annual)

年刊。由美国历史和艺术品保护研究所(AIC)下属的专业机构——书籍和纸业集团(BPG)出版,刊登任何与图书和纸业有关的文章,无字数限制。本刊物旨在满足保存和修复文化遗产领域工作人员的需要,为其提供最新信息,提出有关方法和技术方面的想法。

网址:http://aic. stanford. edu/sg/bpg/annual/。

●《修复研究中心通讯》(Bollettino ICR & Nuova Serie)

该刊由罗马的修复研究中心(Istituto Centrale per il Restauro in Rome)编辑,使用意大利语出版发行,旨在满足保存和修复文化遗产领域工作人员的需要,为其提供最新信息,提出有关方法和技术方面的想法。

网址:http://www. italiarestauro. it/bollettino_ICR. php。

●《保护科学电子期刊》(e-Preservation Science)

月刊。由 Morana RTD 公司出版,旨在为研究人员、保护人员、修复人员和其他有兴趣的读者提供信息。

网址:http://www. morana-rtd. com/e-preservationscience/ 。

●《美国保护研究所期刊》(Journal of the American Institute for Conservation, JAIC)

该刊自1977年以后的内容已提供在线档案版本,包括同行评审技术研究、研究论文、处理案例研究以及与历史和文化作品保护和修复广大领域相关的规范和标准讨论。

网址:http://aic. stanford. edu/jaic/。

●《保护和博物馆研究期刊》(Journal of Conservation and Museum Studies)

在线学术出版物,为全球保护和博物馆团体提供信息。其中发表的文章展现了世界范围内保护和博物馆研究专业学生的工作,并且由保护和博物馆研究培训项目的学术人员给予评价。

网址:http://cool-palimpsest. stanford. edu/jcms/。

●《英国维多利亚与艾伯特博物馆保护期刊》(V&A Conservation Journal)

该刊物面向所有对文化遗产保护感兴趣的人群,包括保护专业人员、学生以及博物馆、教育机构、图书馆、文化部和其他遗产机构的员工。

网址:http://www. vam. ac. uk/res_cons/conservation/journal/。

●《Abbey 通讯》(The Abbey Newsletter)

这是一份有关图书馆和档案馆数据修复的刊物。

网址:http://cool-palimpsest. stanford. edu/byorg/abbey/an/。

●《纸业论文档案》Alkaline Paper Advocate

网址:http://cool-palimpsest. stanford. edu/byorg/abbey/ap/。

●《国际文物保护与修复研究中心通讯》(ICCROM Newsletter)

网址:http://www. iccrom. org/eng/02info_en/02_03newsletters_en. shtml。

●《修复在线》(Preservation Online)

美国全国文物保护信托基金会(National Trust for Historic Preservation)的在线
杂志。

网址:http://www. preservationnation. org/magazine/。

●《WAAC 通讯》(WAAC Newsletter)

该刊提供与文化财产保护相关的信息、新闻和其他资料,尤其涉及美国西部
保护人员关注的问题。

网址:http://cool-palimpsest. stanford. edu/waac/wn/。

●《盖蒂保护研究所通讯》(The Getty Conservation Institute Newsletter)

网址:http://www. getty. edu/conservation/publications/newsletters/。

●《美国研究图书馆集团及研究图书馆集团数字通讯》(Research Library
Group & RLG DigiNews)

该刊涉及数字化数据和研究藏品的数字修复实践和相关技术,以及该领域内
的著名项目。

网址:http://www. oclc. org/programs/publications/newsletters/diginews. htm。

● 保护信息网络目录数据库(BCIN)

该数据库提供文化财产保护、保存和修复领域最全面的在线书目资源,涉及
英语和法语方面的内容。

网址:http://www. bcin. ca/English/home_english. html。

附录3 国内外文化遗产保护相关专业网站

• 美国历史和艺术品保护协会

网址:http://www. aic-faic. org

• 华盛顿保护协会

网址:http://cool-palimpsest. stanford. edu/wcg/about. php

• 荷兰文化遗产院

网址:http://www. icn. nl/Dir003/ICN/CMT/Homepage. nsf/index2. html? readform

• 国际文化遗产保护与修复研究中心

网址:www. iccrom. org

• 诺桑比亚大学保护专业(Conservation Department at the University of Northumbria)

网址:http://www. northumbria. ac. uk/

• 都柏林大学圣三一学院保护专业(Conservation Department at Trinity College Dublin)

网址:http://www. tcd. ie/

• 国际图联保存保护中心(IFLA Core Activity on Preservation and Conservation, PAC)

http://www. ifla. org/VI/4/pac. htm

• 国际博物馆会议(The International Council of Museums, ICOM)

网址:http://icom. museum/

• 国际古迹遗址理事会(International Council on Monuments and Sites, ICOMOS)

网址:http://www. international. icomos. org/home. htm

• 国际历史与文物保护学会(The International Institute for Conservation of Historic and Artistic Works)

网址:http://www. iiconservation. org/

- 联合国教科文组织世界遗产中心

　网址：http://whc. unesco. org/

- 世界古迹基金会（The World Monuments Fund，WMF）

　网址：http://www. wmf. org/

- 中国世界遗产网

　网址：http://www. cnwh. org/main. asp

参考文献：

1　［2009-07-01］. http://www. mjlsh. net/Book. aspx?cid=4&tid=190.

2　［2009-07-01］. http://www. wenwuchina. com/episteme/list10/detail45/36087. html.

3　［2009-07-01］. http://www. wenwuchina. com/episteme/list10/detail45/36087. html.

4　［2009-07-01］. http://www. bjedu. cc/html/jiaoshiyuandi/bijiaoyanjiu/2009/0531/52277. html.

5　欧盟推进实施第四个研究开发框架计划［J］. 世界科技研究与发展. 1995(1).

6　［2009-07-01］. http://www. lsqn. cn/teach/LUNWEN/200703/106440. html.

7　国务院办公厅关于进一步加强古籍保护工作的意见（国办发（2007）6号）［OL］.［2009-03-17］. http://www. gov. cn/zwgk/2007-01/29/content_511825. htm.

8　国务院关于公布第一批国家珍贵古籍名录和全国古籍重点保护单位名单的通知（国发（2008）9号）［OL］.［2009-03-17］. http://www. gov. cn/test/2008-04/30/content_958348. htm.

9　［2009-07-01］. http://sports. eastday. com/epublish/gb/paper279/11/class027900001/hwz941747. htm.

10　中华人民共和国文化部编. 中华人民共和国文化法规全书［M］. 北京：文化艺术出版社，2008：586-588.

11　中华人民共和国文化部编. 中华人民共和国文化法规全书［M］. 北京：文化艺术出版社，2008：1017-1022.

12　［2009-03-17］. http://www. ccm. gov. cn/show. php?aid=61553&cid=54.

13　［2009-07-01］. http://www. gov. cn/gzdt/2007-08/07/content_708904. htm.

14　［2009-07-01］. http://www. gov. cn/gongbao/content/2008/content_1157918. htm.

15　［2009-03-17］. http://www. ihchina. cn/inc/detail. jsp? info_id=207.

16　［2009-07-01］. http://service. founder. com. cn/paper/chxdbs/html/2006-06/03/content_35847. htm.

17　［2009-07-01］. http://www. gmw. cn/content/2006-06/13/content_432540. htm.

18 王文章. 非物质文化遗产概论[M]. 文化艺术出版社,2006.

19 周和平主编. 第一批国家级非物质文化遗产名录图典[M]. 文化艺术出版社,2007.

20 [2009-07-01]. http://www. cach. org. cn/.

21 [2009-03-17]. http://www. cach. org. cn/yjsjj. asp.

22 Barry Knight. InternationalAssessing New Developments in Collection Security. Perservation News, 2008(8).

23 [2009-03-17]. http://www. bl. uk/onlinegallery/whatson/blcc/homepage. html.

24 [2009-03-17]. http://www. bl. uk/news/2007/pressrelease20070517. html.

25 Barrow, W. J. Physical strength of non-fiction book papers, 1900—1949: A preliminary report to Council on Library Resources, Inc. 1957.

26 周崇润,李景仁. 馆藏纸质文献酸性和保存现状的调查与分析[R]. 研究报告,2005.

27 [2009-03-17]. http://www. nlc. gov. cn/service/fuwudaohang/tulian/conf_04. htm.

28 [2009-07-01]. http://www. ndl. go. jp/en/iflapac/history. html.

29 [2009-07-01]. http://www. ndl. go. jp/en/iflapac/deacid. html.

30 [2009-07-01]. http://www. loc. gov/preserv/deacid/proceval. html.

31 [2009-03-17]. http://www. nlc. gov. cn/service/fuwudaohang/tulian/conf_04. htm.

32 Naoko Kobayashi. Preservation and Mass Conservation at the National Diet Library[C]. KORE-A-JAPAN-CHINA Preservation Conference, July 9, 2008.

33 [2009-03-17]. http://www. ffcr-fr. org/ref/guidefr. html.

34 陈红彦. 波兰塞尔维亚访问总结[J]. 交流通讯,2007(7).

35 黄荣光. 文物修复的职业化与传统工艺的保护和创新——以国宝修复装潢师联盟的研究为中心[J]. 文化遗产,2008(2).

36 中华人民共和国文化部编. 中华人民共和国文化法规全书[M]. 北京:文化艺术出版社,2008:1009-1012.

37 中华人民共和国文化部编. 中华人民共和国文化法规全书[M]. 北京:文化艺术出版社,2008:1017-1023.

38 [2009-07-01]. http://news. xinhuanet. com/ziliao/2003-11/18/content_1185293. htm.

39 [2009-07-01]. http://www. gmw. cn/content/2007-06/08/content_620121. htm.

40 [2009-07-01]. http://big5. 7qiji. com/news. asp? id =9.

41 [2009-07-01]. http://www. ccdy. cn/pubnews/493156/20060619/494359. htm.

42 [2009-07-01]. http://foundation. total. com/cultural-heritage/french-cultural-heritage-299. html.

43 [2009-07-01]. http://intl. ce. cn/right/jcbzh/200702/09/t20070209_10370852. shtml.

44 ［2009-07-01］. http://www. gmw. cn/content/2007-06/08/content_620121. htm.

45 ［2009-07-01］. http://conventions. coe. int/Treaty/en/Treaties/Html/121. htm.

46 李玉东. 土耳其:坚持可持续遗产保护政策. 光明日报,2007-06-08［2009-07-01］. http://www. ccmedu. com/bbs51_45846. html.

47 ［2009-03-17］. http://news. 163. com/06/0609/18/2J6O86690001121M. html.

48 ［2009-03-17］. http://www. china. com. cn/chinese/zhuanti/28ycdh/598891. htm.

49 ［2009-03-17］. http://news. xinhuanet. com/travel/2007-05/19/content_6121339. htm.

50 ［2009-07-01］. http://www. houko. com/00/01/S25/214. HTM.

51 Pierre Moulinier. ÇLes politiques publiques de la culture en France［M］. Paris: Que sais-je, Presses universitaires franÇaises, 2005.

52 不列颠百科全书国际中文版编辑部. 不列颠百科全书:国际中文版(修订版第八卷)［M］. 中国大百科全书出版社,2007:354.

53 中国大百科全书总编辑委员会. 中国大百科全书:图书馆学·情报学·档案学［M］. 北京:中国大百科全书出版社,2004.

54 陈振尧. 新世纪法汉大词典［M］. 北京:外语教学与研究出版社,2005.

55 ［2009-03-18］. http://fr. wikipedia. org/wiki/D% C3% A9p% C3% B4t_l% C3% A9gal.

56 秦珂. 法国出版物呈缴制度概况及其借鉴［J］. 图书馆学刊,2007(5).

57 ［2009-03-18］. http://fr. wikipedia. org/wiki/IMEC.

58 Pierre-Marc de Biasi. Le patrimoine écrit［M］.. ［2009-03-18］. http://www. item. ens. fr/index. php?id = 13597.

59 ［2009-07-01］. http://www. bnf. fr/.

60 ［2009-09-14］. http://fr. wikipedia. org/wiki/Droit_de_pr% C3% A9emption.

61 金雅声,(法)郭恩. 法国国家图书馆藏敦煌藏文文献第一卷［M］. 上海:上海古籍出版社,2006.

62 E. C. C. O. Confédération Européenne des Organisations de Conservateurs-Restaurateurs. La profession de conservateur-restaurateur, code d'éthique et de formation［OL］. ［2009-03-18］. http://www. ffcr-fr. org/ref/guidefr. html.

63 ［2009-07-01］. http://www. ffcr. fr/.

64 Bobis, Laurence. Acquisitions et restauration : Les aides de la Direction du livre et de la lecture ［J］. BBF, 1996(3):8-11.

65 ［2009-07-01］. http://fr. wikipedia. org/wiki/Gallica.

66 ［2009-07-01］. http://www. bnf. fr/.

67 ［2009-07-01］. http://fr. wikipedia. org/wiki/Europeana.

68 ［2009-07-01］. http://www. lemonde. fr/technologies/article/2008/11/20/l-union-europeenne-lance-sa-bibliotheque-numerique_1120978_651865. html.

69 ［2009-03-18］. http://www. lac-bac. gc. ca/6/9/s9-200-e. html.

70 ［2009-07-01］. http://www. collectionscanada. gc. ca/index-e. html.

71 ［2009-03-17］. http://www. collectionscanada. gc. ca/collection/acquisition/003001-100-e. html.

72 ［2009-07-01］. http://www. collectionscanada. gc. ca/preservation/1304_e. html.

73 CAC and CAPC. Code of Ethics and Guidance for Practice: of the Canadian Association for Conservation of cultural Property and of the Canadian Association of Professional Conservators, Third Edition, 2000［OL］. ［2009-03-17］. http://www. cac-accr. ca/pdf/ecode. pdf.

74 ［2009-03-18］. http://www. loc. gov/preserv/symposia/schedule. html.

75 ［2009-03-18］. http://www. loc. gov/preserv/symposia/schedule. html.

后 记

国家图书馆研究院(原发展研究院)自2000年成立以来,一直十分重视国内外图书馆学理论研究及实践进展的跟踪报道,并将其作为一项常规的基础性工作,不断传承延续下来。十年来,研究院先后对国内外图书馆机构建制、业务格局、法律制度、发展战略等诸多问题进行了多角度、多层面的横向对比和纵向跟踪,并通过编发《图研参考》、维护《世界各国图书馆资料库》等科研辅助活动,为国家图书馆各项科研工作提供了重要的参考借鉴。

"图书馆学理论研究与实践进展年度跟踪"项目自2005年开始策划实施,先后完成2004—2005、2005—2006及2006—2007三份年度报告,为馆内员工全面了解国内外图书馆学理论研究和实践活动进展提供了比较系统的参考资料。

岁月流转,时代变迁,图书馆工作在近十个寒暑春秋中发生了巨大变化,国家图书馆的业务格局也经历了重大调整。我们必须重新思考,研究院应当如何开拓创新,为国家图书馆建立全国性的图书馆学研究中心提供更加稳固的基础。

2008年春,我们在总结了以往经验与不足的基础上,开始正式讨论"图书馆学理论研究与实践进展年度跟踪"项目的调整计划,并在广泛听取了馆内外专家的意见和建议的基础上,确定了新的工作思路。新工作改变了过去面面俱到的体系化跟踪模式,针对国内外研究与实践的重点、热点和前沿问题策划专题,并广泛吸收了馆内外一批专家学者共同参与,分别负责其所擅长的专题领域的跟踪调研。与以往工作相比,此次研究活动更加强调对国外同行理论研究成果和实践经验的借鉴参考,尤其增加了对图书馆业务实践活动的关注。

此次跟踪项目的全新起航,得到了馆内外众多专家和同仁的支持与帮助:

陈力馆长、百年馆庆办公室的孙一刚和富平主任、数字资源部王志庚和李春明主任、业务处申晓娟和王磊主任、中文采编部顾犇主任以及《中国图书馆学报》

常务副主编蒋弘老师等为项目改革方案及本书专题策划提供了宝贵意见。

南开大学国际商学院的柯平教授和肖雪老师,北京大学信息管理系的吴汉华博士,以及本馆业务管理处的申晓娟,立法决策部的卢海燕、白云峰,中文采编部的卜书庆、王广平、喻菲、刘华梅、郝嘉树,古籍保护中心的陈红彦、梁爱民、田周玲、郝永利、向辉、廖甜添、田丰、钱律进、李婧,典藏阅览部的高凡、罗欢、樊桦、李莹雪,数字资源部的吕淑萍、赵悦、胡月平、李华伟、李鹏云、陈月婷、邵燕、李丹、解晓毅、陈瑜、韩新月、卜冬雪、万静、赵四友及百年馆庆办公室的富平等老师,在各领域资料搜集和文稿撰写过程中付出了艰辛的劳动。

另外,中科院文献情报中心资源建设部副主任宋文,上海交通大学图书馆研究馆员王绍平,以及本馆顾犇、富平、卜书庆、刘小玲、孙静荣、董曦京、杨东波等老师为我们提供了宝贵的一手资料。

南开大学肖雪老师和《国家图书馆学刊》编辑部支娟老师参与了文稿的编校工作。

在此向他们表示最诚挚的谢意!

今后这一跟踪项目还将继续开展,此次工作中存在的问题和不足,敬请各位同仁不吝批评指正,以帮助我们不断进步、完善。

千尺高台,起于垒土。船已起航,正当乘风破浪!

国家图书馆研究院·图书馆学研究所

2009 年 6 月 3 日

国家图书馆出版社已出相关书目

书名	编著者	出版时间	定价
中国图书馆年鉴 2007	中国图书馆学会，国家图书馆编	2009 – 02	280.00
中国图书馆年鉴 2008	中国图书馆学会，国家图书馆编	2009 – 08	280.00
国外公共图书馆建设标准与规范概览	张广钦主编	2009 – 01	30.00
公共图书馆规划与建设标准解析	李国新等编著	2009 – 03	20.00
中国图书馆事业发展报告 2007	中国图书馆学会，国家图书馆编	2008 – 05	30.00
中国图书馆事业发展报告 2008	中国图书馆学会，国家图书馆编	2009 – 10	20.00
图书馆职业英语阅读	肖燕编著	2009 – 07	36.00
图书馆实用英语会话·公共服务篇	潘俊林，李国庆著	2009 – 07	36.00
"十一五"教材 图书馆学概论(修订二版)	吴慰慈，董焱编著	2008 – 07	35.00
"十一五"教材 信息检索教程	马文峰著	2009 – 03	36.00
覆盖全社会的公共图书馆服务体系：模式、技术支撑与方案	邱冠华、于良芝、许晓霞著	2008 – 04	60.00